YINGKE® 盈科

盈科全国业务指导委员会系列丛书

离婚关联纠纷法律应对指南

盈科律师事务所／编

郑素洁　卢启华／主编　　谢达梅　刘春莹　侯立伟／副主编

法律出版社 LAW PRESS · CHINA

北京

图书在版编目(CIP)数据

离婚关联纠纷法律应对指南 / 盈科律师事务所编 ；郑素洁，卢启华主编. -- 北京 ：法律出版社，2023
ISBN 978 - 7 - 5197 - 7398 - 4

Ⅰ. ①离… Ⅱ. ①盈… ②卢… ③郑… Ⅲ. ①离婚 - 民事诉讼 - 中国 - 指南 Ⅳ. ①D923.914

中国版本图书馆 CIP 数据核字(2022)第 238122 号

离婚关联纠纷法律应对指南
LIHUN GUANLIAN JIUFEN FALÜ YINGDUI ZHINAN

盈科律师事务所 编
郑素洁 卢启华 主编

策划编辑 朱海波 似 玉
责任编辑 朱海波 似 玉
装帧设计 汪奇峰 臧晓飞

出版发行 法律出版社
编辑统筹 法律应用出版分社
责任校对 邢艳萍
责任印制 刘晓伟
经　　销 新华书店

开本 710 毫米×1000 毫米 1/16
印张 25.25 **字数** 410 千
版本 2023 年 1 月第 1 版
印次 2023 年 1 月第 1 次印刷
印刷 天津嘉恒印务有限公司

地址：北京市丰台区莲花池西里 7 号(100073)
网址：www.lawpress.com.cn
投稿邮箱：info@lawpress.com.cn
举报盗版邮箱：jbwq@lawpress.com.cn

销售电话：010 - 83938349
客服电话：010 - 83938350
咨询电话：010 - 63939796

书号：ISBN 978 - 7 - 5197 - 7398 - 4
定价：88.00 元

凡购买本社图书，如有印装错误，我社负责退换。电话：010 - 83938349

YINGKE® 盈科

序

我的律师朋友们邀我为《离婚关联纠纷法律应对指南》一书作序。

翻看目录，书中一个个律师的名字，一篇篇富有内涵和法律功底的文章，使我仿佛看到了这群奋斗在婚姻家事一线专业律师的刻苦钻研、孜孜以求的光辉形象和工匠精神。

她们是我熟悉的同事，是盈科婚姻家庭专业委员会的成员。她们不但代理案件、深入基层讲课宣传法律、著书立说，还是各大电视台和自媒体上最活跃的"明星律师"。她们从容淡定，在商业与公益中坚持做最好的婚姻家事律师的自我信仰。她们用自己的学识与智慧，通过对典型案例的点评和特殊案件的讨论，把自己的观点奉献给社会。她们遵循婚姻家庭事务的内在规律，为百姓排忧解难，有效调整着婚姻家庭关系，为建设和谐社会做出了贡献。她们是和谐社会的促进者，温馨家庭的建设者，公平正义的守护者，社会幸福的缔造者与呵护者。

分享她们的业绩，回味着她们的付出，体会着她们立志决心。作为一名有着40年执业经历的资深律师，作为中国法学会婚姻家庭研究会为数不多的律师理事，我愿意为这群人鼓而呼，愿意用我的热情去讴歌这个值得骄傲的群体，愿意为这个领域推荐和成就一批出色的婚姻律师做贡献，也愿意把这本书介绍给同行和社会最需要的人。

的确，婚姻家事业务是律师开展的最早，也是最传统的业务。在商业社会中甚至带有公益的色彩，但它经久不衰，常做常新。正如习近平主席所说："家庭是社会的基本细胞，是人生的第一所学校。不论时代发生多大变化，不论生活格局发生多大变化，我们都要重视家庭建设，注重家庭、注重家教、注重家风，使千千万万个家庭成为国家发展、民族进步、社会和谐的重要基点。"改革开放40年来，中国社会经济和政治制度的重大变革，使人们的婚恋观、家庭关系、财产关系都呈现出鲜明的时代特点。婚姻家事案件由于社会性强、连带问题多，也成为当前难度大、争议多、社会反响强烈的法律事务。案件本身要求专业律师既有速度效率,又要有艺术方法;既要注意表层结案,又要注意深层效果;真正做到“案结事了和谐稳定”。为此,律师们也越来越感到案件难办、审理结果难以预料。因此加速律师专业化进程、强化律师专业化水平,不断加强对婚姻家事业务的专门化、系统化的研究也是律师的长远目标。

这本书是来自8家分所12位婚姻家庭领域的专业律师共同编辑的。在书中她们将与结婚、离婚紧密相关的20类纠纷,按照“案由解读、关联案例、案例精选、维权指引、律师忠告、法律速递”的体例,将抽象单调的法条与生动丰富的案例结合,简洁明了、通俗易懂。从离婚后财产纠纷、亲子关系纠纷、人工辅助技术相关纠纷、离婚后损害责任纠纷、离婚财产分割与分家析产、物权确认纠纷、监护权纠纷、离婚与公司股东资格确认、股权转让及法律应对等多个角度,通过20个篇章进行了全面详实的解读。

本书为社会公众了解婚姻家事案件的处理,提供一个窗口。因为婚姻家庭案件不可回避的焦点和难点,不只是为了好合好散,更是为了不离不弃,使未婚者了解婚姻,让已婚者懂得婚姻,帮助离异者重塑婚姻。希望读者们在解决离与不离,财产分与不分,以及如何离才好,如何分才公平等问题上,都能从中找到答案,达到巧妙维系婚姻,豁达分割财产的目的。

读者朋友们通过阅读本书,你不但可以从本书中获得解决问题的思路和方法,可以对离婚引发的关联案件提前做好布局,设计完美的诉讼方案,同时,你还能找到帮你渡过难关、解决难题的优秀律师。

此为序!

中国法学会婚姻家庭研究会理事
北京盈科所创始合伙人名誉主任党委书记
律师郝惠珍
2022年10月2日于北京

缩略语表

文件全称	发文日期	文件简称
《中华人民共和国民法典》	2020.05.28	《民法典》
《最高人民法院关于适用〈中华人民共和国民法典〉婚姻家庭编的解释(一)》	2020.12.29	《〈民法典〉婚姻家庭编解释(一)》
《最高人民法院关于适用〈中华人民共和国民法典〉总则编若干问题的解释》	2022.02.24	《〈民法典〉总则编解释》
《最高人民法院关于适用〈中华人民共和国民法典〉物权编的解释(一)》	2020.12.29	《〈民法典〉物权编解释(一)》
《中华人民共和国婚姻法》(已废止)	2001.04.28	《婚姻法》
《最高人民法院关于适用〈中华人民共和国婚姻法〉若干问题的解释(一)》(已废止)	2001.12.25	《婚姻法司法解释(一)》
《最高人民法院关于适用〈中华人民共和国婚姻法〉若干问题的解释(二)》(2017年修正)	2017.02.28	《婚姻法司法解释(二)》
《中华人民共和国反家庭暴力法》	2015.12.27	《反家庭暴力法》
《最高人民法院关于办理人身安全保护令案件适用法律若干问题的规定》	2022.07.14	最高院《人身安全保护令规定》
《中华人民共和国民事诉讼法》(2021修正)	2021.12.24	《民事诉讼法》

续表

文件全称	发文日期	文件简称
《最高人民法院关于适用〈中华人民共和国民事诉讼法〉的解释》(2022修正)	2022.04.01	《民事诉讼法司法解释》
《最高人民法院关于民事诉讼证据的若干规定》(2019修正)	2019.12.25	《新证据规定》
《最高人民法院关于审理民事案件适用诉讼时效制度若干问题的规定》	2020.12.29	《诉讼时效规定》
《中华人民共和国公司法》(2018修正)	2018.10.26	《公司法》
《最高人民法院关于适用〈中华人民共和国公司法〉若干问题的规定(三)》(2020修正)	2020.12.29	《公司法司法解释(三)》
《最高人民法院关于适用〈中华人民共和国公司法〉若干问题的规定(四)》(2020修正)	2020.12.29	《公司法司法解释(四)》
《最高人民法院关于适用〈中华人民共和国公司法〉若干问题的规定(五)》(2020修正)	2020.12.29	《公司法司法解释(五)》
《中华人民共和国刑法》(2020修正)	2020.12.26	《刑法》
《最高人民法院　最高人民检察院关于办理虚假诉讼刑事案件适用法律若干问题的解释》	2018.09.26	《虚假诉讼刑事案件司法解释》
《最高人民法院关于审理民间借贷案件适用法律若干问题的规定》(2020修正)	2020.08.19	最高院《民间借贷司法解释》
《最高人民法院关于人民法院民事执行中查封、扣押、冻结财产的规定》(2020修正)	2020.12.29	最高院《查封、扣押、冻结规定》

续表

文件全称	发文日期	文件简称
《最高人民法院关于人民法院办理执行异议和复议案件若干问题的规定》(2020修正)	2020.12.29	最高院《执行异议和复议规定》
《最高人民法院关于确定民事侵权精神损害赔偿责任若干问题的解释》(2020修正)	2020.12.29	最高院《精神损害赔偿司法解释》
《最高人民法院关于审理买卖合同纠纷案件适用法律问题的解释》	2020.12.29	最高院《买卖合同纠纷司法解释》
《最高人民法院关于夫妻关系存续期间男方受欺骗抚养非亲生子女离婚后可否向女方追索抚育费的复函》	1992.04.02	最高院《关于男方受欺骗抚养非亲生子女的复函》
《中华人民共和国民法通则》(2009修正)(已废止)	2009.08.27	《民法通则》
《中华人民共和国民法总则》(已废止)	2017.03.15	《民法总则》
《最高人民法院关于印发〈全国法院民商事审判工作会议纪要〉的通知》	2019.11.08	《九民纪要》

目 录
CONTENTS

第一章　离婚关联案之离婚后财产纠纷及法律应对

第一节　案由解读

随着社会的不断发展，人们的收入来源逐渐多样化，社会财富不断积累，现代婚姻家庭的财产状况越发复杂，加之出现大量恶意隐藏、转移财产或对离婚协议反悔等问题，离婚后财产纠纷日益多发。

离婚后财产纠纷，是指已通过判决或协议离婚的夫妻双方在离婚后因财产分割、补偿、离婚协议的履行等问题产生的纠纷。

当事人在离婚登记时签订了离婚协议，在离婚协议的履行过程中可能会出现一方未按约履行、对协议内容理解不一致，以及离婚协议的反悔和撤销等问题，此时，当事人可以向人民法院提起离婚后财产纠纷。另外，离婚时夫妻共同财产尚未取得产权或未取得完整的产权，或者是确实存在离婚时漏分的财产，或者存在夫妻一方隐匿、转移夫妻共同财产的，离婚后，另一方可以向人民法院提起诉讼，请求再次分割夫妻共同财产。

第二节　关联案例

离婚后财产纠纷案件主要包括以下 4 种情形：

1. 协议离婚后，双方因履行财产分割协议而产生纠纷。

2. 协议离婚后，双方对达成的财产分割问题反悔而引发的纠纷。

3. 离婚后，一方以离婚时有夫妻共同财产遗漏未处理，或难以处理为由向人民法院起诉请求分割财产而引发的纠纷。

4. 离婚后，一方发现另一方在婚姻关系存续期间存在隐藏、转移、变卖、毁损、挥霍夫妻共同财产，或者伪造夫妻共同债务企图侵占另一方财产的行为，请求再次分割夫妻共同财产而引发的纠纷。

由此可见，离婚后财产纠纷只能发生在夫妻双方离婚后，是离婚纠纷的延续，一对夫妻离婚后，若因履行离婚协议产生争议，或存在尚未处理的夫妻共同财产，或离婚后才发现有未经处理的夫妻共同财产等，任何一方均有权对夫妻共同财产主张分割。

离婚后财产纠纷，往往不是单独的一个纠纷，而是两个或两个以上的纠纷连环发生。举例如下。

（一）协议离婚 + 离婚后财产纠纷 + 变更抚养权

王兵与卢霞于2002年结婚，2004年生育女儿甜甜，之后夫妻感情逐渐破裂。2017年6月，双方签订了《离婚协议书》并办理了离婚登记。《离婚协议书》约定，甜甜由王兵抚养，无须卢霞支付抚养费，卢霞应从2018年1月起每月10日前向王兵偿还欠款5万元，直至还清90万元止。

离婚后，甜甜实际由卢霞抚养，王兵并未履行对甜甜的抚养义务。不久，甜甜被诊断出患有强迫症，卢霞认为上述欠款应与其代行抚养权产生的费用冲抵，因此，卢霞按照《离婚协议书》的约定偿还40万元后就不再向王兵还款。

2021年，王兵向法院起诉，要求卢霞承担违约责任，并提前清偿未到期债务。法院经审理后判决：卢霞偿还到期债务5万元及相应违约金，并需提前清偿未到期债务45万元。

后王霞向法院起诉，要求变更甜甜的抚养权，并要求王兵支付抚养费，法院经审理后判决：变更甜甜的抚养权归王霞，王兵每月支付抚养费4000元。

（二）协议离婚 + 离婚后财产纠纷（漏分财产 + 隐藏财产）+ 离婚后损害责任纠纷

2008年1月，赵华和小慧登记结婚。2020年12月，双方因感情破裂在民政局协议离婚。《离婚协议书》对双方共同共有的一套房屋进行了分割，但对车辆和其他财产未进行分割。

2021年8月，小慧偶然得知赵华在婚姻关系存续期间购买了一套房产，且赵华在婚内就与第三人同居,与其离婚后 3 个月就生了一个女儿。2022 年 4 月小慧起诉至法院,要求对离婚时漏分的其他夫妻共同财产和赵华隐藏的房产进行分割,同时主张精神损害赔偿金。

法院经审理后判决:房屋归赵华所有,尚欠贷款由赵华承担,赵华给付小慧房屋折价款 110 万元;赵华给付小慧双方财产折价款(包括双方名下的银行卡余额、养老保险个人缴纳部分、公积金、车辆)40 万元;赵华给付小慧在其名下的商业保险现金价值折价款 6 万元;赵华给付小慧精神损害赔偿金 1 万元。

(三)协议离婚 + 离婚后财产纠纷(转移夫妻共同财产)

王强是一名建筑工程承包人,太太小丽是一名家庭主妇,他们原来的生活平静、安逸。2018 年的某一天,有人找到小丽,要求小丽支付王强与其婚外所生子女的抚养费,小丽了解情况后非常气愤,就带着女儿离家出走并迅速和王强办理了离婚登记。

2020 年,小丽发现王强在离婚前转移了部分夫妻共同财产,遂向法院提起离婚后财产纠纷诉讼。法院经审理查明,王强将其名下存款 120 万元转至其姑妈名下,并在庭审中称挖掘机已出售、购入仅 9 个月的家用轿车也已低价变卖,变卖后的财产已消费。法院认为,王强的行为明显带有恶意,因此判决小丽获得夫妻共同财产的 60%。

(四)诉讼离婚 + 确认合同无效 + 离婚后财产纠纷

戴兵与李君原系夫妻关系,玉兰苑房产登记在李君名下但属于夫妻共同财产。在两人离婚诉讼期间,张三向李君购买该房屋,双方签订了房地产买卖合同并办理了过户手续。

戴兵与李君离婚纠纷一案并未对玉兰苑房产作出处理。2021 年,戴兵向法院起诉,请求确认李君和张三签订的房地产买卖合同无效,并要求张三返还玉兰苑房产。法院经审理后认为,李君和张三存在恶意串通,因此判决李君和张三签订的房地产买卖合同无效,张三将玉兰苑房产恢复登记至李君名下。

与此同时,戴兵向法院提起离婚后财产纠纷诉讼,主张李君恶意转移夫妻共同财产,应少分或者不分玉兰苑房产。一审法院结合玉兰苑房产购房款来源等因素,酌定由李君占房产 60% 的份额,戴兵占 40% 的份额,房产判归李君所有。

戴兵对一审判决不服提出上诉,二审法院查明,在离婚诉讼期间,李君与案外人签订房地产买卖合同，低价将系争房产恶意出售给案外人，且另案生效判决已确认该房地产买卖合同无效，因此，李君具有恶意转移夫妻共同财产的故意及行为，最终二审法院对一审判定李君所占系争房产的比例予以适当减少。

第三节 案例精选

【案例一】离婚协议约定的房产分割方式存在矛盾，一审法院认为约定不明应平均分割，二审改判按照双方真实的意思表示进行分割

2000 年 3 月，熊丽与童东登记结婚，二人婚后一直无子女。2013 年 1 月12 日，因童东的教师身份，购买了高校内的房屋及车位。

2014 年 7 月，童东向熊丽提出了离婚，双方签订了《离婚协议书》并办理了离婚登记。《离婚协议书》第 3 条约定：高校内的房屋及车位目前没有产权，同时存在童东的工作合同期限限制，童东取得产权所有证后应将房屋及车位出售，出售的本金归熊丽所有；由于房屋及车位属于童东的工作限制合同房，所以在扣除所有交易支出费用后剩余的利润按照童东占 2/3，熊丽占 1/3 进行分配；《离婚协议书》第 6 条约定：鉴于童东要求离婚，童东在房屋及车位交易出售时扣除所有交易支出费用后剩余的利润分配中占 1/3，熊丽占 2/3。

但是童东在办理房屋及车位的相关所有权证后，并未按照《离婚协议书》的约定出售房屋、车位以及分配利润。

2020 年 1 月，熊丽向法院起诉要求童东按照《离婚协议书》的约定分割房屋及车位：出售本金归熊丽所有，利润按照童东占 1/3、熊丽占 2/3 进行分割。

一审法院经审理后认为，熊丽和童东已解除夫妻关系，但房屋及车位仍属于熊丽和童东未处理的夫妻共同财产，二人虽然在《离婚协议书》中确定了分割方式，但是《离婚协议书》第 3 条及第 6 条的约定前后存在矛盾，且存在于同一协议之中，应作为双方约定不明处理，判决房屋及车位由熊丽、童东各自占 50% 的份额。

二审法院经过深入沟通后，了解到熊丽是科研人员，童东是大学老师，两人在反复磋商后签订了《离婚协议书》，鉴于双方均不具有法律专业知识，可以认为《离婚协议书》第 3 条是财产分割条款，第 6 条是在财产分割基础上的离婚损

害赔偿条款,第 6 条是第 3 条的递进关系条款,判决出售本金归熊丽所有,利润按照童东占 1/3,熊丽占 2/3 进行分配。

【案例二】离婚后发现子女非亲生,请求法院撤销离婚协议中关于支付抚养费、保险费、财产分割、债务承担的条款获支持

2011 年,张文和小梅恋爱并同居,2012 年 10 月小梅怀孕,2013 年 1 月,张文和小梅登记结婚,不久女儿圆圆顺利出生。

2014 年 4 月,因购房需要张文与小梅办理了离婚登记,2014 年 5 月两人办理了结婚登记。2018 年 5 月,因购房需要张文与小梅再次办理了离婚登记,2018 年 8 月,双方再次办理了结婚登记。在这两次短暂的离婚期间,张文与小梅实际仍然生活在一起,夫妻共同财产也没有分割。

2020 年 5 月,张文与小梅夫妻感情破裂,双方签署了《离婚协议书》并办理了离婚登记。《离婚协议书》约定女儿圆圆由小梅抚养,张文每月支付 3000 元抚养费;案涉房屋归小梅所有,自 2020 年 5 月开始每月房贷 8500 元由张文偿还,直至 2023 年 6 月还清贷款为止;圆圆每年的保险费(平安保险公司)由张文和小梅各半承担;夫妻共同债务由张文负责偿还。

张文一直以为圆圆是自己与小梅所生,后有朋友告知张文,圆圆不是他亲生,经过两次亲子鉴定,结论均为圆圆并非张文亲生。

张文遂向法院起诉撤销张文和小梅签订的《离婚协议书》中关于婚生女圆圆的抚养费及夫妻共同财产、共同债务分割的约定;同时停止支付婚生女圆圆的每月抚养费 3000 元,并要求小梅返还张文已支付的两个月抚养费;属于夫妻共同财产的房屋归张文所有,对外债务由双方共同承担。

诉讼中小梅陈述,其在 2012 年八九月曾与张文短暂分手,在分手期间,其与追求她的其他异性短暂在一起十多天并发生了性关系。2012 年 9 月底,小梅与张文复合,小梅于 2012 年 10 月发现怀孕,遂一直以为圆圆是张文亲生,直至进行了亲子鉴定才知道圆圆并非张文亲生。

法院经审理后认为,张文在财产分割、债务负担上作出了较大让步,《离婚协议书》系一份对小梅明显有利的约定。张文不仅将购买的个人所有的房产约定归小梅一人所有,还约定偿还三年高达 30 余万元的房屋贷款。同时所涉及的 49 万元的其他债务也约定由张文一人偿还。小梅作为一个有基本生理常识的

人,其应当知晓与他人在受孕节点前后发生过性关系,就存在受孕子女并非张文亲生的可能,但小梅仍然一直对张文隐瞒相关情况,致使张文与其结婚并共同抚养子女近7年时间。假设张文在离婚时已经知晓子女并非亲生,无论是基于感情、物质上受到的巨大伤害,还是法律上没有抚养圆圆的义务,张文必定不会在财产方面作出如此巨大的让步。

因此,小梅隐瞒在受孕节点前后与他人发生过性关系的重要事实,致使张文在不知晓圆圆并非亲生的情况下签订了让步巨大的离婚财产分割、债务承担的协议,情节恶劣,可以认定为欺诈,故判决撤销张文和小梅于2020年5月29日签订的《离婚协议书》中关于张文支付抚养费、保险费、财产分割、债务承担的相关约定;小梅向张文返还离婚后已收取的抚养费;房屋归张文所有并负责偿还后续贷款,张文向小梅支付分割折价款,金额为房屋总价的30%。

【案例三】离婚后,一方以尚有夫妻共同财产未处理为由向人民法院起诉请求分割夫妻共同财产

2018年3月,莉莉与程雷登记结婚,2020年6月双方因夫妻感情破裂协议离婚。

2018年1月初,莉莉母亲签订了一份《存量房屋买卖合同》,向案外人购买滨江小区房屋一套,购房定金、首付款、房贷及税费等相关费用均由程雷出资,中介费、税费由莉莉母亲支付。

2018年1月底,滨江小区房屋过户登记至莉莉与程雷名下,产权登记情况为按份共有,程雷享有60%,莉莉享有40%。双方协议离婚时,并没有对滨江小区房屋进行分割。离婚后,程雷向法院起诉确认滨江小区房屋归程雷所有,莉莉协助办理房屋变更登记手续。

法院经审理后认为,购房合同签订于双方结婚登记前,由莉莉母亲出面签订,于婚后登记在双方名下,明确了按份共有。双方在协议离婚时未曾对滨江小区房屋作出分割,因此判决滨江小区房屋归程雷所有,剩余贷款由其继续偿还,程雷向莉莉支付相应的房屋折价款。

【案例四】离婚时一方隐瞒夫妻共同财产或虚构债务,离婚后被起诉,法院按照保护无过错方的原则判决过错方少分财产

秀秀与李杰婚后生育一女小花,婚姻关系存续期间李杰在秀秀不知情的情况下购买了两套商铺、两套住房及一辆小型轿车，李杰还对外投资了 4 家企业。

2016 年 5 月，秀秀与李杰夫妻感情破裂，双方签订了《离婚协议书》并办理了离婚登记手续，但并未对上述财产进行分割。

《离婚协议书》约定，女儿小花由秀秀抚养，李杰承担 70% 的抚养费；各自名下的存款保持不变；夫妻双方婚内无共同房产，婚前房产归各自所有；双方确认婚姻关系存续期间没有发生任何共同债务，任何一方如对外负有债务的，由负债方自行承担（李杰于 2010 年 4 月 11 日起至今向外所借债务由李杰自行承担）。

离婚后，秀秀向法院起诉要求确认两套商铺、两套住房及一辆小型轿车的所有权归李杰所有，并按照财产价值向秀秀支付 70% 的房屋折价款。法院经审理后认为，秀秀在诉讼过程中通过申请法院调查令的方式，才了解到李杰在婚姻存续期间购置了大量房产，房屋买卖、贷款、还款都由李杰一人处理，秀秀并不知情。而李杰在整个诉讼过程中为了达到拖延案件审理的目的，不仅称其住院无法配合评估机构对其所控制的房屋进行评估，造成司法资源的浪费，在已得到厂房、办公楼拆迁费近 600 万元的情况下后，还故意向秀秀谎称其要受到国家处罚，并不提已得到拆迁费一事。同时，李杰一方面声称为了购买上述房屋而背负了大量的债务，另一方面却在离婚后购置房屋。因此，可以看出李杰在离婚时，并未对秀秀坦诚相待，未如实告知婚姻存续期间的财产状况。为了达到侵占秀秀财产的目的，虚构其背负了大量债务，采取的故意拖延案件审理、延期提供证据的行为符合隐瞒夫妻共同财产、虚构债务侵害一方财产的情形。

法院综合考虑李杰的过错大小，并结合小花由秀秀抚养的事实，根据保护无过错方和子女的原则，判决秀秀分得 65% 的财产，李杰分得 35% 的财产。

第四节　维权指引

（一）离婚后财产纠纷的管辖如何确定

因离婚后财产纠纷提起的诉讼，根据《民事诉讼法》第 22 条的规定，应当由被告住所地人民法院管辖，被告住所地与经常居住地不一致的，由经常居住地人民法院管辖。已经离婚的中国公民，双方均定居国外，仅就国内财产分割提起诉讼的，依据《民事诉讼法司法解释》第 17 条的规定，由主要财产所在地人民法院管辖。

《民事诉讼法》第 34 条规定,因不动产纠纷提起的诉讼,由不动产所在地人民法院管辖。实务中,离婚后财产纠纷涉及的房屋有可能包括位于不同地区的几套房屋,如果适用不动产专属管辖,则可能需要到不同法院提起几个诉讼,无法在同一个案件中处理所有纠纷,无法将家事纠纷“一揽子”解决。且离婚后财产纠纷属于婚姻家庭纠纷,不属于物权纠纷,因此,离婚后财产纠纷涉及不动产的,应按照婚姻家庭纠纷管辖原则确定管辖法院,不适用不动产专属管辖。

(二)离婚后财产纠纷,是否适用诉讼时效的规定

《民法典》第 188 条规定,向人民法院请求保护民事权利的诉讼时效期间为三年。法律另有规定的,依照其规定。对于离婚时没有分割的夫妻共同财产,一方请求分割的诉讼时效问题比较复杂,具体可以分为以下几种情形。

1. 离婚后,一方发现对方有隐藏、转移夫妻共同财产等行为,请求法院依法分割的,适用三年诉讼时效的规定,从当事人发现之日起计算。

《民法典》第 1092 条规定,离婚后,一方发现另一方有隐藏、转移、变卖、毁损、挥霍夫妻共同财产,或者伪造夫妻共同债务企图侵占另一方财产行为时,享有再次请求人民法院分割财产的权利。

《〈民法典〉婚姻家庭编解释(一)》第 84 条规定,当事人依据《民法典》第 1092 条的规定向人民法院提起诉讼,请求再次分割夫妻共同财产的诉讼时效期间为三年,从当事人发现之日起计算。

上述隐藏、转移等行为,通常不涉及第三人利益,且会严重干扰诉讼秩序,所以法律特别规定了再次分割夫妻共同财产的诉讼时效,提醒当事人及时行使诉权。因此,对于离婚时未发现对方存在隐藏、转移财产等行为,离婚后才发现的,适用诉讼时效的规定,当事人应当自发现之日起三年内提起诉讼。

2. 对于非因《民法典》第 1092 条规定的特定情形导致没有分割夫妻共同财产,离婚后一方请求法院依法分割,是否应受诉讼时效的限制,法律并无明确规定。笔者认为,不应受诉讼时效的限制,理由如下。

这类离婚时没有分割的财产是离婚时双方都明确知道,但由于各种主客观原因没有进行分割。离婚时由于客观原因财产无法分割的情形包括涉及第三人利益或房产没有办理房产证等情形。

夫妻共同财产系共同共有物,关于共有物的分割,适用《民法典》中关于共

同共有的规定,即共同共有人在共有的基础丧失或者有重大理由需要分割时,可以请求分割。离婚后,一方请求分割离婚时尚未分割的夫妻共同财产,虽然以请求权的形式呈现,但是其基础法律关系是物权而非债权,是请求法院对该共有物依法分割,所以不适用债权请求权中关于诉讼时效的规定。

另外,请求分割离婚时尚未分割的夫妻共同财产,即分割共有物。分割共有物属于形成之诉,形成之诉不受诉讼时效的限制。形成之诉的实现只需要法院的判决即可实现法律关系的改变,不需要像给付之诉一样需要依赖对方履行给付行为或者强制执行给付判决才能实现。

《〈民法典〉婚姻家庭编解释(一)》第 83 条规定,离婚后,一方以尚有夫妻共同财产未处理为由向人民法院起诉请求分割的,经审查该财产确属离婚时未涉及的夫妻共同财产,人民法院应当依法予以分割。《民事诉讼法司法解释》第 380 条规定,当事人就离婚案件中的财产分割问题申请再审,如涉及判决中已分割的财产,人民法院应当依照《民事诉讼法》第 207 条的规定进行审查,符合再审条件的,应当裁定再审;如涉及判决中未作处理的夫妻共同财产,应当告知当事人另行起诉。

由此可见,法律并未对当事人提起离婚时未涉及的夫妻共同财产分割诉请规定诉讼时效限制,因此,对于离婚时没有分割的其他夫妻共同财产,当事人可以随时要求分割,不受三年诉讼时效限制。

3. 对于离婚协议的履行问题是否适用三年的诉讼时效,需区别对待。

如果离婚协议中约定了款项支付时间,一方起诉要求另一方支付该款项,属于债权请求权,受三年诉讼时效的限制。

如果离婚协议中约定的房屋归一方所有或者一方协助办理过户手续等,一方起诉要求履行该协议办理过户,属于物权请求权,不受诉讼时效的限制。

4. 协议离婚后一方向人民法院请求撤销财产分割协议的,适用三年诉讼时效。

离婚后,一方向人民法院请求撤销离婚协议中的财产分割条款,并要求重新分割夫妻共同财产的,适用三年诉讼时效,《婚姻法司法解释(二)》第 9 条规定的一年的除斥期间已失效。

(三)哪些情形下可以提起离婚后财产纠纷诉讼

1. 协议离婚后,可以向人民法院提起诉讼的 4 种情形

(1)一方拒绝履行或者不完全履行离婚协议中的财产约定;

(2)一方对离婚协议中的财产约定反悔,要求变更或撤销原财产分割协议;

(3)一方存在隐藏、转移、变卖、毁损、挥霍夫妻共同财产,或者伪造夫妻共同债务企图侵占另一方财产的;

(4)协议离婚时存在漏分的夫妻共同财产。

2. 诉讼离婚后,可以向人民法院提起诉讼的情形

(1)诉讼离婚时漏分的夫妻共同财产。

诉讼离婚后,对人民法院生效的法律文书中已经处理的财产,当事人不得向人民法院提起再次分割的诉讼,只能通过申请再审的途径处理,以此维护生效法律文书的严肃性;但对离婚诉讼中忽略了的财产,或由于某种原因漏审、漏判的财产,则可以另行提起诉讼。

(2)诉讼离婚后,一方发现另一方存在隐藏、转移、变卖、毁损、挥霍夫妻共同财产,或者伪造夫妻共同债务企图侵占另一方财产的。

(四)协议离婚后,一方对财产分割协议反悔的,可以向人民法院起诉请求撤销财产分割协议并可要求对财产重新进行分割

协议离婚后,当事人可能对解除婚姻关系本身没有异议,但是对财产分割问题反悔,因此起诉到人民法院请求变更或者撤销财产分割协议。

依据《〈民法典〉婚姻家庭编解释(一)》第70条的规定,夫妻双方协议离婚后就财产分割问题反悔,请求撤销财产分割协议的,人民法院应当受理。人民法院审理后,未发现订立财产分割协议时存在欺诈、胁迫等情形的,应当依法驳回当事人的诉讼请求。

由此可见,如果一方以欺诈、胁迫等手段,使对方在违背自己真实意思表示的情况下订立的离婚协议,其法律效力属于可撤销。只要当事人向人民法院起诉请求撤销财产分割协议的,人民法院都应依法予以受理,至于当事人能否胜诉,需经人民法院实体审理才能确定。这取决于当事人是否能够证明订立协议时有欺诈、胁迫等情形存在。

需要注意的是,离婚协议除了纯粹的利益考虑,还难以避免地掺杂一些感情因素。一方在感情的支配下,可能会答应将夫妻共同财产的大部分给予对方,衡量这类协议是否公平,不能像对待其他民事合同一样,以等价有偿作为唯一的标准,因此,我国《民法典》及相关司法解释并没有明确将"显失公平""重大误解"这两种情形列为可撤销财产分割协议的法定情形。

（五）夫妻一方隐藏、转移夫妻共同财产，受害方如何维权

实务中，夫妻一方通过恶意隐藏、转移财产侵占夫妻共同财产的行为具有多发性及隐蔽性的特点，受害方举证难度大。如果离婚后才发现前配偶隐藏、转移财产的，可以通过提起离婚后财产纠纷诉讼的方式维护自己的权益。实务中，认定一方隐藏、转移夫妻共同财产的一般标准如下。

1. 行为人具有隐藏、转移夫妻共同财产的主观故意

行为人是否具有主观故意，可以根据其具体行为判断，如在离婚诉讼期间，一方将财产转移至案外人名下可能认定构成故意；如因不具备购房条件而以他人名义购房，不具备隐藏或转移财产的故意，则不构成隐藏、转移财产，分割夫妻共同财产时不属于少分或不分的情形。

2. 行为人具有隐藏、转移夫妻共同财产的客观行为

认定一方隐藏、转移夫妻共同财产的前提是其行为不为配偶所知悉，且自认为其行为具有隐蔽性。如果另一方在离婚诉讼中否认该财产的存在，离婚后发现该财产由其控制或在其知晓的地方，可以直接认定其实施了隐藏夫妻共同财产的行为。

3. 无偿赠与财产属于转移夫妻共同财产的行为

夫妻一方将夫妻共同财产赠与他人，另一方起诉要求撤销赠与，法院判决撤销赠与，返还财产后，必然会产生夫妻共同财产分割的问题。实践中，夫妻关系存续期间一方将夫妻共同财产赠与第三者，该行为因侵害另一方的财产权益应被认定为无效，相关款项亦应予以返还，财产返还后应在夫妻之间再进行分割。

（六）如何认定夫妻一方存在伪造夫妻共同债务企图侵占另一方财产的行为

伪造债务的行为一般发生在婚姻关系存续期间，如果在离婚前某一特定时间段内（司法实践多为离婚前一年）一方债务突然大量增加，而此时婚姻关系已经无法挽回，此时，行为人具有伪造债务的嫌疑。伪造债务的行为通常通过伪造书面债务凭证的形式，如借条、借款合同、债权债务公证书等实现。行为人提供的证据通常包括书面合同、债务凭证、证人证言等，实务中应仔细甄别证据的真实性。

（七）协议离婚后，一方不履行关于财产分割的条款，应如何处理

《离婚协议书》中的财产分割条款，对男女双方均具有法律约束力，如果一

方事后不履行或者不完全履行离婚协议的约定,《离婚协议书》本身并无强制执行力,当事人应向人民法院提起诉讼,由人民法院对《离婚协议书》的效力作出认定,法院生效的裁判文书(包括调解书和判决书)具有强制执行效力。

第五节　律师忠告

(一)离婚协议中约定无其他共同财产,一般视为未对房屋进行分割

离婚时,如果没有对房屋的归属作出具体、明确的约定,即使离婚协议中约定"无共同财产",也不能视为当事人已经放弃了该房产的相关权益,法院一般会在离婚后财产纠纷中对该财产予以分割。

(二)"假离婚"存在巨大的法律风险,务必谨慎

现实生活中,有些人为了购房或者逃避债务等原因而选择"假离婚"。在身份关系上,没有"真离婚"和"假离婚"的区别,只要是办理了离婚登记,婚姻关系在法律上就已经解除。在财产关系上,法院会推定双方在民政局办理离婚登记时提交的离婚协议书是双方真实的意思表示。如果能够证明离婚协议存在欺诈、胁迫的情形,当事人可以向法院请求撤销离婚协议中关于财产分割的条款。

对于债权人而言,如果出现债务人通过假离婚逃避债务或者逃避强制执行的情况,债权人可以提起确认合同无效之诉,主张债务人夫妻签订的离婚协议中关于财产分割的内容侵害了债权人的权益,要求确认债务人夫妻双方签订的离婚协议中关于财产分割的约定无效。

(三)如果不存在欺诈、胁迫等情形,离婚协议登记备案后反悔、撤销很难被支持

离婚协议与普通的民事合同具有一定的区别,即除了纯粹的利益考量,还不可避免地掺杂一定的感情因素和复杂动机。比如,在感激、慰藉之情抑或愧疚之情的支配下,一方均可能将财产的大部分给予对方;在迅速离婚的驱动下,一方可能愿意在财产分割上作出较大让步;在希望子女得到良好物质保障或者补偿一方辛勤抚养子女的初衷下,一方可能愿意将财产的大部分给予直接抚养方或者赠与子女。因此,法律只列举规定了存在欺诈或胁迫情形之下当事人可以撤

销离婚协议中的财产分割条款，并没有列举在“显失公平”和“重大误解”情形下当事人具有撤销权。

（四）离婚协议约定将房产赠与未成年子女，离婚后无权主张撤销赠与

夫妻双方在离婚协议中约定将共有房产赠与未成年子女，婚姻关系解除后，一方不得以房产产权尚未变更，仍处于共有财产状态为由主张撤销之前的赠与行为，一方事后反悔会破坏离婚协议的整体性且有违诚实信用原则。

第六节　法律速递

《民法典》

第一千零七十六条　夫妻双方自愿离婚的，应当签订书面离婚协议，并亲自到婚姻登记机关申请离婚登记。

离婚协议应当载明双方自愿离婚的意思表示和对子女抚养、财产以及债务处理等事项协商一致的意见。

第一千零八十七条　离婚时，夫妻的共同财产由双方协议处理；协议不成的，由人民法院根据财产的具体情况，按照照顾子女、女方和无过错方权益的原则判决。

对夫或者妻在家庭土地承包经营中享有的权益等，应当依法予以保护。

第一千零九十二条　夫妻一方隐藏、转移、变卖、毁损、挥霍夫妻共同财产，或者伪造夫妻共同债务企图侵占另一方财产的，在离婚分割夫妻共同财产时，对该方可以少分或者不分。离婚后，另一方发现有上述行为的，可以向人民法院提起诉讼，请求再次分割夫妻共同财产。

《〈民法典〉婚姻家庭编解释（一）》

第六十九条第一款　当事人达成的以协议离婚或者到人民法院调解离婚为条件的财产以及债务处理协议，如果双方离婚未成，一方在离婚诉讼中反悔的，人民法院应当认定该财产以及债务处理协议没有生效，并根据实际情况依照民法典第一千零八十七条和第一千零八十九条的规定判决。

第七十条　夫妻双方协议离婚后就财产分割问题反悔，请求撤销财产分割协议的，人民法院应当受理。

人民法院审理后,未发现订立财产分割协议时存在欺诈、胁迫等情形的,应当依法驳回当事人的诉讼请求。

第八十三条 离婚后,一方以尚有夫妻共同财产未处理为由向人民法院起诉请求分割的,经审查该财产确属离婚时未涉及的夫妻共同财产,人民法院应当依法予以分割。

第八十四条 当事人依据民法典第一千零九十二条的规定向人民法院提起诉讼,请求再次分割夫妻共同财产的诉讼时效期间为三年,从当事人发现之日起计算。

第二章　离婚关联案之亲子关系纠纷及法律应对

第一节　案由解读

亲子关系即父母子女关系，确认亲子关系诉讼属于身份关系诉讼，主要包括请求确认或者否认亲子关系的诉讼，即否认法律上的亲子关系或承认事实上的亲子关系。

“亲子关系纠纷”是2020年12月29日最高人民法院印发《关于修改〈民事案件案由规定〉的决定》的通知中新增的案由，《民法典》实施之前，此类型争议一般置于“抚养关系纠纷”等案由下进行处理。

亲子关系纠纷的请求权依据主要为《民法典》第1073条的规定，对亲子关系有异议且有正当理由的，父或者母可以向人民法院提起诉讼，请求确认或者否认亲子关系。对亲子关系有异议且有正当理由的，成年子女可以向人民法院提起诉讼，请求确认亲子关系。提起亲子关系否认之诉的权利人只能是夫或妻。相关司法解释之所以没有赋予子女的否认权，是因为子女未成年时需要由其父母抚养照顾，而子女成年后，即便父母与其没有血缘关系，但对于付出心血将其抚养成人的父母而言，如果允许子女行使否认权则有失公允。

提起亲子关系纠纷的诉讼主体仅限于父母或成年子女；父或母提起诉讼的请求为确认或否认亲子关系，成年子女提起诉讼的请求仅限于请求确认亲子关系；提起诉讼的条件均为“有正当理由”。

第二节 关联案例

亲子关系纠纷，主要包括以下 4 种情形：

1. 未婚或同居期间生育子女，要求确认或否定亲子关系。

2. 婚姻关系存续期间、离婚期间甚至离婚后，男方怀疑子女非亲生，要求否认亲子关系。

3. 婚姻关系存续期间，夫妻一方与婚外异性生育子女，相关主体要求确认或否认亲子关系。

4. 夫妻一方去世，去世一方的继承人或其中之一怀疑其中某位继承人与被继承人不存在亲子关系。

由此可见，亲子关系纠纷与离婚纠纷的关联性和密切度比较高，亲子关系纠纷，往往不是单独的一个诉讼，而是两个或两个以上的诉讼连环发生。举例如下。

（一）法院调解离婚 + 离婚后否认亲子关系纠纷

女方在婚姻关系存续期间出轨并怀孕生子，因该子女在婚姻关系存续期间出生，被推定为夫妻双方的婚生子女。离婚后男方发现女方在婚姻关系存续期间有婚外情，怀疑子女并非亲生，男方向法院起诉否认亲子关系。

有些案件，到离婚后否认亲子关系并没有结束，如果在离婚后否认亲子关系纠纷中没有提出抚养费返还及精神损害赔偿等诉求的情况下，可以单独提起离婚后损害责任纠纷，并提出前述诉求。

（二）同居关系子女抚养纠纷 + 亲子关系确认纠纷 + 抚养费纠纷 + 变更抚养关系纠纷 + 探望权纠纷

男女双方于 2008 年相识相恋，后双方同居。2009 年 11 月 7 日，女方生下一女巧巧。后二人感情破裂，2011 年解除同居关系，巧巧由女方抚养。2012 年，巧巧曾向法院起诉要求父亲支付抚养费，后经法院调解双方协商由男方每月支付抚养费 500 元直至巧巧年满 18 周岁止。2014 年 3 月，男方向法院起诉要求确认与巧巧的亲子关系，经法院委托鉴定，男方确系巧巧的亲生父亲。

2015 年,随着巧巧年龄的增长、生活消费水平提升等因素,巧巧相对应的实际花费需求也有所增加,之前确定的抚养费已经无法满足实际生活需要,巧巧便向父亲提出增加抚养费的诉讼,由此产生抚养费纠纷。法院亦会综合考虑子女实际需要、生活地经济发展水平、男方的经济收入等因素确定抚养费最终数额。如果男女双方均严格遵守人民法院判决或调解,直接抚养一方配合不直接抚养一方对子女进行探望,不直接抚养一方准时足额给付抚养费,巧巧便能在相对稳定的环境中健康成长,但往往事与愿违,双方均不履行生效判决,导致男方因抚养权变更、探望权纠纷等再度闹上法庭。

(三)离婚纠纷+否认亲子关系纠纷+返还抚养费+离婚损害赔偿+重新分割夫妻共同财产

离婚案件是复合之诉,离婚的同时会一并处理子女抚养以及夫妻共同财产分割等事宜,子女抚养权的归属往往会影响到夫妻共同财产的分割。如本关联案,离婚时夫妻双方将共同财产赠与给子女,离婚后男方发现子女系女方婚内出轨与他人所生,可依据《民法典》第 1073 条的规定向人民法院提起诉讼,请求否认亲子关系,当亲子关系不成立时,男方可依据《民法典》第 1065 条第 1 款等规定,主张就其支付的抚养费进行赔偿以及精神损害赔偿,并可以要求重新分割夫妻共同财产。

(四)继承纠纷+亲子关系纠纷

法定继承的第一顺位继承人为配偶、子女、父母,这里的子女既包括婚生子女,也包括非婚生子女、养子女和有抚养关系的继子女。因此,对于非婚生子女,实现法定继承的重要条件就是证明具有亲子关系。

继承案件中的亲子关系确认属于身份关系的确认,而该确认是遗产继承的前提,在没有亲子鉴定的情况下,需要综合多个证据进行考量,如果缺乏足够的证据证明亲子关系的存在只有望财(遗产)兴叹,与己无缘了。

第三节 案例精选

【案例一】离婚时赠与子女财产，离婚后发现子女非亲生，法院判决撤销赠与

李天赐和卓楠两人婚后不久生育一子李义，后李天赐向单位申请购买了一套经济适用房（案涉房屋），登记在李天赐名下。随着时间的流逝，李天赐和卓楠的关系日渐疏远，在李义 4 岁时，双方协议离婚。离婚协议约定，李义随卓楠生活，案涉房屋归李义所有。

离婚后，李天赐偶然发现李义很有可能不是他亲生的，于是向法院起诉要求确认李义与自己不存在亲子关系，同时要求返还抚养费并主张精神损害赔偿金，一审法院以其没有提供必要的初步证据，驳回了李天赐的诉讼请求。

李天赐不服一审判决，提起上诉。上诉期间，李天赐悄悄拿李义喝过的矿泉水瓶和李义的指甲做了鉴定，鉴定结论为排除李天赐是被检查者的生物学父亲。二审法院以出现新证据，导致原审法院判决认定事实不清为由，裁定撤销原判，发回重审。原审法院受理后，因李天赐向法庭提供了《苏博生物 DNA 检测报告》及《司法鉴定书》两份证据证明其主张，李义没有相反证据证明双方之间存在亲子关系，因此，法院判决确认李天赐与李义不存在亲子关系。

法院判决确认李天赐与李义不存在亲子关系后，李天赐以重大误解为由，另案起诉请求法院撤销离婚协议中的财产分割条款，撤销了对李义的房产赠与。

【案例二】非婚生子请求确认亲子关系，证据不足被法院驳回

刘佳和吴迪原本是一对相爱的情侣。吴迪家境优渥，刘佳却出生寒门，吴迪的父母基于门当户对的理念强行干预二人的婚事，无奈之下二人和平分手。

吴迪与刘佳分手不到 3 个月便与父母选择的春花办理了结婚登记，婚后不久吴迪意外得知刘佳已经怀孕 4 个多月，经协商，两人共同决定把孩子生下来。不久刘佳生育一子，吴迪在刘佳住院的档案中签名并给儿子取名吴强生。

吴迪的弟弟吴威是不婚主义者，其户口与父母不在一起。为了给孩子一个合法的身份，吴迪就和吴威商量，让其与刘佳登记结婚，以解决孩子的户口问题。

吴威愿意帮忙，于是吴威与刘佳办理了结婚登记，孩子的户口顺利办到了吴威名下。

刘佳和吴威成了法律意义上的夫妻，但是并未共同生活。因为吴迪的支助，刘佳购买了一套商品房并登记在自己名下，该房屋一直由刘佳母子居住使用。

一晃几年过去了，吴迪的父母先后离世，家族企业的经营大不如前。吴威与刘佳已经协议离婚，《离婚协议书》约定，双方离婚原因是两地分居，感情不和，约定儿子吴强生由刘佳抚养，吴威无须支付抚养费；包括房产在内的所有共同财产归刘佳所有。

因吴迪与刘佳的联络、支助和陪伴越来越少，刘佳心理失衡，于是，刘佳作为儿子吴强生的法定代理人，以吴迪为被告，以吴威为第三人提起亲子关系确认之诉。刘佳在诉讼中称，吴强生系其与吴迪之子，吴迪为了给孩子一个合法的身份，在刘佳怀孕后安排与其弟吴威登记结婚，其从未与吴威共同生活过。原告吴强生出生医院的档案中有吴迪填写并签字的材料。被告吴迪与第三人吴威对刘佳所述均不予认可，均认为吴强生的亲生父亲为第三人吴威。

诉讼期间，第三人吴威将与刘佳的电话进行录音，刘佳在对话中称，吴威是吴强生的亲爹，吴强生对录音的真实性予以认可。

吴强生提供证据，被告吴迪在原告吴强生成长的不同时期多次与吴强生及刘佳单独相处，并拍摄有游览照片及生活视频。为证实其主张，吴强生于诉讼期间分别向法院申请对自己与吴威之间、自己与吴迪之间是否存在亲子关系以及吴迪在吴强生出生时在医院的签字进行鉴定。法院对上述鉴定予以准许，并向吴迪、吴威释明，但两人均不同意进行鉴定。

法院经审理后认为，吴强生不能提供有效证据否定与吴威存在亲子关系，吴强生要求与吴迪进行亲子鉴定，而吴迪不同意对亲子关系进行鉴定的情况下，并不能据此推定亲子关系的成立。刘佳不服一审判决，提起上诉，并且提供了“三口之家”的合影以及生活视频等证据。二审法院以提交的证据不足以证明其与吴迪之间存在亲子关系的可能性为由，认定原审法院根据案情依法作出的判决并无不当，所以二审驳回上诉，维持原判。

【案例三】假离婚后生子未鉴定，继承案件中如何确认亲子关系

案例二中，由于亲生父亲在世时对亲子关系进行否认，并不同意亲子鉴定，

导致诉求无法获得支持。如父亲在世时未留下直接证明亲子关系的证据，当父亲去世，发生遗产纠纷后，非婚生子女如何维护自身的合法权益？请看父母离婚后出生的孩子如何证明亲子关系成立并捍卫自身继承权的案例。

王虎与张琴系夫妻关系，婚后生育了两个女儿：冯丽丽、冯程程。王虎除了会工作、能挣钱，生活中很多事情都需要妻子照顾。不幸的是，在冯程程刚满12周岁时，张琴突然去世。张琴去世后不到一年，王虎与同事刘彩华领取了结婚证。

刘彩华为了让王虎安心工作，百般努力照顾两个孩子和王虎，但没想到换来的却是两个孩子的仇恨，此时刘彩华已经怀孕5个多月了，为了将刘彩华解脱出来，王虎选择与刘彩华离婚。两人为了避免矛盾，在《离婚协议书》中约定，婚内共同购买的502号房屋归王虎所有，《离婚协议书》中子女抚养一栏为无。

离婚后，王虎将刘彩华安顿在离公司不远的出租屋内，时常过来与刘彩华共同生活，5个月后冯阳阳出生了，《妇幼保健院手术同意书》中载有“王虎”本人的签字，《出生医学证明》中载明：新生儿冯阳阳，母亲刘彩华，父亲王虎。冯阳阳出生后不久，王虎即办理了一份以自己为被保险人的终身寿险，约定的受益人为冯丽丽、冯程程、冯阳阳三人。

冯阳阳长得很漂亮，王虎非常喜欢，在征得刘彩华的同意后，王虎希望把502号房屋赠与冯阳阳。冯阳阳出生后不到一年，502号房屋还没有来得及办理赠与变更登记手续，王虎就因病去世，未留遗嘱。

冯丽丽、冯程程得知冯阳阳的身世后非常震惊，在继承纠纷的诉讼中，冯丽丽、冯程程极力否认冯阳阳的诉讼地位，并提供了以下证据：(1)《女性孕情诊断证明》记载：姓名刘彩华，原配偶王虎，经诊断未发现妊娠，并盖有××县妇幼保健院门诊专用章；(2)《离婚协议书》中子女抚养一栏为无；(3)《离婚谈话笔录》中询问婚后有无子女等。但冯阳阳对前述证据的证明目的都不认可，并提供了证明其与王虎是父女关系的一系列证据，如《出生医学证明》、《妇幼保健院手术同意书》、《保险单》及《保险金领取通知书》，该通知书载明：冯程程、冯阳阳为被保险人王虎法定第一顺序继承人。因王虎死亡，无法做亲子鉴定，冯阳阳提出与冯程程等8人做亲缘鉴定，冯程程等8人拒绝配合，并明确表示不对《妇幼保健院手术同意书》中“王虎”的签名进行笔迹鉴定。

法院认为，本案中，冯阳阳提供的《出生医学证明》、《妇幼保健院手术同意书》、《保险金领取通知书》、化验报告单、B 超检查记录、住院病历材料等虽不是冯阳阳与王虎系父女关系的直接证据，但是经查明各证据相互印证，具有高度的盖然性，已经达到证据规则所要求的证明标准，足以推定冯阳阳与王虎系父女关系。冯阳阳已就其与王虎系父女关系提供了必要的证据予以证明，冯程程并未提供充足的相反证据予以反驳，且仍拒绝配合做亲缘鉴定。综合上述两个方面，法院确认冯阳阳与王虎系父女关系。

【案例四】未婚生子反目成仇，5 次诉讼尘埃落定

未婚生子，如果最终两人没有走入婚姻也不能和平分手，往往会因为孩子的抚养权、抚养费、探望权等发生矛盾。本案讲述的就是一对分手的情侣，因子女的抚养、探望等纠纷历经 5 次诉讼的故事。

1. 抚养纠纷

孙铭和万梅相识相恋后开始同居生活，不久女儿孙琪顺利出生。随着孩子逐渐长大，两人因生活开销、家务等许多琐事不断发生争吵。最终，两人因为孩子的抚养权和抚养费闹上了法庭，经法院调解，孙琪由万梅直接抚养，孙铭每月支付 500 元抚养费。

2. 亲子关系纠纷

孙铭提起亲子关系纠纷诉讼，经法院委托鉴定，确定孙铭系孙琪的亲生父亲。

3. 抚养费纠纷

随着孩子年龄的增长，生活和学习的开销越来越大，孙铭每月支付的 500 元抚养费已经无法满足孙琪的日常生活需要，而万梅因照顾孩子收入有限。因此，万梅要求孙铭增加抚养费至 1200 元。此时孙铭已经再婚，新组建的家庭开销很大，因此不同意增加抚养费，万梅一纸诉状将孙铭告上了法庭，请求增加抚养费，法院判决孙铭每月支付孙琪抚养费 600 元。

4. 变更抚养权纠纷

抚养费纠纷判决生效后，孙铭按照判决每月按时向孙琪支付抚养费。孙铭因多次接孩子无果，因此向法院起诉请求变更孙琪的抚养权。庭审中，因其未能提交自己比万梅更适合抚养孩子的证据，且法院也考虑到孩子自出生以来一直随万梅生活，为了孩子能有一个稳定的成长环境，驳回了孙铭的诉讼请求。

5. 探望权纠纷

抚养权纠纷败诉后，孙铭再次起诉请求法院判决探望孩子的具体方式和时间、地点，法院支持其探视权，同时也考虑到孙铭已组建了新的家庭，为了孩子的身心健康和相对稳定的生活环境，对孙铭的探望次数进行了限制，每月一次，每次探望时孙琪可在孙铭处住两日。

【案例五】婚内出轨与他人生育子女，法院判决返还抚养费并赔偿精神损害赔偿金

2015 年 8 月，小美和张超登记结婚，小美系再婚。2015 年 10 月，小美生一女取名张小丫。婚后不久，双方因生活琐事产生矛盾，2018 年 2 月，张超申请司法鉴定，结果为排除张超为张小丫的生物学父亲。2019 年 5 月，小美起诉至法院要求离婚，法院判决不准离婚，但双方矛盾并未缓和。2020 年 1 月，小美与王亮生育一子取名王小胖。王小胖的出生医学证明上载明其父亲为王亮。2020 年 12 月，小美再次向法院起诉要求与张超离婚。

法院经审理后认为，小美婚后生育的女儿张小丫经鉴定与张超不存在亲子关系，后小美在与张超婚姻关系存续期间又与他人生育儿子王小胖。小美缺乏正确的婚姻家庭观念，视生儿育女如儿戏，对婚姻关系的破裂负有重大过错。

法院最终判决：准许小美和张超离婚；张小丫、王小胖随小美共同生活，由小美抚养；小美向张超返还亲子鉴定之前张小丫的抚养费 5 万元；小美支付张超精神损害抚慰金 4 万元。

【案例六】《民法典》施行前的法律事实引起亲子关系否认之诉的法律适用

年逾八旬的黄老先生，因长期在外工作，户籍也在外地，为了让“儿子”能接受更好的教育，将其户口报在上海的外公外婆家，谁知受托人没听清，将其“儿子”的姓误写为“王”。

2020 年，黄老先生居住的房屋要拆迁了，为了证明父子关系，黄老先生与“儿子”做了亲子鉴定，结果却出乎意料。原来，黄老先生与“儿子”非亲生父子，为此，黄老先生一纸诉状告到法院，请求法院确认自己与养了 50 年的“儿子”之间不存在亲子关系。

法院经审理后认为，本案是由《民法典》施行前的法律事实引起的民事纠纷，此前的法律、司法解释对此并无明确规定，而《民法典》新增加了亲子关系否认制度，因此应当适用《民法典》的规定，对亲子关系有异议且有正当理由的，父或者母可以向人民法院提起诉讼，请求确认或者否认亲子关系。根据司法鉴定意见书，黄老先生与“儿子”并无生物学意义上的父子关系，其主张具有事实依据，应予支持。其“儿子”经法院传票传唤，无正当理由拒不到庭参加诉讼，意味着其放弃行使诉讼权利，应当承担相应的法律后果。

法院判决，原、被告之间不存在亲生父子关系。

第四节 维权指引

（一）区分自然血亲的父母子女关系和法律拟制血亲的父母子女关系

《民法典》婚姻家庭编规定了两类父母子女关系，自然血亲的父母子女关系，是基于子女出生这一自然事实而发生的父母子女关系。法律拟制血亲的父母子女关系，是父母子女间没有血亲应具有的血缘关系，但法律上确认其与自然血亲有同等的权利义务，因此又称准血亲关系，包括养父母与养子女、继父母与形成抚养关系的继子女关系。本章重点讨论的是自然血亲的亲子关系。

（二）非婚生子女亲子关系认定的难点和司法规则

非婚生子女要证明亲子关系在司法实践中存在许多难点。《〈民法典〉婚姻家庭编解释（一）》第 39 条所确立的亲子关系推定规则系建立在主张方提供初步必要证据的前提之下，且只限定在父母子女之间，并不适用兄弟姐妹及其他家族成员，任意扩大亲子关系推定规则适用主体范围不符合法律及司法解释的精神，婚生子女没有配合非婚生子女进行亲子鉴定的义务，更不适用亲子关系推定规则。

非婚生子女亲子关系认定的难点主要在于鉴定，实务中经常会出现父亲在世时不配合亲子鉴定以及父亲去世后无法鉴定的困境，同时法院对亲子关系鉴定持谨慎的态度，对于证据要求较高，在不能鉴定同时又不能适用亲子关系推定规则的情况下，亲子关系很难被法院认定。

（三）亲子关系否认之诉的原告只能是父或者母

我国将婚姻关系存续期间受胎或出生的子女推定为夫妻双方的婚生子女，当推定结果与客观事实不符时，《民法典》规定了亲子关系否认制度予以救济，但是将否认权行使的主体限制在子女的父或母。

祖父母不能作为否认亲子关系的原告，成年子女只能作为原告请求确认亲子关系，不能请求否认亲子关系，父或母死亡后，继承人是否可以依据医学鉴定结论等证据提起亲子关系否认之诉在司法实践中争议较大。

（四）亲子关系纠纷的诉讼主体

确认或否认亲子关系纠纷往往和其他案件连环发生。例如，离婚纠纷中，女方为了获得抚养权，提出孩子与男方并无血缘关系；或离婚时男方请求以确认其与孩子的亲子关系为支付抚养费的前提等。

当事人就确认或否认亲子关系单独起诉，毋庸置疑，原、被告应当是父母和孩子，但在离婚纠纷或抚养权纠纷中请求确认或否认亲子关系的，表面上的诉讼主体是父母，实际的诉讼主体却是父母一方和孩子，另一方仅作为孩子的法定代理人参加亲子关系的确认或否认。

例如，案例一中，父亲李天赐在离婚后发现婚生子李义与其他男人长相颇为相似而对李义是否是其亲生子产生怀疑，就以自己为原告，李义为被告提起否认亲子关系纠纷的诉讼。

（五）亲子关系纠纷，需要提供哪些“必要证据”

亲子关系纠纷中存在两个基本的推定，一是婚姻关系存续期间出生的子女推定为与夫妻双方的婚生子女；二是非婚姻关系存续期间出生的子女推定与男方不具有亲子关系，要推翻亲子关系推定就需要进行亲子鉴定。

如果对方不配合进行亲子鉴定，提起诉讼的一方则需要提供足以使法官内心确信的证据，使举证责任转移至对方，此时如果对方坚持不进行亲子鉴定，根据《新证据规定》第95条的规定，“一方当事人控制证据无正当理由拒不提交，对待证事实负有举证责任的当事人主张该证据的内容不利于控制人的，人民法院可以认定该主张成立”，法官可以要求其承担举证不能的不利后果，作出对其不利的推定。

另外，《北京市高级人民法院民一庭关于审理婚姻纠纷案件若干疑难问题的参考意见》第 4 条规定,“必要证据”指的是“足以使法官产生内心确信,使举证责任产生转移的证据,如血型、DNA 鉴定相符或不相符、载有父母子女关系的出生医学证明、对方与他人在特定时段同居、男女双方在特定时段有或没有同居生活等证据”。

(六)父或者母起诉请求否认亲子关系,并提供必要证据予以证明,另一方没有相反证据又拒绝做亲子鉴定的,推定不具有亲子关系;父或者母以及成年子女起诉请求确认亲子关系,并提供必要证据予以证明,另一方没有相反证据又拒绝做亲子鉴定的,推定具有亲子关系

《〈民法典〉婚姻家庭编解释(一)》第 39 条虽然确立了亲子关系的推定规则,但是根据“谁主张,谁举证”的原则,原告仍然需要提供“必要证据”。

父或母起诉请求确认亲子关系,立案时需要提供“必要证据”证明曾经是恋人关系或亲子关系存在的可能性,如不能提供初步证据则不符合立案的条件。实务中常见的证据形式有微信聊天记录、录音录像、证人证言、书面协议、抚养费支付记录、亲子鉴定报告等,例如,双方曾在微信聊天记录里承认过恋爱关系、亲子关系,或者讨论过子女的抚养,等等。

父或母起诉请求否认亲子关系,立案时需要提供“必要证据”证明不具有亲子关系的可能性,常见的证据主要包括以下 5 类:

1. 时间不能:证明怀孕前没有夫妻生活;
2. 空间不能:证明受孕期间二人异地;
3. 生理不能:证明男方没有生育能力;
4. 血型不能:如男方是 A 型,女方是 O 型,孩子却是 B 型;
5. 单方形成的鉴定报告:可以作为初步证据使用。

例如,案例一中,李天赐偶然发现蹊跷而对李义是否是其亲生子产生怀疑,虽然他向法院起诉了,但一审法院却驳回了他的诉讼请求,如果李天赐在二审中没有提供亲子鉴定报告,二审法院也不会将案件发回重审。

(七)遭遇欺诈性抚养,男方应如何维权

妻子明知其所生之子女为非婚生子女,未告知丈夫,而使其承担了抚养义务称为欺诈性抚养。欺诈性抚养是司法实践中一类较为典型的案件。例如,离婚时男方获得了子女的抚养权或者离婚后男方一直在支付子女的抚养费,后来发

现子女并非自己亲生而引发的纠纷。欺诈性抚养本质上是一种侵权行为，侵权的主体一般是隐瞒真相的妻子，也存在妻子与子女的生父共同欺诈，构成共同侵权的情形。

男方可以在离婚时或者离婚后向女方主张返还抚养费和精神损害赔偿金，实际获得抚养费的孩子，并非返还抚养费和赔偿的义务主体。抚养费的具体数额一般为抚养期间实际为被抚养人生活、教育、医疗等花费的一半，精神损害赔偿金的具体数额一般由法院根据侵权人的过错程度、侵权行为所造成的后果、侵权人的经济能力以及所在地的平均生活水平等酌定。

《北京市高级人民法院民一庭关于审理婚姻纠纷案件若干疑难问题的参考意见》第5条规定，夫妻一方因另一方隐瞒真相而受欺诈抚养了另一方与他人所生育子女，受欺诈抚养方请求另一方返还实际支出的抚养费用的，人民法院应予以支持；受欺诈抚养方请求的精神损害赔偿等费用，可酌情予以支持。

（八）遭遇欺诈性抚养，男方起诉的案由

遭遇欺诈性抚养，男方要求女方返还抚养费、承担精神损害赔偿责任以及返还其他费用，提起诉讼的案由并不统一，在亲子关系纠纷、离婚后损害责任纠纷、抚养费纠纷等案由中均可以进行处理。分别举例如下。

（2021）苏0903民初679号，案由为亲子关系纠纷，主要判决内容如下：

1. 女孩张茜与原告张斌不存在生物学上的亲子关系，张茜从2021年7月1日起随被告王凤生活。

2. 被告王凤返还原告张斌为抚养张茜所支出的生活费195,452元、课外教育培训费25,200元、保险费14,850元，合计235,502元。

3. 被告王凤支付原告张斌精神损害抚慰金30,000元。

（2021）京02民终9561号，案由为离婚后损害责任纠纷，判决内容如下：

驳回上诉，维持原判；一审法院主要判决内容如下：

1. 李某向吴某1支付抚养费300,000元；

2. 李某向吴某1支付精神抚慰金100,000元；

3. 李某向吴某1支付鉴定费6000元。

（2021）皖1122民初856号，案由为抚养纠纷，主要判决内容如下：

1. 确认原告张建不是被告王萍所生子张超的生物学父亲；

2. 被告王萍赔偿原告张建实际抚养张超期间花费的抚养费30,000元；

3. 被告王萍赔偿原告张建精神损害抚慰金 20,000 元;

4. 被告王萍赔偿原告张建鉴定费 2600 元。

(九)亲子鉴定意见对亲子关系认定的影响

亲子关系纠纷的请求权依据为《民法典》第 1073 条,无论是父母还是成年子女,提起诉讼的条件均为“有正当理由”,亲子鉴定是认定亲子关系最科学最准确的方式。

笔者通过 alpha 案例数据库以“案由—亲子关系纠纷”“关键词—亲子鉴定”进行检索,截至 2021 年 9 月 11 日,已上网文书共有 56 份。法院对鉴定意见的观点,分成 4 类,分别如下:

1. 被告缺席的情形下,法院采纳亲子鉴定结论确认原、被告无亲子关系。

例如,在(2020)沪 0115 民初 54210 号一案中,原告与配偶婚内生育被告,原告房屋拆迁后,因被告户口申报时姓氏曾被误写,拆迁办工作人员提出通过亲子鉴定方式确认被告是否享有拆迁利益,后经鉴定原、被告之间非亲生父子关系,上海市浦东新区人民法院认为,被告缺席判决视为放弃行使诉讼权利,采纳该鉴定意见并确认原、被告之间不存在亲生父子关系。

2. 原告提供单方鉴定报告,对方拒绝配合鉴定,法院采纳单方鉴定结论确认原、被告无亲子关系并判令被告返还抚养费、赔偿原告精神抚慰金和鉴定费。

例如,在(2021)皖 1122 民初 856 号一案中,原告与被告协议离婚,离婚协议约定原告抚养其中一名子女。原告单方做了亲子鉴定发现子女并非亲生,后原告向法院起诉,被告申请重新鉴定但未按要求选定鉴定机构,致使鉴定无法进行。法院采纳了原告提供的亲子鉴定意见,确认原告与被告所生子之间无亲子关系,并判令被告返还原告抚养费、赔偿原告精神损害抚慰金及鉴定费。

3. 原告提供单方鉴定报告,对方无异议,法院采纳鉴定结论确认双方之间无亲子关系。

例如,在(2021)川 0824 民初 419 号一案中,原告与被告母亲离婚后,单方申请进行亲子鉴定,鉴定结论为原告与被告之间不存在亲子关系,被告对该亲子鉴定无异议。法院最终确认双方之间无亲子关系。

4. 双方共同委托亲子鉴定确认亲子关系后,一方以做鉴定时非己方自愿为由不认可鉴定结论,法院采纳鉴定结论确认亲子关系。

例如,在(2021)豫 0225 民初 393 号一案中,原告与被告生母曾双方委托进行亲子鉴定,确认原告系被告生物学父亲,被告生母抗辩其做亲子鉴定时并非自愿,不认可鉴定结果,要求法院进行鉴定,法院采纳双方此前共同委托的鉴定结论,确认原、被告之间存在亲子关系。

亲子鉴定因其人身属性,司法实践中以双方自愿为原则,双方均同意做鉴定,亲子鉴定程序可正常启动。案例一中,李天赐即因为起诉时未能提供初步证据证明亲子关系的成立而被法院驳回诉讼请求,后期悄悄拿着李义喝过的矿泉水瓶以及指甲进行鉴定,得出二人不具有血缘关系的结论,该结论成了上诉中的新证据,能够作为其否认亲子关系的正当理由。而真正确定双方亲子关系成立的证据则是在重审庭审中提供的《司法鉴定书》,该鉴定意见是直接定案的依据。

第五节 律师忠告

(一)提起亲子关系否认之诉请三思而行

亲子关系是家庭关系中重要的维系纽带之一,对社会稳定、家庭和谐和个体成长都有深远的影响,亲子关系否认纠纷案件不论处理结果如何,都会给孩子的心理带来严重伤害,可能会影响孩子的一生,因此,如非必要请谨慎提起诉讼。在漫长的执业过程中,笔者遇到过数起否认亲子关系纠纷的咨询,经笔者分析劝解后基本上都没有选择诉讼。

(二)非婚生子女应及时确认亲子关系,否则抚养、继承等权利很难得到保障

婚姻关系存续期间出生或受胎、在婚姻关系存续期间或婚姻关系解除后300日内出生的子女,一律推定为婚生子女。婚生子女自出生之日起便享有法律规定的权利,无须举证证明亲子关系。

但非婚生子女则不同,非婚生子女,俗称的"私生子",是没有合法婚姻关系的男女双方所生育的子女,对于非婚生子女来说,想要主张法定的权利,必须先证明亲子关系。例如,非婚生子女和婚生子女依法享有平等的继承权,但是在司法实践中,非婚生子女要主张继承权,必须证明其与被继承人之间的亲子关系。如果没有进行亲子鉴定,未办理出生证明或者出生证明中未载明父亲信息,一旦

生父过世,非婚生子女想要证明亲子关系的难度非常大。

生活中,我们经常看到有子女因缺乏证据,不能继承亲生父母的财产,所以,如果非婚生子女迟迟不进行亲子关系的确认,一些关键性证据可能会随着时间的流逝而丢失,往往会造成维权困难,给诉讼增加很多不确定因素。

司法实践中,非婚生子女亲子关系的认定方式主要包括两种:一是由专业的司法鉴定机构对亲子关系进行鉴定,二是在无法进行亲子鉴定的情况下,根据法律规则推定亲子关系是否成立。

(三)如何保障非婚生子女的权益

为保障非婚生子女的合法权益,可以从以下几个方面做准备:

1. 孩子的出生证明最好能登记父亲的名字;

2. 具备鉴定条件时,尽量让孩子与生父做好亲子鉴定;

3. 保留生育孩子时住院手续等都是对方签字并支付费用的相关证据;

4. 保留自己和对方有关孩子的沟通记录,并通过微信给对方发送孩子的照片;

5. 如果是同居生子,最好签订同居协议,就同居期间所生子女的抚养以及财产等问题一并进行约定;

6. 保留和对方同居甚至谈婚论嫁的相关证据,如婚纱照,情人节或七夕发520或1314的红包等;

7. 留意孩子和对方的血型;

8. 注意保留对方可以用作亲子鉴定的生物材料,如血液、唾液、毛发、指甲或组织块等。

例如,案例二中,吴强生请求确认其与吴迪之间存在亲子关系,提供了其出生档案中吴迪填写并签字的材料、吴迪在吴强生成长的不同时期与其单独相处的照片及生活视频等作为证据,而吴强生母亲在怀孕时与吴威结婚,吴强生出生于婚姻关系存续期间,且刘佳在电话中认可吴威是吴强生的亲爹,在吴迪、吴威均不同意做亲子鉴定的情况下,吴强生仅凭吴迪的签字材料、与吴迪相处的视频和照片,没有提供更具证明力的直接证据,举证没有达到高度盖然性的标准,因此,亲子关系没有被法院认定。

案例三中,冯阳阳为了证明其与被继承人存在亲子关系,在庭审中提供了一系列证据,能够证明其在婚姻关系存续期间受孕,结合其他证据达到高度盖然性的证明标准可以推定亲子关系存在，但过程曲折，结果来之不易。如果冯阳阳、被继承人等在意外事件发生之前未雨绸缪，提前固定亲子关系存在的证据，便能减少许多困难。

(四) 亲子关系否认纠纷是否适用亲子关系推定规则，应考虑未成年人权益的保护

对此，笔者以(2015)营民一终字第01198号案例举例进行说明：

2000年年初，贾兵和李洁登记结婚，2002年10月生育一女贾凤，2008年7月双方经法院调解离婚，调解书约定婚生女贾凤随原告贾兵生活。

2014年，被告李洁起诉要求变更子女抚养关系，法院判决婚生女贾凤由原告李洁抚养，被告贾兵每月支付抚育费600元。

半年后，原告贾兵到贾凤就读的学校，强行拽取贾凤的头发，自行送往某鉴定公司进行DNA鉴定，该公司作出DNA鉴定意见书，结论为排除1号检材所属人贾兵与2号检材所属人贾凤的亲子关系。贾兵起诉李洁离婚后损害责任纠纷，要求确认其与贾凤不存在亲子关系，并要求李洁返还抚养费和承担精神损害赔偿。

本案在审理期间，贾凤不认可贾兵自行鉴定的DNA鉴定意见书，也不同意进行DNA鉴定。一审法院、二审法院和再审法院均认为，原告虽在庭审中提供了某鉴定公司的DNA鉴定意见书证明其主张，因该意见书并非司法机关委托所鉴，该意见书无鉴定单位资质及鉴定人的资质证明，且贾凤又未到鉴定机关参加鉴定，故，该意见书本院不予采信，贾兵要求进行DNA鉴定，因贾凤明确表示，不同意鉴定，为有利于贾凤学习、健康成长，对原告这一主张，本案不予支持。故未支持其诉讼请求。

由此可见，司法实务中，亲子关系否认之诉中并非完全适用亲子关系推定规则，需要结合案件的具体情况进行综合认定，充分考虑未成年人权益的保护。

(五) 如果预防亲子关系纠纷关联案件的发生

对此，笔者以案例四为例进行说明。

首先，万梅可以在双方关系没有破裂时就做好亲子鉴定，这样可以避免向法院提起亲子关系确认纠纷，另外，提前做好鉴定，如果将来孙铭发生意外，孙琪可以证明自己继承人的资格。

其次,万梅可以和孙铭签订《分居协议》,对孩子的抚养权、抚养费、抚养费的递增方式、对方的探望权,变更抚养权等事项约定清楚,未来一旦发生矛盾,直接起诉对方要求履行《分居协议》即可,完全可以避免不必要的连环诉讼。

由此可见,家有非婚生子女完全可以提前做好各项风险防范,保障子女合法权益,避免连环诉讼。摘录《分居协议》中的部分条款,供读者参考:

(一)非婚生子/女×××,××××年××月××日出生,身份证号为:××××××××××××××××××。双方分居后,×××由男方抚养。

(二)女方每月支付孩子抚养费×××元,直至×××大学毕业止。该费用不包括重大医疗、高端教育等费用。抚养费每【三年】递增【5%】。如孩子发生重大开支,双方根据支出的必要性,并结合实际情况协商各自承担的比例。

女方应于每月15日前将抚养费打入男方指定的如下银行账号:

户名:×××　开户行:×××××××××××

账号:×××××××××××××××××××

(三)女方对孩子享有探望权,男方应给予配合。探视时间和方式约定为:

女方每两周探望孩子一次,可以接孩子出去活动,并可以带回女方住处过夜。时间为每两周的其中一个周五下午18:00,由女方到男方住所/孩子学习地来接,星期日下午17:00~17:30由女方送孩子回到男方住所。为孩子安全起见,女方探望时不得委托他人接送。

若遇小孩生病或有其他不适宜外出的情形,女方本人可以到男方住所内探望,但不能将小孩接走或带出男方住所。男方应给予配合和协助;若男方无故推脱或拒绝,减少女方探望的次数,女方有权要求变更孩子的抚养权。

若因特殊情况,女方无法在以上协商的时间内行使探望权,探望时间及次数可以在二个月内补齐,男方不得拒绝。

每年春节、子女生日、子女上学以后的寒暑假,女方可以将孩子接走共同度过假期的一半时间。具体时间双方根据孩子的实际生活情况协商确定。男方不得拒绝。

(四)如遇孩子相关的重大事项发生变化,如居住地址、教育场所、疾病治疗方案等,男方有义务在第一时间通知女方,女方享有知情权,并可以参与决策。男方如违反,则女方可以申请变更抚养权。

第六节 法律速递

《民法典》

第一千零四十三条 家庭应当树立优良家风，弘扬家庭美德，重视家庭文明建设。夫妻应当互相忠实，互相尊重，互相关爱；家庭成员应当敬老爱幼，互相帮助，维护平等、和睦、文明的婚姻家庭关系。

第一千零五十八条 夫妻双方平等享有对未成年子女抚养、教育和保护的权利，共同承担对未成年子女抚养、教育和保护的义务。

第一千一百八十三条 侵害自然人人身权益造成严重精神损害的，被侵权人有权请求精神损害赔偿。

第一千零九十一条 有下列情形之一，导致离婚的，无过错方有权请求损害赔偿：（一）重婚；（二）与他人同居；（三）实施家庭暴力；（四）虐待、遗弃家庭成员；（五）有其他重大过错。

《〈民法典〉婚姻家庭编解释（一）》

第八十六条 民法典第一千零九十一条规定的“损害赔偿”，包括物质损害赔偿和精神损害赔偿。涉及精神损害赔偿的，适用《最高人民法院关于确定民事侵权精神损害赔偿责任若干问题的解释》的有关规定。

最高院《关于精神损害赔偿的司法解释》

第五条 精神损害的赔偿数额根据以下因素确定：

（一）侵权人的过错程度，但是法律另有规定的除外；

（二）侵权行为的目的、方式、场合等具体情节；

（三）侵权行为所造成的后果；

（四）侵权人的获利情况；

（五）侵权人承担责任的经济能力；

（六）受理诉讼法院所在地的平均生活水平。

第三章　离婚关联案之离婚后损害责任纠纷及法律应对

第一节　案由解读

离婚损害赔偿,是指因夫妻一方的重大过错致使婚姻关系破裂的,过错方应对无过错方的损失予以赔偿的法律制度。

我国 2001 年《婚姻法》修改时,在第 46 条中加入了对离婚损害赔偿制度的规定。《婚姻法》第 46 条前四款规定内容和《民法典》第 1091 条前四款规定内容基本保持一致,《民法典》第 1091 条第 5 款还规定了有其他重大过错的情形,导致离婚的,无过错方有权请求损害赔偿的内容。《民法典》自 2021 年 1 月 1 日起施行,同时《婚姻法》废止。

从世界范围看,1907 年《瑞士民法典》就规定了离婚损害赔偿制度,其中规定:(1)因离婚,无过错方的配偶一方在财产权或期待权方面遭受损害的,有过错的一方应当支付合理的赔偿金;(2)因导致离婚的情势,配偶一方的人格遭受重大损害的,法官可判与一定金额的赔偿金作为慰抚。《法国民法典》规定,在因一方配偶单方过错而宣告离婚的情况下,该一方对另一方配偶因婚姻解除而受到的物质上和精神上的损失,得受判处负损害赔偿责任。但是另一方配偶仅在进行离婚诉讼之时,始得请求损害赔偿。我国台湾地区"民法"规定,夫妻之一方,因判决离婚而受有损害者,得向有过失之他方,请求赔偿。前项情形,虽非财产上之损害,受害人亦得请求赔偿相当之金额。但以受害人无过失者为限。前项请求权,不得让与或继承。但已依契约承诺或已起诉者,不在此限。可见,离婚时过错方应当对无过错方因此而受到的损害进行赔偿,已成为世界各国或地区婚姻家庭相关规定的共识。

离婚损害赔偿适用的条件包括:(1)一方对离婚存在过错。(2)过错方实施了妨害婚姻家庭关系的违法行为,具体包括以下几种情形:①重婚;②与他人同居;③实施家庭暴力;④虐待、遗弃家庭成员;⑤有其他重大过错。(3)另一方没有过错。假如双方对离婚均存在过错,则双方均无权请求获得补偿或救济。(4)过错方的损害行为造成了损害结果。(5)过错行为与损害结果之间存在因果关系。人民法院判决不准离婚的案件,对于当事人基于《民法典》第1091条提出的损害赔偿请求,不予支持。在婚姻关系存续期间,当事人不起诉离婚而单独依据该条规定提起损害赔偿请求的,人民法院不予受理。

第二节 关联案例

离婚后损害责任纠纷,主要存在以下3种适用情形:

1. 协议离婚后,无过错方提起离婚后损害责任纠纷。

2. 诉讼离婚时,无过错方作为原告,在离婚诉讼的同时提起损害赔偿。

3. 诉讼离婚后,无过错方作为原告,另行提起的离婚后损害责任纠纷。

由此可见,离婚后损害责任纠纷与离婚纠纷的关联性是比较高的。

离婚后损害赔偿纠纷,往往不是单独的一个纠纷,而是两个或两个以上的纠纷连环发生。举例如下。

(一)重婚罪+离婚诉讼+离婚后损害责任纠纷+赠与合同纠纷

有权提起离婚损害赔偿的主体如果在协议离婚时明确表明放弃损害赔偿,离婚后单独提起诉讼请求离婚损害赔偿的,法院不予支持。

男女双方于1999年登记结婚,男方于2016年起诉离婚,经法院调解,二人于2017年离婚。离婚后,女方以男方重婚为由提起自诉。法院查明,男方在2016年和另一女子办理婚礼并以夫妻名义同居,男方因此被判重婚罪。之后,女方又提起离婚后损害责任之诉,由于女方在离婚调解时明确放弃损害赔偿,因此女方的诉讼请求被法院驳回。之后,女方又以男方私自处分夫妻共同财产为由提起诉讼,要求认定男方的赠与行为无效,重婚罪的另一个当事人返还财产,法院支持了该请求。

(二) 离婚诉讼 + 离婚后损害责任纠纷 + 离婚后财产纠纷

提起离婚损害赔偿的主体只能是没有过错的一方。该方的主张也可以不局限于精神损害赔偿,还可以提出其他请求,如返还抚养费等,但是否会被支持还要看具体情况。

男女双方于2001年登记结婚,婚后男方因生理问题,同意女方与他人生孩子并抚养。2017年女方孩子出生。后来二人感情破裂,于2019年被法院判决离婚后,男方提起诉讼,要求精神损害赔偿、返还抚养费、分割二人婚姻存续期间的房子一套。法院认为,男方在孩子出生前已知晓孩子并非亲生且仍愿意抚养,应视为自愿抚养,因此法院支持其精神损害赔偿的请求,驳回抚养费的请求。二人婚姻存续期间的房子因已被善意第三人取得,故法院对卖房款进行了分割。

(三) 离婚诉讼 + 离婚后损害责任纠纷 + 离婚后财产纠纷

提起离婚损害赔偿请求的诉讼时效是知道或应当知道权利受到损害之日起三年,如果超出该诉讼时效且对方在庭审过程中提出诉讼时效主张的,此时要求损害赔偿的胜诉权消失。

男女双方于1995年登记结婚,1996年婚生女出生,后来二人感情破裂,女方分别于2012年和2014年提起离婚诉讼,但均被驳回。因此女方搬到单位住。2015年二人被法院判决离婚。2018年男方向法院提起诉讼分割二人财产。2021年,男方提起诉讼请求精神损害赔偿。男方主张2017年时,男方才得知女方在二人分居时已经和他人同居并育有一子。法院认为2015年时女方已经怀孕,男方至迟应在二人2015年的离婚诉讼时知道此事,男方在2017年才知道此事不符合常理,且女方主张诉讼时效已过,因此男方的请求被法院驳回。

(四) 离婚后财产纠纷 + 离婚后损害责任纠纷管辖权异议

离婚后财产纠纷和离婚后损害责任纠纷可以由法院合并审理。

男女双方于2006年离婚。2017年,女方提起诉讼,请求重新分割离婚时的财产和精神损害赔偿。男方主张这两项请求不能合并审理。法院认为,女方将同属于婚姻家庭纠纷的离婚后财产纠纷和离婚后损害责任纠纷一并提起诉讼并不违反规定,可以合并审理,法院驳回男方的主张。

第三节 案例精选

【案例一】家庭暴力致重伤，妻子离婚要赔偿

大家都希望自己能生活得一帆风顺，事业爱情双丰收，但生活往往不尽如人意。接下来的案例就是这样一个例子。

2008年，陈琳琳与韩家强步入了婚姻的殿堂。二人的婚姻生活起初幸福美满，但好景不长，二人开始经常因生活琐事大吵大闹。韩家强甚至三番五次地向陈琳琳提出离婚，而陈琳琳并不想放弃。

陈琳琳的包容和忍耐换来的却是韩家强越来越恶劣的行为。多次要求离婚不成的韩家强开始对自己的妻子下狠手，非打即骂，甚至还恶狠狠地掐住她的脖子，逼迫她离婚。

在一次被殴打之后，陈琳琳住进了医院。在这之后，韩家强也没有对离婚一事松口，对患病的妻子依然采取视而不见的态度。心灰意冷的陈琳琳最终在2021年同意和韩家强离婚。

离婚后的陈琳琳一方面庆幸自己终于逃脱了魔爪，另一方面陈琳琳也对韩家强的所作所为深感愤怒，韩家强究竟是多么的狠心才能对自己下如此狠手。于是陈琳琳向法院提起诉讼，主张韩家强给自己精神损害赔偿。

法院经审理后认为，陈琳琳提供的医院证明、照片都能证明韩家强曾经对陈琳琳实施家庭暴力，并且陈琳琳的伤也是由韩家强的家庭暴力行为导致的，最终法院支持了陈琳琳的诉讼请求。

【案例二】丈夫出轨还生娃，妻子离婚要赔偿

2018年，周林雪和张健步入了婚姻的殿堂。婚后二人相敬如宾，但是这种幸福美满并没有持续太久，随着时间的流逝，二人由于彼此的性格和观念等种种原因，开始不断争吵，二人之间也开始越来越冷漠，往日的幸福美满生活不复存在。

最终二人在2021年离婚。

周林雪在离婚后偶然发现张健婚内出轨，甚至还和别人生下了一个女儿。

愤怒的周林雪将曾经的枕边人诉至法院,主张精神损害赔偿。

法院经审理查明后认为,经过亲子鉴定,可以证明孩子不是二人婚生子女,并且张健与婚外第三人早已长期保持不正当关系,法院支持了周林雪的诉讼请求。

【案例三】孩子非亲生,丈夫起诉要赔偿

生活有时就是一个谎言接着一个谎言,下面的案例就是一个离婚之后才发现自己以为的美好生活竟然是一个骗局的悲剧。

李文文和齐大志在 2000 年经人介绍后认识,二人当时都觉得对方不错,短暂的接触后便结婚了。婚后二人相处得也算和和气气,虽然不如别人浪漫,但夫妻二人还是认认真真地经营着自己的小家。不但生活越过越好,还生了一儿一女。

但是随着时间的流逝,二人的感情也逐渐变淡,最终在 2020 年,二人的婚姻生活被一纸判决宣告结束,儿子归爸爸抚养,女儿归妈妈抚养。

离婚后的齐大志偶然发现自己的儿子好像并不是自己的亲生儿子,心里犯嘀咕的齐大志去做了亲子鉴定。鉴定结果出来后齐大志彻底蒙了,自己养了 8 年、疼了 8 年的儿子竟然和自己没有血缘关系,于是,他一纸诉状将自己的前妻李文文告上法庭。

法院经审理后认为,齐大志并非这个孩子的生父,没有法定抚养义务,在不知情的情况下对孩子进行了抚养,同时在精神上也遭受了一定的痛苦,因此法院支持了齐大志要求李文文返还抚养费和精神损害赔偿的请求。

第四节 维权指引

(一)"其他重大过错类型"都包括哪些

《婚姻法》第 46 条(《民法典》第 1091 条除此四种情况外,增加了一种兜底情形:有其他重大过错)规定将离婚损害赔偿的适用情形限制在(一)重婚;(二)与他人同居;(三)实施家庭暴力;(四)虐待、遗弃家庭成员,该四种情形以外的违反婚姻义务、家庭义务等的行为,均不能适用离婚损害赔偿,导致实践中适用

的很少。实际上,婚姻中的过错行为远不止这些,当一方存在如通奸、卖淫、嫖娼、赌博、吸毒等其他过错行为时,非过错方不能通过离婚损害赔偿制度得到相应的补偿和救济,有失公平。“其他重大过错类型”是《民法典》第 1091 条对其他过错行为兜底的概括式规定。人民法院应当根据具体案件情况,结合过错情节、伤害后果等因素,对过错方是否存在重大过错进行认定。

(二)如何认定家庭暴力

对于“家庭暴力”的认定,《婚姻法司法解释(一)》要求行为人对家庭成员的身体、精神等方面造成一定伤害后果。2015 年的《反家庭暴力法》对“家庭暴力”的定义不再要求造成伤害后果这一要件。《反家庭暴力法》实施后的司法实践中,对于如何认定家庭暴力产生了一定争议,部分法院仍依据《婚姻法司法解释(一)》的规定,认为在当事人未能举证证明对方对其造成了一定伤害后果的情况下,不能认定家庭暴力的存在。《〈民法典〉婚姻家庭编解释(一)》删去了原司法解释对家庭暴力的定义,最高人民法院相关领导在回答记者提问时表示,婚姻家庭编司法解释的修改制定“在反家庭暴力法明确规定家庭暴力的基础上,将持续性、经常性的家庭暴力认定为虐待,体现了对家庭暴力坚决说‘不’的鲜明价值导向”。

2022 年 7 月,最高院《人身安全保护令规定》发布,将冻饿、经常性侮辱、诽谤、威胁、跟踪、骚扰等方式实施的身体或者精神侵害的行为也认定为家庭暴力。未来司法实践中对于家庭暴力的认定应以《反家庭暴力法》第 2 条和最高院《人身安全保护令规定》第 3 条为依据,重点关注行为实施及其表现,对于受害方是否必须具有损害结果不再作为认定是否构成家庭暴力行为的条件。

(三)抚养非亲生子女一定能获得离婚损害赔偿以及返还抚养费吗

离婚损害赔偿的前提条件是过错方在婚姻关系存续期间实施了妨害婚姻家庭的过错行为。因此,如果非亲生子女是二人结婚前就已经存在的,并且对方在婚姻关系存续期间并没有其他过错行为的,法院不会支持离婚损害赔偿的请求。

至于抚养费,根据最高院《关于男方受欺骗抚养非亲生子女的复函》,婚姻关系存续期间,一方与他人通奸生育子女,另一方受到欺骗不知情的,离婚后给付的抚养费,受骗方有权要求返还;离婚前的抚养费则要结合具体的案情来确定。可以确定的一点是,如果离婚时,共同财产全部归无过错方一人,抚养费可不予返还。

此外,如果有证据或者根据生活常识可以证明无过错方对于子女非亲生一事知情,知情后仍自愿抚养的,抚养费不予返还。

(四)只要出轨就可以获得精神损害赔偿吗?

出轨指的是有配偶者与他人发生不正当两性关系,但并未持续稳定地共同生活。重婚、与他人同居、出轨均属于违背夫妻忠诚义务的行为,其中重婚和与他人同居性质更为严重,不仅严重伤害夫妻感情,还破坏了我国一夫一妻制的基本原则。尤其是重婚,属于犯罪行为,当事人告诉的,应当依照刑法规定追究重婚者刑事责任。①

根据《婚姻法》第46条的规定,在由于一方婚外情导致离婚的案件中,有些法院经审查认为不符合重婚或有配偶者与他人同居两种情形的,无过错方关于损害赔偿的主张不会得到法院的支持。诸如一夜情、婚外与他人保持暧昧关系、未构成重婚或同居情形下的婚外生子等,都不能直接适用《婚姻法》第46条而获得损害赔偿。《民法典》实施后,如果出轨(如多人或多次)被认定符合《民法典》第1091条中的"其他重大过错类型",无过错方则可以获得精神损害赔偿。

第五节 律师忠告

1. 离婚损害赔偿的时间要求

《民法典》以及《〈民法典〉婚姻家庭编解释(一)》出台之后,相较《婚姻法》及其司法解释,删除了一年期限的规定。因此,无过错方请求离婚损害赔偿的诉讼时效为自权利人知道或者应当知道权利受到损害之日起三年内。需要注意的是,如果无过错方在协议离婚时明确表示放弃损害赔偿的,此后即使在诉讼时效内另行提起诉讼,人民法院也不会支持。

此外,无过错方在诉讼中的地位也会影响提起损害赔偿的时间。如果无过错方是原告,那么无过错方必须在离婚诉讼中同时提出。如果无过错方是被告,

---

① 最高人民法院民法典贯彻实施工作领导小组主编:《中华人民共和国民法典婚姻家庭编继承编理解与适用》,人民法院出版社2020年版,第263页。

在一审中未提出但在二审中提出的，法院先行调解，调解不成的，无过错方另行起诉。如果无过错方作为被告时不同意离婚也不提出损害赔偿的，同样可以单独提起诉讼。

2. 离婚损害赔偿的范围

离婚损害赔偿包括物质损害赔偿和精神损害赔偿。物质损害赔偿，主要是指过错方给无过错方造成的财产损失，这种损失不以损害行为直接作用于财产为条件，只要过错行为导致了财产损失的损害后果即可，包括积极财产的减少和消极财产的增加，但不包括期待利益损失。精神损害赔偿，因过错方对受害者人身进行伤害导致的精神损害及纯粹因过错方的行为导致的精神创伤、精神痛苦等，无过错方均可请求赔偿。

物质损害赔偿以全部赔偿为原则，人民法院应当根据过错方的过错程度、造成的损失大小等确定赔偿数额。精神损害赔偿则应当根据最高院《精神损害赔偿司法解释》第10条的规定予以综合认定。

此外，过错方应当以其个人财产和分得的财产支付离婚损害赔偿金。

3. 离婚损害赔偿的权利主体

离婚损害赔偿的主体是夫妻双方中的无过错方。过错方实施的重婚、与他人同居等行为，侵犯的是夫妻中另一方的配偶权，作为权利被侵犯的主体，无过错方自然有权就其受到损害主张损害赔偿。但在过错方实施的是家庭暴力、虐待、遗弃等行为时，损害行为的直接受害者既可能是配偶，也可能是老人、子女等其他家庭成员，此时，受到侵害的其他家庭成员无权向过错方提起离婚损害赔偿，其损害可通过其他途径予以救济。

4. 离婚损害赔偿的义务主体

离婚损害赔偿的义务主体仅限于婚姻关系中有过错的配偶。与有配偶者有重婚、同居、通奸等行为的第三人无法成为离婚损害赔偿的义务主体。一方面，要查清第三人是否存在主观过错会使离婚诉讼更加复杂，不利于男女双方权利义务的尽早确定和纠纷的更快解决；另一方面，对于上述人群的损害赔偿可以通过其他途径主张。

第六节　法 律 速 递

《民法典》

第一千零九十一条　有下列情形之一，导致离婚的，无过错方有权请求损害赔偿：

（一）重婚；

（二）与他人同居；

（三）实施家庭暴力；

（四）虐待、遗弃家庭成员；

（五）有其他重大过错。

《〈民法典〉婚姻家庭编解释（一）》

第八十六条　民法典第一千零九十一条规定的“损害赔偿”，包括物质损害赔偿和精神损害赔偿。涉及精神损害赔偿的，适用《最高人民法院关于确定民事侵权精神损害赔偿责任若干问题的解释》的有关规定。

第八十七条　承担民法典第一千零九十一条规定的损害赔偿责任的主体，为离婚诉讼当事人中无过错方的配偶。

人民法院判决不准离婚的案件，对于当事人基于民法典第一千零九十一条提出的损害赔偿请求，不予支持。

在婚姻关系存续期间，当事人不起诉离婚而单独依据民法典第一千零九十一条提起损害赔偿请求的，人民法院不予受理。

第八十八条　人民法院受理离婚案件时，应当将民法典第一千零九十一条等规定中当事人的有关权利义务，书面告知当事人。在适用民法典第一千零九十一条时，应当区分以下不同情况：

（一）符合民法典第一千零九十一条规定的无过错方作为原告基于该条规定向人民法院提起损害赔偿请求的，必须在离婚诉讼的同时提出。

（二）符合民法典第一千零九十一条规定的无过错方作为被告的离婚诉讼案件，如果被告不同意离婚也不基于该条规定提起损害赔偿请求的，可以就此单独提起诉讼。

（三）无过错方作为被告的离婚诉讼案件，一审时被告未基于民法典第一千零九十一条规定提出损害赔偿请求，二审期间提出的，人民法院应当进行调解；调解不成的，告知当事人另行起诉。双方当事人同意由第二审人民法院一并审理的，第二审人民法院可以一并裁判。

第八十九条 当事人在婚姻登记机关办理离婚登记手续后，以民法典第一千零九十一条规定为由向人民法院提出损害赔偿请求的，人民法院应当受理。但当事人在协议离婚时已经明确表示放弃该项请求的，人民法院不予支持。

第九十条 夫妻双方均有民法典第一千零九十一条规定的过错情形，一方或者双方向对方提出离婚损害赔偿请求的，人民法院不予支持。

最高院《人身安全保护令规定》

第三条 家庭成员之间以冻饿或者经常性侮辱、诽谤、威胁、跟踪、骚扰等方式实施的身体或者精神侵害行为，应当认定为反家庭暴力法第二条规定的“家庭暴力”。

最高院《精神损害赔偿司法解释》

第一条 因人身权益或者具有人身意义的特定物受到侵害，自然人或者其近亲属向人民法院提起诉讼请求精神损害赔偿的，人民法院应当依法予以受理。

第五条 精神损害的赔偿数额根据以下因素确定：

（一）侵权人的过错程度，但是法律另有规定的除外；

（二）侵权行为的目的、方式、场合等具体情节；

（三）侵权行为所造成的后果；

（四）侵权人的获利情况；

（五）侵权人承担责任的经济能力；

（六）受理诉讼法院所在地的平均生活水平。

最高院《关于男方受欺骗抚养非亲生子女的复函》

你院“关于夫妻关系存续期间男方受欺骗抚养非亲生子女离婚后可否向女方追索抚养费的请示”收悉。经研究，我们认为，在夫妻关系存续期间，一方与他人通奸生育子女，隐瞒真情，另一方受欺骗而抚养了非亲生子女，其中离婚后给付的抚育费，受欺骗方要求返还的，可酌情返还；至于在夫妻关系存续期间受欺骗方支出的抚育费用应否返还，因涉及的问题比较复杂，尚需进一步研究，就你院请示所述具体案件而言，因双方在离婚时，其共同财产已由男方一人分得，故可不予返还。以上意见供参考。

第四章 离婚关联案之抚养纠纷及法律应对

第一节 案由解读

抚养是指长辈亲属对晚辈亲属的抚育教养,主要是指父母对未成年子女的抚养、教育和保护的义务。抚养应区别于扶养,前者是指父母对未成年子女,后者是指夫妻之间或兄弟姐妹等平辈之间相互扶助的义务。

根据《民法典》等相关规定,父母对未成年子女或不能独立生活的成年子女有抚养的义务,有抚养能力的祖父母、外祖父母,对父母已经死亡或父母无力抚养的未成年孙子女、外孙子女有抚养的义务。抚养是父母子女间一种基础的权利义务关系,这种关系的基础是血亲。抚养对于父母来说是义务,这种义务的存在不以父母的夫妻关系存在为前提。

抚养纠纷的诉讼属于身份关系的诉讼,主要包括抚养费纠纷和变更抚养关系纠纷。抚养纠纷的请求权依据主要为《民法典》第 26 条"父母对未成年子女负有抚养、教育和保护的义务"。第 1084 条"父母与子女间的关系,不因父母离婚而消除。离婚后,子女无论由父或者母直接抚养,仍是父母双方的子女。离婚后,父母对于子女仍有抚养、教育、保护的权利和义务"。第 1067 条"父母不履行抚养义务的,未成年子女或者不能独立生活的成年子女,有要求父母给付抚养费的权利"。

抚养费纠纷的请求权依据主要为《民法典》第 1085 条"离婚后,子女由一方直接抚养的,另一方应当负担部分或者全部抚养费"。变更抚养关系纠纷是指父母双方解除婚姻关系后或父母双方未建立婚姻关系,未成年子女随父或母一方共同生活过程中,任一方提出变更未成年子女的直接抚养关系。

抚养纠纷案由适用于未成年子女和不能独立生活的成年子女起诉要求给付抚养费纠纷以及变更抚养关系纠纷。抚养费纠纷可以是请求支付抚养费,也可以是请求增加或减少抚养费,抚养费纠纷的诉讼权利人只能是子女。变更抚养关系纠纷的诉讼主体可以是直接抚养未成年子女的父或母一方,也可以是未直接抚养未成年子女的父或母一方。

第二节 关联案例

抚养纠纷包括抚养费纠纷和变更抚养关系纠纷,抚养费纠纷主要适用于以下6种情形:

1. 离婚后,未成年子女以先前确定的抚养费标准过低不足以满足其生活和学习需求为由,要求增加抚养费。

2. 离婚后,未直接抚养未成年子女的一方以之前确定的抚养费标准过高,自身经济能力恶化无法承担先前确定的抚养费,要求减少抚养费。

3. 夫妻离婚时本约定未直接抚养未成年子女的一方不需要支付抚养费,但离婚后未成年子女又起诉要求支付抚养费。

4. 祖父母或外祖父母在子女婚姻期间承担孙子女或外孙子女的抚养费,在儿女离婚后向另一方(前儿媳或前女婿)主张给付垫付的抚养费。

5. 协议离婚后,未成年子女要求未直接抚养的一方的父或母履行离婚协议中关于支付抚养费的义务。

6. 非婚生子女,要求未直接抚养一方的父或母支付/增加抚养费。

变更抚养关系纠纷主要适用于以下2种情形:

1. 离婚后,未成年子女随父或母一方共同生活,另一方请求未成年子女随自己共同生活。

2. 未成年的非婚生子女随父或母一方共同生活,另一方请求随自己共同生活。

由此可见,抚养纠纷与离婚纠纷、解除同居关系的关联性和密切度都是比较高的。

抚养纠纷,往往不是单独的一个纠纷,而是两个或两个以上纠纷的连环发生。举例如下。

(一)诉讼离婚纠纷+离婚后增加、补付抚养费纠纷

小军与静静2005年结婚,2006年生育女儿晶晶,之后夫妻双方感情破裂于2009年经松江区人民法院调解离婚,调解协议确认晶晶随母亲静静共同生活,父亲小军每月支付晶晶抚养费300元直至晶晶满18周岁。之后,小军按约定每月300元标准支付晶晶的抚养费。

2021年,晶晶以每月300元抚养费标准过低不足以维持其基本生活为由向法院起诉要求父亲小军增加今后每月的抚养费,按照每月2500元的标准支付直至其18周岁,要求父亲小军补付过去几年的抚养费。晶晶提供了其2021年的课外培训费1万元的支付凭证和治疗矫正牙齿的费用发票1万余元。

法院审理后认为,每月300元的抚养费确实过低,已经不能满足晶晶正常的生活和学习需求,因此酌定小军每月支付晶晶抚养费1000元。但是关于晶晶主张父亲小军补付抚养费的诉请,因晶晶生活开销中的一部分费用系课外兴趣班费用及矫正牙齿费用,都发生于2021年而非之前连续的,且课外兴趣班也非义务教育必要的费用,因此小军无须补付过去几年的抚养费。

(二)诉讼离婚纠纷+离婚后减少抚养费纠纷

张伟与杨月于2013年经人介绍相识恋爱,2014年登记结婚,2016年生育女儿弯弯,后张伟与杨月因感情破裂于2018年经上海市浦东新区人民法院判决离婚,法院判决弯弯随母亲杨月共同生活,张伟应每月支付弯弯抚养费4000元。判决生效后张伟按期支付女儿弯弯的抚养费。

2019年下半年,张伟失业并领取失业保险。2020年张伟应聘成为一名海员。每月收入3600元(公司开具了收入证明),故张伟起诉要求减少抚养费。

弯弯的母亲庭审中表示,离婚时法院之所以判每月4000元的抚养费是因为弯弯发育迟缓、患有癫痫、心脏房缺(已手术)等疾病,不能站立、行走、不能爬行、不会说话。生活费、教育费、医疗费比正常孩子要高,需要花更多的时间和精力照顾。自2018年9月起,作为父亲的张伟未主动准时支付过抚养费,均是通过法院强制执行才支付的,张伟未尽到做父亲的责任,因此请求驳回原告张伟的诉讼请求。

法院经审理后认为,张伟现有工资水平如按照原离婚判决中确定的4000元

金额支付抚养费则将难以维系自身生活,故原告张伟要求适当减少抚养费的诉讼请求是合理的,故予以支持。因弯弯身体情况特殊,其生活、营养、医疗费用等需求高于普通孩子,故判决原告张伟于2021年5月起每月向弯弯支付生活费2000元,并承担弯弯教育费、医疗费的一半(凭有效票据于每季度首月结算一次),至弯弯18周岁止。

(三)离婚纠纷+要求支付抚养费纠纷(原约定无须支付抚养费)

鹏飞与倩倩原系夫妻,恒恒是二人的儿子,2018年两人在民政局协议离婚,协议约定:离婚后恒恒和母亲倩倩共同生活,父亲鹏飞无须支付抚养费。共有的一套房屋产权归倩倩所有,该房屋项下的贷款由倩倩偿还。

离婚后,恒恒随母亲倩倩生活。其间,恒恒上幼儿园,每月的托儿费为1500~2000元,另有补课费用等。倩倩以恒恒的生活成本增加为由,要求鹏飞支付抚养费,双方协商不成,恒恒起诉。

法院经审理后认为,恒恒的父母在离婚时就恒恒的抚养问题进行了约定并经民政机关审查备案,该协议系双方真实意思表示,合法有效。考虑到目前恒恒已上幼儿园,其生活、教育费用皆有较大程度地增长,恒恒要求父亲鹏飞支付抚养费,于法有据,本院依法应当支持。综合恒恒的实际需要、父母的负担能力及本市平均生活水平等因素,法院酌情确定被告鹏飞自2020年6月起每月支付抚养费1400元。

该案例具有一定的典型性,即已经在离婚协议(或民事调解书)中约定了未直接与未成年子女共同生活的另一方不需要支付未成年子女的抚养费,但之后却又反悔,主张要求另一方支付抚养费,这样的诉请法院会支持吗?

对此,司法实践中有不同的裁判观点。但是通过归纳可以得出以下结论:若离婚协议或经法院调解离婚的民事调解书中双方协商一致:另一方无须支付未成年子女的抚养费。但几年后一方反悔要求另一方支付抚养费的,法院一般倾向于认为离婚协议中关于另一方无须支付子女抚养费的约定因与法律规定的抚养子女的法定义务相冲突而无效,即一般会判决另外一方需要支付未成年子女的抚养费。但也有相反判决,即如果离婚协议签署没多久(几个月后不超过一年)且双方经济条件也没发生重大变化,未成年子女就提起诉讼要求另一方支付抚养费的,一般法院不予支持。

（四）离婚纠纷+变更抚养纠纷+离婚后财产纠纷+（外祖父母）要求支付抚养费纠纷

大庆和媛媛原系夫妻，二人在2011年生育儿子小庆，夫妻二人婚后一直处于两地分居状态（大庆在上海工作生活，媛媛在南京工作生活）。小庆出生后主要和媛媛及外公外婆在南京生活，偶尔到上海和大庆生活。

2014年，大庆和媛媛协议离婚，其中就小庆抚养问题达成一致意见：小庆随男方生活，自离婚协议签订之日起至2015年2月底暂随女方生活，男方每月支付儿子抚养费2000元，自2015年3月起，小庆随男方共同生活，男方自愿负担小庆的抚养费，女方无须支付小庆的抚养费。

因离婚后小庆除短暂的4个月随大庆在上海生活外，其他时间一直随媛媛在南京生活，因此2015年6月，媛媛向上海市闵行区人民法院提起变更抚养关系诉讼，2015年12月，上海市闵行区人民法院作出民事调解书，调解协议确认小庆自2015年12月29日起随媛媛共同生活，大庆按2000元/月标准支付小庆自2015年8月起至18周岁时止的抚养费。

2016年3月，媛媛就离婚后财产纠纷再次向上海市闵行区人民法院提起诉讼。2016年4月，上海市闵行区人民法院作出民事判决书，判决大庆向媛媛支付补偿款162,000元及相关利息。

现小庆的外公外婆作为原告起诉，两原告帮助两被告（大庆和媛媛）辛苦养育照顾两被告的子女小庆并且付出抚养费及劳务，故要求大庆和媛媛支付2011～2014年垫付的抚养费8万元。

法院经审理后认为，两原告出于亲情协助女儿照顾外孙过程中自愿负担外孙的相关费用，在两被告婚姻存续期间从未向被告追索过该笔费用，也无证据证明两原告支付该笔费用系属垫付性质，在被告大庆放弃子女抚养权及自愿补偿媛媛162,000元的情况下，原告以被告大庆存在欺诈为由要求两被告返还支付的抚养费，缺乏法律依据，法院难以支持。故驳回了两原告的诉讼请求。

（五）诉讼离婚纠纷+变更抚养纠纷

波仔和莹莹2008年在美国留学时认识，两人毕业后一起回国在上海生活并结婚，2011年9月两人生育女儿琪琪，2012年12月生育儿子小治，儿女双全的夫妻二人本该是人生圆满了。

但波仔回国后一直很怀念曾经在美国留学的日子,他一直希望全家能一起移民美国,并多次和莹莹沟通移民美国的想法,但莹莹回国后更喜欢国内的生活,莹莹认为在美国远离家乡和亲人是非常孤独的,而在上海工作和生活更幸福更有归属感,两人谁都无法说服对方,波仔更是擅自前往美国生活定居。

在夫妻两人分居期间,琪琪和小治一直随妈妈莹莹在上海生活,爸爸波仔一个人在美国生活。莹莹无法再忍受这样有名无实的婚姻状态,于是在2016年9月在上海起诉离婚,波仔回国应诉,波仔的心也早已不在莹莹身上,因此波仔很爽快地同意离婚,但要求儿子小治随自己共同生活,法院审理后判决双方的女儿琪琪随莹莹共同生活,波仔按月支付抚养费2000元至琪琪18周岁;双方的儿子小治随波仔共同生活,莹莹按月支付抚养费2000元至小治18周岁。

法院判决后,虽然小治被波仔领走,但因为莹莹拒不拿出小治的护照也不配合办理小治出国的手续,因此小治无法随波仔一起到美国去。波仔只能将小治交给父母也就是小治的爷爷奶奶照顾,而自己又回到了美国。

莹莹本就不希望看到琪琪和小治姐弟分开,现在又了解到小治是由爷爷奶奶照顾,而波仔自己一个人又回到美国,于是向法院提起了变更抚养权的诉讼。

莹莹在诉讼中表示,当时波仔在离婚诉讼中曾表示已经在上海找到工作,今后会考虑回国发展,但法院判决后波仔还是坚持要带小治去美国,这样会导致姐弟两人将来很难见面,这将影响姐弟亲情,且目前波仔将小治交给孩子的爷爷奶奶照顾,爷爷奶奶对小治也疏于管理,因此要求变更儿子小治的抚养关系,变为由自己(莹莹)亲自抚养。

波仔则表示,法院判决离婚后,波仔先行返回美国办理了小治的入托手续,因为莹莹扣留小治的护照导致自己无法带小治去美国入托上学,所以自己才将小治交由父母帮忙照顾。目前小治的生活状态良好,其间,波仔的父母还主动邀请莹莹带琪琪去探视小治。自己在美国有科研项目还没结束,结束之后会马上回国发展。所以不同意莹莹的诉讼请求,要求法院驳回。

法院经审理后认为,法院在双方的离婚诉讼中已经考虑到了双方对子女的关爱和感情上的需求,所以明确小治随波仔共同生活,琪琪随莹莹共同生活。自双方离婚至今,波仔的身体状况、经济收入、工作环境与离婚前并没有发生变化,波仔和莹莹双方对子女的关爱也没有发生变化。莹莹在庭审中也没有提供证据证明其要求变更孩子抚养关系的法定情形存在,仅以两个孩子无法见面为由要求变更抚养权,法院难以支持。因此法院最终驳回了莹莹变更抚养权的诉讼请求。

第三节 案例精选

【案例一】未成年子女的生活和学业花费增加,抚养费是否也应增加

荣荣是重庆人,大山是上海人,两人通过相亲认识,恋爱半年后禁不住双方父母的催促便仓促结婚。结婚没多久荣荣便有了身孕,2007 年 5 月,他们的儿子出生了,取名强强。

本是幸福的一家三口,却经常因为家庭琐事争吵不断,夫妻二人关于强强的养育方法、生活习惯、观念差异等经常发生争吵,反复的争吵让荣荣对大山彻底绝望。终于,2008 年 5 月,在强强 1 周岁时,荣荣与大山办理了离婚手续,离婚协议约定:离婚后,双方婚生子强强由荣荣抚养,抚养费双方另行协商解决。

离婚后,大山一开始按照每月 2000 元支付强强的抚养费,但自 2010 年 3 月开始,大山每月仅支付 500 元的抚养费,于是 2010 年 11 月,荣荣作为强强的法定代理人向上海市闵行区人民法院提起了抚养费诉讼,法院经审理后认为,大山没有任何特殊理由却降低抚养费标准显然是不合理的,经法院调解,双方达成调解协议,内容为:大山补付过去未足额支付的抚养费,今后仍然按每月 2000 元支付强强的抚养费。

2013 年 6 月,大山和晶晶再婚,婚后于 2014 年 9 月生育一个女儿,取名静静。

2014 年 7 月,荣荣作为强强的法定代理人代表强强提起抚养费诉讼,要求大山增加抚养费,自 2014 年 9 月起按照每月 4500 元支付抚养费。强强要求增加抚养费的原因主要如下。

第一,强强除正常上学外,在业余时间还参加机器人培训班、英语兴趣班,其中机器人培训班的学费为每年 6200 元,英语培训班的学费为每年 14, 300 元。第二,生活费也大幅上涨。父母离婚后,主要由外公外婆协助母亲荣荣照顾强强的生活。现在外公外婆年事已高,已回老家生活,而母亲被调到苏州工作,只有

周末回上海照顾强强，平时母亲聘请住家保姆照顾强强的生活起居，住家保姆的家政服务费每月 4000 元。第三，节假日寒暑假旅游也有较大花费。第四，大山收入高，有能力负担强强更高的抚养费。

大山不同意增加抚养费，主要理由为：关于教育费，这些培训班都是非必要的，属于自愿参加，并且在报这些兴趣班时荣荣也没有和大山商量，所以不同意承担兴趣班的费用；关于生活费，离婚后，强强随荣荣共同生活，就应当由荣荣照顾强强的生活，现荣荣去外地工作找保姆代替荣荣履行照顾义务，这个费用应该荣荣自己承担；关于旅游费，更不是法定的抚养费项目；关于大山的收入，大山收入并不高，每月收入 1 万元还要抚养和第二任妻子生的女儿静静，承担强强每月 2000 元的抚养费已经是比较高了。另外离婚时，大山已经将自己名下婚前的一套房子的 50% 折价款给了荣荣，就是考虑到荣荣要亲自抚养强强。

一审、二审法院审理后均认为，强强诉请父亲大山将抚养费从每月 2000 元增加至每月 4500 元是不应得到支持的，故依法驳回其诉请，主要理由是：第一，2011 年 7 月已经在法院达成调解，强强的抚养费是每月 2000 元。第二，现在强强读小学，属于九年制义务教育阶段，不需要付学杂费，其他兴趣班是非必要的，也没有协商经大山同意，所以大山没有法定的承担义务。第三，法律规定中所指的抚养费包括生活费、教育费、医疗费等费用，强强随荣荣共同生活，自然应该由荣荣抚养照顾强强，荣荣自己聘请保姆代自己履行照顾义务该费用自然应该由荣荣承担。

因此，强强增加抚养费的诉讼请求最终并未得到法院的支持。

【案例二】变更抚养权诉讼中一方藏匿孩子，法院会如何判决

2016 年 3 月，吴凡和妻子杨颖千疮百孔的婚姻走到了尽头，南京市鼓楼区人民法院的一纸判决，为他们的婚姻画上了句号。在他们的离婚诉讼中，争议焦点一度集中在他们 11 周岁儿子吴小鸥的抚养问题上，双方就吴小鸥随谁共同生活争议非常大，双方都希望吴小鸥由自己直接抚养。在法官问吴小鸥本人想跟爸爸还是跟妈妈时，11 岁的吴小鸥也很为难，他不知道怎么选，他像很多小孩一样不想爸爸妈妈分开，他想和爸爸妈妈都在一起，而不是两个之中必须选一个。所以不得不说，夫妻离婚，最受伤害的永远是孩子。很多夫妻刚刚结婚感情还没稳定就匆匆忙忙把小孩生下来，最后感情不好不得不选择结束婚姻时，孩子就成

了最大的牺牲品。吴小鸥始终没有明确的态度，只是说更喜欢爸爸陪他一起踢球跑步。法官最后根据吴凡和杨颖的实际情况判决吴小鸥随爸爸吴凡共同生活。

一审法院判决后，杨颖没有上诉。但是在接下来行使探视权时却出现了诸多障碍。法院判决每周的周六上午 8 时到下午 6 时是杨颖的探视时间，但是，吴凡找各种借口阻碍杨颖探视，杨颖多次报警，警察说这是民事纠纷不处理，杨颖申请法院强制执行，但众所周知，探视权的执行是很困难的，每次探视都通过强制执行也是不现实的，执行法官建议杨颖提起变更抚养权诉讼。

2016 年 5 月，杨颖向南京市鼓楼区人民法院起诉要求变更吴小鸥的抚养权，变更为由自己直接抚养，在这个案件的审理过程中，主审法官就抚养问题征求吴小鸥本人意见，吴小鸥由于长期看不到妈妈很想念妈妈，再加上和爸爸一起生活的这几个月发现爸爸对他并没有之前那么好了，陪他的时间也少了，所以他向法官明确表示想和妈妈杨颖一起生活。

吴凡无意中听说儿子吴小鸥告诉法官他想和妈妈一起生活，于是立刻就帮吴小鸥办理了去日本的出国手续并将吴小鸥送去了日本生活，事后才告诉法官是因为吴小鸥需要去日本看病。但法院了解后，发现吴凡所述不属实，吴小鸥并没有什么疾病需要去日本看。也就是说，吴凡为了阻碍法院的判决擅自将吴小鸥带离出国。

基于这些事实，法院经审理后认为，虽然杨颖与吴凡已经离婚，吴小鸥由吴凡直接抚养，但杨颖仍然是吴小鸥的监护人，吴凡在变更抚养权案件审理的过程中突然带吴小鸥到日本生活，这对吴小鸥今后的生活环境及成长道路必然会产生重大影响。并且吴凡也并没有尊重吴小鸥本人的意愿，更没有征求吴小鸥另一监护人杨颖的意见，吴凡的行为对杨颖与吴小鸥之间的亲子关系造成人为阻断，这样的行为应受到法律的否定性评价。杨颖工作稳定、收入较高，具有抚养吴小鸥的能力，因此法院判决吴小鸥变更为由杨颖抚养，吴凡支付吴小鸥抚养费每月 3000 元至吴小鸥年满 18 周岁。

近年来，直接抚养的一方藏匿和抢小孩的情形日益突出，审判实践中，应从保护非直接抚养一方的探视权和未成年子女受教育、抚养权出发，使藏匿和抢小孩的一方当事人承担不利法律后果。

【案例三】支付非婚生女高额抚养费，是否需要得到现配偶的同意

徐强年轻有为，30来岁就已经是某上市公司高管，年收入高达200万元，因此徐强身边总是不乏爱慕者，小尹就是其中一位。

2007年年初，和徐强交往不久的小尹有了身孕，徐强得知后既惊喜又犯愁，因为徐强并不想与小尹奉子成婚，况且短时间的相处让徐强发现小尹并不是他理想的结婚对象，于是徐强将他真实的想法告诉了小尹，但小尹很喜欢徐强，慎重考虑后小尹还是决定即使没有名分也要为徐强生下这个孩子。2007年9月25日小尹生下了一个女孩，取名欣欣。

正如之前徐强所说，在欣欣出生后，徐强也没有和小尹结婚，而是在2008年4月和青青结了婚。两人结婚后徐强并没有把他有一个非婚生女的事告诉妻子青青。2008年11月，徐强和青青的女儿珠珠出生。

随着欣欣越来越大，小尹多次找到徐强讨要欣欣的抚养费，徐强也表示愿意支付抚养费养大欣欣，但徐强要确保欣欣确实是他的女儿，于是徐强和欣欣做了亲子鉴定，亲子鉴定报告也确认欣欣是徐强的女儿。于是在2008年5月16日，徐强与小尹就欣欣的抚养费问题签署了《子女抚养及财产处理协议书》，协议书约定，欣欣由小尹抚养，徐强自欣欣出生之日起按每月2万元标准支付欣欣的抚养费直至欣欣20周岁。

但在协议书签订后徐强并未按协议履行。2008年8月小尹作为欣欣的法定代理人起诉至法院，请求法院判决徐强履行协议书的约定，法院经审理于2008年11月作出判决：徐强按每月1万元标准支付欣欣的抚养费，至欣欣20周岁。

法院判决后徐强按每月1万元支付欣欣的抚养费。自2010年4月起，徐强将欣欣的抚养费主动增加到每月12,000元，2011年10月徐强再次主动将欣欣的抚养费增加到每月2万元并写下每月抚养费2万元的书面承诺，徐强按此履行到2014年1月，之后徐强又开始不再支付抚养费。对此小尹再次起诉，要求徐强按每月2万元支付抚养费至其20周岁止。法院审理中，欣欣（法定代理人小尹）提供了徐强年收入200万元的证据，于是法院于2014年7月作出判决，完全支持了欣欣的诉讼请求。

青青在家无意中看到这份判决后十分气愤，咨询律师后，律师建议青青打撤

销之诉，故青青起诉至法院，青青诉称：前面一个案子的判决她是在 2014 年 9 月 9 日才知晓，法院该份判决徐强给付非婚生女欣欣的抚养费金额和给付的年限没有法律依据，徐强和她也生育了一个女儿，并且他们夫妻婚后也没有实行夫妻财产分别制，徐强也是在被逼迫的情况下作出的承诺，所以该判决侵犯了青青作为配偶的合法权益，青青还提供了她目前无业的证明，因此要求法院撤销前面一个案子的判决并改判。

但欣欣再次强调徐强年收入 200 万元的事实，并强调徐强与小尹之间达成了支付抚养费的协议，法院是依据协议审理和判决的，徐强对协议的内容并没有异议，并且欣欣是徐强与青青结婚之前生育的，法院的判决没有影响青青婚后的家庭生活。所以原判决没有侵犯青青作为徐强配偶的财产权益，不应被撤销。

上海市徐汇区人民法院对青青的撤销之诉审理后支持了青青的诉请，即认为原判决让徐强给付欣欣的抚养费实际上是徐强和青青的夫妻共同财产，夫妻双方对共同财产享有平等的处分权，但徐强在没有征得配偶青青同意的情况下作出支付抚养费的承诺是无权处分，原判决损害了青青的民事权益，因此青青的撤销之诉成立。

欣欣不服一审判决上诉至上海市第一中级人民法院，上海市第一中级人民法院经审理后认为，案件焦点在于徐强支付欣欣的抚养费是否侵犯了青青的夫妻共同财产权。父母对未成年子女有法定的抚养义务，非婚生子女享有与婚生子女同等的权利，不直接抚养非婚生子女的生父或生母，应负担子女的生活费和教育费，直至子女能独立生活为止。虽然夫妻对共同所有的财产，有平等的处理权，但夫或妻也有合理处分个人收入的权利，不能因未与现任配偶达成一致意见即认定支付的抚养费属于侵犯夫妻共同财产权，除非一方支付的抚养费明显超过其负担能力或者有转移夫妻共同财产的行为。因此本案中，虽然徐强承诺支付的抚养费数额确实高于一般标准，但在父母经济状况均许可的情况下，都应尽量为子女提供较好的生活、学习条件。徐强承诺支付的抚养费数额一直在其个人收入可承担的范围内，且徐强的收入情况稳中有升，支付欣欣的抚养费在其收入中的比例反而下降，故也不存有转移夫妻共同财产的行为。因此法院认为，徐强就支付欣欣抚养费费用和期限作出的承诺，并没有侵犯青青的夫妻共同财产权。因此，徐强仍然应按照每月 2 万元标准支付欣欣的抚养费至欣欣 20 周岁止。

【案例四】未成年人遭受家庭暴力，未直接抚养一方是否可以申请人身安全保护令并请求变更抚养权

张玲与徐帅本是夫妻，两人2004年生育一女真真，在真真5岁时，张玲与徐帅的婚姻走到了尽头。2009年，两人协议离婚，离婚协议约定：两人的婚生女真真随男方徐帅共同生活。2015年，徐帅与李艳再婚，婚后，作为继母的李艳经常打骂真真，一有不顺心的事就拿真真出气，张玲探望真真时经常看到真真身上有伤，并且真真的性格也越来越内向、胆怯，张玲再也看不下去了，立刻向法院提起了变更抚养权诉讼。

在法院第一次开庭审理后，张玲得知徐帅和李艳再一次对真真实施了家暴，张玲的代理人立刻联系主审法官并向法官提出了要对真真申请人身安全保护令。法院收到张玲的申请后，立刻前往当地的派出所调取关于真真被家暴的出警记录及现场照片，并前往徐帅所在村的村民委员会调查，在村民委员会的配合下向当时在场的村民做了调查笔录，法院随即发出人身安全保护裁定并送达了徐帅、村民委员会及派出所。

本次变更抚养权诉讼法院审理后认为，子女抚养应从有利于子女的身心健康，保障子女的合法权益出发，并结合父母双方的抚养能力和抚养条件等情况综合予以考虑。张玲提供的证据能够证明徐帅及其妻子李艳对真真有实施家暴的行为，遂判决变更真真由张玲直接抚养，徐帅按月支付抚养费。

值得注意的是，如果徐帅或李艳对真真的家暴行为至真真受到轻微伤或轻伤的，两人还将可能受到轻则行政处罚重则要承担刑事责任的法律后果。

第四节 维权指引

（一）抚养纠纷的管辖如何确定

《民事诉讼法》第22条规定："对公民提起的民事诉讼，由被告住所地人民法院管辖；被告住所地与经常居住地不一致的，由经常居住地人民法院管辖。"因抚养纠纷提起的诉讼，应当由被告住所地人民法院管辖，被告住所地与经常居住地不一致的，由经常居住地人民法院管辖。《民事诉讼法司法解释》第9条规定:“追索赡养费、扶养费、抚养费案件的几个被告住所地不在同一辖区的,可以由原告住所地人民法院管辖。”

因此抚养纠纷的管辖适用一般管辖,即原告就被告的管辖原则。但如果有多个被告,这些被告在不同的辖区的,则可以在原告住所地人民法院管辖。

(二)抚养费纠纷案件是否适用诉讼时效的规定

在有些案件中,不直接抚养孩子的一方会以各种理由拖欠抚养费,而直接抚养子女的一方因为抚养费金额也不算很大而怠于起诉,久而久之,在抚养费金额累积到一定金额“值得”起诉时,又发现从拖欠开始已经过去好多年。在原告起诉至法院时,被告会抗辩说时间太久已经超过诉讼时效,那么关于请求支付抚养费的案件是否适用诉讼时效的规定?

《民法典》第196条规定:“下列请求权不适用诉讼时效的规定:(一)请求停止侵害、排除妨碍、消除危险;(二)不动产物权和登记的动产物权的权利人请求返还财产;(三)请求支付抚养费、赡养费或者扶养费;(四)依法不适用诉讼时效的其他请求权。”也就是说,抚养费纠纷不适用诉讼时效的规定,应该支付的抚养费不会因为“时间久远”而“赖掉”。

为什么请求支付抚养费不适用诉讼时效呢?最高人民法院在(2020)最高法执监66号案件的裁判要旨中作出如是说理:从抚养费的性质来看,其属于具有财产利益内容的身份权请求权,且事关公序良俗和人的基本生存权利,事关未成年人和不能独立生活的子女等弱势群体的利益保护;在抚养法律关系存续期间,给付抚养费的请求权不应适用诉讼时效的规定,亦不应适用申请执行时效的规定。

孩子的成长只有一次,无论父或母是否及时支付孩子抚养费,孩子都要吃饭都会一天天慢慢长大,所以,在此呼吁那些责任心缺失的父母,善待自己的孩子,因为是自己把他带到这个世界来的。

(三)离婚协议约定未直接抚养子女一方无须支付抚养费,离婚后,是否可以起诉要求支付抚养费

离婚协议中关于子女的抚养问题是父母双方作为主体约定的。而起诉要求支付抚养费是未成年子女作为原告起诉的。因此,主体是不一样的。

在夫妻离婚时,某一方可能为了达到快速离婚或争取孩子抚养权的目的,而

放弃一些“权利”,如不需要另一方支付抚养费。但在离婚后,漫长的抚养孩子的过程中,发现孩子开销巨大,或者“冷静清醒后”发现,明明是两个人生育的孩子,另一方却不仅不直接抚养花费精力劳力,还不用支付抚养费,简直太轻松了,故以未成年子女的名义提起要求另一方支付抚养费的诉讼。

起诉后,法院是尊重离婚协议中意思自治的约定不支持支付抚养费,还是从保护未成年子女健康成长的角度出发支持支付抚养费的诉请?

这就要从抚养费的性质来看,支付抚养费是作为父母的法定义务,因此多数情况下,夫妻双方在离婚协议中的约定并不能免除作为父母支付子女抚养费的法定义务。因此法院还是倾向于认为离婚协议中关于未直接抚养子女的一方无须支付子女抚养费的约定因与法律规定的抚养子女的法定义务相冲突而无效,即一般会判决未直接抚养子女的一方支付未成年子女的抚养费。但也有例外,如在夫妻双方离婚协议签署没多久(几个月后不超过一年)且双方经济条件并没发生重大变化,未成年子女就提起诉讼要求未直接抚养子女的一方支付抚养费,法院一般会认为有违诚信而不支持原告的诉请。

(四)认定未成年子女直接抚养人的基本原则是什么

诉讼离婚时,法院会首先询问双方对未成子女的抚养问题是否可以协商,若双方意见不一致且又均不妥协时,法院一般按照以下原则处理:对于不满 2 周岁的子女,以由母亲直接抚养为原则。母亲有下列情形之一,父亲请求直接抚养的,人民法院应予支持:(1)患有久治不愈的传染性疾病或者其他严重疾病,子女不宜与其共同生活;(2)有抚养条件不尽抚养义务,而父亲要求子女随其生活;(3)由于其他原因,子女确不宜随母亲生活。父母双方协议不满 2 周岁子女由父亲直接抚养,并对子女健康成长无不利影响的,人民法院应予支持。已满 2 周岁的子女,父母双方对抚养问题协议不成的,由人民法院根据双方的具体情况,按照最有利于未成年子女的原则判决。对已满 2 周岁的未成年子女,父母均要求直接抚养,一方有下列情形之一的,可予优先考虑:(1)已做绝育手术或者由于其他原因丧失生育能力;(2)子女随其生活时间较长,改变生活环境对子女健康成长明显不利;(3)无其他子女,而另一方有其他子女;(4)子女随其生活,对子女成长有利,而另一方患有久治不愈的传染性疾病或者其他严重疾病,或者有其他不利于子女身心健康的情形,不宜与子女共同生活。父母抚养子女的条件基本相同,双方均要求直接抚养子女,但子女单独随祖父母或者外祖父母共同生活多年,且祖父母或者外祖父母要求并且有能力帮助孙子女或者外孙子女的,可以作为父或者母直接抚养子女的优先考虑条件。在有利于保护子女利益的前提下,父母双方协议轮流抚养子女的,人民法院应予支持。子女已满 8 周岁的,应当尊重其真实意愿。

基于以上原则,在离婚时解决好未成年子女的抚养问题后,抚养关系还有可能发生变更。因为孩子的成长是一个漫长的过程,父母双方的情况也是在动态变化的,可能在离婚时看起来对子女有利的,但在离婚后发生了新的变化。比如,直接抚养未成年子女的一方再婚并且再育,再育后对未成年子女有家庭暴力或虐待的,如案例四中的情形。再如,离婚时子女未满 2 周岁,由母亲直接抚养,但子女长到 9 周岁时,由于母亲工作繁忙常常丢给外祖父母而自己疏于照顾子女,则父亲可以提起变更抚养关系的诉讼。

在变更抚养关系纠纷中,具有下列情形之一,父母一方要求变更子女抚养关系的,人民法院应予支持:(1)与子女共同生活的一方因患严重疾病或者因伤残无力继续抚养子女;(2)与子女共同生活的一方不尽抚养义务或有虐待子女行为,或者其与子女共同生活对子女身心健康确有不利影响;(3)已满 8 周岁的子女,愿随另一方生活,该方又有抚养能力;(4)有其他正当理由需要变更。

(五)抚养纠纷案件中如何做到更准确地审查"子女的真实意愿"

《民法典》规定,子女已满 8 周岁的,应当尊重其真实意愿。在子女表达自己真实意愿时,法院会把这种意愿作为有利于子女身心健康的重要考量因素予以采纳。

8 周岁以上的子女能够感知父母与自己情感上的亲疏远近,对于父母的脾气性格、道德品质、经济状况已经有一定的感受;对于父母离婚后自己与谁生活能够得到更多的关爱、获得相对稳定的生活与教育环境,有一定的判断能力,并能表达出自己的想法。因此,8 周岁以上的未成年子女对自己由谁抚养具有发言权,在确定抚养权归属时,应当征求并尊重子女的意见。然而,若有确切证据证明子女的选择明显不利于其成长的,法院可以从保障未成年子女的合法权益的目的出发,作出有利于子女健康成长的裁判。

值得注意的是,在我们代理的案件中,有时子女的意见是不稳定的。和妈妈在一起时会说"想跟妈妈",和爸爸在一起时又会说"想跟爸爸",这往往是因为受生活环境的影响,或受到父母双方的压力,难以体现真实意思。因此在听取子女的意见时,法院一般会采取和子女单独做笔录的方式进行询问。首先,要创造条件、营造环境消除子女的顾虑,避免其因为担心、恐惧而表意不真实。其次,在听取子女的意见后,应二次询问其最终意见。允许子女的意见有所反复,但需保证意见的确定性和真实性。最后,可以要求有书写能力的子女通过自行书写的方式将其意见固定化。若子女意见前后矛盾、存在反复或有难言之隐时,可视为子女的意见表达受到干扰,应当结合其他证据确定其真实意思。

例如,案例二中,吴小鸥在父母离婚时其实对于是跟爸爸还是跟妈妈的态度是犹豫的,之后在变更抚养权纠纷中,法官单独找到吴小鸥询问其意见,吴小鸥表示想随妈妈共同生活。由此确定吴小鸥愿意随杨颖共同生活系真实意思表示。

关于子女意见与优先抚养条件冲突的处理方式。在子女意见与其他优先抚养条件产生冲突时,需要查明父方、母方列明的优先条件是属于父母本位(如一方无生育能力、无其他子女),还是属于子女本位(如生活环境改变、生活水平降低、父母品行不良)。如系父母本位的优先抚养条件,则不能高于子女本位的抚养条件;如属子女本位抚养条件,则需要对子女的选择是否合理,是否有利于其身心健康发展等方面进行考虑并加以分析判断。

第五节 律师忠告

(一)正确看待法律规定的抚养费标准在司法实践中的应用

《〈民法典〉婚姻家庭编解释(一)》第49条规定,抚养费的数额,可以根据子女的实际需要、父母双方的负担能力和当地的实际生活水平确定。有固定收入的,抚养费一般可以按其月总收入的20%~30%的比例给付。负担两个以上子女抚养费的,比例可以适当提高,但一般不得超过月总收入的50%。但司法实践中,我们所知道的抚养费的标准,却通常在每月几百元到两三千元,四五千元已经算是"高标准"了。为何会这样呢?

因为除了参考收入(父母的负担能力),还要看当地的实际生活水平,子女的实际需要。很多案件中,法官在判决抚养费时,重点参考的是当地的实际生活水平以及子女的实际需要,所以我们会经常看到,父母收入较高,如2万元、3万元的月收入,法院在判决抚养费时也是按照每月 3000 元或 4000 元的标准,我们要知道,未直接抚养子女的一方支付 3000 元/月的抚养费,意味着该未成年子女的消费水平在每月 6000 元,因为直接抚养的一方也要承担 3000 元/月的抚养费,而不是很多人潜意识里所认为的"一方出钱一方出力"。

当然,在子女有特殊需要的时候,即使父母没有足够的负担能力,如收入每月只有 4000 元,但仍要承担 2000 元甚至更高一点的抚养费,比如,本章关联案例中的第二个案例,小女孩弯弯的父母离异,虽然父亲每月收入只有 3600 元,但仍然要按照每月 2000 元支付弯弯的抚养费,因为弯弯不同于其他小孩,她患有多种先天性疾病,需要更多的治疗费和生活费用。

还有一种情况也值得我们重视,就是签署了抚养协议,并在抚养协议中明确按照一定数额支付抚养费,同时在签署抚养协议后按照协议约定履行支付抚养费的义务,抚养协议中关于抚养费的金额可能"过高"或"过低",因为是双方合意达成的,如果不存在一方经济状况严重恶化,或者侵害未成年人权益的问题,则一般原则上应尊重抚养协议的约定。比如,案例三中,徐强按照 2 万/月的抚养费标准承担欣欣的抚养费,这个标准是在抚养协议中约定的,且徐强的收入也没有明显降低,徐强也是这样履行的,因此最终法院支持了徐强应按 2 万元/月支付欣欣抚养费的诉请。

在减少抚养费的案件中,通常需要提供非常有力的证据加以证明,如未直接抚养子女的一方失业并领取失业保险,或患重大疾病并有医院病历,如果只是单纯的收入比之前有些减少,并不足以达到减少抚养费的程度。

同样地,在增加抚养费的案件中,未成年子女因为在义务教育之外,上各类培训班、兴趣班的花费很大,未成年子女因此诉请增加抚养费的,这部分费用并非法律所规定的抚养费含义(生活费、教育费、医疗费)中另一方所需要承担的,因此实践中,除非未直接抚养的一方自愿承担,否则法院通常不会倾向于支持。但医疗费不同,如果医疗费金额较大,则未直接抚养子女的一方是必须要承担的。

(二)试图通过藏匿孩子而获得抚养权的行为或得到法律的否定性评价

在离婚纠纷或离婚后,未能与未成年子女共同生活的一方往往会被所谓的"高人"支着将孩子"偷偷接走或藏起来",以为这样做就会在诉讼中获得优势,因为法院在考虑未成年子女的抚养问题时会考虑尽量维持未成年子女稳定的生活与教育环境。殊不知，藏匿孩子的行为是自私的，只以自己想要和孩子一起生活作为出发点而没有从孩子的角度出发，很可能因此给孩子带来巨大的伤害，会损害孩子的利益，因此反而会在诉讼中引得法官反感，获得法律的否定性评价。

几年前，我曾接受过一位刚出月子的妈妈的咨询，她因在坐月子期间和丈夫吵架导致夫妻感情极度恶化，没想到的是，丈夫因此趁她外出时将刚刚满月的双胞胎宝宝偷偷抱走带离上海并藏了起来，这位妈妈像疯了一样到处找孩子，这位父亲可能是出于报复心理，也可能是考虑如果离婚孩子被自己“控制”法院会更倾向于将孩子的抚养权判给自己，但是他绝对不是从有利于孩子成长的角度出发的。

在上海市高级人民法院(2019)沪民申2074号案中，吴某在与前妻赵某离婚时，因为女儿当时还不满2周岁，因此法院将女儿小吴的抚养权判给了前妻赵某。但吴某在判决生效后，擅自将2周岁的小吴从前妻赵某处抱走，并在吴某的老家漳州，给小吴办理了假户口取了假名字，并以该假户口假名字办理了入学手续，从而使得小吴的母亲赵某一直无法找到小吴。吴某这样的行为已经构成违法，同时也违背了人伦常理。

吴某非常自私且没有尊重孩子自身意愿，也没有将孩子利益最大化原则作为出发点，在法院审理的吴某起诉变更抚养关系案件中，又拒绝法院要求其在一个月内将小吴带至法院了解情况的安排，而且明确不接受法院主持的调解。因此，一审、二审法院最终并未支持吴某变更抚养关系的诉请，上海市高级人民法院也驳回了吴某的再审申请。

(三)夫妻分居期间未与孩子共同生活一方也应支付孩子的抚养费

现实生活中，夫妻双方在解除婚姻关系前可能处于较长时间的分居状态，在夫妻分居期间，未成年子女通常都是随母或随父一方共同生活，随母共同生活的情况较多，这时，夫妻虽然还未离婚，但未直接与未成年子女共同生活的父或母仍然需要支付未成年子女的抚养费。

根据《民法典》第1058条的规定，夫妻双方共同承担对未成年子女抚养、教育和保护的义务。《民法典》第1067条第1款又进一步明确规定，父母不履行抚养义务的，未成年子女或者不能独立生活的成年子女，有要求父母给付抚养费的权利。因此，男女双方在分居期间，一方未能对子女尽到抚养义务的，另一方有权要求该方承担给付分居期间的抚养费。也就是说，给付抚养费不以双方离婚为前提条件。

也有部分观点认为,夫妻双方如果未约定财产分别制,那么他们在分居期间所得的财产还是共同的,在财产共同制的情况下任何一方的收入都是夫妻共同财产,因此,分居期间未与未成年子女共同生活的一方就不需要再另外支付未成年子女的抚养费,这样的观点是少数的、非主流的,我们看到的大部分案例包括最高人民法院的案例,都是倾向于认为分居期间,不直接与子女共同生活的一方还是要支付未成年子女或不能独立生活的成年子女抚养费的。

第六节 法律速递

《民法典》

第一千零六十七条第一款 父母不履行抚养义务的,未成年子女或者不能独立生活的成年子女,有要求父母给付抚养费的权利。

第一千零七十一条 非婚生子女享有与婚生子女同等的权利,任何组织或者个人不得加以危害和歧视。

不直接抚养非婚生子女的生父或者生母,应当负担未成年子女或者不能独立生活的成年子女的抚养费。

第一千零七十二条第一款 继父母与继子女间,不得虐待或者歧视。

第一千零七十四条第一款 有负担能力的祖父母、外祖父母,对于父母已经死亡或者父母无力抚养的未成年孙子女、外孙子女,有抚养的义务。

第一千零八十四条 父母与子女间的关系,不因父母离婚而消除。离婚后,子女无论由父或者母直接抚养,仍是父母双方的子女。

离婚后,父母对于子女仍有抚养、教育、保护的权利和义务。

离婚后,不满两周岁的子女,以由母亲直接抚养为原则。已满两周岁的子女,父母双方对抚养问题协议不成的,由人民法院根据双方的具体情况,按照最有利于未成年子女的原则判决。子女已满八周岁的,应当尊重其真实意愿。

第一千零八十五条第一款 离婚后,子女由一方直接抚养的,另一方应当负担部分或者全部抚养费。负担费用的多少和期限的长短,由双方协议;协议不成的,由人民法院判决。

第一千一百一十一条第一款 自收养关系成立之日起,养父母与养子女间的权利义务关系,适用本法关于父母子女关系的规定;养子女与养父母的近亲属间的权利义务关系,适用本法关于子女与父母的近亲属关系的规定。

《〈民法典〉婚姻家庭编解释(一)》

第四十一条 尚在校接受高中及其以下学历教育,或者丧失、部分丧失劳动能力等非因主观原因而无法维持正常生活的成年子女,可以认定为民法典第一千零六十七条规定的"不能独立生活的成年子女"。

第四十二条 民法典第一千零六十七条所称"抚养费",包括子女生活费、教育费、医疗费等费用。

第四十三条 婚姻关系存续期间,父母双方或者一方拒不履行抚养子女义务,未成年子女或者不能独立生活的成年子女请求支付抚养费的,人民法院应予支持。

第四十九条 抚养费的数额,可以根据子女的实际需要、父母双方的负担能力和当地的实际生活水平确定。

有固定收入的,抚养费一般可以按其月总收入的百分之二十至三十的比例给付。负担两个以上子女抚养费的,比例可以适当提高,但一般不得超过月总收入的百分之五十。

无固定收入的,抚养费的数额可以依据当年总收入或者同行业平均收入,参照上述比例确定。

有特殊情况的,可以适当提高或者降低上述比例。

第五十条 抚养费应当定期给付,有条件的可以一次性给付。

第五十一条 父母一方无经济收入或者下落不明的,可以用其财物折抵抚养费。

第五十二条 父母双方可以协议由一方直接抚养子女并由直接抚养方负担子女全部抚养费。但是,直接抚养方的抚养能力明显不能保障子女所需费用,影响子女健康成长的,人民法院不予支持。

第五十三条 抚养费的给付期限,一般至子女十八周岁为止。

十六周岁以上不满十八周岁,以其劳动收入为主要生活来源,并能维持当地一般生活水平的,父母可以停止给付抚养费。

第五十四条 生父与继母离婚或者生母与继父离婚时,对曾受其抚养教育的继子女,继父或者继母不同意继续抚养的,仍应由生父或者生母抚养。

第五十五条　离婚后,父母一方要求变更子女抚养关系的,或者子女要求增加抚养费的,应当另行提起诉讼。

第五十六条　具有下列情形之一,父母一方要求变更子女抚养关系的,人民法院应予支持:

(一)与子女共同生活的一方因患严重疾病或者因伤残无力继续抚养子女;

(二)与子女共同生活的一方不尽抚养义务或有虐待子女行为,或者其与子女共同生活对子女身心健康确有不利影响;

(三)已满八周岁的子女,愿随另一方生活,该方又有抚养能力;

(四)有其他正当理由需要变更。

第五十七条　父母双方协议变更子女抚养关系的,人民法院应予支持。

第五十八条　具有下列情形之一,子女要求有负担能力的父或者母增加抚养费的,人民法院应予支持:

(一)原定抚养费数额不足以维持当地实际生活水平;

(二)因子女患病、上学,实际需要已超过原定数额;

(三)有其他正当理由应当增加。

第五十九条　父母不得因子女变更姓氏而拒付子女抚养费。父或者母擅自将子女姓氏改为继母或继父姓氏而引起纠纷的,应当责令恢复原姓氏。

第五章　离婚关联案之分家析产及法律应对

第一节　案由解读

分家析产是我国传统社会中的一个重要的家庭现象，其核心是分割家庭共有财产。家庭共有财产不同于夫妻共同财产，由于家庭环境的特殊性，很多财产的来源并不明晰，导致无法准确定性家庭财产的性质，导致在发生家庭矛盾（离婚、继承、分家析产）时各方争议较大。

家庭共有财产，是指家庭成员在家庭共同生活期间共同创造、共同所得的财产。家庭成员是指配偶、父母、子女和其他共同生活的近亲属，其他共同生活的近亲属一般指祖父母、外祖父母、孙子女、外孙子女、兄弟姐妹等，这些家庭成员并非都是家庭共有财产的主体，只有对家庭共有财产的形成作出贡献的家庭成员，才是家庭共有财产的共有人。

分家析产纠纷的主体是家庭财产的共有人，其对家庭共有财产作出过贡献，或对家庭财产因继承、赠与、遗赠而来，未成年人除继承、赠与、遗嘱等情况外，一般不是家庭共有财产的主体。

分家析产纠纷的客体是家庭共有财产，即家庭成员在家庭共同生活中劳动、经营、创造、获得的财产，家庭共有财产要与家庭成员中的个人财产严格加以区别。

分家析产纠纷的一般规则是，有约定的按照约定，没有约定或约定不明确的，根据财产的历史渊源，结合出资、劳动付出、共同生活等因素，并考虑有利于物尽其用，照顾弱势方等原则予以分割。

第二节 关联案例

分家析产纠纷主要包括以下类型的案件：

1. 家庭成员间因城镇房屋动迁安置主体资格、安置补偿款或安置房屋等的分配产生争议的案件。

2. 家庭成员间因农村集体土地及地上建筑物的权属产生争议的案件。

3. 家庭解体时，家庭成员对家庭财产是否分配、分配范围、分配方式产生争议的案件。

4. 家庭成员一致同意进行分家析产的情形。

过去夫妻财产分割往往集中在离婚案件中，但现在由于财产形式的多样和隐匿财产手段的多变，案由类型从离婚纠纷、离婚后财产纠纷，逐步变化衍生增加至赠与合同纠纷、民间借贷纠纷、分家析产纠纷、婚内财产分割纠纷等。

离婚后分家析产案件主要有两类，一类是在离婚纠纷中，对夫妻双方与其他家庭成员共有的财产没有处理，离婚后另案起诉分家析产；另一类是享有继承权的一方与亲属私下沟通，拖延继承遗产至离婚后再行继承引发的纠纷。

由此可见，分家析产与离婚纠纷关联性和密切度都是比较高的，分家析产往往不是单独的一个纠纷，而是两个或两个以上纠纷的连环发生。举例如下。

（一）调解离婚＋分家析产纠纷

2000 年，张梅与王刚登记结婚，婚后生育一儿一女。2016 年，王刚对张梅实施家庭暴力，双方开始分居。2019 年，双方经法院调解离婚。

张梅婚后一直与王刚父母共同生活，家庭成员共 6 人。婚前，王刚有一处宅院及房屋，婚后因政府征用，上述房屋全部拆除后重新修建了房屋，2009 年，上述房屋又被政府征用，当时政府按照家庭人口 6 人分配了安置房 2 套，铺面 2 间，均未取得房屋所有权证。另，2013 年，张梅与王刚共同成立一家有限责任公司。

2020 年，张梅向法院提起分家析产诉讼。

法院经审理后认为，因拆迁安置的房屋及铺面的来源，系王刚家老屋拆除后建造的，建造过程中，张梅出力帮忙，故拆迁前的房屋系张梅与王刚等共同所有。因房屋未取得房屋产权证，对此法庭无法判断具体价值。鉴于张梅与王刚双方共同生活的时间较长，且对拆迁房屋有一定贡献，为避免显失公平，综合考量后对原告享有房屋的份额予以确认。关于分割有限责任公司的股权诉请，认定为家庭共有财产，按比例分割股权。

分家析产纠纷法院判决：张梅享有家庭共有财产楼房 1 套 10% 的份额，享有 20 平方米的铺面面积，享有有限责任公司 10% 的股权。

（二）诉讼离婚 + 继承析产纠纷

2016 年，王玲和刘飞登记结婚，婚后因生活琐事和性格不合导致夫妻感情逐渐出现裂痕。2021 年，王玲向法院起诉要求离婚，法院判决不准离婚。法院判决不久，王玲母亲突发疾病去世。此后不久，刘飞向法院起诉要求离婚，同时要求分割王玲继承其母亲的房产份额。

王玲是独生女，其父母名下有两套房屋价值 1000 万元。王玲母亲去世，其父母的夫妻共同财产中属于王玲母亲的份额有 500 万元，因王玲母亲生前未订立遗嘱，遗产按照法定继承，由第一顺位法定继承人即王玲和王玲父亲继承。根据《民法典》第 1062 条、第 1063 条的规定，继承发生在婚姻关系存续期间，在遗嘱或者赠与合同中没有确定只归一方的情况下，王玲继承的财产份额属于夫妻共同财产，刘飞有权主张分割。

在离婚诉讼期间，王玲根据《民法典》第 1124 条的规定，写下了书面放弃继承的声明，案涉房产全部由父亲继承，王玲协助父亲办理产权变更登记，案涉房屋现已过户到父亲的名下。本案中，如果王玲继承了案涉房屋的相应份额，在离婚纠纷中刘飞当然可以分得该份额的 1/2。但在王玲明确表示放弃继承的情况下，遗产份额没有转化为夫妻的共同财产，刘飞对王玲放弃继承的遗产不享有任何财产权益，当然无权要求分割。

第三节 案例精选

【案例一】所有家庭成员共同签字的“遗嘱”被认定为分家析产协议

朱兵（1995 年去世）与赵霞系夫妻关系，共生育 3 个子女：朱凤、朱燕、朱大山，朱大山育有一子朱小虎。

2013 年 1 月,赵霞购买拆迁安置房一套。2016 年 10 月 15 日赵霞临终前,3 个子女均在场,朱燕代赵霞书写遗嘱,内容为:“祖产房屋拆迁后所购安置房作如下处理:(一)作出租处理,租金归兄妹三人平分;……(三)房屋出租期限由我过世后开始,等我的孙子朱小虎结婚后房产归孙子朱小虎所有,结束租用,但是儿子朱大山享有永久居住权。”朱凤、朱燕、朱大山及其他 4 名见证人在遗嘱见证人处签名,赵霞在立遗嘱人处签名。当天,赵霞去世。

2019 年 6 月,朱燕诉至法院要求继承上述房屋 1/3 的产权份额。一审法院认为,朱燕作为继承人为赵霞代书遗嘱,违反继承法的规定,且现有证据亦不足以证明该遗嘱内容系赵霞的真实意思表示,故该代书遗嘱无效,一审法院判决支持朱燕的诉讼请求。

朱小虎不服提起上诉,二审法院认为,案涉房产并不全是被继承人赵霞的遗产,也包含部分家庭财产,赵霞和所有法定继承人均在场且在遗嘱上签名,该遗嘱名为遗嘱实为家庭成员之间协商一致达成的分家析产协议。

在二审法官的主持下,各方当事人最终达成调解协议,确认案涉房产归朱小虎所有,朱大山、朱小虎补偿朱燕 3 万元。

【案例二】未经全体共有人签字的分家协议无效

高飞与徐艳系夫妻关系,婚后育有甲、乙、丙、丁 4 名子女。2003 年 8 月,高飞起草分家协议,高飞、徐艳、甲、乙、丙 5 人均在分家协议上签字,丁未签字。

2013 年,甲、乙将高飞、徐艳夫妇、丙和丁起诉至法院要求分割上述分家协议中所涉利益。法院审理后认为,依据法律规定,财产可以由两个以上公民共有,处分共同共有的不动产,应当经全体共同共有人同意。现丁作为利害关系人并未对该协议约定内容予以签字确认,事后亦不予以追认,故该分家协议无效。

【案例三】离婚后对家庭共有财产的分割,应充分考虑方便当事人的基本生活

香秀与王宇原系夫妻关系,后经法院判决离婚,现香秀提出离婚后财产分割诉讼,要求分割现居住的某村 36 号院内的房产。

香秀诉称,1997 年,为了给香秀和王宇建婚房,王宇的父亲申请村里批准翻建 36 号院北房 3 间。为建房,王宇和香秀向村里和亲戚借款 2 万元,香秀另出

资1万元,将原有草房推倒,新建房屋9间,香秀与王宇婚后将欠款全部偿还。2000年,宅基地使用权人变更为王宇,同年香秀与王宇在院内新建东房、西房各2间。2003年东房和西房拆除,新建中间房4间,翻建门道为南房。由于王父有智力残疾,一直没有收入,所以历次建房王父均未出资出力。现香秀与王宇已经离婚,要求依法对36号院内的房屋进行分割,请求判令其中7间归香秀所有。

王宇与王父辩称,香秀已经与王宇离婚,不再是其的家庭成员,无权以分家析产纠纷提起诉讼。36号院的宅基地使用权人是王父,且历次建房均是王父与王宇出资出力,故不同意香秀的诉讼请求。

法院经审理后认为,家庭共有财产是家庭成员在共同生活期间共同创造所得的财产。根据法院对村民进行走访和调查,可以认定香秀参与了1997年的建房,而2000年、2003年新建及翻建房屋均在香秀与王宇的婚姻存续期间,因此香秀、王宇均为建房主体。关于香秀提出王父没有劳动能力、没有出资出力参与建房,没有相关证据予以佐证,法院不予采纳。因此,36号院内所有房屋为香秀、王宇、王父的家庭共有财产。香秀、王宇已经法院判决解除婚姻关系,故香秀请求分割家庭共有财产的请求理由正当。关于房屋之分割,由于双方均不申请鉴定,法院结合院落来源、房屋现状以及居住使用情况,依法酌定分配。

【案例四】家庭成员通过签订分家协议分割家庭共有财产

赵波涛与李梅系夫妻关系,二人共生育二子,即赵刚、赵强。赵波涛于2013年4月去世。位于顺义区房屋登记的土地使用者为赵波涛,现案涉房屋内共建有北正房5间,西厢房2间,宅院东侧、南侧、西侧另搭建有石棉瓦棚子。

赵刚与赵强签订的《分家单》载明:赵刚、赵强哥俩经中人说合愿分居单立户,赵刚分得中街道南土房2间半,赵强分得中街东头道北新房5间。经核实,上述《分家单》中的"中街道南土房2间半"所在宅院已被村委会修道占用,"中街东头道北新房5间"所在宅院即本案宅院。

赵强认为,双方已经分家且本案宅院内的房屋已经分给其所有,并起诉要求确认本案房屋内的北正房5间、西厢房2间、西侧石棉瓦棚子4间、南侧石棉瓦棚3间、东侧石棉瓦棚3间归赵强所有。赵刚认为对父母尽了赡养义务,要求继承分割涉诉宅院内的房屋。赵强称:赵刚所分得的房屋及宅院被村委会占用后,村委会又给赵刚另批了一处宅基地,就是其现在居住的宅院;现本案宅院内的北房5间仍是分家时的老房，西厢房2间是父母在1990年前后给赵强建的，赵强当时也出钱了；本案宅院内的棚子都是赵强出钱建的。赵刚称：村委会占用了赵刚的宅院后没有给赵刚新批宅基地，赵刚现在居住的宅院是赵刚花了800元从村委会处买来的；本案宅院内的西厢房2间是父母于1989年前后建的，当时赵强年龄小，没有出钱建房的能力。

一审、二审法院均认为，根据《分家单》载明的内容，涉诉宅院内的北正房5间已由双方的父母分给赵强所有；西厢房2间虽系赵波涛、李梅夫妇主持建设，但考虑双方已经分家的事实，故应当认定系赵波涛、李梅为赵强所建；石棉瓦棚子等附属建筑物系赵强出资建设，应归赵强所有。赵刚上诉主张《分家单》已被变更或否定，但未能提供有效证据予以证明，法院不予采纳。法院最终支持了赵强的全部诉讼请求。

【案例五】应当从法理、情理、习惯、居住情况等方面认定家庭共有房屋的产权归属

刘涛与常帆系夫妻关系，两人是白慧芳和刘建国夫妇的二儿子和二儿媳。刘涛与常帆结婚后一直与白慧芳、刘建国共同生活。1999年，刘涛将共同居住的房屋推倒重建了5间砖瓦房，后该房屋产权登记至白慧芳名下。几年后房屋拆迁，白慧芳领取了全部的拆迁补偿款。刘涛、常帆向法院起诉要求对案涉房屋进行析产，并依法分割拆迁款。

一审法院认为，案涉房屋登记在白慧芳名下，白慧芳为案涉房屋的所有权人，属于白慧芳、刘建国夫妻共同财产，白慧芳和刘建国对案涉房屋享有占用、使用、收益和处分的权利，所获得的拆迁补偿利益原则上应归属于白慧芳、刘建国所有。但考虑到刘涛、常帆在房屋的取得和维护上进行了事实上的出资投入，又与白慧芳、刘建国共同生活了约30年之久，在老人日常生活的照顾上也作出了一定的贡献，可以给予适当的补偿。但又考虑到白慧芳、刘建国均是80多岁的老人，没有劳动能力，生活需要照顾，相较处于弱势地位，故根据物权法定原则、公平原则，在充分考虑当事人对房屋贡献的大小、照顾弱势的基础上，酌定刘涛、常帆可分得拆迁补偿款的40%。

二审法院认为，争议焦点是案涉房屋的拆迁补偿款应如何分配，解决这个问题的关键是确认房屋权属。

从法理的角度看，白慧芳夫妻基于《民法典》第 208 条、第 209 条的规定，上诉主张物权法定，这是民法理论上的公示公信原则；刘涛夫妻基于《民法典》第 231 条规定，主张因建造案涉房屋事实取得物权，这是民法理论上的权利推定规则。二审法院认为，双方的主张并不矛盾。《民法典》物权编并没有对不动产物权的设立、变更、转让和消灭一概规定必须依法登记才发生效力。权利推定规则只是减轻了登记簿上权利人的证明责任，以及登记权利人无须证明登记内容为真，但是，登记本身并不改变事实上的法律状况，事实上的权利状况与登记内容不一致的，当事人应当对此承担举证责任。从法理的角度看，双方当事人的主张均不具有排他性。

从情理上看，根据一审、二审当事人诉辩内容及刘涛、常帆提供的建房合同、装修材料票据、证人证言、村委会的证明、一审法院调查笔录等证据，可以认定案涉房屋系刘涛夫妻重建装修。对于出资双方有争议，刘涛夫妻主张案涉房屋是自己出资所建，并提供了以上证据，白慧芳夫妻认为刘涛夫妻出力未出资，建造案涉房屋的钱是白慧芳夫妻所出，但无相关证据佐证，刘涛夫妻出资建造案涉房屋具有高度盖然性。但白慧芳有房产证，具有权利外观。而有房产证的白慧芳不是别人，正是和刘涛一家共同居住、共同生活的刘涛母亲。

从农村习惯上看，双方均认可案涉房屋建成之后，刘涛夫妻、白慧芳夫妻分开居住，刘涛夫妻领着当时均未成年的三个孩子住在案涉房屋，白慧芳夫妻居住在同一个院的下屋(厢房)，按习惯谁家住哪个屋，哪个屋应归谁家，白慧芳辩称房子虽在自己名下，但刘涛一家因人口多而居住于此，亦符合生活常理。

综上所述，无论是从法理、情理，还是农村习惯上看，均不能确定案涉房屋的归属，鉴于刘涛夫妻是白慧芳夫妻的儿子、儿媳，且刘涛、常帆结婚后一直与白慧芳、刘建国共同在老房子生活至 1999 年推倒旧房重盖新房。后双方分开居住，刘涛夫妻主张案涉房屋盖成后分家，白慧芳夫妻在一审主张财产在 2020 年 5 月 8 日分割完毕，在二审中庭审中自认始终未分过家。在双方均无证据证明案涉房屋归自己一方独有的情况下，推定刘涛、常帆、白慧芳、刘建国对案涉房屋共同共有，应均分房屋拆迁补偿款。

【案例六】未成年人未对家庭共有财产作出贡献，不属于家庭共有财产的权利主体

黄云和李健原系夫妻关系，李健是上门女婿，两人婚后共生育两个女儿。

2020年12月，双方因感情不和经法院调解离婚，调解协议约定，大女儿随李健生活，二女儿随黄云生活，位于某地的案涉楼房以及登记在李健名下的两片林地因涉及其他家庭共有人未予分割。

离婚后不久，黄云与其哥哥以及母亲等人共同将李健诉至法院要求依法分割案涉楼房以及两片林地。

法院经审理后认为，家庭共有财产是家庭成员在共同生活期间共同创造、共同所得的财产。家庭共同财产的主要来源是家庭成员在共同生活期间的共同劳动收入、家庭成员交给家庭的财产以及家庭成员共同积累、购置、受赠的财产。家庭共有财产的主体是家庭成员，在家庭成员中，并不是每一个家庭成员都享有对家庭共有财产的共有权，只有以自己的财产参加到了家庭共有财产之中，才可以成为家庭共有财产的权利主体。

本案中，案涉财产存在时，黄云的两个女儿年纪尚幼，黄云的姨妈及其子女并非家庭共同成员，显然不属于家庭共有财产的权利主体。黄云的嫂子潘婷婷于2019年7月才将户籍转入，其作为后续家庭成员，未提供其对涉案财产享有共有权利的相关证据，法院认为潘婷婷亦不属于本案家庭共有财产的权利主体。

法院最终确认黄云、黄海（黄云的哥哥）、黄芬芳（黄云的母亲）以及李健为本案家庭共有财产的权利主体。对共有财产的分割，有协议的，按协议处理；没有协议的，应当根据等分原则处理，并且考虑共有人对共有财产的贡献大小，适当照顾共有人生产、生活的实际需要等情况。法院酌定案涉房屋的价款为150,000元，在考虑各共有人对房屋建造的贡献大小，以及李健入赘多年，在与黄云离婚后另行安排住房居住的情况，应由黄海、黄芬芳、黄云共同补偿李健房屋价款40,000元，该房屋归黄海、黄芬芳、黄云所有。关于林地的分割，登记在李健名下的林地均为家庭共有财产，依法应当予以分割。因案涉林地不宜采用评估作价方式确定具体的价款，法院对涉案林地作出实物处理。

【案例七】分割家庭共有财产时应充分考虑对老年人权益的保护，子女要求分割家庭共同财产的请求可能不会被法院支持

仲芳和夏天原系夫妻关系，夏小天和程丽系两人的儿子和儿媳，位于某小区801室房屋（案涉房屋）登记在四个人名下，其中夏天和仲芳占10%的份额，夏小天和程丽占90%的份额。2008年，仲芳和夏天经法院调解离婚，民事调解书

约定，夏天搬离案涉房屋，其住房自行解决。

夏天和夏小天均系供电公司的职工，案涉房屋系单位向职工出售的福利房，两人共同购买案涉房屋享受了双份优惠。仲芳出资装修后入住案涉房屋至今，夏天、夏小天和程丽自2009年起不在案涉房屋内居住。2010年，夏小天和程丽向法院起诉要求依法分割案涉房屋。

庭审中，夏小天和程丽主张案涉房屋的所有权，并愿意与夏天共有，夏小天和程丽认为仲芳有经济能力自行解决住房问题，仲芳表示其已在案涉房屋中生活习惯，且患有多种疾病，因此拒绝分割、搬离案涉房屋。

一审、二审法院均认为，虽然案涉房屋登记为按份共有，但是该房屋是夏天和夏小天所在单位的福利房，购买该房屋时使用了夏天、夏小天二人的职工福利，另外，购买该房屋时当事人之间具有亲属关系，故本案的共有关系有别于一般的按份共有关系。仲芳在该房屋内居住生活至今，周围有很多邻居是以前的同事、朋友，仲芳已经习惯在涉诉房屋中生活，虽然夏小天、程丽提出愿意提供其他房屋供仲芳居住，但相较于案涉房屋其所提供的房屋并非条件相当的房屋，且仲芳对案涉房屋更具有依赖性；另外，至于夏天的住房问题，在仲芳与夏天的离婚协议中已明确了夏天住房由夏天自行解决，该协议是夏天与仲芳的真实意思表示，对此应予以尊重。至于夏天现无房居住的问题，夏小天对夏天负有赡养的义务，更何况夏小天、程丽表示愿意提供给仲芳房屋居住，则夏小天、程丽可将该房屋交由夏天居住使用。如对该房屋进行分割，或使仲芳丧失对该房屋的产权份额，或将使仲芳在取得该房屋产权的同时斥巨资折价补偿其他共有人，陡增老年人的经济压力。此外仲芳虽有一定的收入来源，但这不影响夏小天对仲芳应负的赡养义务以及程丽协助夏小天履行赡养义务。夏小天、程丽表示不同意该房屋归仲芳所有，仲芳又表示拒绝分割，故夏小天、程丽的分割请求若得以支持，将使仲芳丧失对该房屋的共有权，从而难以保障仲芳的老年人权益。《老年人权益保障法》对老年人的住房权利有特别规定，赡养人应当妥当安排老年人的住房。

综上，为保障老年人合法权益，弘扬中华民族敬老、养老的传统美德，老年人依法享有政治、经济、文化和婚姻家庭生活等方面的权益，任何单位、组织和个人不得侵犯。本案当事人之间基于家庭身份关系形成房屋共有关系应予维持为宜。

一审法院驳回了夏小天和程丽的诉讼请求,二审法院维持原判。

第四节 维权指引

(一)分家析产纠纷的管辖法院如何确定

《民事诉讼法》第22条规定:“对公民提起的民事诉讼,由被告住所地人民法院管辖;被告住所地与经常居住地不一致的,由经常居住地人民法院管辖。对法人或者其他组织提起的民事诉讼,由被告住所地人民法院管辖。同一诉讼的几个被告住所地、经常居住地在两个以上人民法院辖区的,各该人民法院都有管辖权。”因此,分家析产纠纷案件应当由被告住所地人民法院管辖,被告住所地与经常居住地不一致的,由经常居住地人民法院管辖。如有多个被告,原告可以选择其中一个被告所在地的人民法院起诉。

分家析产纠纷案件如涉及不动产分割,不适用不动产专属管辖的规定,例如,《北京市高级人民法院关于民事诉讼管辖若干问题的规定(试行)》第8条规定:“婚约财产纠纷、离婚后财产纠纷、夫妻财产约定纠纷、分家析产纠纷等纠纷属于婚姻家庭纠纷,不适用不动产专属管辖,按照被告住所地确定管辖法院。《民事诉讼法解释》第十七条规定的情形除外。”

(二)分家析产纠纷是否适用诉讼时效的规定

分家析产纠纷是否适用诉讼时效不能一概而论,需区分以下2种情形:

1. 系争房屋权利未发生变动的,属于全体继承人共同共有,对共有财产的分割是基于物权产生的物权请求权,只要物权存在,物权请求权即存在,不适用诉讼时效。

2. 系争房屋已动迁的,继承人应当在知道或应当知道动迁利益受侵害之日三年内主张动迁利益,适用普通诉讼时效。

《上海市高级人民法院关于审理分家析产案件若干问题的意见》第2条规定,被继承人死亡后,继承人未声明放弃继承,且系争房屋权利未发生变动的,系争房屋的权属归继承人共同共有,继承人的确权主张不受诉讼时效限制,可依法确认各方的权利份额。但系争房屋已动迁的,继承人应当在知道或应当知道动

迁利益受侵害之日两年内主张动迁利益。(现在应当适用《民法典》规定的三年诉讼时效)

《民法典》第188条规定:“向人民法院请求保护民事权利的诉讼时效期间为三年。法律另有规定的,依照其规定。诉讼时效期间自权利人知道或者应当知道权利受到损害以及义务人之日起计算。法律另有规定的,依照其规定。但是,自权利受到损害之日起超过二十年的,人民法院不予保护,有特殊情况的,人民法院可以根据权利人的申请决定延长。”

(三)分家析产时,应当注意的几个问题

1. 分家析产时,应把家庭共有财产与家庭成员共同生活期间的个人财产严格区分,把家庭成员对家庭共有财产的分割与家庭成员之间的财产赠与严格区分。

2. 分家析产时,还要根据公平合理的原则,分割家庭共有财产。对家庭共有财产的分割,特别是对某些生产、劳动工具、设备等财产的分割,要尽可能有利于生产,有利于发挥家庭成员各自的专长。

3. 分家析产时,对于某些特定的不便分割的财产,也可以特别协议的方式作出变通处理,以充分发挥该财产的效用。

4. 分家析产时,应当引导家庭成员通过订立分家析产协议的形式进行,避免分家后因某项财产产权的归属不清而发生纠纷。

(四)如何签订一份合法有效的分家析产协议

分家析产直接关系到每个家庭成员今后的生活安排,重要性不言而喻,因此,家庭成员之间签订合法有效的分家析产协议,可以有效预防分家析产后发生不必要的纠纷。分家析产协议内容应当包括以下几个方面:

1. 协议各方的姓名,在家庭中的辈分称呼;

2. 写清楚分家的理由、原因和目的;

3. 分割家庭共有财产的合意以及对分割前家庭债务清偿的安排;

4. 财产清单明细及其所有人姓名;

5. 证人姓名;

6. 协议各方、证人签名或盖章;

7. 协议签订的具体时间及执行协议的日期。

(五)分家析产纠纷起诉时需要准备的证据资料

1. 主体资格的证据(家庭成员、家庭财产共有人)

(1)身份证、户口簿、户籍底册、结婚证、离婚证、公安机关或街道办事处、村委会出具的家庭关系证明等。

(2)如当事人为无民事行为能力人或限制民事行为能力人的,还应当提交监护人或法定代理人的身份证、户口簿。

2. 共有财产来源的证据

家庭成员共同创造、共同所得形成家庭共有财产,如共同投资或购置家庭财产、将个人收入交归家庭、继承、接受赠与或遗赠的证据。

3. 共有财产的证据

(1)房产:房屋所有权证、土地使用权证、购房合同、购房发票、出资证明等。

(2)拆迁补偿款:拆迁安置协议、补偿协议、评估报告等。

(3)存款、股票、基金:存单、存折、银行账号、开户行信息、股票代码、资金账号、出资证明等。

(4)股权:股东名册、公司章程、股东会决议、股东协议书、股权转让合同、资金账户、出资证明、工商登记资料等。

(5)车辆:车辆行驶证、购车合同、购车发票、出资证明等。

(6)债权债务:借据、还款计划书、转账凭证、取款凭证等能够证明债权、债务存在的相关证据。

4. 协议分家析产的证据

(1)共有人达成分割合意:分家析产协议书、放弃继承声明书、继承协议书等。

(2)被继承人的意愿:遗嘱、遗赠抚养协议、赠与协议等。

第五节　律师忠告

(一)家庭共同生活关系消灭,应及时分割家庭共有财产

家庭共有财产,是指家庭成员在家庭共同生活关系存续期间共同创造、共同

所有的财产。家庭成员共同共有财产的形成，以家庭成员间的家庭共同生活关系的存续为前提，一旦家庭共同生活条件消灭，家庭共同财产也因此失去其存在的基础。因此，家庭共同生活条件消灭，要及时分割家庭共有财产，如长时间未分割会有超过诉讼时效的风险，家庭共有财产的灭失、损耗等会导致家庭共有财产无法分割。

（二）区分夫妻共有财产和家庭共有财产

婚姻家庭涉及的共有财产分为夫妻共有财产和家庭共有财产。夫妻共有财产的权利主体为夫妻二人，夫妻在处分此类性质财产时，只需要夫妻二人达成合议即可，可以通过赠与、买卖、遗嘱等方式进行处分，不需要经子女等其他家庭成员的同意。家庭共有财产的权利主体为全体家庭成员，在处分此类性质的财产时，必须要经子女等全体家庭成员同意方为有效，实务中主要以分家协议的方式作出处分。

（三）夫妻离婚时，应先将夫妻共同财产从家庭共同财产中析出

婚后一直与家庭其他成员共同生活，因此产生的家庭共有财产，在夫妻离婚时应将夫妻共同财产先从家庭共同财产中析出。家庭共同财产是家庭成员在共同生活关系存续期间共同积累、共同购置的财产，主要特征是家庭成员对家庭共有财产的形成作出过贡献，而不能仅以家庭成员在形式上是否共同生活为判断标准。如果财产登记在夫妻名下或任意一方名下，而且该财产的取得没有其他家庭成员的贡献，离婚时可以直接予以分割。反之，则需要通过分家析产进行处理。

（四）区分分家协议与遗嘱

分家协议并非法定的概念，通常是指父母与成年子女就家庭财产分配和父母赡养问题等所达成的协议。其内容可以涵盖家庭生活的方方面面，包括家庭财产分配、遗产继承、老人赡养和子女抚养等事项。通过分家协议的方式处理家庭财产，首先要对财产性质进行界定，其次要所有权利人参加并签字确认。分家析产协议对当事人有约束力，在诉讼中有证据效力，对家庭财产的归属有证明效力。

遗嘱只是一种单方的意思表示，无须征求其他任何人的同意。

（五）区分分家析产与赠与

赠与是将自己的财产附条件或无条件地赠与他人的行为，是财产权利的转

移;分家析产指将家庭成员共有的财产分割出来,这些财产本质上就是属于家庭成员或小家庭的财产,通过协议或诉讼的方式分割。

第六节　法律速递

《民法典》

第二百零八条　不动产物权的设立、变更、转让和消灭,应当依照法律规定登记。动产物权的设立和转让,应当依照法律规定交付。

第二百零九条第一款　不动产物权的设立、变更、转让和消灭,经依法登记,发生效力;未经登记,不发生效力,但是法律另有规定的除外。

第二百三十一条　因合法建造、拆除房屋等事实行为设立或者消灭物权的,自事实行为成就时发生效力。

第二百九十七条　不动产或者动产可以由两个以上组织、个人共有。共有包括按份共有和共同共有。

第二百九十八条　按份共有人对共有的不动产或者动产按照其份额享有所有权。

第二百九十九条　共同共有人对共有的不动产或者动产共同享有所有权。

第三百零三条　共有人约定不得分割共有的不动产或者动产,以维持共有关系的,应当按照约定,但是共有人有重大理由需要分割的,可以请求分割;没有约定或者约定不明确的,按份共有人可以随时请求分割,共同共有人在共有的基础丧失或者有重大理由需要分割时可以请求分割。因分割造成其他共有人损害的,应当给予赔偿。

第三百零四条第一款　共有人可以协商确定分割方式。达不成协议,共有的不动产或者动产可以分割且不会因分割减损价值的,应当对实物予以分割;难以分割或者因分割会减损价值的,应当对折价或者拍卖、变卖取得的价款予以分割。

第一千一百二十一条　继承从被继承人死亡时开始。

相互有继承关系的数人在同一事件中死亡,难以确定死亡时间的,推定没有其他继承人的人先死亡。都有其他继承人,辈份不同的,推定长辈先死亡;辈份相同的，推定同时死亡，相互不发生继承。

第一千一百二十二条 遗产是自然人死亡时遗留的个人合法财产。

依照法律规定或者根据其性质不得继承的遗产，不得继承。

第一千一百二十三条 继承开始后，按照法定继承办理；有遗嘱的，按照遗嘱继承或者遗赠办理；有遗赠扶养协议的，按照协议办理。

第一千一百二十四条 继承开始后，继承人放弃继承的，应当在遗产处理前，以书面形式作出放弃继承的表示；没有表示的，视为接受继承。

受遗赠人应当在知道受遗赠后六十日内，作出接受或者放弃受遗赠的表示；到期没有表示的，视为放弃受遗赠。

第一千一百二十七条 遗产按照下列顺序继承：

（一）第一顺序：配偶、子女、父母；

（二）第二顺序：兄弟姐妹、祖父母、外祖父母。

继承开始后，由第一顺序继承人继承，第二顺序继承人不继承；没有第一顺序继承人继承的，由第二顺序继承人继承。

本编所称子女，包括婚生子女、非婚生子女、养子女和有扶养关系的继子女。

本编所称父母，包括生父母、养父母和有扶养关系的继父母。

本编所称兄弟姐妹，包括同父母的兄弟姐妹、同父异母或者同母异父的兄弟姐妹、养兄弟姐妹、有扶养关系的继兄弟姐妹。

第一千一百二十八条 被继承人的子女先于被继承人死亡的，由被继承人的子女的直系晚辈血亲代位继承。

被继承人的兄弟姐妹先于被继承人死亡的，由被继承人的兄弟姐妹的子女代位继承。

代位继承人一般只能继承被代位继承人有权继承的遗产份额。

第一千一百二十九条 丧偶儿媳对公婆，丧偶女婿对岳父母，尽了主要赡养义务的，作为第一顺序继承人。

第一千一百三十条 同一顺序继承人继承遗产的份额，一般应当均等。

对生活有特殊困难又缺乏劳动能力的继承人，分配遗产时，应当予以照顾。

对被继承人尽了主要扶养义务或者与被继承人共同生活的继承人，分配遗产时，可以多分。

有扶养能力和有扶养条件的继承人，不尽扶养义务的，分配遗产时，应当不分或者少分。

继承人协商同意的，也可以不均等。

第一千一百三十一条　对继承人以外的依靠被继承人扶养的人，或者继承人以外的对被继承人扶养较多的人，可以分给适当的遗产。

第一千一百五十二条　继承开始后，继承人于遗产分割前死亡，并没有放弃继承的，该继承人应当继承的遗产转给其继承人，但是遗嘱另有安排的除外。

第六章 离婚关联案之与人工辅助生殖技术相关纠纷及法律应对

第一节 案由解读

最高人民法院印发的《民事案件案由规定》中并没有“人工辅助生殖技术纠纷”这一案由，与之相关的法律纠纷通常在离婚纠纷、抚养权纠纷、监护权纠纷、探望权纠纷、亲子关系确认（否认）之诉、继承纠纷等案件中体现。

人工辅助生殖技术，是指运用医学技术和方法对配子、合子、胚胎进行人工操作，以达到受孕目的的技术，分为人工授精和体外受精—胚胎移植技术。人工授精技术，根据精液来源不同，分为夫精人工授精（AIH）和供精人工授精（AID）技术；体外受精—胚胎移植技术，俗称试管婴儿。

人工授精和体外受精—胚胎移植技术的合法性已为全世界大多数国家包括我国所认可。广义的人工辅助生殖技术还包括代孕。随着人工辅助生殖技术的广泛运用，特别是非法代孕现象的出现，引发了一系列法律和伦理难题。特别是代孕现象的出现打破了人类传统生存繁衍规律中的母亲是集孕育、生育和养育为一体不可分割的身份，代孕过程中产生的“基因母亲”“孕生母亲”“养育母亲”各异的情况冲击了家庭的稳定性，代孕现象出现伊始就存在巨大的争议，衍生出有关婚姻家庭、抚养、监护、继承等一系列民事争议，代孕在我国目前的法制环境下不具有合法性。

自2001年开始，原卫生部以部令形式陆续发布了《人类辅助生殖技术管理办法》《人类精子库基本标准和技术规范》《人类辅助生殖技术和人类精子库伦理原则》《人类辅助生殖技术规范》等行政法规对人工辅助生殖技术行为予以规范，很显然，现有的这些行政法规根本无法满足司法实践的需要，我们期待进一步完善与人工辅助生殖技术相关的立法。

第二节 关联案例

与人工辅助生殖技术及代孕相关的法律纠纷主要体现在离婚纠纷、离婚后损害责任纠纷、变更抚养关系纠纷、抚养费纠纷、探望权纠纷、亲子关系否认纠纷等案件中,举例如下。

(一)离婚纠纷,离婚双方争夺子女抚养权,法院判决人工授精生育的与男方没有血缘关系的子女由男方抚养

丽丽与刘帅均系再婚,再婚前丽丽与前夫生育一子由其前夫抚养,刘帅无子女。因刘帅患有不育症,双方通过人工授精方式生育儿子小明。2019 年 5 月,丽丽起诉离婚,后法院判决不准离婚。2021 年,丽丽再次向法院提起离婚诉讼,请求法院判决双方离婚,婚生子小明由丽丽抚养。

法院经审理后认为,刘帅虽患有不育症,但儿子小明系双方一致同意后人工授精生育,应视为双方的婚生子女,双方与儿子小明之间具有同等的权利义务。本案中,小明现虽跟随丽丽生活,但刘帅患有不育症,丧失了生育能力,且无其他子女,而丽丽既有生育能力,且与其前夫生育有儿子,综合双方现有实际情况,法院依法认定儿子小明由刘帅抚养为宜。

由此可见,夫妻双方一致同意进行人工授精所生的子女,虽然与男方没有血缘关系,法律上视为夫妻双方的婚生子女,享有同亲生子女同样的法律地位,离婚时子女抚养权归属的判定标准与婚生子女一致。

(二)离婚后损害责任纠纷,女方应对经双方协商一致采用人工生殖技术生育子女承担举证责任

2000 年 1 月,静静与王斌经人介绍相识,次年登记结婚。王斌由于身体原因不能生育,婚后二人共同决定借助精子库以人工授精方式生育子女。2003 年,王斌多次陪同静静到北京某医院实施人工授精均未成功。后静静在天津某医院生育一女,取名王小小,王斌在手术志愿书家属意见处签字并表示同意。王小小出生后一直跟随王斌、静静共同生活并申报了户籍,王斌对王小小一直疼爱

有加。2020 年 5 月,王斌与静静经法院调解离婚,婚生女王小小随静静共同生活,王斌不承担抚养费。2021 年,王斌以静静未经其同意,擅自到天津进行人工授精并生育王小小为由,将静静诉至法院,要求静静赔偿精神损失费 6000 元。

法院经审理后认为,本案主要争议为静静人工授精是否经过王斌同意。王斌曾多次与静静到北京某医院进行人工授精,其对自身生育能力及医疗操作程序明知,在得知静静受孕并生育女儿王小小后,在家属意见处签字确认,并配合为王小小申报户籍,在对王小小抚养 10 余年的时间里,关心照顾王小小及静静,尽到了一位父亲和丈夫的责任,可以证实其对王小小婚生女儿身份的认可。其行为表现与其主张静静未经其同意,擅自与他人非法受孕的事实相矛盾。

另外,不能查阅到静静 2005 年在生殖医学科治疗的相关记录,不能排除存在相关资料丢失的可能,该事实并不能直接推定静静存在未经王斌同意擅自治疗的行为,更不能推定静静存在违反夫妻之间的忠实义务,与他人生育,损害王斌生育权的情况,故王斌要求静静赔偿精神损失费,证据不足。

由此可见,婚姻关系存续期间,女方通过人工授精生育子女,应对人工授精系经过男方同意承担举证责任,如果确由于客观原因不能举证,法院会根据案件的具体情况作出认定。

(三)抚养费纠纷,经夫妻双方协商一致通过人工授精生育的子女与男方具有法律上的亲子关系,不能免除抚养义务

娟娟与赵兵登记结婚后,因赵兵无生育能力,一直未生育子女。2011 年,娟娟与赵兵到某医院申请人工供精,在申请书中,双方签字保证,"通过供精人工授精所生育的孩子会享受到与自然分娩孩子相同的合法权益,包括抚养、教育、遗产继承等"。不久,娟娟进行人工供精手术并成功受孕。2012 年,女儿赵小小出生,出生证明记载母亲为娟娟,父亲为赵兵。

2014 年,娟娟与赵兵协议离婚,离婚协议约定赵小小由娟娟抚养,赵兵每月支付抚养费 800 元,至赵小小大学毕业止。2016 年,赵小小起诉赵兵要求其按照《离婚协议书》的约定按月支付抚养费以及一次性支付拖欠的抚养费 10,400 元。赵兵认为赵小小并非其亲生子女,要求进行亲子鉴定。

法院经审理后认为,赵兵没有生育能力,其同意通过人工受精的方法受孕,并自愿申请进行医疗手术,表明其对此举有积极的意思表示,同时应当视为对亲子否认权的放弃。并且,在申请书中,赵兵保证人工授精所生子女与亲生子女享

有同样的法律权益，赵小小的出生证明中亦对赵兵父亲的身份予以确认。因此，虽然赵小小与赵兵之间不存在血缘上的亲子关系，但是已经形成法律上拟制的亲子关系，不能豁免法律规定的强制性抚养义务。因此，赵小小请求赵兵履行抚养义务，支付抚养费，有法律依据，本院依法予以支持。

（四）变更抚养关系纠纷＋抚养费纠纷＋探望权纠纷

晶晶和李兵婚后多年未育，后双方在某医院通过供精人工授精生育女儿李小小。2016 年 8 月，晶晶和李兵因感情不和经法院判决离婚，李小小随李兵共同生活。2017 年 3 月，晶晶向法院起诉要求变更李小小的抚养关系，本案经二审法院终审判决李小小由晶晶抚养。

2018 年 8 月，晶晶作为李小小的法定代理人将李兵起诉至法院要求李兵支付抚养费，本案经法院调解，就抚养费的支付以及探望方式达成了调解协议。

2019 年 2 月，晶晶以探望权纠纷再次将李兵诉至法院，要求变更李兵探视女儿李小小的时间，将原每周双休日探望变更为每月一次。

一审法院经审理后认为，晶晶和李兵虽然对孩子的探望权作了约定，但李兵在行使探望权时，无视李小小的身体状况、无视李小小是否在上学期间、是否是探视日，均要求带走李小小行使探望权，这种行为影响了李小小的身体、心理健康，不利于孩子的健康成长。并且每周双休日均送至李兵处，给李小小的生活与学习亦带来诸多不便。现晶晶要求缩短探望时间为每个月探望一次，从既考虑不影响子女的正常生活，又能够增加孩子同父亲的沟通交流出发，晶晶所主张的探视频率并未超出合理限度，有利于子女生理和心理健康，本院予以支持。

李兵对一审判决不服提起上诉，二审调解结案。

本案中，晶晶和李兵离婚后，引发了变更抚养关系纠纷、抚养费纠纷、探望权纠纷，虽然李兵与李小小并不存在血缘上的亲子关系，但李小小享有与婚生子女同等的权利。

（五）亲子关系否认之诉，母亲应对经双方协商一致采用人工辅助技术生育子女的抗辩承担举证责任

1996 年，韩兵与珊珊登记结婚，2007 年生育长女，取名韩小小。2011 年，珊珊向法院起诉要求与韩兵离婚，后经法院判决准予离婚，韩小小由韩兵抚养，珊珊每月支付抚养费。

2013 年,韩兵委托北京中正司法鉴定所,对韩小小与韩兵进行 DNA 亲子鉴定,鉴定结论为:“不支持检材 1 是检材 2 的生物学父亲。”2014 年,韩兵将珊珊诉至法院,要求依法确认韩小小与韩兵不存在亲生父女关系。珊珊对鉴定结论予以认可,但提出抗辩意见:因韩兵没有生育能力,韩小小系经双方协商通过人工授精生育。

法院经审理后认为,尽管韩兵提供的鉴定结论属于单方委托,但是,因珊珊不同意鉴定,其主张经双方共同决定人工授精生育子女没有提供证据予以证实。韩兵要求确认与韩小小不存在父女关系的主张符合法律规定,应予以支持。

生活中,父亲如果认为现存的亲子关系是错误的,有正当理由并提供初步证据证明的,可以向人民法院起诉请求否认亲子关系,母亲应对经双方协商一致采用人工辅助技术生育子女的抗辩承担举证责任。

第三节 案例精选

【案例一】丧偶妇女有别于单身妇女,配偶去世后有权要求继续履行医疗服务合同

王茜和丈夫婚后一直没有生育,后双方在朋友的建议下到医院进行诊治,并在医生的建议下,决定实施人工助孕。2016 年 8 月,王茜夫妇与医院签署了相关协议,院方为王茜夫妇实施了胚胎移植手术,但没有成功。两人没有灰心,决定等王茜调理好身体后,继续去医院治疗。2017 年 5 月,王茜夫妇再次至医院要求实施人工助孕,医院对他们分别实施了取卵术和取精术,并成功培育出 4 个胚胎。由于取卵术后过度刺激,王茜胸腹腔积液,当即入院治疗。关于胚胎,王茜夫妇要求医院采用低温保存技术保存这些胚胎,并签署了《胚胎冷冻、解冻及移植知情同意书》,两人声明在医院接受体外受精手术。

然而天有不测风云,2019 年 7 月,王茜的丈夫在一起事故中意外死亡。丈夫去世后,王茜在其父亲和公婆的支持下,决定去医院继续实施胚胎移植手术,但她的要求遭到了医院的拒绝,无奈之下,王茜只好向法院提起诉讼,要求医院继续履行医疗服务合同。

一审法院认为,王茜夫妇因不育经卫生行政管理部门批准并登记开展人类

辅助生殖技术的医院进行人类辅助生殖治疗，医院为其培育并冷冻胚胎，双方之间由此形成的医疗服务合同关系，未违反法律、行政法规的强制性规定，合法、有效。而王茜作为丧偶妇女，有别于法规所说的要求实施人类辅助生殖技术的“单身妇女”的概念，因此并不违反社会公益原则。

最终，法院判决支持了王茜的诉求，确认原先的合同、协议继续有效，要求院方继续履行相应的义务。本案件判决后双方均未上诉。

【案例二】夫妻双方协商一致利用他人精子进行人工授精生育子女，受孕后除非女方本人同意，男方不得单方反悔

李霞和郭斌原本是一对恩爱夫妻，但他们的生活有个缺憾，就是郭斌没有生育能力，所以他们没有生育子女。2004 年 1 月，夫妻两人协商一致，决定采用人工授精的方法生育子女，于是，李霞和郭斌共同与某医院签订了人工授精协议书，采用他人精子对李霞实施了人工授精，不久李霞成功受孕，全家欢喜。

然而，天有不测风云，仅仅过了 3 个月，郭斌感觉身体不适，经医院检查后被确诊为癌症晚期，生命朝不保夕。于是郭斌郑重向李霞表示：你肚子里的孩子和我没有血缘关系，我也快不行了，不想要这个孩子了，你去医院做人流吧。但李霞舍不得肚子里的孩子，坚持要把孩子生下来。

2004 年 5 月 20 日，郭斌在医院立下自书遗嘱，主要内容为：李霞肚子里的孩子和我没有血缘关系，我不承认这个孩子。我名下的房产由我的父母继承。5 月 23 日，郭斌不幸离世，5 个月后，李霞产下一子，取名郭阳阳。

2006 年，李霞、郭阳阳因继承纠纷将郭斌的父母诉至法院，李霞要求继承的理由为：案涉房屋是其与郭斌的夫妻共同财产，郭斌因病死亡后，其儿子郭阳阳出生。郭斌的遗产，应当由妻子李霞、儿子郭阳阳及郭斌的父母 4 名法定继承人共同继承。郭斌父母不同意李霞的要求，他们认为，郭斌生前留下遗嘱，明确将案涉房屋赠与父母，因此，该房产不适用法定继承；李霞所生的孩子与郭斌不存在血缘关系，郭斌在遗嘱中声明他不要这个人工授精生下的孩子，他在得知自己患癌症后，已向李霞表示过不要这个孩子，是李霞自己坚持要生下孩子，因此应该由李霞对孩子负责，郭阳阳不是郭斌的继承人。

法院经审理后认为，郭斌因无生育能力，签字同意医院为其妻子即原告李霞施行人工授精手术，该行为表明郭斌具有通过人工授精方法获得其与李霞共同

子女的意思表示。只要在夫妻关系存续期间,夫妻双方同意通过人工授精生育子女,所生子女均应视为夫妻双方的婚生子女。因此,郭斌在遗嘱中否认其与李霞所怀胎儿的亲子关系,是无效民事行为,应当认定郭阳阳是郭斌和李霞的婚生子女。

鉴于郭斌留有遗嘱,本案应当按照遗嘱继承办理。登记在被继承人郭斌名下的案涉房屋,是郭斌与李霞夫妻关系存续期间取得的夫妻共同财产。郭斌死亡后,该房屋的一半应归李霞所有,另一半作为郭斌的遗产。郭斌在遗嘱中,将案涉房屋全部遗留给其父母继承,侵害了李霞的房产权,遗嘱的这部分应属无效。

此外,遗嘱应当对缺乏劳动能力又没有生活来源的继承人保留必要的遗产份额。郭斌在立遗嘱时,明知其妻子腹中的胎儿而没有在遗嘱中为胎儿保留必要的遗产份额,该部分遗嘱内容无效。在分割遗产时,应当为该胎儿保留继承份额。因此,李霞和郭阳阳的大部分诉讼请求最终得到了法院的支持。

【案例三】夫妻双方协商一致代孕生子,离婚后女方起诉请求确认不存在亲子关系获支持

2008 年 8 月,朱晨在北京市仁和医院出生,产妇登记姓名为“孙娟”,户口簿记载,孙娟为户主,朱虎系户主之夫,朱晨系户主之子。2011 年 7 月,孙娟与朱虎协议离婚,离婚后朱晨由朱虎抚养。

时光荏苒,不知不觉间朱晨已经 7 岁了,没想到孙娟却将朱晨诉至法院,要求确认其与朱晨之间不存在亲子关系。朱虎不同意孙娟的诉讼请求,朱虎认为,其与孙娟双方协商一致雇人代孕生育了朱晨,即使朱晨与孙娟没有血缘关系,双方也存在法定的亲子关系,朱晨应视为孙娟的婚生子女。庭审中,孙娟申请对其与朱晨之间是否存在亲子关系进行司法鉴定,朱虎拒绝进行司法鉴定,并承认朱晨与孙娟之间没有血缘关系,双方均确认朱晨据以出生的卵子不是源于孙娟。

法院经审理后认为,即使朱晨系孙娟与朱虎雇人代孕所生,根据《人类辅助生殖技术管理办法》第 3 条“人工辅助生殖技术的应用应当在医疗机构中进行,以医疗为目的,并符合国家计划生育政策、伦理原则和有关法律规定。禁止以任何形式买卖配子、合子、胚胎。医疗机构和医务人员不得实施任何形式的代孕技术”的规定,雇人代孕产子违反伦理道德,为法律所禁止。因此,法院判决孙娟与朱晨之间不存在亲子关系。

【案例四】同居恋人找人代孕生子,分手后法院确认女方与孩子不存在亲子关系

沈燕与王刚均为离异人士,双方为同居恋爱关系。2015 年,沈燕和王刚作为委托方分别与中介方签订了《试管婴儿包成功》代孕协议,主要内容为:中介方安排代孕妈妈,怀孕方式为试管婴儿代孕,至王刚的一个婴儿顺利生产后,委托方应缴纳给中介方总金额人民币 75 万元,协议有效期为 30 个月等。

2016 年 12 月,王小小在医院出生,其出生医学证明显示:母亲姓名沈燕,父亲姓名王刚,王刚和中介方结清了代孕费用。

2018 年,王小小由王刚代理向一审法院起诉,请求确认王小小与沈燕不存在亲子关系。王刚认为,代孕行为本身是不合法的,代孕者是否能成为母亲没有相关法律依据,沈燕非代孕者,只是代孕过程中借用了沈燕的身份,且沈燕只是王刚公司的员工,与王刚只是男女朋友关系,未实际抚养过王小小,故与王小小之间不存在亲子关系。

沈燕认为其与王小小存在亲子关系,其与王刚长期以夫妻名义共同生活,双方具有共同养育子女的合意,故决定寻求代孕服务,沈燕与王小小虽没有血缘关系,但其系王小小的分娩妈妈;另外,王小小出生后,沈燕即承担了主要抚养和教育责任,现王刚年事已高,从有利于孩子成长的角度考虑,应当认定王小小与沈燕存在法律上的亲子关系。

法院经审理后认为,王小小系其父亲王刚自行提供精子,由非法中介供卵进行试管婴儿代孕所生,显然与沈燕没有生物学上的血缘关系。沈燕主张其为王小小的分娩妈妈,但从"代孕协议"来看,沈燕、王刚分别作为委托方,并接受代理方安排代孕妈妈,其中没有言明由沈燕自行代孕这一关键事实。医院的孕妇产检和分娩记录反映,产妇姓名虽登记为沈燕,但血型、身高、生育史等基本信息均与沈燕不符。

王小小父亲王刚与沈燕虽存在特殊的男女关系,但最终未转变为合法的婚姻关系,双方私下进行人工生育,其行为属于法律法规明令禁止的,也违反公序良俗。沈燕提供的医学出生证明、微信聊天记录、家庭照片等证据,虽可以证明沈燕主张的某些客观事实,但无论王小小与王刚是否共同生活、王小小是否沈燕分娩、沈燕是否抚养王小小，均改变不了非法代孕行为带来的社会后果及法律后果，故沈燕、王小小之间不存在法律上的亲子关系。

一审法院判决，王小小与沈燕不存在亲子关系，沈燕对一审判决不服，提起上诉，二审法院判决驳回上诉，维持原判。

【案例五】同居恋人找人代孕生子，分手后养育母亲痛失抚养权

2009 年 9 月，离异的陆游与欧雅相识相恋，因欧雅无生育能力，经双方协商一致，由陆游提供精子，找人代孕生育一子欧小海。欧小海出生后，户口登记在欧雅名下，由欧雅与陆游共同抚养。2016 年，陆游与欧雅分手。

2017 年 6 月，陆游以欧雅与欧小海不具有血缘关系为由，诉至法院，请求确认欧小海与陆游之间存在亲子关系以及欧小海归陆游抚养。2017 年 11 月，经司法鉴定，支持陆游是欧小海的生物学父亲；排除欧雅是欧小海的生物学母亲。

法院经审理后认为，依据司法鉴定意见，可以确定陆游与欧小海之间存在亲子关系。关于欧小海由谁抚养的问题。法院认为，根据《人类辅助生殖技术管理办法》第 3 条“人类辅助生殖技术的应用应当在医疗机构中进行，以医疗为目的，并符合国家计划生育政策、伦理原则和有关法律规定。禁止以任何形式买卖配子、合子、胚胎。医疗机构和医务人员不得实施任何形式的代孕技术”的规定，雇人代孕产子违反伦理道德，乃法律所禁止。

本案中，代孕所生的欧小海，经鉴定生父是陆游，生母非欧雅。陆游和欧雅共同抚养了欧小海，但二人并未缔结婚姻关系，欧雅与欧小海之间既无自然血亲关系，又无合法收养关系，亦不存在拟制血亲关系。在欧小海生父确定，且其生父有抚养意愿及能力并已履行抚养义务的情况下，欧小海由陆游抚养符合法律规定。

最终法院判决：确认陆游与欧小海存在亲子关系，欧小海由陆游抚养。

【案例六】代孕母亲虽然享有对子女的探望权，但因不利于子女的身心健康，其诉讼请求被法院驳回

高海与王丽系夫妻关系，2015 年 3 月，高海与谢珊签订《合作协议》，内容为：谢珊完全自愿为高海代孕，代孕总补偿金为 30 万元，付清费用后谢珊不得再主张任何权利以及违约责任等。

《合作协议》签订后，高海以直接受孕的方式让谢珊怀孕，2016 年 1 ~ 8 月，王丽向谢珊转账 384，500 元。2016 年 8 月，谢珊在重庆市某医院生产一女，取名高小小，《出生医学证明》上记载母亲王丽、父亲高海。高小小出生后即由高海带回家，由高海和王丽共同抚养，谢珊从未见过高小小。

2018 年，高小小快 2 周岁了，谢珊却将高海诉至法院要求对高小小行使探望权。谢珊认为《合作协议》违背公序良俗，属于无效协议，该协议实际是非婚生子协议。谢珊作为孩子的亲生母亲有探望权，高海不给其探望且故意隐匿孩子违法。高海认为谢珊从事专职代孕，双方签订了《合作协议》，协议约定高海付款给谢珊，谢珊为其生育子女，所生育子女由高海抚养。其已经按照协议的约定履行了付款义务，《合作协议》已履行完毕。

法院经审理后认为，谢珊签订《合作协议》的目的是通过受孕生子而取得补偿金等各项费用，高海签订该协议的目的是让谢珊受孕并生育子女，该份协议实则一场买卖生命的对价交易。《合作协议》对“需求者”和“代孕者”之间的权利义务以及所生育子女的归属等内容进行约定，约定内容违背公序良俗、违反法理精神以及法律规定，因此，《合作协议》无效。

虽然《合作协议》因违法而无效，但高小小是客观存在的权利主体，其生父为高海，生母为谢珊，是高海在与王丽婚姻关系存续期间，与谢珊通过自然、直接的受孕方式生育，是非婚生女，非婚生子女享有与婚生子女同等的权利，任何人不得加以危害和歧视，高小小的权利应得到同等保护。

高小小自出生开始一直由高海和王丽抚养照顾，高小小生活在高海与王丽的家庭中，是家庭的一员，王丽是高小小的养育母亲，王丽与高小小形成事实上的抚养关系，且高海与王丽也愿意共同抚养照顾高小小，依据法律规定，王丽作为养育母亲，基于主观抚养意愿和事实抚养行为而成为与高小小有抚养教育关系的继母，故而上升为与生母谢珊同等地位，因此，高小小有生母谢珊和继母王丽二位母亲。

继母王丽一直抚养照顾高小小且有抚养能力，生母谢珊生产高小小的目的是获取补偿金等费用，生产后也未实际抚养过高小小，王丽与高小小形成有抚养关系的继父母子女关系，其作为高小小的继母与高海共同抚养照顾高小小，已然形成一个完整家庭。

另，根据儿童利益最大化的原则，从有利于未成年人健康成长的角度考虑，法律赋予父或母探望权，前提是有利于子女的身心健康，高小小的出生是基于一场对价交易，高海为求子而出高价，谢珊为获取费用而生子，从高海和谢珊认识过程足可以看出二人之间无任何感情，高海得子后依协议单独抚养高小小，拒绝谢珊的探望，谢珊自述挂念高小小，但却没有任何证据证明其关心高小小的生活成长等情况。高小小目前不足 2 周岁，年龄尚小，心智发育不完善，辨识能力未形成，其需要一个稳定的家庭环境，这份稳定有部分来自家庭的完整和健康，而高海及配偶王丽能够提供一个这样的环境供其成长；这份稳定有部分来自排除外界干扰，形成一定的封闭空间，不因身份关系而对高小小造成困扰，让高小小心智、心理发育的过程中不受此困扰。

综上，谢珊作为生母依法享有探望权，但因为其探望高小小不利于高小小的身心健康。因此，一审法院判决驳回谢珊要求探望高小小的诉讼请求。谢珊对一审判决不服提起上诉，二审法院判决驳回上诉，维持原判。

【案例七】代孕引发监护权纠纷，养育母亲获得监护权

罗刚与陈敏系夫妻关系，两人均系再婚。再婚前，罗刚已育有一子一女，陈敏未曾生育。2011 年，罗刚与陈敏通过购买他人卵子，并由罗刚提供精子，通过体外授精联合胚胎移植技术，出资委托其他女性代孕，生育了一对异卵双胞胎即罗帅、罗美，卵子提供方与代孕方非同一人。两个孩子出生后随罗刚、陈敏共同生活，出生医学证明登记生父为罗刚、生母为陈敏，并据此申报了户籍。

2014 年 2 月，罗刚因病经抢救无效死亡，嗣后，陈敏携罗帅、罗美共同生活。2014 年 12 月，罗刚的父母以监护权纠纷将陈敏诉至法院，请求确认自己为罗帅、罗美的监护人，同时要求陈敏将罗帅、罗美交由其抚养。

罗刚的父母认为，罗刚为罗帅、罗美的生物学父亲，陈敏并非其生物学母亲；罗刚的父母系罗帅、罗美之祖父母，在罗刚去世而孩子生母不明的情况下，应由其作为法定监护人并抚养两个孩子。

一审法院认为，陈敏与罗帅、罗美既不存在自然血亲关系，亦不存在拟制血亲关系，在罗帅、罗美的生父罗刚死亡、生母不明的情况下，罗刚的父母作为祖父母要求抚养罗帅、罗美，并作为其法定监护人之诉请，合法有据，予以支持。一审法院判决罗帅、罗美由罗刚的父母监护，陈敏对一审判决不服，提起上诉。

二审法院认为，关于代孕子女法律地位的认定，首先涉及亲子关系的认定原

则，本案中，作为代孕所生子女的罗帅、罗美，其法律上的亲生母亲应根据“分娩者为母”原则认定为代孕者；关于生父的认定，罗刚与两个孩子之间具有血缘关系，故法律上的亲生父亲应为罗刚。由于罗刚与代孕者之间不具有合法的婚姻关系，故所生子女当属非婚生子女。罗帅、罗美的出生证明及户籍登记已记载罗刚、陈敏为父母，且亦被罗刚、陈敏实际抚养，表明罗刚作为生父已作出实际的自愿认领行为。陈敏虽非罗帅、罗美的生母，但已与两个孩子形成了有抚养关系的继父母子女关系，应适用父母子女关系的规定。就监护顺序而言，陈敏优先于作为祖父母的罗刚的父母。此外，根据儿童最大利益原则，从双方的监护能力、孩子对生活环境及情感的需求、家庭结构完整性对孩子的影响等各方面考虑，监护权归陈敏更有利于孩子的健康成长。

二审法院改判两个孩子由陈敏抚养。

【案例八】冷冻胚胎虽不能被继承，但继承人对冷冻胚胎享有私法上的民事权利

2012 年 8 月，沈龙与刘香因自然生育困难来到医院生殖医学中心，要求采用试管婴儿的方式生育后代。取得受精卵后，医院为了防范病症，并未立即进行新鲜胚胎移植，而是冷冻了 4 枚胚胎并定于 2013 年 3 月 25 日进行移植。但就在手术前几天，沈龙与刘香夫妻遭遇车祸，双方不幸死亡。保存在医院的 4 枚冷冻胚胎成为双方父母延续“香火”的唯一希望。为了获得胚胎处置权，双方父母经过多方交涉，开了各种证明，均未果。

为取回冷冻胚胎，2013 年 11 月，死者沈龙的父母选择与亲家、医院“对簿公堂”。一审法院经审理后认为，施行体外受精—胚胎移植手术过程中产生的受精胚胎具有发展为生命的潜能，是含有未来生命特征的特殊之物，不能像一般之物一样任意转让或继承，不能成为继承的标的。同时，夫妻双方对权利的行使应受到限制，即必须符合法律法规，不违背社会伦理和道德，并且必须以生育为目的，不能捐赠、买卖胚胎等。沈龙和刘香夫妻均已死亡，通过手术达到生育的目的已无法实现，故他们手术中留下的胚胎所享有的受限制的权利不能被继承。一审法院判决驳回原告的诉讼请求，沈龙的父母对一审判决不服提起了上诉。

2014 年 9 月 17 日，二审法院撤销了原审法院判决，终审判决不仅确认了 4 位失独老人对其各自子女经过人工匹配取得，含有血缘传承的 DNA 等遗传物质和

两个家族遗传信息的冷冻胚胎，具有生命伦理上的密切关联性，是双方家族血缘传承的唯一载体，承载着哀思寄托、精神慰藉、情感抚慰等人格利益，因而享有私法上的权利；同时还确认政府卫生行政管理部门关于胚胎不能买卖、赠送和禁止实施代孕的规定，是对医疗机构和医务人员在从事人工生殖辅助技术上的管理性规定，不具有强制性法律、法规的效力，不能对抗当事人基于私法所享有的正当权利，因而确认4位失独老人对争议的人体胚胎享有民事权利，保存该人体胚胎的医院必须尊重当事人的私法权利，没有理由拒绝当事人正当的权利请求。

第四节 维权指引

（一）采用人工授精技术生育的子女被视为婚生子女的前提是夫妻双方协商一致

只有具有婚姻关系的夫妻双方对通过人工授精生育子女（不包括代孕）达成一致意见时，女方生育的子女才能被视为双方的婚生子女，类似婚生推定，此种情形下，人工授精生育的子女无论与男方是否具有血缘关系，均“视为”双方的婚生子女，适用《民法典》的相关规定，父母子女权利义务关系明确具体，父母是未成年子女的第一顺序的监护人。

实务中，女方应注意保留男方同意通过人工授精生育子女的相关证据，并应当到有资质的医疗机构办理人工授精手续和进行手术。

（二）对采用人工辅助生殖技术所生子女的亲子关系作出认定，是解决监护、抚养、赡养、继承等法律纠纷的前提

亲生父母与子女之间的权利义务关系依自然血亲而形成，继父母与继子女之间的权利义务关系依双方是否形成抚养关系而形成；养父母与养子女之间的权利义务关系依收养关系的成立而形成，“父母”与采用人工辅助生殖技术所生子女之间的权利义务关系依具有亲子关系而形成。

对亲子关系有异议的，父或者母可以向人民法院起诉请求确认或否认亲子关系，通常情况下，出生医学证明及户口簿可以证明亲子关系的存在，解决采用人工辅助生殖技术所生子女的监护、抚养、赡养、继承等法律纠纷的前提是请求

法院确认或否认亲子关系。

(三)基因母亲、孕生母亲、养育母亲,究竟哪一位是代孕所生子女的母亲,司法实践中存在较大争议

人工授精与代孕都是借助于人工辅助生殖技术培育子女,通过人工授精生育子女通常情况是为了弥补丈夫的生育障碍,而通过代孕生育子女通常是为了弥补妻子的生育障碍。代孕将怀孕分娩这一环节从婚姻关系中的妻子一方转移给了其他女性,突破了传统的生育模式,形成了捐精捐卵方、怀孕生产方、委托代孕方等多重关系,从而背离了“分娩者为母”的原则及由此建立的法律制度。

若丈夫与代孕所生子女之间存在血缘关系,认定二者之间存在亲子关系没有争议,但是如何确定代孕所生子女的母亲,司法实践中存在较大争议。若决定代孕的母亲使用自己的卵子培育胚胎,再将胚胎移植到代孕母亲的身体里进行代孕,此种情形下,有两位女性与子女有关系,其中一个女性提供了卵子,另一个女性提供了子宫,究竟哪一位女性是子女的母亲?若决定代孕的母亲采用他人卵子与自己丈夫的精子结合培育胚胎,再将胚胎移植到代孕母亲的身体里孕育子女。此种情况下,有三位女性与代孕子女之间存在关系,一是决定通过代孕生育子女的女性,二是提供卵子的女性,三是提供子宫的女性。这三位女性究竟哪一位是代孕子女的母亲?我国现行法律对此并没有明文规定,学界一直存在争议。

(四)代孕所生子女亲子关系的认定

尽管代孕行为在我国不合法,但人们为了实现求子的心愿,潜在的市场需求很大,代孕行为会长期存在。法律可以对违法行为本身进行制裁,但因此出生的孩子并不会因此而消失,因此,对因代孕而出生之子女的法律地位作出认定,是解决代孕子女的监护、抚养、财产继承等问题以及保护代孕所生子女合法权益的前提。

关于代孕子女法律地位的认定,首先涉及亲子关系的认定原则,应遵循尊重子女的生命尊严原则和子女利益最大化原则。通常情况下,捐精捐卵者都是匿名的,其将精子和卵子捐献给正规机构之后,在法律上便无权获得针对婴儿的亲子权利,所以纠纷往往发生在孕生母亲和委托代孕的夫妇之间。司法实践中,代孕所生子女对于生父的认定,根据 DNA 鉴定结果来确定亲子关系,而对于生母

的认定却变得更为复杂。通常情况下以“分娩者为母”原则认定亲子关系。孕生母亲利用自己的卵子代孕，一旦发生纠纷，被认定为生母几乎没有争议，但如果委托代孕母亲用自己的卵子实施代孕，一旦发生纠纷，委托母亲获得婴儿监护权的概率可能会高于孕生母亲。

（五）对采用人工辅助生殖技术生育的子女亲子关系有异议的，可以提起亲子关系确认/否认之诉

我国《民法典》将亲子关系的认定分为两类，一类是自然血亲的父母子女关系，包括婚生父母子女关系和非婚生父母子女关系；另一类是法律拟制的父母子女关系，包括养父母子女关系以及形成抚养关系的继父母子女关系。

司法实务中，婚姻关系存续期间受孕的子女，推定丈夫为子女的父亲，但子女与被推定的父亲之间可能并不存在血缘关系，也就是亲子关系的推定与客观事实可能不符，因此，《民法典》规定，对亲子关系有异议的，父亲可以提起亲子关系否认之诉；同样，婚姻关系存续期间，通过人工辅助生殖技术生育子女也推定为婚生子女，如果夫妻任一方对亲子关系有异议的，可以提起亲子关系确认/否认之诉。

亲子关系否认之诉会给子女带来伤害和痛苦，稚子无辜，提起亲子关系否认之诉需三思而行。

（六）与代孕子女无血缘关系的夫妻一方与代孕子女有可能形成有抚养关系的继父母子女关系，作为继父母对该代孕子女享有第一顺位的监护权

代孕行为的本质特征在于分娩行为的转移，即夫妻双方一致同意将与其有血缘关系或无血缘关系的“子女”转移于第三人子宫孕育并分娩。在此情况下，根据“分娩者为母”原则，该子女的生母为代孕者，生父为与该子女有血缘关系的丈夫，而代孕者与丈夫之间并不存在婚姻关系，因此代孕所生子女为非婚生子女。

与代孕子女无血缘关系的一方与代孕子女不存在收养关系，但有可能形成有抚养关系的继父母子女关系。根据现行的抚养权纠纷裁判原则，以及仅有的少量判例表明，在基因母亲、孕生母亲身份不明的情况下，如果子女跟随养育母亲生活更为有利于子女的身心成长，法院可能会认定代孕所生子女与养育母亲形成有抚养关系的继父母子女关系，根据“儿童利益最大化”原则，与代孕子女

无血缘关系但已形成抚养关系的继父母可以享有第一顺位的监护权。

第五节　律师忠告

（一）在我国目前的法制环境下，医疗机构和医务人员实施代孕行为违法

2001 年原卫生部发布的《人类辅助生殖技术管理办法》规定，一般的辅助生殖技术应当在医疗机构中进行，并禁止以任何形式买卖配子、合子、胚胎。医疗机构和医务人员不得实施任何形式的代孕技术。

2016 年 1 月 1 日实施的《人口与计划生育法》中删除了草案中“禁止代孕”的内容。由此可见，我国禁止医疗机构和医务人员实施代孕手术，但对于公民的代孕行为是否合法并无明确的法律规定。总体来说，我国禁止代孕，这也是跨国代孕大量发生的原因。

（二）人工授精所生子女享有与婚生子女同等的权利

1991 年 7 月生效的《最高人民法院关于夫妻离婚后人工授精所生子女的法律地位如何确定的复函》（已于 2021 年 1 月 1 日废止）规定，夫妻双方一致同意进行人工授精的，所生子女视为夫妻双方的婚生子女。

2021 年 1 月 1 日实施的《〈民法典〉婚姻家庭编解释（一）》第 40 条的规定与上述已经废止的复函内容一致，内容为：婚姻关系存续期间，夫妻双方一致同意进行人工授精，所生子女应视为婚生子女，父母子女间的权利义务关系适用民法典的有关规定。

由此可见，经夫妻双方一致同意以合法的人工生殖方式所生育的子女，其亲子关系的认定，生母根据“分娩者为母”原则，生父则以婚生推定方式确定。无论子女与作出人工授精决定的男性之间是否存在血缘关系，均视为婚生子女。

需要注意的是，上述规定所指向的受孕方式为合法的人工授精，孕母为婚姻关系存续期间的妻子本人，并不包括代孕。

（三）代孕行为违法，但代孕所生子女与婚生子女享有同样的权利

代孕所生子女是客观存在的权利主体，代孕行为违法，并不影响代孕子女享有的民事权利，也不影响代孕夫妻与代孕子女之间存在自然血亲或拟制血亲的

亲属关系。无论法律对代孕行为如何规定,代孕所生子女当属无辜,其合法权益应受到同等的保护,并以子女利益最大化作为相关案件的裁判原则。

(四)代孕合同因违反公序良俗而无效

代孕合同,是代孕方与求孕方签订的约定双方权利义务的有偿合同。目前我国法律没有对代孕合同作出明确规定,但原国家卫生部第14号令《人类辅助生殖技术管理办法》,禁止实行代孕技术,只允许采用人工辅助生殖技术通过妻子的子宫进行怀孕。

从代孕合同的本质来看,是将代孕方的子宫作为"物"来出租使用,将孩子作为商品交易的对象,有违公序良俗,依据《民法典》第153条的规定,属于无效合同。

(五)代孕所生子女亲子关系认定复杂

根据中国人口协会、国家卫健委发布的数据,中国育龄夫妇的不孕不育率从20年前的2.5%~3%攀升到近年的12%~15%,不孕不育者约5000万人。随着不孕不育人数的不断增加,代孕市场需求量巨大,代孕现象将会长期存在。在我国目前的法制环境下,代孕违反伦理道德,为法律所禁止,代孕所生子女与无血缘关系的养育母亲之间的亲子关系不能获得司法确认。

另,在我国目前的法制环境下,同性婚姻不合法,代孕同样不合法,司法实践中已经出现同性伴侣通过代孕生子并产生纠纷的案例。在我国,同性伴侣通过代孕所生子女不能被认定为同性伴侣的婚生子女无可争议,但法律对同性伴侣通过代孕所生子女的母子关系或者父子关系如何确认缺乏相应的规定。

对于女性同性伴侣代孕所生的子女,若提供卵子的一方与第三人的精子相结合形成受精卵,并在自己的子宫中孕育,此种情形下,毫无疑问,提供卵子、进行孕育的一方为该子女法律上的母亲。若是一方提供卵子,另一方孕育子女,此种情形下,子女法律上的母亲如何认定,是采用"基因说"还是"分娩说"司法实务中存在争议。对于男性同性伴侣代孕所生的子女,则认定提供精子的一方作为子女的生父。

由此可见,代孕所生子女的亲子关系认定具有一定的复杂性,目前,我国没有任何法律或行政法规对代孕所生子女的亲子关系认定作出规定,实务中,可以借鉴代孕所生子女监护权归属的典型案例,我们也期待立法进一步完善。

第六节　法律速递

《民法典》

第八条　民事主体从事民事活动，不得违反法律，不得违背公序良俗。

第一千零九条　从事与人体基因、人体胚胎等有关的医学和科研活动，应当遵守法律、行政法规和国家有关规定，不得危害人体健康，不得违背伦理道德，不得损害公共利益。

第一千零七十一条　非婚生子女享有与婚生子女同等的权利，任何组织或者个人不得加以危害和歧视。

不直接抚养非婚生子女的生父或者生母，应当负担未成年子女或者不能独立生活的成年子女的抚养费。

第一千零七十三条　对亲子关系有异议且有正当理由的，父或者母可以向人民法院提起诉讼，请求确认或者否认亲子关系。

对亲子关系有异议且有正当理由的，成年子女可以向人民法院提起诉讼，请求确认亲子关系。

第一千一百零三条　继父或者继母经继子女的生父母同意，可以收养继子女，并可以不受本法第一千零九十三条第三项、第一千零九十四条第三项、第一千零九十八条和第一千一百条第一款规定的限制。

《〈民法典〉婚姻家庭编解释（一）》

第三十九条　父或者母向人民法院起诉请求否认亲子关系，并已提供必要证据予以证明，另一方没有相反证据又拒绝做亲子鉴定的，人民法院可以认定否认亲子关系一方的主张成立。

父或者母以及成年子女起诉请求确认亲子关系，并提供必要证据予以证明，另一方没有相反证据又拒绝做亲子鉴定的，人民法院可以认定确认亲子关系一方的主张成立。

第四十条　婚姻关系存续期间，夫妻双方一致同意进行人工授精，所生子女应视为婚生子女，父母子女间的权利义务关系适用民法典的有关规定。

原国家卫生部令第 14 号《人类辅助生殖技术管理办法》

第三条 人工辅助生殖技术的应用应当在医疗机构中进行，以医疗为目的，并符合国家计划生育政策、伦理原则和有关法律规定。

禁止以任何形式买卖配子、合子、胚胎。医疗机构和医务人员不得实施任何形式的代孕技术。

第二十二条 开展人工辅助生殖技术的医疗机构违反本办法，有下列行为之一的，由省、自治区、直辖市人民政府卫生行政部门给予警告、3 万元以下罚款，并给予有关责任人行政处分；构成犯罪的，依法追究刑事责任：

（一）买卖配子、合子、胚胎的；

（二）实施代孕技术的；

（三）使用不具有《人类精子库批准证书》机构提供的精子的；

（四）擅自进行性别选择的；

（五）实施人工辅助生殖技术档案不健全的；

（六）经指定技术评估机构检查技术质量不合格的；

（七）其他违反本办法规定的行为。

第二十四条 本办法所称人工辅助生殖技术是指运用医学技术和方法对配子、合子、胚胎进行人工操作，以达到受孕目的的技术，分为人工授精和体外受精—胚胎移植技术及其各种衍生技术。

人工授精是指用人工方式将精液注入女性体内以取代性交途径使其妊娠的一种方法。根据精液来源不同，分为丈夫精液人工授精和供精人工授精。

体外受精—胚胎移植技术及其各种衍生技术是指从女性体内取出卵子，在器皿内培养后，加入经技术处理的精子，待卵子受精后，继续培养，到形成早早期胚胎时，再转移到子宫内着床，发育成胎儿直至分娩的技术。

第七章　离婚关联案之物权确认纠纷及法律应对

第一节　案由解读

物包括不动产和动产,法律规定权利作为物权客体的,依照其规定。物权是权利人依法对特定的物享有直接支配和排他的权利,包括所有权、用益物权和担保物权。物权确认请求权,是指因物权的归属、内容发生争议的,利害关系人可以请求确认权利。在 2021 年 1 月 1 日实施的《民事案件案由规定》中,将物权确认纠纷置于物权纠纷案由下的“物权保护纠纷”中,“物权确认纠纷”项下共有三个级,分别是:(1)所有权确认纠纷;(2)用益物权确认纠纷;(3)担保物权确认纠纷。

物权确认纠纷的请求权内容对应《民法典》物权编第三章物权的保护中第 234 条,因物权的归属、内容发生争议的,利害关系人可以请求确认权利。所谓确认物权的归属,就是确认物权的权利主体,即确认对特定的物权享有直接支配和和排他权利的权利人。在离婚案件中,提起物权确认之诉的权利人并不局限于夫妻双方,只要是利害关系人均可提起。对所有权的确认是进行物权保护的前提,因物之返还、排除妨害、妨害预防等请求权的行使都以所有权的归属确认为前提。当事人对所有权的归属没有争议,但对他物权(用益物权和担保物权)发生争议的情形下,也有权要求权力机关确认权利的归属。例如,土地使用权因登记错误而发生争议,真正的权利人则有权请求法院确认土地使用权之归属。再如,抵押权设定之后实现之前,其他抵押权人对该项土地上是否存在抵押权存有异议,因而需要进行确认。就确认物权内容方面而言,其中应包括基本物权,即所有权,用益物权,担保物权内容之确认。争议较多的是因所有权确认纠纷所引发的争议。

第二节 关联案例

在离婚关联案中，物权确认纠纷主要常见于以下 4 种情形：

1. 夫妻一方要求确认第三人名下的动产或不动产属于夫妻共同财产。

2. 第三人要求确认夫妻一方名下的动产或不动产属于自己所有或占有相应份额。

3. 父母出资后要求确认在夫妻共有的动产或不动产中占有相应的份额。

4. 夫妻离婚后一方要求对不动产的用益物权进行确认。

（一）离婚纠纷 + 所有权确认纠纷 + 占有物返还纠纷

男女双方于 1993 年经人介绍相识，后两人于 1995 年登记结婚后育有两女。近年来，双方因性格不和经常争吵，导致夫妻感情破裂，后男方与其他异性在外同居，与女方已分居超过两年。在离婚案件处理过程中，女方提出，登记在案外人李某名下的一套房产是男方出资购买，应属于夫妻共同财产，要求对该房产进行分割。

首先，在审理过程中女方没有足够的证据证明房屋为男方出资购买；其次，离婚案件是对男女双方身份关系、财产关系发生的纠纷进行审理，不涉及第三人，即使女方有充足的证据证明，法院也会让其另案主张权利。因此在判决离婚时，这个请求并没有得到法院的支持，故一审法院驳回了女方的诉讼请求。二审法院也未支持女方的该请求。

后来，女方单独提起所有权确认之诉，女方表示：在她和男方婚姻存续期间，男方出于逃避夫妻财产的目的，以李某的名义购买了房屋一套，该房屋的商品房预售登记、银行贷款申请书、装修合同中的联系电话都是男方的电话号码，并且提供了男方向房产公司转账的记录。女方认为，男方在婚姻存续期间用夫妻共同财产购买的房屋应该归夫妻共同所有，因此，请求法院依法确认这套房屋是夫妻共同财产。但是在实际审判过程中法院认为，该房屋登记在李某名下，李某与房地产开发公司签订了购房合同，并且房屋所有权已归属于李某，结合实际享有房屋权益的情况，在本案房屋购买后也一直是李某在使用，双方没有关于借名买房的约定。女方要求确认房屋属于共同财产的请求缺乏法律依据。

后来,女方又以物权返还纠纷提起诉讼,要求男方与李某返还男方在婚姻存续期间为李某购买房屋所使用的共同财产。后来法院经审理查明,男方在婚姻存续期间用自己的银行卡及女方名下的银行卡向房地产开发公司转入款项用于支付李某购房款,女方对男方的该行为并不知情。男方将资金用于给李某购房存在转移夫妻共同财产的行为,且男方在与李某存在婚后同居的过错行为,因此法院在分割共同财产时,男方可以少分或者不分。最终法院判定男方与李某需要归还该笔财产。

当夫妻一方存在利用夫妻共同财产为第三人购买动产或不动产时,在确认物权的过程中,对所有权的确认需要看涉案物的归属是否在其中一方名下,若是涉案物归属于第三人,对于涉案物权确认如果存在困难,此时可以要求第三人返还因购买涉案物所支出的夫妻共同财产。

(二)所有权确认纠纷 + 离婚后财产纠纷

男女双方于 2000 年 2 月 29 日结婚,2002 年,女方祖母的房屋拆迁,祖母将拆迁的相关事宜都让女方处理,后同意将安置房登记在女方名下。在本关联案例中,女方的父亲提起所有权确认诉讼,指出自己应占有女方名下该安置房产 25% 的份额,并表示该房产是自己母亲的房屋拆迁后的安置房,虽登记在女方名下,但女方给自己写过承诺书,承诺自己占有 25% 的份额。一审法院经审理后认为,该房产是在夫妻关系存续期间购买,因此为夫妻的共同财产。虽然女方曾写过承诺书,认可其父亲所占的产权份额,但是男方表示,自己对该承诺书不知情,该承诺书并未取得男方的同意,现男方对承诺书不予追认,因此法院并不支持女方父亲主张的占有产权份额的请求。在二审过程中,法院仍维持原判,驳回女方父亲的上诉请求,判定该房屋的所有权归属于夫妻共同所有。

后男女双方在提起离婚案件的过程中,对房屋的分割再次产生争议,一审法院依据前述所有权确认的结果,认定该房屋属于夫妻共同财产,判决双方离婚后各自享有 50% 的份额;但是女方认为,房屋是其祖母原有住房拆迁所得,她作为被安置人应该拥有这个房屋的全部所有权份额。女方之后提起上诉,二审法院维持一审裁判结果,认定争议房屋为夫妻双方共有。

(三)所有权确认纠纷 + 离婚后财产纠纷 + 不当得利纠纷

男女双方于 2009 年 6 月 6 日登记结婚,婚后男方父母支付首付款购买了位于北京东城区×××里×××号房屋，该房屋登记在男方名下，于2013年2月16日取得房屋产权所有权证，后续贷款夫妻二人共同承担。女方第一次提起离婚诉讼被驳回后，女方提起所有权确认诉讼，请求法院确认该房屋为夫妻共同财产，并要求男方协助其办理加名手续。在诉讼中追加男方父母为第三人。男方与其父母认为该房屋是父母出资209.18万元购买，并登记于男方名下，不属于夫妻共同财产，应由被告和第三人享有所有权。在审理所有权确认案件过程中，对于男方父母为购买房屋所提供的出资的认定，双方对其性质存在争议，女方认为，该资金属于男方父母对于夫妻的赠与，但是男方父母认为自己的出资并非赠与。一审法院认为，双方争议房屋于婚姻存续期间购买，对于房屋所有权归属，原告与被告之间并无书面约定，因此该房屋为夫妻共同财产。对于女方主张的关于男方父母209.18万元的出资为赠与的意见，由于男方及男方父母不认可该款项是赠与的性质，且女方也并未对该款项为赠与提供相应的证据，因此该意见并未被一审法院采信。一审法院和二审法院支持了女方的诉讼请求，判决争议房屋为夫妻共同财产，男方需要协助女方完成变更登记手续。后双方再次提出离婚。

在所有权确认判决生效后，男方父母以不当得利为由对夫妻二人提起诉讼，要求夫妻返还购房款209.18万元。不当得利案件在审理过程中，男女双方的离婚判决尚未生效，两人仍处于夫妻关系存续期间。一审法院认为，原告出资款系二原告为帮助二被告购买涉案房屋而进行的出资，故在购房行为结束后，二被告继续享受出资利益的行为没有法律根据，应及时将出资利益予以返还。

在审理离婚案件时，对于前述所有权确认的涉案房屋，法院对该房屋进行平均分割，男女双方各占50%。在分担共同债务时，也应平均承担。故，返还给男方父母的209.18万元应由男女双方各承担一半。

在本案件中，出现了确认房产属于夫妻共同财产的问题，以及一方父母对于购房所进行出资的性质确认的问题。夫妻可以约定婚姻关系存续期间所得的财产归各自所有、共同所有、部分各自所有、部分共同所有，约定应采用书面形式。没有约定或者约定不明的，夫妻在婚姻关系存续期间所得的财产应该为夫妻共同财产。

（四）离婚纠纷＋用益物权确认纠纷

男女双方于2011年4月25日登记结婚，2014年6月19日生育一女。在

2011 年双方婚姻关系存续期间，男女双方共同居住的村庄拆迁，根据相关拆迁安置办法，女方被认定为被安置人口。《宅基地腾退补偿安置协议书》中规定，拆迁安置人口在册人口 3 人，应安置人 4 人，分别为男方、男方父母二人以及女方，据此每人获得 50 平方米优惠购房指标。后使用家庭拆迁所得款购买了三套房产。后男女双方的婚姻出现问题，女方向法院起诉离婚。离婚前男方便强行让女方搬离居住房屋，女方于 2018 年 7 月 29 日搬离房屋，独自一人带着女儿居无定所。离婚后，女方认为自己作为拆迁安置房的被安置人之一，对所购的三套安置房屋与男方享有同等权益，故提起用益物权确认之诉，起诉男方及男方父母，主张其享有 B 房屋的排他性居住使用的权利。一审法院经审理认可女方属于被安置人口，且享有 50 平方米的安置补偿面积这一事实。女方所享有的拆迁补偿面积小于其主张排他居住使用的房屋面积，但是女方坚持要求排他居住使用权，对此法院不予支持，驳回了女方的诉讼请求。后女方再次提起上诉，二审法院维持原判。女方又提起了再审申请，对于女方的再审申请，法院组成合议庭进行了审查，审查认为：根据安置房房地产开发中心出具的证明，由于户型的原因，在安置房销售中，村内以每产权户为单位，每宗宅基地为一产权户，每产权户可多认购 30（+5）平方米。因此，按照政策在拆迁时女方与男方及其父母应享有 200 平方米的安置面积，最终实际获得的面积多出的 32 平方米是由于户型差造成的，女方所提出的涉案房屋比其享有的 50 平方米的优惠安置多 7 平方米，并没有超过 32 平方米的上限。因此，在男女双方离婚后，女方主张的对 B 房屋的排他性居住权利是否侵犯了他人的权益的事实还需要进一步查清楚，故指令法院进行再审，再审法院后撤销原判决，将案件发回原审法院重审。

第三节　案例精选

【案例一】丈夫为小三买了房　妻子诉小三索房产

“结婚”意味着新家庭的成立，意味着责任，意味着你中有我，我中有你。婚后的生活或平淡、或争吵。但是如果婚姻生活出现了第三个人，又在神不知鬼不觉中拿走了夫妻共同财产中的部分财产，并且添置了新房，这个房子到底属于谁？本该属于夫妻共同财产的钱到底能不能追得回？对这些问题本案例将一一解答。

到了适婚年龄的王玲与林天一经人介绍相识，两人相处一段时间后，两家人便确定了婚约，很快两人便步入了婚姻的殿堂。之后王玲生下了两个可爱的女儿。然而，王玲和林天一的婚姻好像仅仅是为了完成人生的一项任务，并未建立真正的感情。争吵、指责总是不断出现。林天一时常觉得王玲无理取闹，和这样的人生活在一起，自己真的是受够了。

后来，林天一在一次商业应酬上认识了任雯雯，与在家中不修边幅的王玲相比，林天一觉得任雯雯既年轻又漂亮，特别是任雯雯一头乌黑靓丽的长发让林天一怦然心动。两个人在席间聊得十分投机，互有相见恨晚之感。就这样一来二去，两个人确立了恋爱关系。林天一向任雯雯坦白了自己已婚的事实，并对任雯雯发誓，自己早已对王玲没有感情了，要不是因为有孩子，自己也不会坚持到今天。虽然任雯雯知道了林天一已经是有家庭的人，但还是接受了他。

后来林天一总是借以应酬的名义，瞒着王玲和任雯雯约会，可是纸终归包不住火，王玲很快知道了任雯雯的存在并且和林天一大吵了一架。吵完架的林天一来到任雯雯的住处和她说起当天发生的事情，任雯雯提议说，既然他跟王玲都已经没有感情了，不如直接搬过来一起住。林天一接受了任雯雯的提议搬到了她的住处，同时和王玲提出了离婚，然而王玲并不同意离婚。林天一无奈只好提起离婚诉讼，可是法院判决驳回了他的离婚请求。虽然婚没有离成，但是林天一觉得自己已经无法和王玲相处，便心安理得地开始了和任雯雯的同居生活。

就这样，任雯雯和林天一的感情越来越深，任雯雯想着可以买一套属于他们自己的房子。买房那天，林天一主动出了 223，655 元帮任雯雯交了首付。林天一越来越觉得，自己必须抓紧和王玲把婚离了，给任雯雯一个完整的家，于是林天一再次提起了离婚诉讼。

王玲收到了法院发来的传票。王玲梳理了她跟林天一的银行账户，并且整理了关于林天一出轨的证据。王玲在梳理账户时发现，林天一账户上有 20 多万元竟然转给了房产公司，而所购的那栋房产现在就在任雯雯名下。

开庭时，王玲答辩称林天一给任雯雯购买的公寓，属于夫妻共同财产并对该房产要求分割。一审法院认为，王玲的请求未提供充分证据，且因该房屋登记所有人为任雯雯，并且是任雯雯实际居住，该处房屋涉及案外人任雯雯的权益，因此不宜在案件中处理，双方可以自行解决。后王玲不服提起上诉，二审法院认为,林天一出资20多万元作为首付款汇入了房产公司账户,由于该房屋登记在案外人名下,可能涉及案外人利益,故法院不宜直接处理。如果王玲认为其对此房屋或者20多万元首付款享有权益,可另行解决。

王玲对这个结果自然是十分不满意,她想到自己为这个家辛辛苦苦付出了这么多年,结果林天一却拿着属于他们两个人的钱给别的女人买了房子,她觉得咽不下这口气,于是咨询律师,是否能够把房子要回来。律师给她的分析是,如果要房子,确认房子归他们夫妻共有很难成立,因为是任雯雯与房产公司签的买卖合同,而且房子也登记在任雯雯的名下,任雯雯实际取得物权并进行了登记,该物权登记合法有效,所以确认房屋归他们共有比较困难。法院在审理离婚案件时也建议王玲另行起诉。但是,由于林天一是在夫妻关系存续期间为任雯雯支付的首付,这笔钱属于夫妻共同财产,在离婚时,王玲可要求对夫妻财产进行分割,可对该笔财产提起诉讼让任雯雯返还。

后来,在王玲和律师的共同努力下,以占有物返还纠纷起诉了林天一和任雯雯二人,要求返还林天一给任雯雯购买房产的223,655元,并提供了林天一名下银行的账户明细,证明林天一在婚姻关系存续期间,用自己名下的银行卡及王玲名下的银行卡向房产公司汇入223,655元,这笔款项用于支付任雯雯购买公寓的首付款。法院认定,这笔钱林天一用来给任雯雯买房,存在转移夫妻共同财产的行为,并且林天一与任雯雯存在同居的过错行为,因此在分割夫妻财产时,林天一可以少分或者不分。最终法院支持了王玲要求林天一和任雯雯返还223,655元的请求,王玲也获得了自己想要的结果。

【案例二】婚后拆迁得新房　父亲诉女确份额

在中国人的传统观念里,有房便有了家,老百姓通常都认为,写谁的名,就是谁的房,所以大家对房子写谁的名十分在乎。如果是拆迁的安置房,房屋的产权究竟属于谁呢?婚姻存续期获得的拆迁房是不是共同财产?下面这个案例,我们来一起讨论一下。

张云宁和李深在大学相识,在毕业后,两人也顺利走入了婚姻殿堂。结婚后不久,张云宁的祖母有一套房屋赶上了拆迁,张云宁自幼和祖母生活在一起,和祖母的感情甚好。祖母年岁已高,觉得自己要一套房子也没什么用,未来走了过户也麻烦,不如就直接让张云宁办理相关的事项,故打算把回迁房登记在张云宁名下。祖母向拆迁办递交了申请书,申请书中写道:“我是××地区本次危房改造范围内一户居民,我孙女张云宁自其祖父过世后,一直与我生活在一起,并将户口转来该地派出所管界。孙女张云宁曾去贵处接洽,按政策给我们解决二居室回迁房,现只等政府解决回迁住新住房,下一步就要办理回迁的一切手续,定协议、办交房款等事宜。今后与拆迁办办理回迁房的购买手续,以及签订购房协议、办理公积金贷款等事宜,均交由孙女张云宁办理。特写此证明。”

之后张云宁作为乙方与甲方的房产公司签订了《危旧房屋改造回迁安置协议书》,其中注明张云宁自愿购买一居室一套,并一次性付清首付款。协议所购置的安置住房的产权归张云宁所有,并按照经济适用房产权管理。危旧房改造回迁购房计算表使用张云宁及李深的工龄。不久后房屋分发下来,张云宁和李深也就搬了进去,有了一个小家。

原本两个人以为生活就会这样平淡度过,可是不久之后发现,很多事情并不像想象中那样完美,两个人生活的矛盾也越来越多,李深经常对张云宁指手画脚,呼来喝去,家里的大小琐事基本都需要张云宁负责。张云宁对此是一忍再忍,有时为了逃避压力,主动要求在公司加班,每次回家看到李深那张脸,心中的无力感顿时油然而生。张云宁最终提出了离婚。然而离婚也并没有想象中那么容易,张云宁第一次向法院提起的离婚诉讼被法院判决驳回,张云宁得到这个消息后心里郁闷了好久。李深也受不了现在两人之间这种压抑的氛围,就从家中搬了出来。

一天,李深突然收到了法院的传票,他以为是张云宁又提起了离婚,可是一看却发现这次的原告竟然是张云宁的父亲张亮坤,李深百思不得其解,平常自己和岳父相处得还不错,逢年过节也都会主动给他买东西,从来没有起过争执,岳父这到底是什么意思?疑惑的李深愤怒地给张云宁拨打了电话,想问问她这究竟是怎么一回事。没想到电话那边的张云宁说,自己也被父亲告上了法庭,今天她也收到了法院的传票。现在两个人都很疑惑,为什么父亲会突然将夫妻两人告上法庭呢?

开庭的日子很快就到了,在开庭过程中,张亮坤说,当初张云宁购买安置房交的首付款是自己出的钱,而且张云宁还写了承诺书说房子有自己1/4的份额,现在要求法院确认属于自己的份额。双方还提交了拆迁档案、《危旧房改造回迁安置协议书》《危旧房改造回迁购房补充协议书》、发票、承诺书、房屋档案等证据。一审法院经审理查明,原来,当初在安置回迁房时,张云宁支付的首付款是张亮坤出资的,出钱的时候张亮坤也同意把房屋登记在张云宁的名下。虽然张云宁给张亮坤写过承诺书,认可张亮坤提出的他占房屋 1/4 的份额,但是这个承诺书李深并不知情,更没有经过他的同意。张云宁与房产公司签订了《危旧房屋改造回迁安置协议书》,购买了房屋,并且依据合同取得了房屋的所有权。涉案房屋是在张云宁与李深婚姻存续期间购买,因此属于夫妻共同财产。在庭审过程中,李深不同意分割的请求,张云坤也没有能拿出其他证据证明他对涉案房屋享有 1/4 的份额。一审法院认为,张亮坤所提出的证据不足以证明他所提出的主张,故驳回了张亮坤的诉讼请求。后来,张亮坤又提出上诉,二审法院经审理后,维持了一审判决。

在收到房产所有权的二审判决结果之后,张云宁再一次向法院提出离婚的请求,这一次她的离婚请求得到了支持,同时对于她的安置房的所有权,法院的判决是:她与李深各占 50% 。张云宁对这一结果并不满意。她认为,这个房子是她的祖母留给她的,也是她的祖母原来的房子拆迁后所得到的,与李深没有任何关系。因此,张云宁再次提起上诉,要求法院判决房屋的所有权全部归自己所有。但是二审法院认为,该房产是在双方婚姻存续期间所得,属于夫妻共同财产,也是在夫妻存续期间购买。而且,前面张亮坤提起诉讼的判决中也确认了该房屋是张云宁和李深的夫妻共同财产。对于该房屋,最终法院认定为夫妻共同财产,在分割过程中,判决双方各占 50% 的份额。

【案例三】公婆出钱交首付　房屋归属起争议

都说毕业季就是分手季,然而在很多情侣都面临分手的时候,吴林和王娜赶上了学生时代的末班车,开启了一段校园恋爱。吴林和王娜在江苏的一所大学上学,不过两个人来自不同的地方。王娜来自湖南,而吴林生活在最北方的城市哈尔滨,以前在王娜印象里东北男孩子都是高高壮壮的持东北口音,而吴林完全不一样,吴林看起来并不特别的高大,还戴着一副无框眼镜,看上去很斯文。最后一年,学校的课程安排得很少,吴林和王娜每天都待在一起,感情逐渐升温。毕业后,吴林和王娜提议,让她来东北,一来,自己的父母可以帮忙安排工作,二来,哈尔滨这边车房都不缺,两个人生活上不会有太大的压力。王娜回家和父母商量后,双方父母很快便见了面,敲定了两人的婚事。

结婚那天，王娜觉得自己是世界上最幸福的人，看着身边西装革履的吴林，心中满是欢喜，期待着婚后的生活。他们都相信，两个人一定可以白头偕老，永结同心，无论发生什么事情都不能将他们分开，因为他们会一直牵着彼此的手一起面对未来的风风雨雨，一起撑起这个小家庭。

婚后的生活进入了人生的新阶段，两个人都朝九晚五地忙碌着。吴林的父母为了让他们住得宽敞些，将手头的旧房卖掉，用卖房的 200 万元让吴林作为首付在本市 × × 区 × × 街买了一套新房，在买房时，房产证上只登记了吴林自己的名字。就这样，吴林和王娜有了属于自己的一方小天地。为了升职得到更高的薪资，让这个家能够过得越来越好，吴林的工作越来越忙碌，加班成了家常便饭。以前，吴林和王娜每天都会坐在一起谈天说地，总有说不完的话题；现在，吴林一回到家总是满脸疲惫的样子，再也不似从前有兴趣听王娜说那些柴米油盐。

吴林如愿升职，得到了丰厚的薪水，但是此时他的心里对家庭和生活已经没有了原本的那种挂念和期待，也觉得自己和王娜越来越没有共同话题。终于，吴林决定，要和王娜离婚。吴林拿出一份已经签好字的离婚协议书要王娜签字离婚，王娜无法理解，为什么吴林要作出这个决定，但是她也察觉到了两个人之间的感情确实不似从前。王娜对吴林说："离婚可以，但是这个房子要分我一半。"吴林听到后，立刻火冒三丈："这房子是我爸妈出钱买的，是我们家的，和你没关系。"王娜望着眼前这个男人，突然觉得很陌生。她说："既然你不同意，那我们法院见吧。"

王娜提起了房屋的所有权确认之诉，请求法院确认位于本市 × × 区 × × 街的房屋为夫妻共同财产。法院经审理查明，该套房屋是在王娜与吴林婚后购买的，首付款 200 万元由男方父母出资，后贷款的 115 万元是由夫妻双方共同还款。双方提交了房屋所有权证、《房屋买合同》、发票、银行流水单，以及以银行个人贷款结清证明书等证据在案为证。在审理过程中，吴林的父母提出，这套房子是他们和吴林一起出资买的房，并且登记在吴林的名下，应该由他们和吴林享有所有权，请求法院确认他们与吴林是房屋的按份共有权人。

法院认为，夫妻可以约定婚姻关系存续期间所得的财产归各自所有、共同所有或部分各自所有、部分共同所有，但约定需要采用书面形式。没有约定或约定不明确的，夫妻在婚姻关系存续期间所得的财产应为夫妻共同财产。该房屋是吴林和王娜在婚姻存续期间购买的，并且，对于该房屋的所有权归属，吴林和王娜并没有进行书面约定,因此该争诉房屋为夫妻共同财产。一审法院和二审法院均法院支持了王娜的诉讼请求,判决确认登记在吴林名下的本市××区××街的房屋为夫妻共同财产,吴林需要协助王娜办理该房屋的加名手续。

有了所有权确认的判决作为基础,在后面离婚诉讼的过程中,王娜也争取到了应属于自己的权益,吴林和王娜的婚姻,也彻底走到了尽头。

【案例四】婚内男方拆迁女方占数额,离婚后确认居住权起波折

婚姻是两个人组合在一起过日子,夫妻二人一起为婚后的生活努力,这是一种向上的组合,意味着一个家庭的形成。李玲娜与董建铭两人也到了适婚年龄,经朋友介绍两人相识并情投意合。董建铭的出现让李玲娜知道了什么叫作心动,而李玲娜的温柔也让董建铭一见倾心。两人就这样顺理成章地踏入了婚姻生活。两人在经济上虽算不上大富大贵,但生活上也算是无忧无虑。婚后,李玲娜便搬进了男方家中,与男方及其父母一起生活。与公公婆婆的相处并没有那么容易,李玲娜住进来后发现,公公婆婆与自己的生活习惯大不相同,李玲娜喜欢干净整洁的环境,而公公婆婆是不拘小节的性格,在家中他们很少会整理房间。自从李玲娜嫁进董建铭家后,很多的家务活都是李玲娜在干。董建铭也心疼自己的爱人,每天下班后也会主动帮李玲娜一起干,李玲娜对此也没有抱怨过什么,只是自己默默承受。两人结婚后不久便赶上了旧城改造,董建铭家所在的村要拆迁,根据《××村改造宅基地腾退补偿安置办法》规定,结婚后的李玲娜虽然户口没有迁入董建铭家,但是她一直居住在董建铭家,因此也可以作为被安置人口。董建铭家的宅基地面积共156平方米,宅基地产权归董建铭的父亲董文强,宅基地范围内的房屋面积156平方米,安置人口在册3人,应安置人口4人,分别为产权人董文强、之妻刘宁以及董建铭和李玲娜。按照安置办法,每人可享受50平方米的安置补偿面积,因此,董建铭家一共能够享受200平方米的安置面积,除此之外,董文强一家的宅基地按照一产权户额外享受了35平方米的认购面积。这样的拆迁安置让董建铭一家和李玲娜都非常惊喜,李玲娜心里想:"终于能够搬出来不和公公婆婆一起住了。"董建铭的父亲董文强用拆迁款回购了三套安置用房,一套90平方米,一套85平方米,还有一套小一些的57平方米的住房,总面积共计232平方米。李玲娜与董建铭一起搬进了较小的一套房屋中。

两年后，董建铭和李玲娜的女儿出生了，为了方便照顾孩子，董建铭的母亲搬来与夫妻二人同住。这一次的相处，让婆媳之间的矛盾进一步激化。婆婆虽然说是来照顾孩子的，但是很多事情依旧是李玲娜自己在做，婆婆的眼里只有她的孙女。每次李玲娜想让婆婆帮忙的时候，婆婆总是说自己看孩子很累了，其他的都做不了，婆婆的表现让李玲娜感到十分伤心。随着女儿年龄的增长，李玲娜感觉自己需要考虑的事情越来越多，既要考虑女儿的教育，又要完成自己的工作，还要把持家中的事务，这样的生活让李玲娜劳心劳力，她和董建铭的争吵也越来越多。在一次激烈的争吵后，李玲娜觉得这样的生活自己一天也过不下去了，决定收拾东西带着孩子"离家出走"。原本，李玲娜只是想出来待两天，只要董建铭找她好好给她道个歉，她就会回家。可是等了一周，董建铭也没有任何消息。等李玲娜回到家时发现，家中的门锁已经被董建铭更换了，她突然意识到这段感情已经走到了尽头。

李玲娜终于向法院起诉离婚，并请求法院判决孩子归自己抚养，并确认其对她与董建铭所居住的房屋享有排他性居住的权利。因为她与董建铭居住的房屋为拆迁所得，还涉及董建铭的父母，因此法院在离婚纠纷审理过程中并没有处理，建议李玲娜另行起诉处理这个问题。最终经过调解，双方均同意离婚，并且婚生女归李玲娜抚养。离婚后，李玲娜提起用益物权确认纠纷之诉，起诉董建铭、董文强、刘宁三人，要求法院确认其主张她与董建铭曾居住的57平方米的房屋享有排他性居住使用的权利。在庭审过程中，李玲娜认为，房屋虽然是拆迁所得，但是自己作为拆迁被安置人员，有50平方米的安置房指标，她对拆迁所购的三套安置房屋与被告享有共同权益。董建铭及其父母答辩称，原宅基地最早是对董文强的母亲批示的，宅基地上的房产均为董文强夫妻与母亲共同建造，李玲娜和董建铭没有参与建房。李玲娜与董建铭结婚后李玲娜享有50平方米的安置面积，但是李玲娜的户口并不在董家，家中按照户口簿，还有35平方米的额外认购面积。董家的三套房都是宅基地拆迁所得，与补偿安置无关，所以不同意李玲娜的请求。在一审过程中，法院认为，李玲娜作为被安置人员，享有相应的安置补偿面积。董文强回购的安置房屋中包括李玲娜的50平方米面积，因此，李玲娜对回购房屋均有居住使用的权利。但是李玲娜所享有的拆迁补偿面积小于其主张排他居住使用的房屋面积。法院向李玲娜说明情况后，李玲娜坚持要求确认排他性居住使用权，最终一审法院驳回了李玲娜的诉讼请求。李玲娜对这样的结果不满意,便提起上诉,可是二审的结果依旧是败诉。李玲娜还是不甘心,她找到律师咨询,又与律师一起进一步研究了当年的《补偿安置协议书》,找到有利于自己的证据,提起了再审申请。在这次再审请求审查过程中,法院审查认为,李玲娜提出房屋为57平方米,比其优惠安置面积多7平方米。根据原安置房地产开发中心出具的证明,由于户型原因,在安置房销售中以每产权户为单位,每产权户可多认购30(+5)平方米。董建铭一家按照政策享有200平方米的安置面积,但是实际获得了232平方米的安置面积,共三套房屋,其中多出的32平方米是因为户型差造成的。李玲娜所诉房屋多出来的7平方米没有超过32平方米的上限,因此,在李玲娜和董建铭已经离婚的情况下,对于该案确认房屋的排他性居住权是否侵害了他人的权益的事实还需要进一步查清。再审审理法院同意李玲娜的再审请求,指令了相关法院进行再审。最终,再审法院撤销了原审判决,将案件发回重审。

第四节　维权指引

(一)夫妻离婚财产分割时物权确认的种类

众所周知,夫妻离婚时,财产分割一直是诉讼离婚或协议离婚的重中之重,然而财产分割时,我们可以要求分割哪些财产,不同财产的分配原则是怎样的,很多的当事人并不清楚,因此在分割财产时就比较盲目,希望此章节能使大家了解一二。

《民法典》第114条规定:“民事主体依法享有物权。物权是权利人依法对特定的物享有直接支配和排他的权利,包括所有权、用益物权和担保物权。”第115条规定:“物包括不动产和动产。法律规定权利作为物权客体的,依照其规定。”第116条规定:“物权的种类和内容,由法律规定。”第240条规定:“所有权人对自己的不动产或者动产,依法享有占有、使用、收益和处分的权利。”第323条规定:“用益物权人对他人所有的不动产或者动产,依法享有占有、使用和收益的权利。”由以上法律规定我们可以看出,作为民事主体,我们依法享有物权,物权是指对不动产或者是动产的支配和排他性的权利,并且物权的种类是由法律规定的,只有三类,不能自行拟制。物权包括所有权、用益物权和担保物权。

其中,所有权是指对不动产或者动产的占有、使用、收益、处分的权利;用益物权是指对动产或不动产的占有、使用、收益的权利;用益物权主要包括的权利为土地承包经营权、建设用地使用权、宅基地使用权、居住权和地役权;担保物权是指在物上设定担保,以保证担保财产优先受偿的权利,担保物权主要包括抵押权、质权、留置权。从目前公布的裁决书来看,在离婚时物权确认纠纷案件中最常见的为所有权确认纠纷,用益物权确认纠纷案件较少,北京近三年离婚案件中只有12个用益物权纠纷确认案件,主要是涉及居住权的确认。担保物权确认纠纷案件更少,北京近三年离婚案件中只有一个关于抵押权确认纠纷案件。

狭义来说,我国《民法典》在婚姻家庭编及《〈民法典〉婚姻家庭编解释(一)》中又对夫妻共同财产及个人财产进行了列举性的规定。《民法典》第1062条规定:“夫妻在婚姻关系存续期间所得的下列财产,为夫妻的共同财产,归夫妻共同所有:(一)工资、奖金、劳务报酬;(二)生产、经营、投资的收益;(三)知识产权的收益;(四)继承或者受赠的财产,但是本法第一千零六十三条第三项规定的除外;(五)其他应当归共同所有的财产。”第1063条规定:“下列财产为夫妻一方的个人财产:(一)一方的婚前财产;(二)一方因受到人身损害获得的赔偿或者补偿;(三)遗嘱或者赠与合同中确定只归一方的财产;(四)一方专用的生活用品;(五)其他应当归一方的财产。”《〈民法典〉婚姻家庭编解释(一)》第24条规定:“民法典第一千零六十二条第一款第三项规定的‘知识产权的收益’,是指婚姻关系存续期间,实际取得或者已经明确可以取得的财产性收益。”第25条规定:“婚姻关系存续期间,下列财产属于民法典第一千零六十二条规定的‘其他应当归共同所有的财产’:(一)一方以个人财产投资取得的收益;(二)男女双方实际取得或者应当取得的住房补贴、住房公积金;(三)男女双方实际取得或者应当取得的基本养老金、破产安置补偿费。”第26条规定:“夫妻一方个人财产在婚后产生的收益,除孳息和自然增值外,应认定为夫妻共同财产。”第27条规定:“由一方婚前承租、婚后用共同财产购买的房屋,登记在一方名下的,应当认定为夫妻共同财产。”第28条规定:“一方未经另一方同意出售夫妻共同所有的房屋,第三人善意购买、支付合理对价并已办理不动产登记,另一方主张追回该房屋的,人民法院不予支持。夫妻一方擅自处分共同所有的房屋造成另一方损失,离婚时另一方请求赔偿损失的,人民法院应予支持。”第29条规定:“当事人结婚前,父母为双方购置房屋出资的,该出资应当认定为对自己子女个人的赠与,但父母明确表示赠与双方的除外。当事人结婚后,父母为双方购置房屋出资的,依照约定处理;没有约定或者约定不明确的,按照民法典第一千零六十二条第一款第四项规定的原则处理。”第30条规定:“军人的伤亡保险金、伤残补助金、医药生活补助费属于个人财产。”第31条规定:“民法典第一千零六十三条规定为夫妻一方的个人财产,不因婚姻关系的延续而转化为夫妻共同财产。但当事人另有约定的除外。”第32条规定:“婚前或者婚姻关系存续期间,当事人约定将一方所有的房产赠与另一方或者共有,赠与方在赠与房产变更登记之前撤销赠与,另一方请求判令继续履行的,人民法院可以按照民法典第六百五十八条的规定处理。”以上规定对日常生活中常见的财产进行了列举,并对相关财产的权利人进行了界定。

根据以上法律规定,结合本章节部分的案例可以看出,首先,需要对物权的种类进行有效的区分,这样才能在诉讼的处理过程中选择依据所有权主张权利、还是用益物权主张权利抑或担保物权主张权利,主张权利的选择性质不同,所对应的诉讼请求的主张也是不一样的,因此权利性质界定的模糊有可能直接导致自己的诉求不被法院认可,这不是证据收集或梳理的问题,而是专业性法律性质确定的问题。其次,在诉讼过程中是主张物权还是主张债权,也会直接导致判决结果的不同。因此离婚案件涉及物权确认时,我们最好首先通过列表的方式把所有能分割的财产进行列举,以免遗漏相关权利,这是物权确认纠纷案件的前提。

(二)夫妻离婚财产分割时涉及第三者的,自己的权益如何主张

从司法实践来看,夫妻一方将财产赠与婚外第三者的表现形式有很多,从赠与财产的属性来说,有的赠与的是自己的个人财产,有的赠与的是配偶的财产,有的赠与的是夫妻共同的财产,其中赠与财产是夫妻共同财产中纠纷最多。本章节主要分析过错方赠与的财产属于夫妻共同财产时,无过错方的权益如何维护。

从要求返还的主体来看,因请求返还的赠与财产属于夫妻共同财产,法院判令返还赠与财产,也是将赠与财产作为共同财产返还夫妻双方。

从要求返还的法律依据上,《民法典》第299条规定:“共同共有人对共有的不动产或者动产共同享有所有权。”第301条规定:“处分共有的不动产或者动产以及对共有的不动产或者动产作重大修缮、变更性质或者用途的,应当经占份

额三分之二以上的按份共有人或者全体共同共有人同意，但是共有人之间另有约定的除外。”第 1060 条规定：“夫妻一方因家庭日常生活需要而实施的民事法律行为，对夫妻双方发生效力，但是夫妻一方与相对人另有约定的除外。夫妻之间对一方可以实施的民事法律行为范围的限制，不得对抗善意相对人。”第 1062 条第 2 款规定：“夫妻对共同财产，有平等的处理权。”可见，如果因为家庭日常生活的需要，夫妻一方可以处分夫妻共同财产，对另一方也是发生效力的，但是如果超出家庭日常生活的需要，夫妻一方处分夫妻共同财产是需要另一方同意的，如果擅自处分夫妻共同财产，需要区分取得该财产的受让人是否是善意的。具体到夫妻一方赠与给婚外第三者，根据上述规定可以分析出：第一，将夫妻共同财产赠与婚外第三者，不属于家庭日常生活需要；第二，大多数情况下，配偶不同意将夫妻共同财产赠与婚外第三者；第三，第三者绝大多数明知对方是有家室的，而且是无偿取得赠与财产，不满足善意受让人的条件。因此，综上所述，婚外第三者不太可能成为善意第三者，不适用善意取得制度、获得赠与财产，赠与人的配偶享有共同财产的所有权，有权行使物上请求权，要求受赠人返还赠与的财产。

关于返还份额上，根据我国法律规定，物的共有分为按份共有和共同共有，《民法典》第 308 条规定：“共有人对共有的不动产或者动产没有约定为按份共有或者共同共有，或者约定不明确的，除共有人具有家庭关系等外，视为按份共有。”第 303 条规定：“共有人约定不得分割共有的不动产或者动产，以维持共有关系的，应当按照约定，但是共有人有重大理由需要分割的，可以请求分割；没有约定或者约定不明确的，按份共有人可以随时请求分割，共同共有人在共有的基础丧失或者有重大理由需要分割时可以请求分割。因分割造成其他共有人损害的，应当给予赔偿。”权利人对物的共有可以约定按份共有或者共同共有，如果没有约定，除非是具有家庭关系，否则视为按份共有。根据上述规定，夫妻共同财产的共有为共同共有，除非家庭关系不再存在或有其他重要的理由，夫妻对共同财产的共有状态一直是延续的，也就是说，夫妻对共同财产的共有是不分份额的共有，原则上是平分的，但是没有经过夫妻共同财产分割诉讼程序或到民政部门离婚分割财产之前，不能认定一方所得的份额就是一半。《民法典》第 1087 条规定：“离婚时，夫妻的共同财产由双方协议处理；协议不成的，由人民法院根据财产的具体情况，按照照顾子女、女方和无过错方权益的原则判决。”诉讼离婚财产分割时，并不是夫妻共同财产完全平分，还会根据照顾子女、女方和无过错方权益的原则进行财产分割。因此笔者认为，既然赠与合同无效，夫妻双方对共有财产是不分份额地享有共有权，效力及于共同财产的整体，所以当夫妻一方将共有财产赠与婚外第三者时，赠与人的配偶有权行使物上请求权，请求第三者返还赠与物的全部。

(三)离婚案件房产分割中涉及父母出资时，父母的相关权益应该如何维护

关于父母出资帮子女购房的问题，我国现有法律对此的规定为，《〈民法典〉婚姻家庭编解释(一)》第29条规定："当事人结婚前，父母为双方购置房屋出资的，该出资应当认定为对自己子女个人的赠与，但父母明确表示赠与双方的除外。当事人结婚后，父母为双方购置房屋出资的，依照约定处理；没有约定或者约定不明确的，按照民法典第一千零六十二条第一款第四项规定的原则处理。"根据此规定，以结婚前后时间为节点，男女双方结婚前父母为购房出资的，视为对自己子女的赠与，除非父母明确表示赠与夫妻双方；男女双方结婚后父母为购房出资的，根据父母和男女双方的约定来处理，如果没有约定的，视为对男女双方的赠与。本章节关联案例三中的父母之所以能让男女双方返还购房时的出资款，主要是因为提供了有效的证据证明自己出资的行为并非赠与，因此有权主张男女双方的返还。《民法典》的以上规定，对没有约定或者约定不明的，严格按照法律规定的精神，直接转引至《民法典》第1062条第1款第4项的规定，即如果没有明确表示是赠与一方的，则按照夫妻共同财产处理。如果父母主张不是赠与双方的，或者不是赠与而是借款等其他性质的款项，主张返还等，应当由父母承担相应的证明责任。

第五节 律师忠告

(一)通过夫妻约定财产制解决物权确认纠纷举证难的问题

离婚案件中，财产分割是必不可少的，随着市场经济的发展，财产种类越来越复杂多样，因此在司法实务中财产有无的证明，不同财产归属的证明问题一直是一个热点和难点的问题，有的因为举证不能造成权利的极大损失，而夫妻约定

财产制可以解决这个问题。《民法典》第 1065 条规定:“男女双方可以约定婚姻关系存续期间所得的财产以及婚前财产归各自所有、共同所有或者部分各自所有、部分共同所有。约定应当采用书面形式。……夫妻对婚姻关系存续期间所得的财产以及婚前财产的约定,对双方具有法律约束力。”此规定就是本章节阐述的夫妻约定财产制。约定财产制度,是通过赋予男女双方按照自己的意愿自由处置财产的权利,在居高不下的离婚率和日益增多的财产分割诉讼的现实情况下,使得人们对约定财产制更认可。夫妻约定财产制,具体而言,是指法律允许男女双方采用约定的方式,对夫妻在婚前和婚姻关系存续期间所得的财产所有权的归属、占有、使用、收益、处分以及婚姻解除时财产的分割进行详细的约定。约定财产制能更大程度地尊重当事人的意思,更加体现公平、自愿的原则,有夫妻财产约定的,则优先适用,没有夫妻财产约定的,只能适用法定的夫妻共同财产制。

在约定内容上,《民法典》第 1065 条作出了较为宽泛的规定,其并未对夫妻财产约定的内容进行明确限定。根据这一规定,夫妻双方可以对婚前已经获得的财产进行重新分配,也可以对婚姻存续期间所取得的财产进行约定。夫妻双方可以对全部的家庭财产进行概述性的约定,也可以对某些特定财产进行特别约定。同样,夫妻财产约定的范围不限于财产所有权的归属或者使用权、管理权、收益权、处分权的行使,家庭生活费用的负担、债务清偿责任、婚姻关系终止时财产的分割等事项都可以成为夫妻财产约定的内容。

(二)在离婚案件物权确认纠纷中,如何选择正确的诉求来主张权利

司法实务中诉讼请求的确定至关重要,从以上的案例我们可以看出,如果诉讼请求选择正确就会避免一些损失,也可能不会发生关联案件,一个案件即足以维护权益。诉讼请求的确定直接能决定权益的有无、权益的多少、权益实现时间的长短等,因此在物权确认纠纷中,应当根据自己的情况,确定正确的诉讼请求,以便稳准地使自己的权利得到有效的维护。诉讼请求的确定,在学术上被称为请求权基础,请求权基础可以说是在案件事实和法律规定之间,选择请求让对方为或不为一定的行为,以实现自己的权益目标要求。请求权可以分为 4 类,分别是支配权请求权、占有保护请求权、债权请求权、继承权回复请求权。支配权请求权项下包括物权请求权、人格权请求权、身份权请求权、知识产权请求权,其中物权确认纠纷就在物权请求权项下。《民法典》第 234 条规定:“因物权的归属、

内容发生争议的，利害关系人可以请求确认权利。”也即对于离婚案件物权确认纠纷中，利害关系人可以请求确认或否认他人享有不动产或动产的全部或部分份额；利害关系人可以请求确认或否认他人对动产和不动产占有、使用、收益、处分及担保抵押财产实现的权利。

以本章节列举的离婚关联案件为例，分析下如何选择正确的诉求来主张权利。在案例一中，王玲认为其配偶将夫妻共同财产即金钱赠与第三者买房，房屋登记在第三者名下，严重侵害了自己的权利，因此提起了多个诉讼。她首先提起了所有权确认之诉，要求第三者将房屋变更登记为其夫妻双方共有，法院认为，无论王玲请求确认涉案房屋为其夫妻共有还是要求第三者协助变更登记均是不合理的，故法院驳回了其诉求。后王玲又提起占有返还之诉，要求第三者返还钱款，法院支持了其诉讼请求。由此可以看出，本案中，男方赠与第三者的是夫妻共有的钱款，第三者用钱款购买了房屋，房屋作为不动产是以不动产登记为准，该房屋登记在第三者名下，亦无关于房屋权属的其他约定，因此王玲无权要求确认对房屋享有的份额，可以通过对赠与财产钱款的返还来主张权利。

在案例二中，涉案房产为拆迁安置所得，涉案房产的安置来源为女方的奶奶，奶奶为原房产的承租人，夫妻双方也住在承租房里，安置的涉案房产登记在了夫妻双方名下。女方的父亲认为安置的涉案房产有自己的份额，且女方是同意的，因此女方父亲提起诉讼要求确认对安置的涉案房产享有份额，经过了一审和二审，法院认定女方的配偶没有同意女方父亲在房产中占有份额，也无其他证据证明女方父亲对涉案房产的归属进行约定，因此驳回了女方父亲的诉求。后女方提起确认之诉，要求确认对涉案房产享有50%的份额，法院支持了女方的诉求。由此可以看出，在权利提起的主体及内容选择上也需要根据实际情况来确定。

在案例三中，在离婚案件中，如果有动产或不动产涉及第三人的利益，法院一般是不予处理的，比如，有套房产登记在第三人名下，法院认为因涉及案外人的利益，离婚案件中不宜直接处理，可另行解决。此外，父母对子女购房的出资，不能直接认定对房产所占有的份额，法院认为父母对子女购房的出资行为，与房屋产权归属并不存在法律上的必然联系，也无法得出出资人就是产权人的结论。后父母又起诉要求返还购房出资款，得到了法院的支持。虽然父母作为出资人享有对接受人的某些请求权，但是请求权如何选择，直接决定了权利能否实现。

在案例四中,用益物权确认纠纷常见的纠纷案例为居住使用权纠纷,很多拆迁安置房,无法办理产权证书,因此无法确认安置房的价值,需要通过用益物权的确认来实现自己的权利。本案中,女方离婚后要求确认某处房产的排他性居住使用权,由于女方拆迁时享有的份额为50平方米,要求确认面积为57平方米房产的排他性居住使用权,由于女方主张的是排他性的居住使用权,但是其份额50平方米并未达到房产57平方米的份额,因此法院未支持其排他性居住使用权的诉求,如果女方主张是非排他性的,而是仅要求对涉案房产的居住使用权,这样相对更容易获得法院支持。

综上,在离婚案件中提起物权确认时,利害关系人享有对他人请求权是明确的,但是请求权的内容在选择上并不是那么简单,因此如何选择正确的主张,对案件的结果和权利的实现来说至关重要。

(三)离婚时涉及拆迁安置房时,如何进行物权确认

拆迁安置房不同于一般的商品房,具有特殊性,现有的法律法规对其权属认定及分割缺乏完善详尽的规定,加上拆迁安置补偿协议具有极强的政策性,因此,离婚案件中拆迁安置房的权属认定及分割一直是司法实践中的难题。对于拆迁安置房而言,往往因为房产证没有拿到手,无法采取实物分割的方式对夫妻共有的拆迁安置房进行分割。通过查阅相关的司法案例,大部分法院在处理这种离婚案件时,均选择不予受理,要求当事人另案起诉。法院的此类做法是有其合理性的,主要是因为拆迁安置房的房产证办理困难,为了慎重起见不宜过早认定所有权归属。但是也必须看到其中存在的问题,拆迁安置房拿到房产证的时间可能是漫长的,现实中,很多拆迁安置房在居住多年后也未能办理房产证,导致拆迁安置房的权属认定与分割处理的期限无限期延长,双方对于拆迁安置房的所有权归属存在较大矛盾,不利于纠纷的尽快解决。

根据上述章节对物权确认纠纷案情的分析,用益物权也是物权确认纠纷的类型之一。用益物权就是对物的占有、使用、收益的权利。虽然法院对于拆迁房的所有权一般不予受理,但是当事人可以通过用益物权确认的方式形成对拆迁房占有、使用、收益的权利。比如,离婚双方已实际取得的面积确定、地理位置确定,即使拆迁安置房办理了房产证也不会影响裁判结果的公正。用益物权与所有权相比虽然缺少处分的权利内容,但是相较于长时间对于拆迁房权利的搁置来说,意义是巨大的。

第六节　法律速递

《民法典》

第一百一十四条　民事主体依法享有物权。

物权是权利人依法对特定的物享有直接支配和排他的权利，包括所有权、用益物权和担保物权。

第一百一十五条　物包括不动产和动产。法律规定权利作为物权客体的，依照其规定。

第一百一十六条　物权的种类和内容，由法律规定。

第二百四十条　所有权人对自己的不动产或者动产，依法享有占有、使用、收益和处分的权利。

第三百二十三条　用益物权人对他人所有的不动产或者动产，依法享有占有、使用和收益的权利。

第三百八十六条　担保物权人在债务人不履行到期债务或者发生当事人约定的实现担保物权的情形，依法享有就担保财产优先受偿的权利，但是法律另有规定的除外。

第一千零六十二条　夫妻在婚姻关系存续期间所得的下列财产，为夫妻的共同财产，归夫妻共同所有：

（一）工资、奖金、劳务报酬；

（二）生产、经营、投资的收益；

（三）知识产权的收益；

（四）继承或者受赠的财产，但是本法第一千零六十三条第三项规定的除外；

（五）其他应当归共同所有的财产。

第一千零六十三条　下列财产为夫妻一方的个人财产：

（一）一方的婚前财产；

（二）一方因受到人身损害获得的赔偿或者补偿；

（三）遗嘱或者赠与合同中确定只归一方的财产；

(四)一方专用的生活用品;

(五)其他应当归一方的财产。

《〈民法典〉婚姻家庭编解释(一)》

第二十四条 民法典第一千零六十二条第一款第三项规定的“知识产权的收益”,是指婚姻关系存续期间,实际取得或者已经明确可以取得的财产性收益。

第二十五条 婚姻关系存续期间,下列财产属于民法典第一千零六十二条规定的“其他应当归共同所有的财产”:

(一)一方以个人财产投资取得的收益;

(二)男女双方实际取得或者应当取得的住房补贴、住房公积金;

(三)男女双方实际取得或者应当取得的基本养老金、破产安置补偿费。

第二十六条 夫妻一方个人财产在婚后产生的收益,除孳息和自然增值外,应认定为夫妻共同财产。

第二十七条 由一方婚前承租、婚后用共同财产购买的房屋,登记在一方名下的,应当认定为夫妻共同财产。

第二十八条 一方未经另一方同意出售夫妻共同所有的房屋,第三人善意购买、支付合理对价并已办理不动产登记,另一方主张追回该房屋的,人民法院不予支持。

夫妻一方擅自处分共同所有的房屋造成另一方损失,离婚时另一方请求赔偿损失的,人民法院应予支持。

第二十九条 当事人结婚前,父母为双方购置房屋出资的,该出资应当认定为对自己子女个人的赠与,但父母明确表示赠与双方的除外。

当事人结婚后,父母为双方购置房屋出资的,依照约定处理;没有约定或者约定不明确的,按照民法典第一千零六十二条第一款第四项规定的原则处理。

第三十条 军人的伤亡保险金、伤残补助金、医药生活补助费属于个人财产。

第三十一条 民法典第一千零六十三条规定为夫妻一方的个人财产,不因婚姻关系的延续而转化为夫妻共同财产。但当事人另有约定的除外。

第八章　离婚关联案之返还原物与排除妨害纠纷及法律应对

第一节　案 由 解 读

“返还原物纠纷”与“排除妨害纠纷”是传统的民事案由，现在规定在2020年12月29日最高人民法院发布的《民事案件案由规定》中第三部分物权纠纷中的物权保护纠纷项下。返还原物和排除妨害都属于物权请求权。

返还原物系民法上的古老权利，系最为核心的物权请求权，其含义为权利人在其不动产或者动产被他人非法占有时，有权请求不法占有人返还。适用的法律规范：《民法典》第235条（无权占有不动产或者动产的，权利人可以请求返还原物）。根据该规定，请求返还原物，首先，提起诉讼的主体是不动产或者动产的权利人，包括所有权人及他物权人；其次，占有者属于无权占有即占有行为没有合法依据，即没有法律上或合同上的原因；最后，原物及其物权需存在，如果已经不存在则返还原物在客观上已不可能，权利人只能寻求其他救济方式。

排除妨害也属于物权请求权，其含义为当他人的不法行为妨害权利人行使物权时，权利人有权请求排除妨害。适用的法律规范：《民法典》第236条（妨害物权或者可能妨害物权的，权利人可以请求排除妨害或者消除危险）。根据该规定，请求排除妨害，首先，提起诉讼的主体是所有权人或者依法律规定行使所有权权能的人以及他物权人；其次，妨害物权已经形成，即正在发生的妨害和已经发生的妨害；对于虽然目前没有发生妨害，但可以认定可能妨害物权的，可以请求消除危险；再次，诉讼的被告是已经造成妨害的人；最后，权利人对妨害没有容忍义务。

第二节 关联案例

在离婚诉讼中引起的返还原物纠纷、排除妨害纠纷，常见于以下5种情形：

1. 离婚涉及夫妻共同财产分割时，案外人以权利人身份要求返还原物。

2. 离婚期间或离婚后，他人以权利人身份主张返还原物、排除妨害。

3. 离婚时，对于一方占有的另一方的个人财产，包括婚前财产及婚内取得的个人单独所有的财产，权利人主张返还原物、排除妨害。

4. 一方擅自处分夫妻共同财产，另一方的权利救济、案外人的权利救济。

5. 离婚后，一方购买房屋，另一方以离婚系为购买房屋为目的，而自己对房屋也以出资为由占有使用房屋，房屋购买方主张排除妨害。

由此可见，返还原物纠纷、排除妨害纠纷与离婚纠纷的关联性和密切度非常高，因离婚纠纷引发的返还原物纠纷、排除妨害纠纷往往不是单独的一个纠纷，而是两个或两个以上纠纷的连环发生。举例如下。

（一）法院判决离婚＋返还原物纠纷＋民间借贷纠纷＋所有权确认纠纷＋离婚后财产纠纷

男女双方于2017年登记结婚，系再婚，婚姻关系存续期间，双方购置了运输车一辆，登记在男方名下，之后变更登记在男方与前妻的女儿名下。2018年夫妻感情破裂，男方起诉到法院要求离婚，历经一审、二审，最终判决解除婚姻关系。离婚诉讼过程中，男方与前妻的女儿起诉女方返还运输车。经审理，最终法院未支持男方女儿的返还车辆的请求。2019年，女方母亲起诉男女双方民间借贷纠纷，借款用途涉及购买运输车，经审理，法院最终确认了女方母亲与男女双方之间的借贷事实，支持了女方母亲要求男女双方偿还借款的请求。之后，男方女儿就运输车再次将男女双方诉至法院要求确认登记在男方女儿名下的运输车归男方女儿所有。经法院审理，法院对男方女儿主张确认运输车归其所有的请求不予支持，判决驳回了男方女儿的诉讼请求。2020年，女方起诉男方离婚后财产纠纷，法院最终把运输车作为夫妻共同财产进行了分割。

离婚诉讼中，往往会因为财产分割问题导致双方争议较大，有时还会有案外人主张权利，如本关联案中，男方女儿就运输车起诉了返还原物纠纷、所有权确认纠纷两个案件。虽然运输车已经从男方名下转移登记到了男方女儿名下,但根据法律规定,机动车作为动产,其物权的设立和转让,自交付时发生效力。未经登记,不得对抗善意第三人。由此可以看出,机动车登记并非设权登记,机动车的登记所有人并非一定是机动车的实际所有人。本案中,购车的资金来源是判断运输车物权归属的重要因素,如果没有证据支持,案件必然会面临很大的不确定性。

(二)离婚纠纷+排除妨害纠纷+离婚后财产纠纷

男女双方于2012年结婚,双方婚后曾居住的涉案房屋的权利人是男方母亲。2016年男方起诉离婚被法院判决驳回,2017年继续离婚诉讼,直到2020年的二审终审判决,双方婚姻关系至此解除。在这期间,就涉案房屋引发了男方母亲起诉女方父亲排除妨害纠纷一案、男方母亲起诉女方排除妨害纠纷一案。离婚后,男方以要求女方承担涉案房屋租金等为由起诉女方离婚后财产纠纷一案。

2018年,男方母亲起诉女方父亲,提出腾退房屋、承担涉案房屋房租或使用费等多项诉讼请求。最终法院认定,女方父亲现不在涉案房屋居住,腾退的诉讼请求不予支持;女方父亲暂住期间是照顾女儿和女儿的孩子并无不妥,租金等诉讼请求于法无据。驳回了男方母亲的诉讼请求。2019年,男方母亲起诉女方,提出返还占有使用的涉案房屋、支付占有使用费等多项诉讼请求。最终法院认为,男方母亲为涉案房屋的所有权人,现男方母亲要求女方将涉案房屋返还给己方,于法有据,法院予以支持。因男方母亲并未提交其与女方约定支付占有使用费的相关证据,法院对占有使用费的请求不予支持。2020年,双方婚姻关系解除后,男方起诉女方离婚后财产纠纷一案,提出女方负担婚姻存续期间家庭生活租住地涉案房屋特定期间的房租的一半等多项诉讼请求。法院认为,涉案房屋租赁合同系由男方与其母亲所签,证明力较低,即起到的证明作用较小。且合同约定的租金标准明显高于市场价,男方亦称约定的租金标准中加入了给父母的生活费。一审、二审法院均未支持男方的诉讼请求。

房屋的权利人有权要求返还房屋、腾退房屋,这是毋庸置疑的,但是关于租金、使用费的问题,索要的前提是要有约定。本案中,女方并没有签署过租赁合同,女方亦不认可租赁关系,而且正处于男女双方诉讼离婚的情况下,就要考量男方与其母亲签署的租赁合同是否是双方真实意思的表示。

第三节 案例精选

【案例一】一方擅自出售夫妻共有房屋购买人善意取得时另一方只能主张赔偿损失

夫妻一方擅自处分其共同共有的房屋，如果第三人是善意、有偿取得，并已支付房屋价款，办理了过户登记手续，另一方主张原物返还，可以把房子要回来吗？请看下面的案例。

张海与李兰都是大龄未婚青年，在一次聚会活动中彼此相识相知，最终成功牵手并于 2000 年 1 月登记结婚。因双方的收入水平都不低，所以婚后几年即有了一些夫妻共同存款，正好赶上房地产市场比较好，二人决定购买房屋作为投资。二人看好房子后，就以李兰的名义签订了房屋买卖合同，房产证也登记在李兰一个人的名下，张海作为李兰的代理人领取了房产证。

几年的婚姻生活后，早已从热恋时的花前月下转变为生活中的柴米油盐，再加上缺乏有效的沟通，双方感情发生较大变化，二人均产生了离婚的念头。离婚就要面临共同财产分割问题，此时双方对当初购买的那套房产都有了自己的打算。张海认为房子虽然登记在李兰名下，但根据法律规定属于夫妻共同财产，因张海一直保管着房产证，所以也没有过多的防备。直到双方因离婚诉讼到法院，法庭调查夫妻共同财产的范围时，张海才发现李兰早已经将房子卖掉，现在该房屋登记在江云名下。最终，离婚诉讼中不支持张海要求分割该房屋的诉讼请求，张海只能另案起诉。

经过调查，李兰先以房屋所有权证丢失为由申请补发了新证，然后李兰将该房屋卖给了赵花，赵花支付了房屋价款，房屋产权证过户到了赵花名下。半年后，赵花又将该房屋出售给了江云，江云支付了房屋价款，房屋产权证过户到了江云名下，现在该房屋由江云实际占有使用。

张海起诉江云，将李兰、赵花列为第三人，要求返还房屋，案由是返还原物纠纷。一审法院认为，张海与李兰原系夫妻，涉案房屋系双方婚姻存续期间通过购买取得的财产，虽登记在李兰个人名下，但没有证据证明该房屋为李兰个人所有，所以该房屋的财产性质属于张海与李兰的夫妻共同财产。李兰将房屋出售给他人，张海有权追回；根据法律规定，受让人受让该房屋时是善意的、转让价格合理，且该房屋已经过户登记，受让人取得该房屋的所有权，原所有权人有权向无处分权人请求赔偿损失。李兰在双方婚姻存续期间未经张海同意将该房屋出售给赵花，属于无权处分行为。而赵花购房数月后将房屋再次出售给江云。江云自赵花处购买房屋时，系通过中介公司居间服务，根据江云与赵花所签《北京市存量房屋买卖合同》（经纪成交版）及《补充协议》的约定，交易房屋价格及家具家电、装饰装修及配套设施作价两者总计220万元，同时江云已经按照双方合同约定支付了全部交易款项，且完成了过户。本案中，就涉案房屋的房屋价值进行了评估，结论为该房屋的市场价值为220.5万元。所以，关于涉案房屋，赵花与江云的交易价格与当时市场价值相符，江云以合理价格受让该房屋并已经完成了所有权转移登记，应属于善意受让人，一审不支持张海要求江云返还房屋的诉讼请求。

张海不服一审提起上诉，主张赵花与江云签订涉案合同时存在恶意串通行为。二审法院认为，张海的证据无法证明其主张，法院不予采信。江云与赵花的房屋成交总价款为220万元，房屋评估价220.5万元，两者价格比较接近，因此，赵花与江云之间系以合理价格转让房屋，江云也支付了全部购房款。另外，房屋已经过户登记，江云取得了涉案房屋的所有权证。所以，江云购买房屋符合善意取得之情形，其已取得涉案房屋产权。故张海要求江云返还涉案房屋，缺乏事实及法律依据，二审法院不予支持。

虽然李兰属于无权处分，张海依法可以主张返还原物，但不能对抗善意取得房屋的案外人。夫妻感情出现危机，面临离婚时，可能就有个别人在财产上打起了算盘。本案例对张海来说无疑是悲剧结尾，但故事并没有结束，如果李兰没有主动弥补张海的损失，相信张海会就失去共同财产的损失另行起诉，向李兰主张损害赔偿，且可能因为李兰出卖房产属于恶意转移夫妻共同财产的情形，而被法院判处支付张海多于房屋价值一半的赔偿款。

【案例二】面对另一方擅自处分婚前双方共同购买的车辆时的维权操作

恋爱中的双方在结婚前购买大件商品如车辆，双方都有出资时，所购买的商品的所有权人如何确定？恋爱时不分彼此，尤其是以结婚为目的的恋爱，通常没有人会考虑财产的分割问题。但当两个人的婚姻走到尽头的时候，一方擅自处分婚前共同购买的商品，另一方如何维权？

陈丽与李福这对热恋中的情侣，已经定好一年后的结婚日期，两人都非常期待即将来临的婚姻生活。李福想换车，正好陈丽工作的4S店对员工购车有优惠，两人商量后决定以陈丽的名义在陈丽工作的4S店购买一辆奔驰车，优惠后的价格为40.5万元。李福把自己开了几年的奥迪车卖了23.5万元，然后将该23.5万元作为购车款的一部分支付给4S店，陈丽从自己的账户上支付给4S店17万元，两人共支付40.5万元，该车辆登记在陈丽名下，车辆由李福使用。

一年后陈丽与李福登记结婚。婚姻生活中双方的矛盾渐渐显露出来，从偶尔的矛盾到经常为琐事吵架，之后双方开始分居。陈丽将车辆开走，并与杨阳签订车辆转让协议书，以28万元的价格将车卖给了杨阳。李福起诉离婚，但夫妻共同财产分割时涉案车辆并未解决。李福又另案起诉陈丽共有物分割纠纷，要求陈丽赔偿李福车辆损失36万元及利息，法院确定为返还原物纠纷。

陈丽辩解涉案车辆是李福为实现结婚目的对陈丽的赠与，且陈丽也进行了出资，赠与已完成，李福无权要求返还。李福的主要观点为涉案车辆系李福婚前出资购买，车辆虽然登记在陈丽名下，但车辆一直由李福实际占有使用，是李福的婚前个人财产，机动车的登记并非所有权登记，仅是一种行政管理手段。李福还认为，动产物权的设立和转让，自交付时发生效力，涉案车辆并没有交付给陈丽使用，而且也不是赠与陈丽的，双方不存在赠与关系，车辆是李福的婚前个人财产，陈丽因私自出售给李福造成了损失应赔偿。

历经一审、二审，法院认定购买涉案车辆时，从陈丽账户转账17万元，从李福账户转账23.5万元，共计支付40.5万元购得涉案车辆，该车辆登记在陈丽名下。此期间陈丽与李福系恋人关系，之后登记结婚。法院认为，从查明的事实来看，双方对涉案车辆均进行了出资，系基于共同投资合购的共有财产，不是基于身份而产生的共有关系，应参照其出资份额予以分割。根据价格鉴定意见书，鉴定结论为：在价格评估鉴定基准日涉案车辆的价格鉴定为300,260元。因陈丽已经将涉案车辆出卖，其应赔偿李福$23.5 \div 40.5 \times 300,260 = 174,225$元，并支付利息。最终判决陈丽赔偿李福财产损失174,225元，支付以174,225元为基数自陈丽出卖车辆的次日起至判决生效确定付款之日止按照年利率4.5%计算的利息损失。

【案例三】离婚取得的房产因原购房合同无效而导致房屋所有权落空

王梅与李强离婚时，王梅分得一套房屋，该房屋登记在王梅名下。在王梅拿着房产证收房时，遭到了居住在该房屋的老两口的拒绝，而且老两口非常震惊，明明是自己的房子，怎么会变更登记到了不认识的王梅名下。本案即讲述了原始权利人与现在登记的权利人对房屋的争夺战争、捍卫自己权利的故事。

王大爷与孙大娘是夫妻，王大力是他们的儿子，王大力的妻子叫陈一。王大爷赶上单位出售公有住房的机会，购买了单位的公有住房，几个月后收到了《房屋所有权证》，所有权人是王大爷。王大爷拿到房产证后不久就由儿媳妇陈一带着到房产交易大厅签署了包括《房屋买卖合同》等一系列文件，以房屋买卖的方式将房屋过户给了陈一，但陈一并未支付房屋价款，孙大娘对此并不知情。王大爷与孙大娘一直在该房屋中居住。突然有一天，有一个叫王梅的女士拿着此处的房屋的产权证来到王大爷家中要求腾房，王大爷、孙大娘就这一处房子，不同意腾房。由此引发了一系列的诉讼案件。

孙大娘起诉王大爷、陈一，要求确认王大爷、陈一签订的《房屋买卖合同》无效。孙大娘称该处房产属于其与王大爷的夫妻共同财产。王大爷在其不知情的情况下，私自将该房产过户给陈一，属于无权处分行为，严重损害了孙大娘的合法权益。法院认为，本案中，涉案房屋系王大爷与孙大娘婚姻关系存续期间所得，应为二人的夫妻共同财产。陈一作为王大爷与孙大娘的儿媳，理应知悉该房屋由二人共同所有，而陈一仅与王大爷签订《房屋买卖合同》，应属恶意。且陈一并未向王大爷支付购房款，该房屋亦一直由王大爷与孙大娘居住使用。最后法院支持了孙大娘的诉讼请求，判决确认王大爷与陈一签订的《房屋买卖合同》无效。

现在房子的产权人是王梅，王梅以产权人的身份起诉王大爷、孙大娘排除妨害纠纷，诉请王大爷、孙大娘腾房。王梅主张，王大爷将诉争房屋转让给其儿媳陈一，陈一又转让给赵二江，并变更了房屋所有权人登记。之后，王梅前夫李强与赵二江达成以 390 万元价款购买诉争房屋的房屋买卖合同，李强付清 390 万元价款，诉争房屋过户登记至李强名下，之后又过户到王梅名下。在王梅与李强的离婚协议中，双方约定诉争房屋归王梅所有。李强与王梅在婚内购买诉争房屋，不存在恶意情形，且支付了合理对价，办理了产权变更登记，是善意购买人，符合善意取得制度。在本案一审过程中，王大爷起诉陈一、赵二江，要求确认陈一与赵二江之间的《房屋买卖合同》无效，王大爷又起诉赵二江、李强，要求确认赵二江、李强之间的《房屋买卖合同》无效，具体如下。

王大爷诉陈一、赵二江确认合同无效一案，陈一、赵二江均认可，双方签订《房屋买卖合同》的目的系以赵二江名义办理贷款，双方并非房屋买卖关系。法院认为，当事人为套取银行贷款，虚构房屋买卖事实订立买卖合同，双方并无买卖房屋的真实意思表示，房屋买卖合同应属无效，故法院判决确认陈一与赵二江之间的《房屋买卖合同》无效。

王大爷起诉赵二江、李强确认合同无效一案，李强表示与房屋出售方赵二江素不相识，双方经房屋中介方居间介绍成交。法院经调查认为，李强在购买重要生活资料的房屋时，并未实地查看房屋状况，而且双方所签《北京市存量房屋买卖合同》及《补充协议》未约定房款的具体支付时间及支付方式，在李强未付清全款的情况下，房屋出售方赵二江即将涉案房屋过户至李强名下。在买卖双方素不相识的情况下，上述行为均与一般正常交易行为相悖，且李强不能就此作出解释。所以，法院认定赵二江与李强之间的房屋买卖交易不符合一般正常交易过程，无法认定李强为善意购房人。最后判决确认赵二江、李强之间的《房屋买卖合同》无效。

关于王梅起诉王大爷、孙大娘排除妨害纠纷一案。王梅要求王大爷、孙大娘腾退房屋并交还王梅。历经一审、二审，法院认为，一方面，诉争房屋原登记于王大爷名下，系王大爷、孙大娘婚姻关系存续期间购买，虽然此后诉争房屋发生多次买卖交易及产权变更登记，但是，诉争房屋一直由王大爷、孙大娘夫妇实际占有使用，未发生过占有转移，且王大爷与陈一之间，陈一与赵二江之间，赵二江与李强之间分别就诉争房屋签订的买卖合同已由生效民事判决确认无效。另一方面，李强的购房时间位于其与王梅的婚姻关系存续期间，按照王梅的自述，其对于李强购房全程，包括房屋产权情况、房款价格协商、合同条款签订等购房相关事实均知情，其对于李强未实地查看房屋的情节亦明知，而王梅系在夫妻关系存续期间将涉案房屋由李强变更至自己名下，并通过离婚协议确认该房屋归自己所有，根据本案现有证据，难以认定王梅在取得房屋产权登记问题上构成善意，故在此情况下，王梅要求王大爷、孙大娘腾空房屋，依据不足，法院不予支持。

王大爷、孙大娘另行起诉王梅返还原物纠纷一案，要求王梅协助办理涉案房屋所有权过户手续。王梅辩称，涉案房屋登记在王梅名下，目前并没有生效法律文书判决房屋转移登记在王梅名下的行为无效；在赵二江与李强的无效合同关系中，李强实际支付了 390 万元对价，另外，王梅并非上述无效合同关系中的合同当事人，王梅不是基于上述无效合同获得的该房屋产权，而是基于李强与王梅之间的转让行为获得的，并且李强与王梅之间的转让行为没有被认定为无效，即使被认定无效，390 万元的对价也要收回等。最终法院认为，民事法律行为无效、被撤销或者确定不发生效力后，行为人因该行为取得的财产，应当予以返还；不能返还或者没有必要返还的，应当折价补偿。根据查明的事实，涉案房屋原登记在王大爷名下，生效判决已经确认王大爷与陈一、陈一与赵二江、赵二江与李强分别就该房屋签订的《北京市存量房屋买卖合同》均为无效，生效判决亦明确指出赵二江与李强之间的房屋买卖交易不符合正常交易过程。王梅系基于其与李强婚姻关系存续期间将案涉房屋由李强变更至其名下，并通过离婚协议确认所有，故不足以对抗王大爷夫妇的权利。据此，王梅应协助将涉案房屋恢复登记至王大爷名下，法院支持了王大爷的诉讼请求。

王大爷、孙大娘经历多年诉讼，终于将属于自己的房子要回来了。对于王梅来说，婚姻关系存续期间李强购买房屋所签订的《房屋买卖合同》被确认无效，其购房款损失可以根据合同相对性原则向赵二江主张。

【案例四】非物权权利人不能行使排除妨害的权利

离婚后，共同搭建的没有产权的房屋如何处理？一方是否有权利要求另一方搬离？以下讲述的就是因房屋没有产权导致诉排除妨害被驳回的案例。

白兰与贺炜是初中同学，多年前的一次同学聚会让他们走到了一起。婚后两人居住在白兰单位提供的 20 世纪 80 年代搭建的临时宿舍，宿舍面积小，只有 7 平方米左右，两个人在几年中陆续扩建到了 60 平方米。双方感情一般，但也凑合着过了大半辈子，没有子女。最近两个人经常为琐事争吵，白兰提出离婚，贺炜同意但对财产分割达不成一致意见，尤其是双方婚后居住的房屋。经过慎重考虑，白兰起诉到法院，法院判决解除两个人的婚姻关系，但因为他们居住的房子没有产权，所以离婚纠纷中没有处理。

白兰认为居住的房屋是她单位提供给她居住的，既然现在离婚了，贺炜应该搬出去。贺炜不同意,白兰一纸诉状以排除妨害纠纷将贺炜告上法庭,要求贺炜搬出房屋。白兰向法庭提供单位开具的《说明》《违法建设缓期拆除通知书》,用以证明该房屋是白兰单位提供给白兰居住的。该《说明》载明:白兰居住于涉案房屋内,该房屋系20世纪80年代搭建的临时性职工宿舍用房,该房屋系无产权的临时性设施。《违法建设缓期拆除通知书》记载案涉房屋是违法建筑,该建筑不能取得产权。贺炜不认可证明目的,贺炜认为虽然是白兰单位提供的宿舍,但是只有7平方米,在婚姻关系存续期间,贺炜出钱出力将房屋扩建到60平方米,贺炜主张自己对扩建贡献大,所以白兰没有权利让他搬离出去。

本案经过一审、二审。法院认为,本案中,案涉房屋系违法建设的房屋,尽管目前未被拆除,但并不意味着白兰拥有案涉房屋的产权。白兰提交的《说明》也明确案涉房屋系临时搭建,没有产权,故白兰也不可能是案涉房屋的所有权人。综上,白兰并未提供有效证据证明其为涉案房屋的权利人,而且案涉房屋整体中有大部分空间系白兰、贺炜婚姻关系存续期间扩建形成,贺炜参与了扩建活动,在房屋本身为一个整体的情况下,白兰让贺炜搬离房屋没有事实与法律依据,法院不予支持。最后判决驳回了白兰的诉讼请求。

【案例五】产权尚未登记的房屋的使用权人要求排除妨害可获法院支持

因房屋尚未办理产权登记,那么在产权尚未确定的情况下,法院仅判决房屋使用权,法院判决的使用权人是否可以行使排除妨害的权利呢?下面这个案例给出了答案。

李飞和陈露经过几年恋爱之后步入了婚姻的殿堂,婚后有了可爱的儿子小李。孩子的到来给家庭带来了欢乐,同时也让家庭生活由二人世界变为了多人共同生活,由于两个人都要上班,只能双方父母轮流帮忙带孩子。多人生活免不了磕磕碰碰,再加上育儿观念不同,家里的矛盾开始显现。婚姻生活毕竟不同于恋爱,需要更多的包容与理解,两个人均不能妥协时,婚姻就走到了尽头。由于分歧较大,李飞和陈露通过诉讼判决离婚。对于两套房屋,法院处理如下:第一套是李飞婚前购买的房屋A,婚后共同还贷,法院判决房屋A归李飞所有,李飞支付陈露折价款90万元;第二套是婚后李飞购买的其单位的福利房屋B,该房屋目前还有贷款,尚未取得房屋产权证,法院判决房屋B归陈露居住使用,房屋贷款由二人共同偿还，同时判决书主文中还表述，待房屋 B 取得产权证后，该房屋的处理可另行予以解决。

离婚纠纷取得生效判决后，李飞及李飞的母亲继续在房屋 B 中居住，并未搬离。陈露起诉李飞及李飞的母亲，案由为排除妨害纠纷，要求李飞及李飞的母亲搬离房屋 B，并支付离婚生效判决日起至实际占用期间的房屋占用费。

李飞及李飞的母亲不同意，辩称陈露并非产权人，其使用房屋 B 的权利仅是源于离婚判决书，不是源于物权，且李飞及李飞的母亲并未妨害陈露使用涉案房屋，陈露一直在房屋 B 居住；生效判决确认陈露使用房屋 B，但并未排除李飞对房屋的使用，况且李飞是房屋的购买人，李飞至今还在还贷款，该房屋也是李飞单位的福利性质的房屋，有人身依附性。一审法院经审理后认为，妨害物权或者可能妨害物权的，权利人可以请求排除妨害或者消除危险。本案中，法院生效判决已经确定房屋 B 由陈露居住使用，该判项的含义应为房屋 B 的全部均由陈露居住使用，据此陈露有排除他人妨害其使用该房屋的权利。李飞及李飞的母亲在法院判决生效后并未搬离房屋 B 而是继续占用，该居住现状实属对孩子生活和成长不利，亦对陈露的起居生活造成较大困扰，故法院对陈露要求李飞及李飞的母亲搬出房屋 B 的诉讼请求予以支持。因李飞及李飞的母亲自离婚判决生效日起仍占用房屋 B 的部分空间，导致该房屋居住使用价值受损给陈露造成损失，因此其占用期间的房屋使用费应当由李飞及李飞的母亲负担，该部分费用法院参照其占用空间的市场租金价格酌情予以确定。李飞及其母亲不服提起上诉。二审法院经审理后认为，综合生效判决的内容可以确认陈露对房屋 B 的使用及于房屋全部，在房屋 B 因取得产权证另行处理之前陈露基于上述判决对该房屋享有排除他人妨害其使用的权利。李飞的理由均不足以成为李飞及李飞母亲继续在房屋 B 内居住的理由以对抗陈露对该房屋的权利。李飞及李飞的母亲在离婚判决生效后仍部分占有使用房屋 B 导致陈露对该房屋的使用价值受损，应支付相应期间房屋占有使用费。综合考虑房屋 B 的现状，李飞及李飞母亲对房屋 B 的占用确实妨害了陈露对房屋 B 的使用，在陈露要求李飞及李飞母亲搬出房屋 B 且要求支付房屋占用费的情况下，一审法院综合考虑案件具体情况支持陈露的诉讼请求，并无不当，二审予以维持。

至此，法院对双方的矛盾作出了定分止争的判决，希望各自尽快走出离婚的不幸，不再纠缠，开始新的生活。

【案例六】从占有保护的角度占有人有权要求排除妨害

房屋的承租人是否有权要求排除妨害，这个权利是否仅限于产权人主张？这个诉求是否有时效的限制？下面的案例将给出答案。

俞美与沈海结婚后居住在沈海的父亲承租的公房中，俞美的户口也在结婚后迁入该房屋，婚后十几年因为感情不和，经常吵架，双方虽已到中年但实在无法调和矛盾，最终经法院判决解除了婚姻关系，婚姻中谁对谁错已经不重要。本以为纠纷到此已经结束，双方从此可以开始新的生活了，但俞美不同意搬离沈海父亲承租的公房，另一个纠纷开始了。

沈海的父亲无奈，以涉案房屋承租人的身份向法院起诉俞美及俞美的母亲，案由为排除妨害纠纷，要求俞美及俞美的母亲搬离涉案房屋。俞美辩称，沈海的父亲不是涉案房屋的产权人，所以沈海的父亲作为原告不适格；俞美及俞美的母亲长达十几年在涉案房屋居住，沈海的父亲主张的权利已经超过诉讼时效。庭审中，沈海的父亲向法庭提交了证明等证据，证明涉案房屋是沈海的父亲承租的单位的公房，俞美与沈海已经经判决离婚；俞美提交户口簿等证据，证明俞美有权在涉案房屋居住。法院认为，根据原告的诉讼请求及本案的基础性法律关系，本案的案由应为占有排除妨害纠纷，法院予以纠正。根据法律规定，占有的不动产或者动产被侵占的，占有人有权请求返还原物；对妨害占有的行为，占有人有权请求排除妨害或者消除危险；因侵占或者妨害造成损害的，占有人有权依法请求损害赔偿。本案中，沈海的父亲是涉案房屋的承租人，是涉案房屋的合法占有人，对妨害占有的行为，有权请求排除妨害。俞美及俞美的母亲实际居住使用涉案房屋，但并未提交二人有权居住使用涉案房屋的证据，其居住使用涉案房屋的行为给沈海的父亲造成妨害，应当搬离涉案房屋。法院支持了沈海父亲的诉讼请求，判决俞美及俞美的母亲搬离涉案房屋。

沈海的父亲虽然不是涉案房屋的产权人，但却是合法占有人，法律有对占有保护的规定，沈海的父亲维权有法律依据，但案由不是排除妨害纠纷，而是占有排除妨害纠纷，对此，法院在判决中予以调整。关于时效的问题，对于占有人排除妨害的请求权，法律并无时效的限制，所以法院对俞美的时效抗辩并未采纳。

第四节 维权指引

(一)准确选择案由。同样是返还原物、排除妨害的诉讼请求,但案由却不一定相同

1."返还原物纠纷"不同于"占有物返还纠纷"和"遗失物返还纠纷"。返还原物纠纷,是指权利人请求无权占有不动产或者动产的人返还该物的纠纷,返还原物纠纷中的物指的是物质形态的物、特定物,返还应当以原物存在为前提,请求权的主体是物的所有权人,并非物的合法占有人,如租赁权人、典权人等。"返还原物纠纷"是"物权保护纠纷"项下的案由,适用的法律规范是《民法典》第235条的规定,即无权占有不动产或者动产的,权利人可以请求返还原物。

"占有物返还纠纷"是"占有保护纠纷"项下的案由,适用的法律规范是《民法典》第460条的规定,即不动产或者动产被占有人占有的,权利人可以请求返还原物及其孳息;但是,应当支付善意占有人因维护该不动产或者动产支出的必要费用。《民法典》第462条规定,占有的不动产或者动产被侵占的,占有人有权请求返还原物;对妨害占有的行为,占有人有权请求排除妨害或者消除危险;因侵占或者妨害造成损害的,占有人有权依法请求损害赔偿。占有人返还原物的请求权,自侵占发生之日起一年内未行使的,该请求权消灭。

"遗失物返还纠纷"是"所有权纠纷"项下的案由,适用的法律规范是《民法典》第312条的规定,即所有权人或者其他权利人有权追回遗失物。该遗失物通过转让被他人占有的,权利人有权向无处分权人请求损害赔偿,或者自知道或者应当知道受让人之日起二年内向受让人请求返还原物;但是,受让人通过拍卖或者向具有经营资格的经营者购得该遗失物的,权利人请求返还原物时应当支付受让人所付的费用。权利人向受让人支付所付费用后,有权向无处分权人追偿。

2."排除妨害纠纷"不同于"占有排除妨害纠纷"。排除妨害纠纷请求权的主体是物的所有权人,其功能是恢复物权的圆满状态,而占有排除妨害纠纷的主体是占有人,其功能是恢复占有人对物的占有,不涉及占有物权利归属。

"排除妨害纠纷"是"物权保护纠纷"项下的案由,适用的法律规范是《民法典》第236条的规定,即妨害物权或者可能妨害物权的,权利人可以请求排除妨

害或者消除危险。

“占有排除妨害纠纷”是“占有保护纠纷”项下的案由，适用的法律规范是《民法典》第462条的规定，即占有的不动产或者动产被侵占的，占有人有权请求返还原物；对妨害占有的行为，占有人有权请求排除妨害或者消除危险；因侵占或者妨害造成损害的，占有人有权依法请求损害赔偿。占有人返还原物的请求权，自侵占发生之日起一年内未行使的，该请求权消灭。

（二）返还原物纠纷、排除妨害纠纷的管辖如何确定

返还原物纠纷属于物权纠纷，应区分返还物属于不动产和动产分别确定管辖。关于不动产返还，根据《民事诉讼法》第34条的规定，因不动产纠纷提起的诉讼，由不动产所在地人民法院管辖。关于动产返还，根据当事人之间产生返还请求权的基础法律关系确定管辖。如果基础法律关系为合同纠纷，则适用合同纠纷案件的管辖规定，因合同纠纷提起的诉讼，根据《民事诉讼法》第24条的规定，由被告住所地或者合同履行地人民法院管辖；如果是侵权法律关系，则依据《民事诉讼法》第28条的规定，即“因侵权行为提起的诉讼，由侵权行为地或者被告住所地法院管辖”。关于侵权行为地，根据《民事诉讼法司法解释》第24条的规定，“侵权行为地包括侵权行为实施地和侵权结果发生地”。

排除妨害纠纷同样应当区分不动产和动产确定管辖。对于不动产的排除妨害纠纷，同上所述，由不动产所在地人民法院管辖。对于动产的排除妨害纠纷，应由妨害行为实施地或者妨害行为实施人住所地法院管辖，即由侵权行为地或被告住所地法院管辖。

（三）返还原物纠纷、排除妨害纠纷中，原、被告及第三人（如有）的诉讼地位如何确定

返还原物纠纷、排除妨害纠纷的案件是比较普遍的，尤其是涉及房屋腾退类的比较多，鉴于本书的写作宗旨是离婚案件关联案，所以本书探讨的仅限制在涉及离婚案件的关联案的范围内。

笔者以“返还原物纠纷”为案由，以“离婚”为关键字，选择“中级人民法院”，限定在2021年的二审民事判决的范围，在“律呗”中进行检索，共检索出187个判决书。这些案例中有配偶（或曾经的配偶）作为原告的，有配偶的父亲或母亲作为原告的，有配偶的子女作为原告的，还有配偶投资的公司作为原告的；从被

告的角度,除上述当事人有作为被告的情况外,在争议标的被一方擅自处分的场合,买受人也会被列为被告;另外,配偶(或曾经的配偶)有的也会被列为第三人。(检索时间:2022 年 1 月 20 日)

笔者以“排除妨害纠纷”为案由,以“离婚”为关键字,选择“中级人民法院”,限定在 2021 年的二审民事判决的范围,在“律呗”中进行检索,共检索出 144 个判决书。这些案件中的当事人地位与上述返还原物纠纷案件中的基本相同。

由此可以看出,返还原物纠纷、排除妨害纠纷中,当事人的确定并不统一,梳理如下:

1. 权利人起诉返还原物纠纷案、排除妨害纠纷案中,应以自己为原告,以实施了无权占有、妨害行为的全部当事人为被告。

2. 在返还原物纠纷中配偶无权处分的场合,原权利人配偶应以自己为原告,如果诉讼请求为返还原物,应列受让人为被告,无权处分人为第三人,如果标的物经过几手转让,中间的受让人一并列为第三人;如果诉讼请求为赔偿损失,则列无权处分人为被告,以查清案件事实为目的,可以列受让人为第三人。

第五节　律师忠告

(一)特定原物已经灭失的,返还原物已无可能,权利人只能要求赔偿损失

在离婚案件关联案中,涉及返还原物的标的物的内容非常广泛,包括房屋、土地、车辆、个人物品、各类证件等。返还原物指的是对物质形态的物的返还,是特定物的返还。

返还原物请求权须以特定原物及其物权的存在为前提。如果原物已经灭失或物权已经不存在,返还原物在客观上已经不可能,权利人只能要求赔偿损失,而不能要求返还原物。如果原物虽然存在,但已经遭受毁损,则原物权利人可以根据其利益的需要,请求返还原物、赔偿损失。

例如,在前述第三节案例二返还原物纠纷一案中,陈丽、李福在恋爱关系期间购买的车辆,双方均有出资。陈丽私自将车辆出售给杨阳,李福考虑到杨阳若是善意第三人则物权已经灭失,所以李福主张要求陈丽赔偿其车辆损失而不是返还原物。案件经过一审、二审,最后法院认为因陈丽已经将涉案车辆出卖,其

应赔偿李福财产损失。

（二）返还原物纠纷、排除妨害纠纷的举证责任分配

权利人主张返还原物时，需要证明自己对标的物享有所有权或他物权，即不仅需要证明自己是所有权人或他物权人，还需要证明标的物被相对人控制、占有，对于相对人是否为无权占有则没有举证义务。如果相对人抗辩其为有权占有，则相对人需要举证，若相对人对此举证不能，则应认定为无权占有，权利人的主张可获得支持。例如，第三节案例三中，王大爷、孙大娘起诉王梅返还原物纠纷一案，要求王梅协助办理涉案房屋所有权过户手续一案，王梅应就其抗辩有权获得房屋所有权承担举证责任。虽然王梅有离婚协议，但法院认为其不足以对抗王大爷夫妇的权利，王梅对其抗辩举证不能，王大爷、孙大娘的主张获得了法院支持。

权利人主张排除妨害时，权利人首先要证明自己享有权利，其次需证明正在发生的妨害或已经发生的妨害的事实，还需要证明要求被排除的妨害是不合法的或超过了权利人的容忍限度。权利人并非对任何妨害都有权主张排除，比如对于一些有利生产、方便生活等原因，不得不实施的轻微妨害行为，权利人有容忍义务，不得主张排除妨害。妨害超出必要限度的，权利人有权要求排除妨害，对于超出必要限度权利人应承担举证责任。例如，第三节案例五中，陈露向法院起诉排除妨害纠纷，要求李飞及李飞的母亲搬离房屋 B，陈露应承担举证责任。陈露提交了离婚判决书，可证明法院判决房屋 B 由陈露居住使用，以及李飞及李飞的母亲在房屋 B 居住不合法且超过了权利人的容忍限度，李飞认可李飞及李飞的母亲自离婚判决生效日起仍占用房屋 B 部分空间的事实，陈露完成了举证责任。法院认为，离婚判决的判项含义应为房屋 B 的全部均由陈露居住使用，据此陈露有排除他人妨害其使用该房屋的权利，所以，法院支持了陈露的诉讼请求。

（三）返还原物纠纷、排除妨害纠纷是否需要证明相对人存在主观过错

权利人主张返还原物，需证明标的物为相对人占有控制的事实，即可以请求相对人返还原物，此时，只需判断相对人的占有是否为无权占有，对于相对人主观上是否存在过错在所不问。返还原物请求权性质上属于物权请求权，不同于债权请求权，在相对人证明不了其有权占有或构成善意取得的情况下，应返还原

物,与主观过错无关。

权利人主张排除妨害是基于物权,不同于侵权责任,无须考虑相对人的主观过错。排除妨害的目的是排除权利人行权障碍或者不法侵害,恢复物权的圆满状态,无论相对人主观上有无过错,均不影响权利人行权。该请求权的行使不以相对人具有过错为要件。只要相对人实施了妨害导致权利人行使权利存在障碍,物权人没有容忍义务时,权利人均可以要求行为人排除妨碍。

(四)返还原物纠纷中涉及的善意取得制度

善意取得,是指所有权人的财产被他人无权处分后,如果受让人是善意的,即在符合相关条件的前提下,善意的受让人取得物权,财产的所有权人只能向侵犯自己权利的相对人主张赔偿,而无权要求善意的受让人返还。设立善意取得制度的目的是保护交易安全,通俗地讲,如果没有善意取得制度,则所有的商品交易中,受让人都需要彻底地调查商品处分人是否有权处分,交易完成后,一旦确认无权处分,则交易无效,受让人返还商品,这样会导致当事人在市场交易中非常不安,随时担心交易无效返还商品,不利于市场经济的稳定。在原所有权人与善意受让人发生权利冲突时,善意取得制度保护善意受让人,这样的法律价值取向鼓励交易、维护交易安全。

1. 善意取得的构成要件

(1)标的物,包括动产、不动产。动产善意取得的当事人需有理由相信源于动产占有的公信力;不动产善意取得的当事人需有理由相信源于不动产登记的公信力。

(2)让与人对标的物无处分权。

(3)受让人必须是善意的,即受让人受让财产时尽到了一般的注意义务,对让与人属于无权处分不知情。

(4)基于有偿的交易行为,价格合理。

(5)转让的标的物依照法律规定应当登记的已经登记,不需要登记的已经交付。

2. 笔者以前述第三节案例一对善意取得制度进行举例说明

案情简单回顾:张海、李兰于2000年年初登记结婚,婚后购买房屋一套登记在李兰名下,之后因双方感情不和正在离婚诉讼过程中。张海在离婚案事实调查过程中发现,李兰将婚后购买的房屋私自卖给了赵花,赵花又把该房屋卖给了江云，现在房屋已经变更登记在江云名下。张海起诉江云，把李兰、赵花列为第三人，要求返还房屋。经过一审、二审，法院认定江云属于善意取得，驳回了张海的诉讼请求。

案件分析：前手交易中，李兰因在婚姻关系存续期间未经张海同意将涉案房屋出售给赵花，系无权处分行为。江云通过中介公司居间服务向赵花购买涉案房屋，赵花作为房屋登记所有权人，江云有理由信赖物权登记的记载内容。关于涉案房屋的价款，根据江云与赵花所签《北京市存量房屋买卖合同》（经纪成交版）及《补充协议》的约定，交易房屋价格及家具家电、装饰装修及配套设施作价两者总计220万元，本案中，就涉案房屋的价值进行了评估，结论为该房屋的市场价值为220.5万元，双方的交易价格与市场价值相符。江云已经按照双方的合同约定支付了全部交易款项，且完成了过户。赵花与江云的交易完全符合上述善意取得的构成要件，江云属于善意受让人，因此张海要求江云返还房屋无法律依据，法院不予支持。

以上案例就是对善意取得制度的适用，体现了对交易安全的保护。涉案房屋是张海与李兰的夫妻共同财产，李兰在未经张海同意的情况下将涉案房屋出售，李兰的出售行为系无权处分行为，其获得的卖房款应为张海、李兰共同共有，离婚时应从夫妻共同财产分割的角度主张救济，如果李兰的无权处分给张海造成损失，离婚时张海有权要求李兰赔偿。

（五）返还原物、排除妨害有无诉讼时效的限制

民事权利受到侵害时，权利人应在法定的诉讼时效期间内行使权利，超过诉讼时效的，债务人可提出诉讼时效抗辩，此时权利人失去胜诉权。诉讼时效主要适用于债权请求权，对于物权请求权是否适用诉讼时效需要具体分析。本章涉及的返还原物请求权、妨害排除请求权都是物权请求权，对二者是否适用诉讼时效的问题，以下分别阐述。

1. 关于返还原物请求权是否适用诉讼时效的问题

返还原物请求权是否适用诉讼时效要区分不动产与动产，根据《民法典》第196条第2项的规定，不动产物权和登记的动产物权的权利人请求返还财产不适用诉讼时效的规定，需注意该规定并不包括无须登记的一般动产。

另外需要注意的是，根据《民法典》第462条的规定，对于占有人返还原物的请求权，自侵占发生之日起一年内未行使的，该请求权消灭。此处的一年属于

除斥期间，区别于诉讼时效，不适用中止、中断、延长。

2. 关于妨害排除请求权是否适用诉讼时效的问题

排除妨害请求权为物权请求权，旨在保护物权的圆满，并不适用诉讼时效。根据《民法典》第196条第1项的规定，请求停止侵害、排除妨碍、消除危险的不适用诉讼时效的规定。

（六）一方擅自出售夫妻共同所有的房屋，受让人构成善意取得的，另一方应主张赔偿损失而不是返还原物

夫妻在婚姻关系存续期间所购买的房屋，为夫妻的共同财产，归夫妻共同所有。根据当事人的意愿，房屋可以登记为夫妻共同共有、按份共有，当然也可以登记在一方名下，但依然属于夫妻共同财产。

房屋登记在一方名下时，该登记的权利人一方未经另一方同意，擅自出售夫妻共同所有的房屋，属于无权处分行为，另一方作为房屋的所有权人，有权要求返还原物，主张追回房屋；但是，如果受让人符合前述（四）的善意取得，则追回房屋已无可能，法院不予支持，这是保护交易安全的价值取向所致。既然是善意取得，受让人必然支付了合理的房屋对价，那么房屋价款属于夫妻共同财产。若擅自出售房屋给另一方造成损失，离婚时另一方应请求赔偿损失，而不是返还原物。

例如，上述第三节案例一中，张海与李兰原系夫妻，涉案房屋系双方婚姻存续期间通过购买取得的财产，虽登记在李兰个人名下，但其财产性质属于张海与李兰的夫妻共同财产。李兰擅自将房屋出售，张海起诉要求返还房屋，法院经审理后认定，受让人属于善意取得，驳回了张海的诉讼请求。所以，在受让人符合善意取得的情况下，原权利人主张返还原物必然败诉。

参见《〈民法典〉婚姻家庭编解释（一）》第28条的规定，即一方未经另一方同意出售夫妻共同所有的房屋，第三人善意购买、支付合理对价并已办理不动产登记，另一方主张追回该房屋的，人民法院不予支持。夫妻一方擅自处分共同所有的房屋造成另一方损失，离婚时另一方请求赔偿损失的，人民法院应予支持。

（七）假离婚购房后被判搬离房屋，当事人需另辟蹊径寻求救济

近年来，由于房地产调控的原因，购买房屋有了一些限制。所谓上有政策下有对策，有些人自作聪明，用离婚来逃避购房的政策管控，离婚后以一方的个人

名义购买房屋。感情经不起推敲时，就出现了在离婚不离家的状态下，购买房屋的一方起诉另一方，要求另一方排除妨害，搬出房屋。在另一方没有证据证明其是产权人或者占有使用房屋具有合法依据的情况下，存在被判搬离房屋的风险。

例如，陈旺与秦香为了买房办理贷款的需要，办理了协议离婚手续，离婚后顺利购买了房屋登记于秦香名下，购房的首付款是陈旺与秦香二人的积蓄。收房后，陈旺、秦香一直在该房屋居住并共同生活。之后秦香并未与陈旺办理复婚手续，而是一纸诉状以排除妨害纠纷的案由把陈旺告上法庭，要求陈旺停止侵害，立即从秦香单独所有的房屋中搬出。

法院经审理后认为，妨害物权或者可能妨害物权的，权利人可以请求排除妨害或者消除危险。本案中，根据已查明的事实，陈旺与秦香办理了离婚手续，双方之间已解除婚姻关系，涉案房屋是在双方离婚后秦香个人购买，陈旺主张离婚系为了贷款购买涉案房屋，因秦香不认可陈旺的主张，而且陈旺该项理由不足以否定双方已办理离婚登记的事实。从秦香提交的涉案房屋的不动产权利证书的内容来看，涉案房屋系秦香单独所有，在陈旺未提交证据证明其对涉案房屋具有相关权属或其占有使用涉案房屋具有合法依据的情况下，陈旺继续占有使用涉案房屋缺乏法律依据，事实上已对秦香占有使用涉案房屋构成妨害。法院对秦香的诉讼请求予以支持，判决陈旺搬离涉案房屋。

本案的案由为排除妨害纠纷，房屋是离婚后秦香个人购买且登记在秦香名下，在该法律关系下陈旺非常被动。笔者认为，陈旺要想维权必须提起另诉。陈旺有银行流水可以证明其向秦香账户转账的事实，如果进一步能证明陈旺转账的款项用于支付购房款，陈旺可以考虑从同居期间共同购房的角度主张对房屋按份共有，同时还要考虑陈旺与秦香当初的离婚协议中对夫妻共同财产尤其是存款是否进行了分割，如何分割的等问题，以及这些问题对共同购房观点的影响。当然，最终的诉讼方案要结合具体证据综合分析后确定。

法律上不存在“假离婚”，只要办理离婚登记手续在法律上就解除了婚姻关系，所以在签署离婚协议时最好咨询律师。用假离婚来钻政策的空子，即便发生纠纷导致损失，也是当事人为自己的行为买单的代价。

(八)在本章探讨的范围内如何避免卷入一系列连环法律纠纷

在日常经济交往中，我们应尽可能地多考虑，在进行重大的交易时，尽量与相关利益人签署书面的文件，做好风险防控，避免卷入纠纷甚至诉讼案件，承担不必要的风险，即便侥幸最后重大利益没有损失，但耗费时间、精力、诉讼费用等是一定的。

购买二手房、二手车时，如果核查一下出售人的婚姻状况，对于有配偶的，要求配偶也作为出售人在房屋买卖合同上签字，就会一定程度上降低出售人构成无权处分的概率，避免诉累。

对于婚前或离婚后以一方的名义购买房屋、车辆等重大生活资料时，如果双方对共同购买的意思表示、出资款的来源、所有权归属等关键性的问题签署一个书面协议，将来在这些问题上发生纠纷的概率将大大降低，即便发生诉讼，在这些关键性问题上也能说得清楚，可以避免举证不利的后果。

父母将自己的房子提供给子女婚后居住，通常都是无偿的，有偿是非常例外的情况。如上述关联案例二中，男方的母亲起诉女方排除妨害并要求支付房屋使用费案，因没有合同约定，法院没有支持使用费的诉讼请求。虽然在现实生活中非常少见父母向子女有偿提供房屋居住，但不能当然地否认这种情况，所以，对于当事人来说，如果有偿提供房屋，最好能以某种方式留痕，否则这种鲜有发生的法律行为将很难举证，导致不能被法院认定而本方利益无法得以保护。

第六节　法律速递

《民法典》

第三条　民事主体的人身权利、财产权利以及其他合法权益受法律保护，任何组织或者个人不得侵犯。

第二百三十五条　无权占有不动产或者动产的，权利人可以请求返还原物。

第二百三十六条　妨害物权或者可能妨害物权的，权利人可以请求排除妨害或者消除危险。

第三百一十一条　无处分权人将不动产或者动产转让给受让人的，所有权人有权追回；除法律另有规定外，符合下列情形的，受让人取得该不动产或者动产的所有权：

（一）受让人受让该不动产或者动产时是善意；

（二）以合理的价格转让；

（三）转让的不动产或者动产依照法律规定应当登记的已经登记，不需要登记的已经交付给受让人。

受让人依据前款规定取得不动产或者动产的所有权的，原所有权人有权向无处分权人请求损害赔偿。

当事人善意取得其他物权的，参照适用前两款规定。

《〈民法典〉婚姻家庭编解释（一）》

第二十八条 一方未经另一方同意出售夫妻共同所有的房屋，第三人善意购买、支付合理对价并已办理不动产登记，另一方主张追回该房屋的，人民法院不予支持。

夫妻一方擅自处分共同所有的房屋造成另一方损失，离婚时另一方请求赔偿损失的，人民法院应予支持。

第九章　离婚关联案之共有纠纷及法律应对

第一节　案由解读

共有是指两个以上的民事主体对同一物享有所有权。[①] 两个以上的组织、个人共同享有用益物权、担保物权的,参照适用共有的有关规定。共有包括按份共有和共同共有,按份共有是指共有人对共有的不动产或者动产按照其份额享有所有权。共同共有是指共有人对共有的不动产或者动产共同享有所有权。为贯彻实施《民法典》,最高人民法院对共有纠纷的案由适时进行了调整。2021 年 1 月 1 日实施的《民事案件案由规定》,将"共有纠纷"项下的四级案由,由三项增至四项,修改后的 4 个四级案由为:(1)共有权确认纠纷;(2)共有物分割纠纷;(3)共有人优先购买权纠纷;(4)债权人代位析产纠纷(新增)。

共有纠纷的请求权基础主要集中在《民法典》物权编的第八章中,共有权确认纠纷的请求权依据主要对应《民法典》第 298 条及第 299 条,共有物分割纠纷的请求权依据主要对应《民法典》第 303 条及第 304 条,共有人优先购买权纠纷的请求权依据主要对应《民法典》第 305 条,债权人代位析产纠纷的请求权依据主要对应最高院《查封、扣押、冻结规定》第 12 条。另外,《〈民法典〉物权编解释(一)》对共有人优先购买权的行权期限以及共有份额的认定及处理等内容进行了更具体的规定和说明。

在离婚关联案中,共有纠纷之诉的双方普遍互为(原)家庭成员,少数案件中也存在双方为非(原)家庭成员的情况,主要是作为非(原)家庭成员的债权人

---

① 参见最高人民法院民法典贯彻实施工作领导小组主编:《中华人民共和国民法典物权编理解与适用[上]》,人民法院出版社 2020 年版,第 484 页。

或共有人在被告离婚过程中或离婚后提起的共有物分割之诉、优先购买权纠纷之诉、债权人代位析产之诉等。

第二节 关联案例

在离婚关联案中，共有纠纷主要常见于以下4种情形：

1. 离婚案件中，夫或妻一方要求确认另一方名下的动产或不动产为共有财产，或要求一并分割。

2. 离婚案件中，第三人要求确认夫或妻一方名下的动产或不动产全部或部分为第三人的财产，或要求一并分割。

3. 离婚案中，夫或妻一方对登记在另一方名下的共有财产主张优先购买权。

4. 离婚案中，作为债权人的第三人要求对未分割的夫妻共有财产进行析产。

（一）离婚纠纷＋离婚后财产纠纷＋共有权确认纠纷

夫妻双方因感情不和协议离婚，双方签署《离婚协议书》对财产作出约定，双方同意登记在男方名下的房产归女方所有，且未还清的房贷由男方一人负责清偿。后男方以受胁迫为由请求法院撤销《离婚协议书》中的部分内容，一审法院和二审法院均驳回了男方的诉讼请求，再审法院驳回了男方的再审申请。后女方起诉，要求男方配合将涉案的房产予以过户，一审法院和二审法院均支持了女方的诉讼请求。后男方父母以出资为由，请求法院确认上述房产为男方父母与男方的共有房产，一审法院和二审法院均驳回了男方父母的诉讼请求。在某些离婚案件中，往往伴随着复杂的财产关系，当事人为了减少损失，往往会通过另案提起共有纠纷诉讼来维护自己的权益。当事人主张财产共有的，必须提供充分的证据予以证明。

（二）离婚后财产纠纷＋民间借贷纠纷＋管辖权异议纠纷＋共有物分割纠纷

男女双方于1995年结为夫妻。婚后二人共同经营一家公司，经过十余年的发展，公司规模已相当可观，二人也积累了大量财富。2013年，二人出现感情危机，女方向法院提起离婚并要求分割夫妻共同财产，法院最终判决准予离婚并对部分财产进行了分割，儿子跟随女方生活。2014年年初，女方就未分割的共同财产提起离婚后财产纠纷之诉，一审法院将某商铺90%的产权判给女方。故女方要求男方返还预收的10年租金。2014年年底，男方又向法院起诉，要求确认登记在女方及儿子名下的某处房产为其共有财产，并要求予以分割。2015年年初，男方父母持借条和银行转账记录向法院提起诉讼，要求男女双方清偿向男方父母所负的730余万元的共同债务，诉讼过程中还发生了激烈的管辖权之争。

在该离婚关联案件中，出现了共有房产的确认问题、共有房产所产生收益的分割问题以及共有债务的认定与承担问题。共有权的确认以及共有财产的分割是典型的共有纠纷。对于男方提出共有权确认的问题，法院首先要确认房屋的登记情况，登记在女方名下的部分，举证责任重在女方，如女方不能证明其享有的份额为个人财产，那么就会认定为男女双方的共有财产。登记在子女或者其他第三人名下的部分，举证责任则重在男方，如果男方不能证明用共同财产出资购房，那么很难认定男方对房产共有，相反会认定成赠与关系或借贷关系。

（三）共有权确认纠纷+离婚后财产纠纷

男女双方为规避二手房限购政策，协议离婚。办理离婚登记后，男女双方筹资购得一套二手房并登记在女方名下。购买二套房的目的实现后，男方找到女方欲复婚，女方以二人已经没有感情为由拒绝复婚。男方感觉受骗，遂诉至法院，要求法院确认女方名下的房产为双方的共同财产。如果男方在法庭上以“规避限购政策而虚假离婚”为由，主张女方名下的财产为双方共有，那么男方应当提供有效的证据证明“为规避限购政策而虚假离婚”，若举证不能，法院则会基于婚姻登记机关的登记情况和房屋登记情况，认定涉案房屋为女方个人所有，而非共同财产。如果法院认定上述的房屋为女方个人财产，那也不意味着男方将产生巨大损失，男方仍可以双方存在借贷关系为由，向法院提起诉讼，要求女方返还男方所转的款项。

（四）离婚纠纷+共有人优先购买权纠纷

男女双方协议离婚，离婚协议中约定，夫妻双方共有的房屋归女方所有，男方随时配合女方办理过户手续，如女方想卖掉前述房屋，男方有优先购买权，价格按市场价确定。后女方欲出售前述房屋，遂询问男方是否行使优先购买权，在未得到男方回应后，女方将房屋出售给第三人但未办理过户。房屋出售给第三人后，女方起诉男方配合过户并胜诉，女方顺利将房屋过户至自己名下，后又过户给第三人。后男方以女方私自售卖共有房屋,侵犯其优先购买权为由,将女方和第三人告上了法院,请求法院撤销女方与第三人的房屋买卖合同并确认男方对涉案房屋享有优先购买权。

本案中,男女双方的权利义务是非常明确的,本案的争议聚焦点就在于女方是否通知了男方行使优先购买权及是否给男方行使优先购买权合理的考虑时间。从房屋的登记情况来看,男方作为房屋的实际共有人,对共有的房屋享有优先于第三人的购买权,如果女方在未通知男方的情况下私自售卖了房屋,那么男方可以通过起诉要求行使优先购买权,女方为此可能向第三人承担违约责任。如果女方通知了男方行使优先购买权,而男方在合理的期间通过明示或默示的方式表示不行使,那么男方的优先购买权即丧失。

(五)离婚纠纷+债权人代位析产纠纷

男方为投资虚拟货币,瞒着妻子以个人名义向第三人借款450,000元。后虚拟货币运营商中途卷钱跑路,致使男方的投资血本无归。债务到期后,第三人因多次催要未果后,将男方及其妻子一同告上法庭,要求法院确认男方所负债务实际为男女双方的共同债务,经过法院审查,确定涉案的450,000元借款,系男方的个人债务。后男女双方协议离婚,协议约定涉案房产即双方的共同财产归女方所有。双方离婚后,借贷案件进入执行程序。债权人了解到女方名下有该房产,遂起诉至法院,要求法院对该房产进行分割。

人民法院强制执行期间,申请执行人有权对被执行人共有的财产代位提起析产诉讼。本案中,尽管离婚协议约定房产归女方,但是该约定是否有效还需要法院结合案件事实进行确认。本案债权人有权利代位提起析产之诉,有权要求法院确认男方对房产享有份额。

第三节 案例精选

【案例一】子女离婚身背债,父母上阵亦难挽

初见时惊鸿一瞥,再见时步步倾心。爱情的美好一半在于初遇时的怦然心动,另一半在于平淡生活中的一日三餐、扶持陪伴。但这对于张峰来说,却是一种奢望。

张峰(化名)是一个土生土长的北京人,出生于20世纪70年代。在父母的帮助下,张峰在北京经营了一家物流公司,生意还算红火,唯一不尽如人意的是,由于常年把精力放在事业上,张峰并没有经营好自己的家庭,2009年与前妻离婚,女儿判给前妻一同生活。直到2013年上半年,张峰都一直没有再婚,由于父亲张志文(化名)和母亲孙翠丽(化名)老两口长期没有享受天伦之乐,所以催着张峰尽快成家,张峰也将成家之事提上了日程。2013年5月的一天,张峰认识了一个叫贾大强的客户,贾大强比张峰年长几岁,为了商讨合作事宜,双方约了酒局。酒局上,贾大强和张峰从天南聊到海北,从天下大事聊到儿女情长,二人把酒言欢、知无不谈,酒桌拉近了贾大强和张峰的距离,在贾大强得知张峰还没有成家后,趁着酒劲,贾大强跟张峰说:"老弟,我有个女儿叫小宁,今年25周岁,你要是真的有意,我可以介绍给你认识。小宁毕业后在北京工作三年多了,一直也没有谈对象,我也开始着急了。虽然你比小宁大了十多岁,但是你有自己的事业,也算是年轻有为,我很看好你,我觉得我们之间的缘分不止于此。"张峰听了贾大强的话后,犹豫了片刻便予以婉拒。张峰觉得两人年龄差距太大,并不般配,贾大强看张峰无意,就识趣地终止了这一话题。两人又继续谈业务上的事情,酒局结束后,贾大强向服务员要了笔和纸,把女儿贾小宁(化名)的手机号留给了张峰。2013年5月底,张峰又被父母逼婚,张峰想起了贾小宁。在犹豫了两天后,张峰拨通了贾小宁的电话,想和贾小宁吃个饭相互认识一下,说明情况和来意后,贾小宁并没有立刻答应,而是告诉张峰要考虑考虑。转眼到了6月中旬,张峰早已把约贾小宁的事情抛到了脑后,但这时贾小宁给张峰发来一条短信,周六约张峰到东岳饭庄一起吃饭,交个朋友。张峰和贾小宁的爱恨情仇就此拉开了序幕。

张峰第一眼见到年轻漂亮的贾小宁时就动了心,什么年龄差距大,什么不般配,全都已经不重要。饭后,张峰向贾小宁表达了爱慕之意,贾小宁觉得二人相互并不了解,表示先做朋友为宜。在随后的两个多月时间里,张峰与贾小宁频繁联系,两人经常一起出去吃饭逛街,张峰也频繁地给贾小宁送小礼物。通过两个多月的接触,贾小宁觉得张峰体贴又心细,稳重又多金,值得托付,张峰成功博取了贾小宁的芳心,二人在2013年9月确定了关系,并在2014年年初领取了结婚证,结为了夫妻。结婚两年后,生活开始走向平淡,二人的争吵也开始频繁。张峰发现贾小宁是一个控制欲极强的人,贾小宁正逐步控制家中的财政大权,从车辆、房产加名到银行存款等的保管，张峰越来越无法接受，二人因财产问题，矛盾日益尖锐，二人的关系最终走到了不可调和的地步，最终以协议离婚收尾。张峰和贾小宁的爱情如昙花一现，从绝美迅速走向凋零。

张峰和贾小宁离婚协议约定："1. 在自愿的基础上，双方同意离婚；2. 位于北京市西城区××小区××号楼×××室的房产归女方贾小宁所有，该房产未还清的房贷，由男方张峰一人偿还；3. 男方张峰向女方贾小宁一次性支付 100 万元的精神赔偿金……"该协议由张峰和贾小宁签字捺印确认。

2017 年，张峰向法院起诉，请求确认离婚协议书中关于房产的约定无效，理由是在签订协议时受到了贾小宁的威胁。张峰称，如果不签署离婚协议书，贾小宁就会将其是同性恋的事情告诉张峰的朋友和同事，所以张峰无奈下才签署了离婚协议书。但是在庭审上，张峰并没有出示有效证据证明自己受到了威胁，所以一审法院驳回了张峰的诉讼请求。张峰不服一审判决提起上诉，二审法院维持原判。2018 年年初，贾小宁提起诉讼，要求法院判决张峰配合贾小宁完成房产过户。一审法院判决张峰协助贾小宁过户，但贾小宁应当先行垫付未偿清的房贷来解除抵押，垫付的款项可以另案起诉。张峰仍不服一审判决提起了上诉，二审法院维持原判。为了阻止将上述房产全部判给贾小宁，张峰的父亲张志文和母亲孙翠丽以张峰为被告，贾小宁为第三人告上法庭，主张上述的房产为原告的共有财产，被告张峰无权就原告享有的份额进行处分。张峰父母为此提交了一份转账记录，证明其曾向张峰转款 50 万元，用作上述房屋的出资，证明原告对涉案房产享有一半的份额。一审法院经过审理认为，张峰父母提交的证据只能证明与儿子存在资金往来，并无法直接证明其向儿子所汇款项直接用于购房出资，所以一审法院对于张峰父母主张的共同出资购房的事实不予采信，依法驳回了张峰父母的起诉。二人不服一审判决提起上诉，二审法院审理后维持了原判。

张峰和贾小宁的房产之争暂告一个段落。但对于经济赔偿金以及垫付的房贷等问题，双方必定还要经历数次庭审，张峰和贾小宁之间的爱恨纠葛发人深省，这场没有硝烟的战争也注定将要持续。

【案例二】共有房屋起争议，生父诉子索房产

赵杰（化名）是香港特别行政区居民。香港回归前夕，年轻的赵杰决定借改革的春风，前往大陆投资办厂。几经考虑，赵杰选择了重工业发达的东北地区。

创业初期，赵杰与大学刚毕业的李丽欣（化名）相识相恋。李丽欣是北京人，但是因为赵杰的事业，她选择留在了长春。1995 年，二人步入了婚姻殿堂，正式结为夫妻。同年，李丽欣为赵杰生下一个儿子，起名为赵一伟（化名）。婚后，赵杰和李丽欣二人的事业可以说顺风顺水，经过近 10 年的打拼，家庭的财富得到了快速的积累，二人的身价已经迈上了 10 亿元的台阶。2007 年前后，为了开拓新的市场，赵杰只身前往北京选址办厂，妻子李丽欣为了照顾正在读高中的赵一伟，同时为了经营好东北的业务，就选择留在了长春，夫妻二人开始了异地分居的生活。分居给赵杰和李丽欣带来的后果就是，二人之间的怀疑和猜忌日益增多，感情裂痕日益扩大。

2010 年的一天，李丽欣拨通了赵杰的电话，给赵杰下发了最后通牒："我想了很久，如果近期你不把事业重心转移到长春来，我们还是分道扬镳为好，我接受不了这种整天单打独斗的生活。"赵杰一句话没有说，挂断了电话。2010 年年底，李丽欣在儿子赵一伟的支持下，向法院提起了离婚之诉，要求法院判决双方离婚并依法分割夫妻共同财产，由于长年分居且李丽欣态度坚决，一审法院最终判决准予离婚，儿子赵一伟由李丽欣直接抚养。法院同时对夫妻二人名下的部分财产进行了分割，夫妻二人持有的 30 多家公司的股权二人各享有一半份额，二人名下的 70 余套房产和商铺也进行了平均分配。

离婚后的赵杰，对儿子赵一伟感到有些失望，虽然心里早已经有预感儿子会跟随前妻李丽欣一同生活，但是当亲耳听到儿子赵一伟选择跟随李丽欣的时候，心里还是有了一种被背叛的感觉，很不是滋味。2011 年的一天，赵杰突然想起来，自己和前妻李丽欣曾经把北京的一套价值 2000 多万元的房子登记在了前妻李丽欣和儿子赵一伟名下，既然前妻和孩子这么绝情，自己为什么不把这套房子要回来呢？于是赵杰果断找了律师，向法院提起了共有纠纷之诉，要求对市值 2000 多万元房产的共有权进行确认，并对该房产依法进行分割。

法院经审理后查明，涉案的房屋购买于赵杰和李丽欣婚姻关系存续期间，并且赵杰和李丽欣共同为涉案房屋签订了《个人购房抵押（保证）借款合同》。另查明，涉案房屋 90% 的所有权份额登记在赵一伟名下，10% 的份额登记在李丽欣名下。对于赵一伟享有的所有权份额，赵杰主张仅赠与赵一伟 10% 的份额，赵一伟和李丽欣则主张赠与了赵一伟全部的份额。对赠与份额的问题，赵杰和李丽欣都没有提交其他有效证据予以证明。根据现有证据，法院推定赵杰对购买涉案房屋以及签订《个人购房抵押(保证)借款合同》均知情,所以其对后续所有权登记情况理应知情,但其在离婚诉讼之前从未对房屋所有权登记情况提出异议,应视为对登记情况的认可。结合涉案房屋的购买情况、登记情况以及实际使用情况,法院认为房屋的所有权登记情况系各方的真实意思表示,可依房屋的登记情况确认房屋的真实权利状态。因涉案房屋购买于赵杰和李丽欣婚姻关系存续期间,现无证据表明双方对于该房屋存在夫妻财产约定,根据夫妻财产法定共同制的原则,登记在李丽欣名下10%的所有权份额应为夫妻共同财产。所以法院依法确认涉案房屋属于赵杰、李丽欣、赵一伟三人共有,其中赵杰和李丽欣各享有5%的份额,赵一伟享有90%的份额。李丽欣和赵一伟对一审判决不服,提起上诉,二审法院最终维持原判。

【案例三】虚假离婚共买房,假戏真做丢房产

男主人公名为陆威威(化名),读博期间成绩优异,科研成果丰硕,是机电工程学院名副其实的学霸,读博第二年就与某大型国有企业签约,待遇优越,陆威威的前途可以说一片光明。女主人公名为梁婉灵(化名),是陆威威的同门师妹。梁婉灵人如其名,婉如清扬,娇小灵动,出众的相貌使得她的追求者众多,但是梁婉灵却独钟意相貌并不出众的陆威威,因为她被陆威威的才华折服,对学长是满眼的崇拜,刚读博的梁婉灵并没有把这个小秘密说出来,而是藏在了心里。陆威威和梁婉灵作为同门,难免交流,经过一年多的接触,梁婉灵和陆威威发展成为情侣关系,郎才女貌的二人煞为旁人羡慕。校园生活虽美好,但也是短暂的,2016年夏天,陆威威研究生毕业,顺利地进入了国企工作。

转眼到了2017年夏天,经过一年的工作,陆威威积累了一小笔财富,但在北京这样寸土寸金的城市,让陆威威一年就攒出买房的首付出来也不现实,但陆威威必须买房,因为此时梁婉灵也毕业了,二人需要有个稳定的家。在双方父母的帮助下,陆威威和梁婉灵凑齐了首付,在北京的四环买了一套80平方米的房子。为了还房贷方便,房子登记在了陆威威名下。2017年年底,陆威威和梁婉灵在家人和朋友的见证下举办了婚礼,领取了结婚证。婚后,梁婉灵逐渐发现,没有了学习或校园环境的衬托,她觉得陆威威越来越平淡无奇,她对陆威威的感情仿佛也在日渐削减,虽然生活中陆威威对梁婉灵照顾有加,但是梁婉灵觉得她对陆威威剩下的仿佛只有感动,甚至夹杂了一丝毫无由来的愧疚。梁婉灵慢慢感觉

到,驱使她和陆威威走到一起的或许是崇拜和感动,并不是那“美好的爱情”,虽然梁婉灵努力克制自己不要产生这一可怕的想法,但她还是忍不住地想,她始终克服不了自己心里的障碍,深思熟虑后,梁婉灵有了自己的答案,她告诉自己:“这段糊涂的婚姻对双方本就不公平,唯有离婚。”

梁婉灵思来想去,怎样才能快速离婚而不拖泥带水?怎样才能把自己爸妈出资买房子的钱顺利拿回来?怎样才能减少对陆威威的伤害?经过再三研究,梁婉灵决定以购买二套房为由,骗陆威威离婚,并把二套房登记在自己名下,办理离婚登记后,再告诉陆威威真相。2018 年年底,梁婉灵着手实施自己的离婚计划,她告诉陆威威:“威威,我觉得住在这个小房子里太憋屈,这一年多来我们也攒了点钱,咱再找爸妈借点,换个大房子吧,再买个房子也算是投资了。”陆威威对梁婉灵说:“灵,我们户籍不在北京,北京的限购政策你又不是不知道,我们只能买一套房。”梁婉灵说道:“我咨询过一个朋友,她说如果我们把户口迁到北京,再买一套是没有问题的。可是我的户口要迁过来,我们家每年就要少好几万元的集体分红。你们家这两年要拆迁,户口也不能迁。我的朋友给我出了一个主意,就是我们办理假离婚,然后在我的名下就可以再买一套房子了,等你老家拆迁完成后,你把户口迁过来,我们再复婚,你考虑考虑。”经过梁婉灵一个多月的软磨硬泡,尽管不情愿,但陆威威还是答应了梁婉灵的提议。

2019 年年初,陆威威和梁婉灵办理了离婚登记,为了不让陆威威起疑,梁婉灵并没有提财产分割的问题,此时梁婉灵的离婚目的已经实现。为了顺利拿回父母的出资款,2019 年 4 月,梁婉灵推动实施二套房的购置计划。4 月中旬,陆威威将父母筹来的 80 万元购房款转给了梁婉灵,加上二人的积蓄,刚好凑够首付。由于第一套房还登记在陆威威名下,所以新购置的二套房只能登记在梁婉灵的名下。陆威威此时并没有察觉到任何异常。二套房过户完成后,梁婉灵开启了自己的“逃跑计划”,梁婉灵以回老家待几日为由,离开了和陆威威共同居住了近两年的地方。2019 年 5 月,陆威威打电话催梁婉灵回北京,梁婉灵才把真相和自己的愧疚告知了陆威威,陆威威无法接受如此荒唐的现实,几近崩溃。

2019 年 7 月,陆威威调整好自己的状态后,以“为规避限购政策而虚假离婚为由”将梁婉灵告上法院,请求确认梁婉灵名下位于北京市 ×× 区的房产属于陆威威与梁婉灵的共同财产,但是因为陆威威没有提供有效的证据证明梁婉灵为回避限购政策而虚假离婚的事实,所以法院根据房屋登记情况及婚姻登记情况，认定涉案房屋为梁婉灵的个人财产，驳回了陆威威共有权确认的诉讼请求。后陆威威为了挽回损失，向人民法院提起了离婚后财产纠纷之诉，陆威威向法院提供了自己和父母向梁婉灵的转账流水、证人证言等证据，证明二人存在 80 万元的借贷关系，法院最终支持了陆威威的诉讼请求，判令梁婉灵返款陆威威向其所转的 80 万元款项，同时，根据陆威威的要求，法院对二人的共同财产一并进行了分割。

【案例四】离婚协议约定优先购买，收到购买通知未答复权利丧失

2014 年 9 月 25 日，对于余小波（化名）和刘嘉（化名）来说是一个特殊的日子，因为这一天，二人的婚姻走到了终点。从民政局出来后，二人相视一笑，对于这段失败的婚姻来说，这无疑是最好的结局。对于感情，双方割舍的坦然，对于财产，双方几乎也没有争议。双方在离婚协议书上约定："1. 男女双方自愿离婚；2. 婚生子余子豪由男方余小波抚养，女方刘嘉随时可以探望；3. 夫妻双方共有的位于昆山市开发区××路××号××苑××号楼××室房屋产权及债务属女方所有和承担，男方随时配合女方办理过户手续，如双方任何一方想卖掉房子，另一方有优先购买权，价格按市场价确定……"

2016 年年初，刘嘉打算再婚，想要购买一套新房。2 月 18 日，刘嘉向余小波发出一条信息，询问道"房子你买不买？不买的话我打算卖掉，你抽个时间过来办理下过户"。余小波看到这条消息后，考虑到手里并没有多余的钱，所以并未作任何回复。2016 年 3 月 7 日，刘嘉给余小波发了一条消息："我打算给子豪购买一份人身意外险，你有什么想法？"余小波随后回复："过几天再谈吧。"2016 年 3 月 29 日，刘嘉又发消息给余小波，商量给余子豪买保险的事情，最终双方通过短信达成一致意见，并对保险费的具体分担达成了合意。

2016 年 4 月初，刘嘉将出售房屋的信息挂到了房产中介处，4 月中旬，房产中介带着孙伟伟（化名）找到刘嘉商量房屋买卖事宜，孙伟伟询问刘嘉的权属情况时，刘嘉将自己的离婚证、离婚协议以及 2016 年 2 月 18 日向余小波发送的通知信息递给了孙伟伟看。尽管孙伟伟有些后顾之忧，但还是与刘嘉签订了房屋买卖合同。合同约定刘嘉将昆山市开发区××路××苑××号楼××室出售给孙伟伟。建筑面积为 201.50 平方米。总价款为 2,550,000 元。双方同意于 2016 年 6 月 5 日前办理过户手续。双方还就求其他事项进行了约定。协议签订后，孙伟伟先行支付了购房款 1,665,000 元，然后搬进上述房屋居住。

2016 年 5 月初，刘嘉向法院起诉要求余小波配合过户，法院审查证据后支持了刘嘉的诉讼请求。判决刘嘉取得涉案房产的产权，共有情况为单独所有。

2016 年 8 月，余小波知道了刘嘉卖掉房屋的事情，心里五味杂陈。卖掉的房子对余小波来说，记载了他们一家三口太多的记忆，于是余小波打算拿回这个房子，向法院提起了共有人优先购买权之诉。法院经审理后认为，余小波和刘嘉在离婚协议中约定涉案房屋归刘嘉个人所有，刘嘉据此于 2016 年 7 月 18 日办理了该房的权属登记，登记信息为单独所有。现余小波主张共有人优先购买权已无事实依据。

根据余小波和刘嘉离婚协议的约定，刘嘉在出售涉案房产时余小波按照市价享有优先购买权，该约定系当事人的真实意思表示，且不违反法律的强制性规定，该约定合法有效，当事人均应信守。刘嘉在出售涉案房产前，曾征求过余小波的意见，这一点通过 2016 年 2 月 18 日的短信通知可以确认，但余小波未予回应。通过余小波和刘嘉用同一联系方式沟通保险事宜可知，余小波已收到优先购买的通知。其后，刘嘉因房屋过户问题提起诉讼，余小波也未作出购买该房产的意思表示。综上，刘嘉在处分涉案房产时已依约履行了告知义务，余小波未对此作出积极响应，属于怠于行使权利，相应后果应当自行负担。刘伟伟虽然并非关于约定优先购买权协议的当事人，但其在购房时已对刘嘉的离婚证、离婚协议进行了审核，对余小波享有该项约定权利亦应知晓，其在签订、履行涉案房产的买卖合同中不应损害余小波的该项权利。从合同签订过程来看，刘伟伟通过审核双方往来信息的方式对所涉优先购买权进行了确认，尽到了合理的注意义务，其签订、履行涉案房屋买卖合同时善意且无过失。

余小波在本案中虽享有约定的优先购买权，但刘嘉在拟出售房屋时已通知余小波行使优先购买权，余小波未作优先购买的表示，故余小波的优先购买权已丧失。刘嘉将房屋另售他人后，余小波以侵犯其优先购买权为由主张撤销涉案房屋买卖合同的诉讼请求，便无事实及法律依据。

【案例五】协议离婚避债务，债权人起诉代位析产

顾阳（化名）与白艺茹（化名）大学时相恋，2013 年 7 月二人登记结婚，婚后生活幸福甜蜜，2015 年 4 月生育一子顾一南。2016 年 4 月，白艺茹单位福利购

房,顾阳和白艺茹经过商量共同购买了宝鸡市××区××路××号××幢××单元××号房屋。2018 年年底,顾阳通过朋友开始接触虚拟货币,通过购买矿机挖矿的方式,每天都能获取分红。蝇头小利蒙蔽了顾阳的双眼,尝到甜头的顾阳,瞒着妻子偷偷向好友古超(化名)借了 45 万元,全都投入矿机的购买上。顾阳殊不知,此时的自己已经掉入了杀猪盘当中。刚开始,顾阳每天都能获取百元的分红,但是后来,分红越来越少,直到网站再也打不开,顾阳才意识到自己受骗了。顾阳通过挖矿获取的分红相比自己 45 万元的投入,根本不值一提。2019 年年底,古超频繁催顾阳归还借款,顾阳虽口头答应,但是一直推脱,因为顾阳手上根本没有多余的钱来归还古超。2020 年 4 月,古超向法院提起诉讼,要求顾阳和白艺茹向其偿还借款本金 45 万元及利息。白艺茹此时才知道顾阳借钱投资虚拟货币被骗的事情,白艺茹感到无比的气愤和绝望。2020 年 6 月,法院作出判决,认定古超所诉债务为个人债务,判令顾阳偿还借款 401,860 元及利息。2020 年 11 月 23 日,顾阳和白艺茹协议离婚,并约定婚生子顾一南由白艺茹抚养,顾阳每月支付抚养费 1000 元,双方婚后购置的位于××区××路××号××幢××单元××号房屋归白艺茹所有。后来,古超就顾阳的欠款申请了强制执行。执行过程中,古超提起代位析产诉讼,诉讼请求是:请求确认顾阳对位于××区××路××号××幢××单元××号房屋享有 70% 的份额;一审、二审的诉讼费用由被告承担。

一审法院认为,本案系债权人代位析产纠纷。首先,人民法院强制执行期间,申请执行人有权对被执行人共有的财产代位提起析产诉讼。本案中,古超作为人民法院生效判决确定的权利人,其债权已进入强制执行程序,其与被执行人顾阳、财产共有人白艺茹就涉案共有房屋的具体权属份额协商不成,古超依法享有代位提起析产诉讼确定顾阳的共有份额以维护其债权的实现。虽白艺茹辩称其与顾阳已就案涉房屋进行了协商处理,但对财产的处理在人民法院确定古超对顾阳享有的债权之后,白艺茹与顾阳均清楚知晓应当履行的义务后仍自行对财产进行了分割,侵犯了债权人的利益,对白艺茹的辩称法院不予采信。其次,共同共有人对共有的不动产共同享有所有权,一般应当按等分原则处理,但根据《民法典》第 1087 条第 1 款的规定,离婚时,夫妻的共同财产由双方协议处理;协议不成的,由人民法院根据财产的具体情况,按照照顾子女、女方和无过错方权益的原则判决。本案中,顾阳与白艺茹婚生子尚未成年,双方在协议离婚时约定婚生子由白艺茹抚养，因此在对案涉房产进行分割时应当对上述情形综合考量。法院确认顾阳对涉案房产享有30%的份额，白艺茹对案涉房产享有70%的份额。综上所述，为维护当事人合法权益，依照《民法典》第299条、第1062条、第1087条，最高院《查封、扣押、冻结规定》第12条之规定，判决确认被告顾阳对位于宝鸡市××区××路××号××幢××单元××号房屋享有30%的份额，被告白艺茹对位于宝鸡市××区××路××号××幢××单元××号房屋享有70%的份额。驳回古超的其他诉讼请求。

第四节　维权指引

一、共有纠纷案件的管辖如何确定

司法实践中，对于一些离婚案件，常存在财产关系复杂或者房子尚未取得产权证书等情形，致使财产不得不另案处理，从而引发婚后财产纠纷、共有权确认纠纷、共有物分割纠纷等一系列的关联案件。那么，因离婚而产生的共有纠纷案件，管辖法院该如何确定呢？

因共有纠纷提起的诉讼，管辖法院主要根据共有物的属性来确定，如果共有物属于动产，则适用一般管辖的原则，根据《民事诉讼法》第22条的规定，应当由被告住所地人民法院管辖，被告住所地与经常居住地不一致的，由经常居住地人民法院管辖。如果共有物属于不动产，那么根据《民事诉讼法》第34条专属管辖的规定，则应该由不动产所在地的人民法院管辖。

在案例二中，李丽欣起诉赵杰一案的管辖法院是吉林省长春市某法院，由于夫妻二人房产众多，所以在诉讼过程中，赵杰遗忘了二人在北京曾购买的某套房产，离婚诉讼结束后，又重新提起了共有物分割纠纷之诉，该诉即为不动产纠纷引起，所以根据专属管辖的原则，由北京法院进行了立案审理。

二、共有纠纷是否适用诉讼时效

诉讼时效适用于债权请求权，而共有权确认请求权、共有物分割请求权、共有人优先购买请求权以及债权人的代位析产请求权均属于物权请求权，本质上属于形成权，不适用诉讼时效的有关规定。

共有权确认纠纷中,共有人可以随时提出确认请求。

共有物分割纠纷中,符合条件的共有人可以随时请求对共有物进行分割,但是要注意和离婚后的财产纠纷进行区分,根据《〈民法典〉婚姻家庭编解释(一)》的规定,当事人因发现另一方在婚姻存续期间隐藏、转移、变卖、毁损、挥霍夫妻共同财产,或者伪造夫妻共同债务企图侵占另一方财产的,可以请求再次分割夫妻共同财产,请求再次分割夫妻共同财产的诉讼时效期间为三年,从当事人发现之日起计算。

共有人优先购买权纠纷中,优先购买权人的行权期限虽不适用诉讼时效,但受除斥期间的限制,具体的行权期间详见第四部分共有物优先购买权之诉的规则指引。

债权人的代位析产之诉,是在执行程序中提起的诉讼,所以不存在债权超过诉讼时效的问题。债权人的代位析产之诉在本质上是债权人基于债务人的共有关系代债务人提起的共有纠纷之诉,本质上仍属于物权请求权,所以不应当适用诉讼时效的有关规定。

三、离婚关联案中,共有物分割之诉的规则指引

(一)共有物的分割原则,即何种情形下才能主张共有物分割

《民法典》第303条规定:"共有人约定不得分割共有的不动产或者动产,以维持共有关系的,应当按照约定,但是共有人有重大理由需要分割的,可以请求分割;没有约定或者约定不明确的,按份共有人可以随时请求分割,共同共有人在共有的基础丧失或者有重大理由需要分割时可以请求分割。因分割造成其他共有人损害的,应当给予赔偿。"该法条将共有物的分割分为两种情形,即有约定和无约定。因离婚而关联的共有物分割案件,无约定较有约定相对更多,下面本书对有约定和无约定(或约定不明)时的分割原则进行简要梳理。

1. 有约定时,共有物的分割

无论是共同共有,还是按份共有,共有人都应该严格遵守约定以维持共有关系。共有人之间约定可以随时分割的,那么任一共有人有权随时提出分割,其他共有人即便提出生活困难、无其他居所等抗辩理由,也无法阻止共有人行使共有物分割权。共有人之间可以约定分割的条件或约定不得分割共有财产,但无论是不得分割共有物还是附条件分割共有物,仅能对抗一般事由而无法对抗"重

大理由”。此外,有一点需要注意的是,在有约定的情况下,法律并没有规定“共有基础丧失”时可以申请分割,换言之,如果夫妻二人对名下共同共有的房产约定不得分割,那么即便发生了离婚,只要不存在重大事由,理论上也是不能就房子进行分割的。(重大理由的具体内容在下一部分详尽说明)

2. 无约定或约定不明时,共有物的分割

对于按份共有,在没有约定或者约定不明确的时候,无论共有基础是否丧失,无论有无“重大理由”,任一共有人都有权随时提出分割。在案例二中,赵杰、李丽欣和赵一伟曾互为家庭成员,涉案的房屋按份登记在李丽欣和赵一伟名下,在没有约定或约定不明的情况下,李丽欣和赵一伟可以随时请求分割共有物。

对于共同共有,在没有约定或者约定不明的时候,只有共有的基础丧失或存在“重大理由”时,共有人才可以请求对共有物进行分割。共有的基础丧失一般是指共有人过世、婚姻关系解除等情形。在案例二中,涉案房产有10%登记在李丽欣名下,由于涉案房屋是在夫妻关系存续期间购买,在没有其他证据证明该房屋系李丽欣个人财产的情况下,该10%份额则认定为李丽欣和赵杰共同共有。那么在二人对份额没有约定或约定不明的情况下,李丽欣和赵杰只有在共有基础丧失(如离婚)或出现其他“重大理由”时,才能依法申请分割共有房产。

(二)何为共有物分割纠纷之诉中的“重大理由”

《民法典》第303条规定的“重大理由”,主要是指维持生活支出、医疗、教育等费用支出的事由。① 另外,《民法典》第1066条规定:“婚姻关系存续期间,有下列情形之一的,夫妻一方可以向人民法院请求分割共同财产:(一)一方有隐藏、转移、变卖、毁损、挥霍夫妻共同财产或者伪造夫妻共同债务等严重损害夫妻共同财产利益的行为;(二)一方负有法定扶养义务的人患重大疾病需要医治,另一方不同意支付相关医疗费用。”那么,在司法实践中,对于共有物分割纠纷案件,当事人主张存在“重大理由”并获得支持部分法院考量的因素如下:

1. 看病就医

辽宁某法院的一份判决载明:原告乔某某与被告肖某婚姻关系存续期间,原

① 参见最高人民法院民法典贯彻实施工作领导小组主编:《中华人民共和国民法典物权编理解与适用[上]》,人民法院出版社2020年版,第484页。

告因交通事故受伤构成一级伤残，现呈植物人状态生存，该情况属于患重大疾病需要医治，被告肖某作为法定扶养义务人应履行扶养义务，但此前原告治疗支付的相关费用均由佟某某垫付，被告拒绝向原告提供治疗费等费用，上述费用经佟某某诉讼并经强制执行取得，故原告以重大理由要求分割共同财产有事实和法律依据，本院对此予以支持。

2. 教育支出

江苏南京某法院的一份判决中载明：原告张某某（女儿）与被告张某（父亲）系父女关系。被告张某与原告母亲薛某于 2008 年登记离婚，离婚协议约定共有房屋归原、被告共同共有，后涉案房产变更到原、被告二人名下。此后，案涉房屋一直由被告居住使用。2018 年，原告张某某以上大学需要大额费用为由向被告张某提出出售案涉房屋并分割售房款，被告不同意，原告遂诉至南京某法院。法院认为，共有人约定不得分割共有的不动产或者动产，以维持共有关系的，应当按照约定，但共有人有重大理由需要分割的，可以请求分割；没有约定或者约定不明确的，按份共有人可以随时请求分割，共同共有人在共有的基础丧失或者有重大理由需要分割时可以请求分割。本案中，张某某现已成年，在接受大学本科教育，没有收入来源以支撑其学业，张某某提出分割案涉房屋以维持学业符合法律规定，予以支持。

3. 转移、隐藏、挥霍夫妻共同财产

安徽某基层法院的一份判决载明：本院认为，婚姻关系存续期间，有下列情形之一的，夫妻一方可以向人民法院请求分割共同财产：(1) 一方有隐藏、转移、变卖、毁损、挥霍夫妻共同财产或者伪造夫妻共同债务等严重损害夫妻共同财产利益的行为……本案被告起诉与原告离婚，在法院审理期间，把自己银行账户存款大笔转出、取出、消费共计 300, 500 元，被告的行为属于转移、隐藏、挥霍夫妻共同财产，原告要求分割，本院予以支持。

4. 老人身体欠佳，年老体衰，出行不便，子女长期不履行赡养义务

上海某基层法院的一份判决载明：本院认为，系争房屋登记在原、被告名下，为原、被告共同共有之房屋。原告以其年老体衰，身体欠佳，居住 5 楼，出行不便为由，要求分割系争房屋的理由，本院认为属于有重大理由要求分割系争房屋的情形，故原告分割房屋的诉讼请求，合法合情，本院予以支持。

(三)共有物如何进行分割？分割的方式有哪些

根据《民法典》的规定,对共有物进行分割时双方可以协商,协商不成时,法院视案件的具体情况对共有物进行实物分割或折价补偿或变价分割。

实物分割。不会因分割而产生价值减损的共有物通常适合进行实物分割。如双方共有两间房屋,并且两间房屋的面积、品质、位置等条件相同,那么则适宜实物分割。如在王某会诉王某良共有物分割纠纷一案中,人民法院认为:“涉案的按份共有房屋(为木结构房屋三件),采用实物分割不会对其他共有人造成损害,对王某会的诉讼请求,本院予以支持。”相比折价补偿,实物分割能够减缓折价一方的经济压力;相比变价分割,实物分割能减少变价产生的时间成本和经济成本,且有利于节约司法资源。

折价补偿。对分割方式无法达成协议时,并且共有物不适合进行实物分割的情况下,人民法院会结合共有物的登记情况、实际使用情况、各方份额等,选用折价补偿的方式进行分割。如在余某某与李某1、李某2等共有物分割纠纷一案中,家庭共有物为不动产,不宜作实物分割,根据庭审查明之事实,原告余某某原与他人生育一子、现房屋由三被告占有使用且三被告经济条件明显优于原告,故本院确认房屋归被告李某1、李某2、段某某三人所有,由三被告对原告余某某作折价补偿。

变价分割。变价分割主要是指对共有物进行拍卖或者变卖后,将获取的变价金进行分割。变价通常会产生一些手续费,并且需要时间成本。在双方就分割达不成一致的情况下,并且也不适宜进行实物分割和折价补偿的情况下,通常会采取变价分割的方式。如在余某燕与余某英等共有物分割纠纷一案中,法院认为,因涉案房屋仅为二层,不适宜由余某燕、余某英与余某联三人进行实物分割,而余某联也表示既不同意将占有的份额出售给余某英、余某燕,也没有能力购买余某英、余某燕的产权份额,因此,余某英、余某燕请求将房产拍卖、变卖,并对取得的价款予以分割合法合理,予以支持。

四、共有物优先购买权之诉的规则指引

在共同共有关系中,处分共有物需要全体共有人意思一致,如果任一共有人不同意转让共有物,那么共有物就无法转让,所以也不存在优先购买权的问题。共有人的优先购买权只存在于按份共有当中。根据《民法典》的规定,按份共有

人可以转让其享有的共有的不动产或者动产份额，其他共有人在同等条件下享有优先购买的权利。

（一）按份共有人行使优先购买权的基本规则

根据《民法典》的规定，按份共有人转让其享有的共有的不动产或者动产份额的，应当将转让条件及时通知其他共有人。其他共有人应当在合理期限内行使优先购买权。两个以上其他共有人主张行使优先购买权的，应当协商确定各自的购买比例；协商不成的，按照转让时各自的共有份额比例行使优先购买权。需要注意的是，根据《民法典》及相关司法解释的规定，按份共有人之间转让共有份额或者共有份额的权利主体由于继承、遗赠等原因发生变化时，其他按份共有人主张依据《民法典》第305条规定优先购买的，不予支持，但按份共有人之间另有约定的情况下是除外的。

（二）共有人优先购买规则中的"同等条件"该如何理解

《〈民法典〉物权编解释（一）》第10条规定，《民法典》第305条所称的"同等条件"，应综合共有份额的转让价格、价款履行方式及期限等因素确定。按份共有人向共有人之外的人转让其份额，其他按份共有人根据法律、司法解释的规定，请求按照同等条件优先购买该共有份额的，应予支持。但其他按份共有人未在约定或法定的期间内主张优先购买，或者虽主张优先购买，但提出减少转让价款、增加转让人负担等实质性变更要求的除外。另外，如果共有人以其优先购买权受到侵害为由，仅请求撤销共有份额转让合同或者认定该合同无效而不主张优先购买的，也不会得到支持。

（三）优先购买权的行使期间该如何确定

法律不保护权利的沉睡者，优先购买权也具有法定的行权期限，其他按份共有人在收到通知后，如未在行权期间内行使优先购买权，那么该权利就将归于消灭。对于优先购买权的行使期间，按份共有人之间有约定的，应当按照约定处理；没有约定或者约定不明的，按照下列情形确定：（1）转让人向其他按份共有人发出的包含同等条件内容的通知中载明行使期间的，以该期间为准；（2）通知中未载明行使期间，或者载明的期间短于通知送达之日起15日的，为15日；（3）转让人未通知的，为其他按份共有人知道或者应当知道最终确定的同等条件之日起15日；（4）转让人未通知，且无法确定其他按份共有人知道或者应当知道最终确定的同等条件的,为共有份额权属转移之日起6个月。

在案例四中,余小波在收到行使优先购买权的通知后,并未在15日之内行使,所以其权利已经归于消灭,无权再向刘嘉主张对涉案房屋的优先购买权。

(四)共有人的优先购买权和承租人的优先购买权,谁更优先

从优先权的设立目的看,共有人优先购买权是为维护共有关系的稳定,保护共有人的财产而设立,具有物权性质。承租人优先购买权设立的目的是保护承租人的生存条件,基于租赁关系产生,具有债权性质。根据物权优于债权的基本原理,共有人的优先购买权应当优于承租人的优先购买权。在学术界,虽然有个别学者对上述观点持不同意见,但共有人的优先购买权优先是学术界的主流观点。在司法实务中,共有人的优先购买权优先是毫无争议的。虽然承租人的优先购买权相较于共有人的优先购买权的顺位要滞后,但是基于"买卖不破租赁"的原则,承租人依然可以基于租赁合同,对争议房屋享有租赁合同期限内的使用权。

五、债权人代位析产之诉的规则指引

(一)债权人何时才能提起代位析产之诉

最高院《查封、扣押、冻结规定》第12条第3款规定:"共有人提起析产诉讼或者申请执行人代位提起析产诉讼的,人民法院应当准许。诉讼期间中止对该财产的执行。"从上述规定可以看出,代位提起析产诉讼的主体应当为"申请执行人",这意味着如果案件尚未进入执行程序,债权人是没有代位诉讼的资格的,所以不难看出,只有债权人与债务人的案件进入执行程序,债权人才能提起代位析产之诉,并且是只有进入终结本次执行程序,债权人才能提起代位析产之诉,进入终本程序才能析产的原因是为了减少诉累,避免诉讼过程中出现执行终结的情况。

(二)在债权人代位析产之诉中,各方当事人的诉讼地位如何确定

在债权人代位析产诉讼案件中,把作为债权人的申请执行人列为原告是没有争议的,把被执行人的共有人列为被告也是没有争议的。但是被执行人,其诉讼地位应当如何列明,是被告还是第三人?

在债权人代位权诉讼中,债权人系原告,次债务人系被告,债务人系第三人,这样的诉讼地位我们相对都熟悉。但在债权人代位析产之诉中,并非如此,尽管

没有法律的明确规定,但司法实务中统一把债务人和共有人列为共同被告。实践当中,债务人和共有人之间通常互为家庭成员,并且多存在(原)夫妻关系,难免存在逃避债务之嫌,将债务人和第三人列为债权人析产之诉的共同被告,更有利于查清案情,维护债权人的合法权益。并且从另一个角度来看,在债权人代位权诉讼中,阻碍债权人实现利益的主要是次债务人,而在债权人代位析产之诉中,阻碍债权人实现权利的是债务人和共有人之间的共有关系,债务人和共有人应当视为一个整体,列为共同被告。

(三)债权人代位析产之诉的请求范围?能否要求法院判决相应份额直接归债权人所有

现行法律并没有规定在债权人代位析产之诉中,法院可以直接对析产后的份额进行支配,并且从法理来讲,也难以说通。债权人代位析产之诉的核心在于析产,解决的是被执行人共有份额的确认和分割问题,并不能解决财产的权属问题。对于债务人析产后所获的份额,应当在执行程序当中,通过拍卖、变卖或以物抵债等形式进行处置。

律师在代理债权人代位析产之诉时,在确定诉讼请求的时候,不建议将"请求法院将债务人×××对某物所享有的份额判归原告所有"列入诉讼请求,因为从司法实务来看,不可能会获得法院支持,并且有损自身的专业性。

六、办理共有关系纠纷的案件,通常需要考虑哪些问题

(1)共有纠纷当事人之间是何种关系,是否互为(原)家庭成员,还是基于合伙、赠与、继承等关系发生的共有;(2)涉案的动产或不动产的登记情况和实际使用情况;(3)当事人关于共有的方式有无约定;(4)在无协议约定的情况下,是否存在转账记录、聊天记录等证据能够证明共有;(5)当事人关于共有份额有无约定;(6)关于共有物的分割有无约定;(7)当事人之间共有的基础是否仍存在;(8)申请分割共有物的一方有无"重大理由";(9)实物分割会不会对物的价值造成减损;(10)双方当事人之间就折价能否能够达成协议;(11)按份共有人转让共有份额时,是否通知其他共有人行使优先购买权;是否给予合理的权利行使期限;(12)注意区分共有和公有。

第五节 律师忠告

一、共有人应当如何防止共有财产或共有权益被其他共有人侵吞

(一)对于不动产或者特殊动产,共有人应尽可能通过登记等方式显名

《民法典》第209条规定,不动产物权的设立、变更、转让和消灭,经依法登记,发生效力;未经登记,不发生效力,但是法律另有规定的除外。第225条规定,船舶、航空器和机动车等的物权的设立、变更、转让和消灭,未经登记,不得对抗善意第三人。对于不动产和特殊动产,通过登记进行显名,是权利人保护自身利益最直接有效的途径,无论是个人单独所有还是二人以上共有。

登记应该尽量登记在自己名下,尽量避免借名。特别是在家庭成员之间,如果父母并没有赠与的意思表示,仅是想把房产暂时登记在子女名下,那么日后父母和子女因房产发生纠纷,极易被法院认定为赠与。在案例二中,赵杰主张自己仅赠与儿子赵一伟30%的份额,赵一伟名下90%的份额中有60%属于赵杰和李丽欣的夫妻共同财产,但是因为赵杰没能提供相应的证据,所以基于房屋的登记情况,认定90%的份额属于赵一伟。

通过登记的方式进行显名,还能节省不必要的诉讼成本,特别是在一些离婚案件中,夫妻共有的房屋登记在一方名下,离婚后另一方为想获得相应的份额,还须提起共有权确认、共有物分割等诉讼,这无疑加重了共有人的维权成本。在案例二中,如果赵杰和李丽欣在办理权属证书时,就登记上双方的名字,就无须在后续维权过程中再提共有权确认之诉了。

(二)存在不能登记显名等障碍时,共有人之间应当尽可能订立协议

如果夫妻之间或者其他家庭成员之间基于购买资格、限购政策、贷款利率等问题而导致不动产的权属只能登记在一方名下时,共有人之间可以通过订立协议的方式对共有事实、共有方式、共有份额等进行明确;在离婚或者分家时,如果能够达成一致意见,那么也可以通过离婚协议或者分家协议的方式对共有物进行补充约定。

在案例一中,张峰的父母张志文和孙翠丽在张峰和贾小宁离婚后,起诉主张

对张峰和贾小宁名下的房屋共有，虽然二人提供了转账记录，但是法院认为仅能证明二人与张峰存在资金来往或借贷关系，而不能证明该资金系房屋出资款，所以驳回了张峰父母共有权确认的主张。如果张峰的父母在出资时，能够留下协议或者在转账时备注用于房屋的出资，那么在主张共有时，就有了有力的证据。

在案例三中，陆威威在与梁婉灵办理了离婚登记后，陆威威向梁婉灵转账用于二人购买二套房。后陆威威发现自己被骗，便以"假离婚规避限购政策"为由向法院主张对新买房屋为共有，但因证据不足被法院驳回。如果在购买该房之前，陆威威能向梁婉灵提出签订协议或证明，那么就不会在共有纠纷之诉中输得一塌糊涂。

（三）未显名亦未签协议时，应注意留存能证明共有关系的证据

共有人不显名亦不签协议常常发生在婚姻关系或者家庭关系当中，因为共有人易受到爱情或亲情的羁绊，这在生活中比较常见并且可以被理解和接受；不显名不签协议虽然会增加共有人财产损失的风险，但并不意味着必然将会遭受损失。家庭和谐关系稳定，家庭成员关系融洽，共有的基础就坚厚稳固，出现纠纷的机会就会越小，保留证据证明共有关系的必要性就越小。如果家庭关系紧张，未显名的共有人捕捉到自己的共有财产在将来可能受到侵吞的信号，那么也可以提前收集相应证据。

司法实践中，除离婚协议和共有协议外，当事人提交的常见证据还包括协商共有物权属的聊天记录、电话录音、证人证言等；涉及商品房购买的，证据包括购买房屋合同书、房屋登记表、房屋产权登记申请表、房屋所有权证、转账记录、银行流水明细等；涉及拆迁的，证据包括房屋拆迁安置补助协议书、补偿补助费的付款凭证、房地产公司收款凭证、回迁程序表、产权证、建设用地分户调查表、拆迁档案等。

（四）共有人对共有物应当尽可能形成实际使用和控制

对共有物尽可能形成实际使用和控制最明显的好处在于能够保障按份共有人的优先购买权。法律规定，如果按份共有人转让份额未通知其他共有人，且无法确定其他按份共有人知道或者应当知道最终确定的同等条件的，优先购买权的行权期限为共有份额权属转移之日起 6 个月。如果共有人对于按份共有的财物长期疏于管理，不了解共有物的使用情况，那么可能会出现其他共有人转让共

有份额而共有人却不知情的情况,如果共有份额的转移又超过了6个月,那么共有人就将面临优先购买权消灭的风险。

二、为最大限度保障共有人的权益,共有协议该如何约定

在离婚案件中,经常出现一些对共有财产签有共有协议的夫妻,共有协议在共有关系中扮演着重要角色。共有协议的效力及于共有的类型及份额、共有物的分割、共有物的管理、共有份额的转让、优先购买权的行使等方面。共有人结合自己的实际需求,可以与其他共有人签订共有协议,以保护自己的共有权益。共有协议的内容可以考虑以下几个方面。

(一)对共有方式和共有份额该如何约定

根据《民法典》的规定,共有人对于不动产或者动产没有约定为按份共有还是共同共有,或者约定不明确的,除共有人具有家庭关系外,视为按份共有。从法律规定可以看出,共有关系是按份共有还是共同共有,约定优先。共有的类型影响着共有物的分割、管理、转让。无约定时,按份共有人可以随时请求分割共有物,共同共有情况下不能随时请求分割共有物。无约定时,按份共有人2/3以上同意或全体共同共有人一致同意才能对共有物作重大修缮、变更性质或者改变用途。按份共有人可以随时转让其份额,共同共有人不存在份额转让的问题。两种类型的共有,对于共有物的处分和管理是存在区别的,如果共有人意在长期维系共有关系,期望共有关系稳定,如在婚姻家庭关系中,可以考虑共同共有;如果共有的基础是合伙经营等非家庭关系,那么在协议中可以考虑选择按份共有,并约定好相应的份额,以便保护各合伙人的权益。

(二)对共有物分割的条件及方式该如何约定

共有物的基础分割规则,前文已经进行了梳理,此处不再赘述。共有人如果想保证自己随时能够在共有关系中抽身,那么也可以通过对约定共有物分割的方式实现。即便是在共同共有关系中,也可以约定各共有人可随时请求分割共有物或者满足一定条件即可请求分割共有物,这样的约定是具有法律效力的。如果共有人意图长期维系共有关系,可以约定在任何条件下都不得分割共有物,如果这样进行约定,只有存在重大理由时法院才会支持分割,除此之外,即便是基础关系丧失(如离婚)也无法对抗上述约定。另外,共有人也可以对共有物的

分割方式进行约定，如果某共有人期待得到共有物，那么可以在协议中约定，在对共有物进行分割时，某共有人取得共有物的全部份额，某共有人采取折价补偿的方式向其他共有人支付相应价款。

（三）对优先购买权的范围及行权期间该如何约定

共有人优先购买权的基本规则和行权期间在前文也已梳理，不再赘述。如果某共有人期待取得其他按份共有人的份额，那么可以在协议中约定，某共有人对其他共有人的份额享有优先购买权，并且某共有人在按份共有人之间转让中也享有优先购买权（需要其他按份共有人签字确认）；另外还可以约定，共有份额或者共有份额的权利主体由于继承、遗赠等原因发生变化时，某共有人同样享有优先购买权，该共有的优先购买权可以对抗继承和遗赠。对于行权期间，共有人可以协议确定一个较长的期间，以防其他共有人怠于行使通知义务，致使优先购买权超过行使的期限。

在案例四中，余小波和刘嘉没有就优先购买权的行使期间进行约定，余小波在接到刘嘉告知其行使优先购买权的通知后，并没有在法定的 15 日之内行使权利，所以优先购买权消灭。如果双方在离婚协议或其他协议中约定，余小波优先购买权的行权期间为两年或三年，那么余小波在诉讼中，就可以扭转局面，获得胜诉。

三、如何防止夫或妻一方的个人财产，在债权人代位析产之诉中被认定为夫妻共同财产

债权人代位析产之诉的本质是析产，以债务人或被执行人存在没有分割的共同财产为前提，所以作为申请执行人的债权人，想要从债务人已离异的配偶身上实现突破，当务之急是要核实和掌握债务人在离婚前的共有情况，包括共有物的权属登记及变更情况，共有的形式及份额，共有物的下落等，通过了解债务人的婚前共有情况，有希望发掘到债务人隐匿的财产，以助力执行。

债权人代位析产之诉是 2021 年后新增的案由，通过裁判文书网进行案由检索，共检索到普通案例 377 件，全部支持或部分支持的 115 件，撤回起诉的 112 件，全部驳回和驳回起诉的各 9 件，其他 132 件。在全部驳回的案例中，法院均是将涉诉财产认定为个人财产。那么夫妻共有财产有哪些呢？根据《民法典》的规定，“夫妻在婚姻关系存续期间所得的下列财产，为夫妻的共同财产，归夫

妻共同所有:(一)工资、奖金、劳务报酬;(二)生产、经营、投资的收益;(三)知识产权的收益;(四)继承或者受赠的财产,但是本法第一千零六十三条第三项规定的除外;(五)其他应当归共同所有的财产”。以上财产属于夫妻共有财产,债权人在寻找财产线索的过程中,一定要注意鉴别。

在案例五中,顾阳与古超的债权债务关系形成在先,顾阳与白艺茹的离婚协议形成在后,顾阳与白艺茹在离婚协议中约定涉案房屋的全部份额归白艺茹所有,明显存在隐匿财产,损害债权人利益的意图,所以在离婚协议中对于房屋的约定是无效的,房子依然属于二人的共同财产,古超有权在执行程序中代顾阳提起析产之诉。

执行程序中,如果债权人想提起代位析产之诉,那么就应当提前做好准备,对债务人和共有人的共有情况进行充分的了解,掌握好充足的证据,才能在诉讼中无往不胜。

第六节　法律速递

《民法典》

第二百九十七条　不动产或者动产可以由两个以上组织、个人共有。共有包括按份共有和共同共有。

第三百条　共有人按照约定管理共有的不动产或者动产;没有约定或者约定不明确的,各共有人都有管理的权利和义务。

第三百零一条　处分共有的不动产或者动产以及对共有的不动产或者动产作重大修缮、变更性质或者用途的,应当经占份额三分之二以上的按份共有人或者全体共同共有人同意,但是共有人之间另有约定的除外。

第三百零三条　共有人约定不得分割共有的不动产或者动产,以维持共有关系的,应当按照约定,但是共有人有重大理由需要分割的,可以请求分割;没有约定或者约定不明确的,按份共有人可以随时请求分割,共同共有人在共有的基础丧失或者有重大理由需要分割时可以请求分割。因分割造成其他共有人损害的,应当给予赔偿。

第三百零四条　共有人可以协商确定分割方式。达不成协议,共有的不动产或者动产可以分割且不会因分割减损价值的，应当对实物予以分割；难以分割或者因分割会减损价值的，应当对折价或者拍卖、变卖取得的价款予以分割。

共有人分割所得的不动产或者动产有瑕疵的，其他共有人应当分担损失。

第三百零五条 按份共有人可以转让其享有的共有的不动产或者动产份额。其他共有人在同等条件下享有优先购买的权利。

第三百零六条 按份共有人转让其享有的共有的不动产或者动产份额的，应将转让条件及时通知其他共有人。其他共有人应当在合理期限内行使优先购买权。

两个以上其他共有人主张行使优先购买权的，协商确定各自的购买比例；协商不成的，按照转让时各自的共有份额比例行使优先购买权。

第三百零八条 共有人对共有的不动产或者动产没有约定为按份共有或者共同共有，或者约定不明确的，除共有人具有家庭关系等外，视为按份共有。

第三百零九条 按份共有人对共有的不动产或者动产享有的份额，没有约定或者约定不明确的，按照出资额确定；不能确定出资额的，视为等额享有。

第三百一十条 两个以上组织、个人共同享有用益物权、担保物权的，参照适用本章的有关规定。

《〈民法典〉物权编解释（一）》

第九条 共有份额的权利主体因继承、遗赠等原因发生变化时，其他按份共有人主张优先购买的，不予支持，但按份共有人之间另有约定的除外。

第十条 民法典第三百零五条所称的“同等条件”，应当综合共有份额的转让价格、价款履行方式及期限等因素确定。

第十一条 优先购买权的行使期间，按份共有人之间有约定的，按照约定处理；没有约定或者约定不明的，按照下列情形确定：

（一）转让人向其他按份共有人发出的包含同等条件内容的通知中载明行使期间的，以该期间为准；

（二）通知中未载明行使期间，或者载明的期间短于通知送达之日起十五日的，为十五日；

（三）转让人未通知的，为其他按份共有人知道或者应当知道最终确定的同等条件之日起十五日；

（四）转让人未通知，且无法确定其他按份共有人知道或者应当知道最终确定的同等条件的，为共有份额权属转移之日起六个月。

第十二条 按份共有人向共有人之外的人转让其份额，其他按份共有人根据法律、司法解释规定，请求按照同等条件优先购买该共有份额的，应予支持。其他按份共有人的请求具有下列情形之一的，不予支持：

（一）未在本解释第十一条规定的期间内主张优先购买，或者虽主张优先购买，但提出减少转让价款、增加转让人负担等实质性变更要求；

（二）以其优先购买权受到侵害为由，仅请求撤销共有份额转让合同或者认定该合同无效。

第十三条 按份共有人之间转让共有份额，其他按份共有人主张依据民法典第三百零五条规定优先购买的，不予支持，但按份共有人之间另有约定的除外。

最高院《查封、扣押、冻结规定》

第十二条 对被执行人与其他人共有的财产，人民法院可以查封、扣押、冻结，并及时通知共有人。

共有人协议分割共有财产，并经债权人认可的，人民法院可以认定有效。查封、扣押、冻结的效力及于协议分割后被执行人享有份额内的财产；对其他共有人享有份额内的财产的查封、扣押、冻结，人民法院应当裁定予以解除。

共有人提起析产诉讼或者申请执行人代位提起析产诉讼的，人民法院应当准许。诉讼期间中止对该财产的执行。

第十章　离婚关联案之确认合同效力及法律应对

第一节　案由解读

合同是日常生活中较为常见的法律行为，一般体现为双方当事人真实的意思表示，即每一个有效的合同都有特定的表现形式与表达意思，能够产生符合当事人预期的法律效果。合同效力的有无常常会影响到交易秩序的稳定与安全，延伸到婚姻家庭生活中也是如此。例如，登记在夫妻双方名下的房产的买卖合同、债权的转让合同、对于债务承担的合同、夫妻财产的赠与合同等合同的效力问题。本章将着重从多个离婚关联案件中具体分析夫妻婚姻关系存续期间合同效力的有无。

确认合同效力的请求权依据主要为《民法典》第 143 ~ 157 条中将合同区分为有效合同、无效合同、效力待定的合同以及可撤销的合同的规定。在巨大的利益之下，人们道德与心理的底线会受到挑战，因此需要一个综合的合同效力认定标准。婚姻关系中最常见的约定便是夫妻双方之间对于财产分割、子女抚养的约定，其中涉及家庭、财产、子女等诸多层面的因素，并不能单纯地按照一般合同的效力予以认定。此种带有婚姻家庭属性的特殊合意，是否属于一种合同，又能否以合同的效力予以认定，也是本章要着重讨论的问题。

第二节　关联案例

夫妻婚姻关系中出现的合同效力纠纷，仍应依据《民法典》第 143 ~ 157 条的

规定进行处理,其类型主要分为以下 4 种:

有效合同、无效合同、效力待定的合同、可撤销的合同。

判断一份合同是否具有效力,一定需要综合各种因素进行考量的,主要包括以下 4 点:

第一,需要考虑当事人是否具备相应的民事行为能力;

第二,需要考虑合同的作出是否是当事人真实的意思表示;

第三,需要考虑该合同是否违反法律和社会公共利益;

第四,需要考虑合同是否符合法律的规定。

无权处分的房屋交易 + 善意取得 + 确认合同效力纠纷

男女二人结婚多年,感情已经变淡,但是为了孩子一直没有离婚。后女方为了供给孩子上学的花销,在男方不知情的情况下将房屋出售,当日将房屋交由购房人使用,购房人也一次性支付了购房款。女方用购房款偿还了夫妻共同债务,并且将剩余购房款用于孩子的教育等其他家庭日常花销。因为平日房屋一直由女方打理、出租,所以男方在房屋办理过户登记之后才知晓卖房情况,此时房屋受让人已占有该房屋 6 年之久,并且男方在办理房屋过户登记时没有作出反对的意思表示。后夫妻二人感情彻底恶化,男方以房屋交易未经自己同意为由,向法院请求确认该房屋买卖合同无效。

第三节 案例精选

【案例一】老屋拆迁烦恼颇多,补偿协议效力存疑

恋爱和婚姻是不同的概念,恋爱是甜蜜、绚丽的,但是在结婚后,如果没有对双方真实性格的了解,往往会发现对方的无数个在恋爱时被忽视的缺点。尤其是在面对金钱时,昔日的恋人可能在一瞬间反目成仇。本案讲述的就是昔日夫妻,在涉及拆迁房安置补偿款的问题时,因为签订的合同的效力问题而对簿公堂的故事。

张佳佳和冯家河是香榆村的一对小夫妻,2011 年二人经亲戚介绍相识。见面第一眼,张佳佳就喜欢上了面前这个活泼开朗、能说会道的男孩子,同样地,冯家河对于张佳佳的细心和温柔也无比动心。双方在认识一个月内快速确定了恋

爱关系,并且在同年12月办理了结婚登记。

二人登记结婚后,恰逢香榆村正在进行城乡一体化改造拆迁建设,冯家河与香榆村村民委员会于2017年签订了编号为2301的《香榆村“城乡一体化”改造宅基地腾退安置补偿协议书》,协议书中确定了张佳佳和冯家河作为被安置人进行安置补偿。

但是两人甜蜜热恋的状态并没有持续很长时间。随着张佳佳和冯家河婚后对彼此性格的全面了解,张佳佳发现,虽然冯家河的活泼开朗让她非常心动,但是冯家河却总喜欢背着张佳佳和其他的异性在网上聊天,并且话题较为露骨。本着已经结婚了,能忍就忍的心态,张佳佳并没有过多的追究。但是张佳佳的一再忍耐换来的却是冯家河的变本加厉,他开始三番五次地带其他的异性吃饭,甚至陪异性逛街,也不愿意回家陪陪张佳佳,张佳佳对冯家河最后的一点信赖也被消耗殆尽,随即向法院提起了离婚诉讼。

冯家河在得知张佳佳提起离婚诉讼之后,不仅没有挽回的想法,反而快速地想到了自己2017年和香榆村村民委员会签订的拆迁安置补偿协议,虽然房屋是自己的,但是协议里好像张佳佳也是安置补偿人。于是在张佳佳提起离婚诉讼之后,冯家河立即和香榆村村民委员会的腾退办公室负责人刘光重新签订了一份2302号拆迁安置补偿协议,协议中取消了张佳佳的被安置人资格。

张佳佳得知后,既失望又愤怒。谁能料想到,曾经亲密无间的恋人此时竟然会这样对自己,不仅丝毫不顾及之前的情谊,反而在第一时间想到的是如何得到更多的财产。于是张佳佳以冯家河、香榆村村民委员会为被告,向法院提起了确认2301号《香榆村“城乡一体化”改造宅基地腾退安置补偿协议书》效力的诉讼。

诉讼中,张佳佳愤怒地控诉冯家河和香榆村村民委员会恶意串通侵害了她的个人利益,请求法院确认2301号合同为有效合同。作为被告之一的香榆村村民委员会认可了2301号协议的效力,并且指出,当初村民委员会领导班子成员更换了很多,原腾退办公室负责人刘光的行为未经过领导班子集体讨论,现村民委员会对该通知不予认可。并且指出,张佳佳作为被安置人口,其实是不符合政策规定的,但是当时为了完成整体的拆迁腾退进度,经村领导班子集体研究决定,对张佳佳、冯家河的宅基地实施了放宽政策,给予安置补偿。村民委员会在庭审中,即认可了2301号合同的效力,认为张佳佳具有被安置人口资格。而冯家河一口咬定，张佳佳不符合安置政策的规定，不具有拆迁被安置人口资格，该合同应属无效合同。

一审法院经过对事实和证据的全面审查，认为2301号系双方当事人的真实意思表示，且不违反法律法规的有关规定。香榆村村民委员会亦认可拆迁时经村民委员会研究决定，对张佳佳、冯家河二人施行了放宽安置政策，张佳佳符合被安置人资格，判决2301号《香榆村"城乡一体化"改造宅基地腾退安置补偿协议书》协议有效。

判决作出后，冯家河对此判决不服，提起了上诉。双方均未提交新的证据，二审法院着重审查了2301号《香榆村"城乡一体化"改造宅基地腾退安置补偿协议书》不存在《民法典》中规定的合同无效的情形，不违反法律、法规的有关规定，也是双方当事人真实的意思表示，维持了一审法院的判决。最终，张佳佳还是取得了拆迁安置补偿资格。

【案例二】为获拆迁补偿款，恩爱夫妻成仇敌

在与张佳佳认识之前，冯家河跟随父母一直居住在丰台区香榆村，作为香榆村的一员，冯家河及其父母名下拥有香榆村的宅基地。为了实现城乡一体化建设，北京市丰台区香榆村村民委员会发布《香榆村"城乡一体化"改造宅基地腾退补偿安置方案》，约定了具体的安置补偿款项。安置补偿款一共分为两部分，一部分是腾退所得款，包括宅基地补偿款、房屋重置价款、腾退奖励费等其他补助类费用共计140余万元，系按宅基地和被拆迁房屋面积给予的补偿；另一部分为腾退补偿款，包括周转补助费在内共计24余万元，是对配合拆迁工作的被安置人发放的补贴。

2011年11月，冯家河的父母为赠与人、冯家河为受赠人，双方签订《房屋赠与合同》，将丰台区香榆村赵王庄86号（以下简称赵王庄86号）无偿赠与冯家河。因为冯家河与父母考虑到该细则规定的人均安置面积最大为50平方米且拆迁安置房仅为被安置人购买。2011年11月21日，冯家河的父母出具声明一份，载明："本人自愿将易顺庄39号剩余购房面积22.08平方米平价转入其子冯家河在赵王庄86号的购房面积内。"落款盖有北京市丰台区香榆村腾退安置办公室认定组的印鉴。冯家河通过赠与协议，约定了其父母关于丰台区的22.08平方米的指标归其所有。

2011 年 5 月,经人介绍,冯家河认识了同村的张佳佳,并且二人快速陷入热恋,于 2011 年 12 月 2 日登记结婚。婚后,2011 年 12 月 7 日,冯家河(被腾退人,乙方)与北京市丰台区香榆村腾退办公室(腾退人,甲方)签订《腾退安置补偿协议》,约定:冯家河腾退宅基地位于赵王庄 86 号,宅基地面积 190 平方米,建筑面积 111.61 平方米,应安置人口二人,分别是冯家河、冯家河之妻张佳佳。《腾退安置补偿协议》中约定了腾退补偿款的支付,北京市丰台区香榆村腾退办公室按照标准给予冯家河共计 260 余万元。

之后,冯家河用安置补偿款购买了两套安置房,总建筑面积 140 平方米。一套位于香榆嘉园 28 号楼 1302 号,建筑面积为 80 平方米;另一套位于香榆嘉园 16 号楼 503 号,建筑面积为 60 平方米。房屋的补偿款及所得款扣抵购房款后的余款为 164 余万元,补偿款全部转入冯家河的银行账户中。

房屋拆迁后,冯家河与张佳佳又共同生活了两年,但是在结婚期间,冯家河与张佳佳逐渐发现彼此的性格并不合适。冯家河爱玩、经常单独和异性外出游玩的个性让张佳佳无法忍受,双方争吵不断,并且夫妻关系不断恶化,也一直未育子女。张佳佳在经过诉讼确认了自己具有拆迁安置补偿资格之后,想到自己与冯家河的种种过往,以及冯家河最后对自己的冷漠态度,越想越生气,于 2014 年向法院提起诉讼,请求解除夫妻的婚姻关系以及分割夫妻共同财产。

法院受理该案件后,张佳佳提出了三项诉讼请求:(1)请求冯家河给付拆迁款 70 万余元及其利息;(2)请求冯家河支付拆迁期间的周转补助费;(3)请求确认 1302 号房屋由张佳佳排他性的居住使用,503 号房屋由冯家河排他性的居住使用。冯家河对此不予认同,认为被拆迁房屋是自己的婚前个人财产,因此除周转补助费外其他的拆迁款应为个人所有。

一审法院本着保护公民合法权益的原则,对房屋进行了分配。考虑到本案的当事人对涉案房屋均有居住权,为了便利生活、减少矛盾,参照安置指标、涉案房屋面积等因素,确认 503 号房屋由冯家河居住,1302 号房屋由张佳佳居住。但是法院并没有对房屋权属进行确定,相关权利人还可以另行主张房屋的权属。一审法院判决确认 503 号房屋由冯家河居住,1302 号房屋由张佳佳居住。法院将腾退所得款、腾退补偿款也进行了分配,张佳佳享有 152 余万元、冯家河享有 12 余万元;并且驳回了张佳佳和冯家河的其他诉讼请求。

一审判决作出后,张佳佳认为宅基地补偿款等 140 万元,应属于夫妻共同财产，自己作为配偶理应分得一半，于是提起上诉。二审期间，双方均未提交新的证据。对于503号房屋、1302号房屋的排他性使用的问题，双方达成了共识。法院考虑到本案中1302号房屋确实由张佳佳一方实际使用并进行了装修且为了确保物尽其用，在综合审查当事人真实的意思表示的情况下，对双方的上述意见予以确认，对相应判项进行了变更，判决503号房屋由冯家河居住使用，1302号房屋由张佳佳居住使用。但是对于一审判决中有关腾退所得款与腾退补偿款的内容维持了原判。

【案例三】离婚赠与虚情假意，撤销赠与寸步难行

人们常说婚姻会在柴米油盐的琐碎中归于平淡，因此如何经营婚姻、让爱情保鲜，让很多人百思不得其解。本案就是夫妻结婚后，一方因为婚姻过于平淡而出轨，男方出于愧疚与女方签订的《夫妻离婚协议书》能否任意撤销的故事。

李玉玲与张泽光结婚多年，婚后育有一子张晓。两人结婚20多年，夫妻感情非常稳定，李玉玲认为虽然丈夫平时不会说甜言蜜语，但是胜在对自己疼爱有加，还有一个聪明并且成绩优异的儿子，认为自己幸福极了。

原本李玉玲认为自己会一直这样幸福下去，但是，有一天张泽光突然向李玉玲提出离婚。李玉玲怎么也想不通，丈夫竟然认为和自己的日常过于平淡，没有了最初的心动，转头爱上了别人。对于自己的变心，张泽光感觉很愧疚，认为对不起李玉玲，也对不起自己刚上大学的儿子，于是与李玉玲签订了《夫妻离婚协议书》。协议书中约定，因张泽光存在过错，若双方离婚需要给付李玉玲和儿子200万元作为补偿。2020年6月，双方协商一致办理了离婚登记手续，签署《夫妻离婚协议书》，但协议书中未约定给付时间。李玉玲和张泽光离婚后，李玉玲天天在家以泪洗面，张晓对自己的父亲心生怨恨，认为是父亲造成了母亲的伤害。慢慢地，张晓与张泽光之间的关系逐渐生疏，张泽光也和自己口中的爱人结婚，组建了新的家庭。

在此期间，张泽光一直未支付给李玉玲、张晓200万元的补偿款，随着和儿子的关系一天天的恶化，在李玉玲的多次索要后，甚至直接拒绝给付补偿款。2021年4月，李玉玲和张晓向法院起诉，请求张泽光支付《夫妻离婚协议书》中的200万元补偿款。

张泽光辩称：自己作为赠与方，享有撤销赠与的权利，现在不同意支付《夫

妻离婚协议书》中约定的补偿款200万元,并且提起了无条件撤销赠与的反诉。

一审法院认为,本案为离婚后财产纠纷,与合同纠纷不同,离婚后财产纠纷是基于特定身份关系的财产分割纠纷,属于婚姻家庭纠纷,并不是单纯的合同纠纷。本案赠与的依据为李玉玲和张泽光签订的《夫妻离婚协议书》。离婚协议只要是双方真实意思表示,当事人双方也都是完全行为能力人,并且离婚协议的内容没有违反公序良俗和法律、行政法规的强制性规定,离婚协议应属有效。张泽光未提供证据证实在签署《夫妻离婚协议书》时存在胁迫的行为,应认定该协议系双方真实意思表示,且该协议未违反法律规定和公序良俗,应属有效协议,不可以按照普通的赠与合同纠纷的性质进行认定,也不可以按照赠与合同的性质任意撤销。法院驳回了张泽光的诉讼请求,并且判决张泽光应该按照《夫妻离婚协议书》中的约定给付200万元给李玉玲和张晓。上诉期过后,一审判决生效,张泽光履行了判决。

【案例四】共有房产私自买卖,名媛美梦终成泡影

无限宠爱所造就的婚姻,有时是畸形并且不对等的,爱应该是双方都互相付出,而不是一方的忍让、妥协。一方对另一方纵然无尽偏爱,但另一方却只去享受对方的付出,这样的婚姻本身就是不平等的。真正稳定的婚姻应该是双方都付出并且彼此包容、关怀,这样才会是一段持久且幸福的婚姻。长时间只有一方付出,往往会导致付出方的精疲力竭,索取方的恃宠而娇。本案就是一个男方对于女方无限宠爱,而女方卖掉婚房以继续维持自己高消费的一段令人唏嘘的故事。

李晓龙和蒋璇是大学同学,两人上大学时在街舞社相识,蒋璇是社团里有名的美女,李晓龙见到蒋璇的第一眼,就被外貌出众、身材高挑并且性格开朗的蒋璇吸引了,随即对蒋璇展开了猛烈的追求。在李晓龙一年的苦苦追求之下,蒋璇逐渐被李晓龙所打动,再加上二人因为有着共同的兴趣爱好,便答应了李晓龙的追求,二人在大二的时候成为男女朋友。在大学相恋了三年后,二人顺利步入了婚姻的殿堂,家里给李晓龙买了两套价值800万元的婚房,打算登记在李晓龙的名下,李晓龙出于对蒋璇的疼爱,说服父母,在婚房中加上了蒋璇的名字。

婚后,基本上是蒋璇要什么李晓龙都会满足,名牌包包、化妆品,只要是李晓龙能够负担得起的,全都给了蒋璇。但是随着蒋璇欲望的不断膨胀,她把目光放

得越来越高,结识的圈子里的人也越来越高端,其他姐妹的老公都是身价千万,而自己的老公也不过是有几套小商铺而已,显得过于“穷酸”了,自己长得这么漂亮,凭什么嫁的比别人差啊。于是,蒋璇开始将自己打造成名媛的形象,出入“上流社会”的圈子,想要结识更有权势的人。但是随着“包装费”花销的一路高涨,渐渐地,李晓龙已经完全负担不了蒋璇的花销了。此时蒋璇将目光放在了婚后登记在二人名下的两套房产上。恰逢蒋璇的表姐想要买房,并且蒋璇这两套房产因为交通便利、地角优越,很快吸引了表姐的注意,再加上价格较低,她将一套市价为550万元的房产以360万元的价格出售给自己的表姐刘雨。表姐虽然感觉这个价格过于便宜了,有点疑惑,但是出于捡了便宜的心态,便快速和蒋璇签订了房屋买卖合同,给付了购房款360万元,并且准备办理房产过户手续。在获得购房款之后,蒋璇将其迅速偷偷转移到自己名下,并且在短短几天内花费了上百万元,购入了大量名牌物品进行“包装”。

但是在房屋尚未办理过户登记之时,李晓龙发现蒋璇的异常举动,他看到了手机中蒋璇给刘雨发的购房消息。在此之前,李晓龙不是不知道蒋璇的花销高昂,但是出于对她的爱与信任,完全是无条件地宠爱她,但是随着蒋璇一而再再而三的过分举动,现在甚至卖掉了二人的婚房,李晓龙彻底绝望了,他不再信任蒋璇了,于是一纸诉状将其诉至法院,请求确认蒋璇与刘雨的购房合同无效。

一审法院受理了该案件,案件审理过程中,蒋璇当庭提出抗辩,认为自己作为房产登记的一方,对于房屋理应具有处分权,并且自己正当行使了作为夫妻关系一方的家事代理权,可以自由地进行房产交易。作为购房人的刘雨则抗辩为该房屋自己作为善意的购房人,签订的房屋买卖合同是真实的意思表示,理应获得该房产的所有权。

一审法院将案件的争议焦点认定为作为购房人的刘雨能否善意取得涉案房屋。法院结合善意取得的构成要件,涉案房产的市场价格应为550万元,但是购房人却以远低于市场价值的价格购买了该套房产,并且刘雨与蒋璇为表姐妹关系,李晓龙提交的证据也能显示二人平日往来密切,理应知道该房产应为夫妻二人共同所有,不应该认定刘雨的购房行为为善意行为。最终一审法院法院作出了确认合同无效的判决。

判决作出后,蒋璇表示不服,提起上诉,并且提交了有李晓龙签名的房产交易授权书。李晓龙表示很震惊,自己没有签署过这个授权书,但是静下心来,李晓龙突然想起,之前蒋璇以定制情侣名为由,让他在纸上签了好几个空白的签名。在震惊与愤怒之下,李晓龙向法院申请了字迹鉴定,鉴定结果确认为李晓龙的签名为本人书写,但是其他授权的字迹确实不是李晓龙本人书写。二审法院结合鉴定结果以及对于之前的事实的认定,维持了一审判决,确认该购房合同为无效合同。

第四节 维权指引

(一)违反法律的强制性规定并不当然导致合同无效

合同的强制性规定分为效力性强制性规定与管理性强制性规定,违反这两种规定所产生的对于合同效力认定的结果是截然不同的。违反合同效力性强制性规定会导致合同无效,而违反合同的管理性强制性规定并不当然导致合同无效。现行法律及行政法规并没有明确规定违反管理性强制性规定将导致合同无效或者不成立。违反管理性强制性规定会受到国家行政制裁,但合同本身并不损害国家、社会乃至第三人的利益,只是影响了国家对于交易秩序的管理规范,所以法律中并没有"一刀切"地将法律的强制性规定都规定为无效合同。

在司法实践中,要确定一个强制性规定属于管理性规定还是效力性规定,需要结合强制性规范的禁止对象、禁止目的、禁止所针对的是一方还是双方当事人的行为、禁止所维护的立法原意等多种因素进行综合性判断。

比如,在案例一中,北京市丰台区香榆村村民委员会发布的《香榆村"城乡一体化"改造宅基地腾退补偿安置方案》即为行政规范性文件,也就是通常所称的"红头文件"。依据此文件冯家河与北京市丰台区香榆村腾退办公室签订的2301号《腾退安置补偿协议》的约定,仅仅是冯家河、张佳佳与香榆村村民委员会之间的约定,此协议的效力如何,并不会影响第三人的利益,也不会触碰社会公共利益,所以此文件属于管理性强制性规定。《民法典》第153条所规定的合同无效的情形,是违反法律、行政法规的强制性规定的民事法律行为无效。此处的强制性规定为效力性强制性规定,并非管理性强制性规定。

案例一的张佳佳虽然一开始并不符合拆迁安置的被安置人员,但是村民委员会在实际操作中，为了拆迁进程的顺利进行对张佳佳、冯家河二人实施了放宽政策，并且村民委员会也在后续的庭审中承认张佳佳已经符合被安置人员的条件。所以张佳佳理应作为被安置人员获得相应的拆迁补偿。

（二）离婚后，夫妻双方签订的离婚协议，不能按照合同纠纷认定

夫妻间对于子女抚养、财产分割达成的协议，能否按照一般的合同关系进行认定？这显然是不可以的。因为离婚协议与其他的合同不同，这并不仅仅是一种普通的双方合意，其中会涉及双方感情、子女、财产等诸多问题，也会涉及共同财产、共同债务的分配，对于此种财产的认定，也会影响到案外人的利益。

比如，在案例三中，李玉玲和张泽光在《夫妻离婚协议书》约定，张泽光将200万元赠与李玉玲、张晓，并且在赠与给付之前想要撤销离婚协议中约定的赠与，如果按照普通的赠与合同认定，张泽光是拥有《民法典》第658条规定的任意撤销权的。

但是作为离婚的一方当事人，离婚协议中的约定，尤其是夫妻离婚时约定将财产赠与另一方，或者赠与未成年子女，更是一种以解除双方身份关系为目的的赠与行为。法律规定离婚协议中关于财产以及债务处理的条款对男、女双方均具有法律的约束力。这种发生在特定身份关系之间的赠与，具有道德义务的性质，也属于一项诺成约定。在双方婚姻关系因离婚协议得以解除且离婚协议其他内容已经履行的情况下，应当视为赠与财产的目的已经实现，不能随意撤销。离婚协议中，双方共同财产赠与未成年子女与解除婚姻关系、子女抚养、共同财产的分割、共同债务的清偿等内容互为前提、互为结果，构成了一个整体，如果允许一方对部分约定反悔，势必会破坏整个离婚协议的整体性。离婚协议约定的赠与具有整体性且其与其他约定相辅相成，密不可分。并且，张泽光与李玉玲已解除了婚姻关系，已经实现了离婚协议的主要前置条款，不可以将所赠财产撤销。

（三）如何认定夫妻之间的家事代理权

夫妻之间的家事代理权即夫妻之间因为日常生活、家庭的需要，而对外作出一定行为时能够互相代理的权利。此代理所实施的行为视为夫妻双方的真实意思表示，双方也承担此行为产生的法律后果。由于夫妻关系是一种较为密切的关系，许多家庭日常的开支都会涉及夫妻共同财产的动用，《婚姻法》中并没有

对于此部分的明确规定，所以在《民法典》中增设了夫妻之间的日常家事代理权，此种权限既维护了交易秩序的稳定，又为夫妻之间的日常行为提供了保障。

《民法典》第1060条规定，夫妻一方因家庭日常生活需要而实施的民事法律行为，对夫妻双方发生效力，但是夫妻一方与相对人另有约定的除外。夫妻之间对一方可以实施的民事法律行为范围的限制，不得对抗善意相对人。《民法典》关于夫妻共同财产的规定中的最后一款也明确："夫妻对共同财产，有平等的处理权。"

结合《民法典》的规定，我们可以看出，构成家事代理权的前提必须是双方之间存在合法有效的婚姻关系。实践中常见的离婚后继续以夫妻名义共同生活的形式则不具有此种权利，对此可以参照表见代理予以规范。法律上对于"家庭日常生活所必要"并没有明确的规定，需要结合每个家庭的实际花销、日常生活习惯以及经济、社会地位具体分析。出于对交易秩序的保护，此种权利界定应按照较大的范围进行认定，并结合实践予以限制。家庭日常生活所必要，一般从不同的层次予以认定，基础层面的衣食住行，较高层面的娱乐、教育、医疗，应结合夫妻双方的教育层次、职业、收入水平、当地经济收入水平、交易习惯等进行综合判断。虽然无法将家庭日常花销予以列举，但是可以运用排除法在实践中进行判断。例如，是否超过了一般家庭的正常花销、是否该开支未应用到家庭生活当中而是为了满足个人的奢侈爱好。交易金额远高于家庭成员的经济实力的部分的代理行为，则不应纳入正常行使家事代理权的范围。

在案例四中，女方未经男方同意进行房屋交易的行为显然已经超出了家庭日常生活的开支，不能按照正常行使家事代理权予以认定。但是不适用于家事代理权的范围并不当然代表合同无效，其规范的法益并不相同。为了保护善意第三人的合法权益，虽然男方在出卖房屋时并不知情，但是房屋产权的变更登记是在房屋买卖合同签订后的一段时间内才进行。此时，女方已经一次性取得了购房方支付的对价，并且已经将此部分购房款应用于家庭生活中。男方作为该房屋的共有产权人，在婚姻存续期间，尤其是在办理案涉房屋产权手续期间，对于家庭重大财产的管理和情况掌握亦应知晓，其主张对案涉房屋出售概不知情明显不符合常理。

此外，在很多情况下，夫妻之间会对超出家庭生活所必需的开支进行约定，但是此种约定仅为夫妻之间的内部约定，并不能以内部约定的效力对抗外部的善意第三人。

(四)未经对方同意,处分夫妻共同财产签订的合同有效吗

《民法典》第311条规定:"无处分权人将不动产或者动产转让给受让人的,所有权人有权追回;除法律另有规定外,符合下列情形的,受让人取得该不动产或者动产的所有权:(一)受让人受让该不动产或者动产时是善意;(二)以合理的价格转让;(三)转让的不动产或者动产依照法律规定应当登记的已经登记,不需要登记的已经交付给受让人。受让人依据前款规定取得不动产或者动产的所有权的,原所有权人有权向无处分权人请求损害赔偿。当事人善意取得其他物权的,参照适用前两款规定。"

《民法典》对善意取得予以特别保护。构成善意取得,必须符合《民法典》第311条第1款规定的善意取得应当具备的要件:(1)标的物须为动产或者不动产;(2)让与人对处分的动产或不动产无处分权;(3)受让人受让财产时须为善意;(4)受让人须支付合理的价格;(5)转让的动产或不动产已经交付或者登记。

属于夫妻共同财产的房产,如果一方独自处分全部房产,属于无权处分。但是无权处分房产与第三人签订的合同是否有效,则需要按照受让人是否符合善意取得分为不同的情况予以讨论。

情形一,夫妻一方擅自将夫妻共有房产转让给第三人,所签订的房屋买卖合同无效。

夫妻关系存续期间取得的房屋,虽然所有权登记在一方名下,但是仍然属于夫妻共同共有的财产。登记一方未经另一方同意,擅自将房屋转让给他人,是无权处分的行为,如果得不到另一方的追认,所签订的房屋转让合同就是无效合同。买受人如果明知一方为擅自处分,或者房屋尚未办理所有权变更登记,就不构成善意取得。

情形二,夫妻一方将共同财产转让给任意一方的亲属或其他利害关系人,如果该利害关系人明知或应知该处分未经另一方的同意,则单方处分行为无效,在此情形下签订的购房合同亦无效。

夫妻一方将共同财产单方处分给第三人的情况下,如第三人是夫妻双方的亲属或者其他有利害关系的人,则对其善意的认定应当采取更为严格的标准。如案例四中,刘雨与蒋璇为表姐妹关系,并且李晓龙提交的证据也能显示二人平日往来密切。可以看出,作为其表姐的刘雨本身存在知晓涉案房产属于夫妻共

同财产的可能性。同时,其受让价格明显低于市场价格,亦不满足善意取得的构成要件,不属于善意受让人。在审判实务中,如果一方有充分的理由推定其明知或应知该处分未经另一方同意,其不能被认定为善意第三人,夫妻一方单方对该共同财产的处分无效。

情形三,夫妻一方擅自处分房产,但是受让方属于善意取得,合同有效。

登记于一方名下的夫妻共同所有的房屋,一方未经另一方同意将该房屋出售时,如第三人主观属于善意、支付合理对价并将不动产办理了变更登记手续,另一方主张追回该房屋的不应予以支持。在关联案例中,房屋交易合同订立后,女方随即交付房屋,购房人一次性支付购房款,也进行了房屋的变更登记。此后,购房人持续性占有、使用该房屋长达6年之久。并且之前此房屋一直由女方管理、出租,女方也将购房款花费在孩子的教育等家庭日常生活开销中。购房人有理由相信女方出卖房屋是夫妻双方的共同意思表示,应当认定为善意第三人。受让人有理由相信女方有处分权,并且在办理房屋过户登记时,男方作为房屋产权的共有人,理应知晓房屋的转让事宜,并且购房人已持续性占有该房屋多年,为了维护交易秩序的稳定,应认定购房人善意取得了该房产。

第五节 律师忠告

在夫妻关系存续期间,一方恶意转移夫妻共同财产的如何处理

1. 隐匿、转移财产的,在离婚诉讼中,分割夫妻共同财产时可以少分或者不分

案例四中的蒋璇为了在离婚中获得更多的夫妻共同财产,采取了与表姐进行房产交易后将所得房款偷偷转移的不正当行为。在实践中,夫妻一方为了在离婚财产分割时分配到更多的财产,往往会采取诸如隐匿、转移财产等行为减少自己名下的财产,以达到使对方少分财产的目的。

依据《民法典》第1092条的规定,离婚时,一方隐藏、转移、变卖、毁损夫妻共同财产,或伪造债务企图侵占另一方财产的,分割夫妻共同财产时,对隐藏、转移、变卖、毁损夫妻共同财产或伪造债务的一方,可以少分或者不分。离婚后,另一方发现有上述行为的,可以向人民法院提起诉讼,请求再次分割夫妻共同

财产。

2. 一方申请财产保全，另一方仍隐匿财产情节严重的，法院可追究刑事责任

如果一方在起诉离婚时就夫妻共同财产向法院申请了财产保全，法院也作出了财产保全的裁定，同时对夫妻共同财产进行了查封、扣押或财产已被清点并责令其保管，另一方仍然实施隐藏、转移、变卖、毁损的行为，人民法院可以根据情节轻重予以罚款、拘留。构成犯罪的，可以依法追究刑事责任。

3. 夫妻离婚后一方发现婚姻存续期间的共同财产，可以向法院提起诉讼，主张分割夫妻共同财产

如果在离婚后另一方发现一方有上述行为，可以向人民法院提起诉讼，请求再次分割夫妻共同财产。根据《民法典》的规定，只要是在夫妻婚姻关系存续期间的财产，一旦发现离婚时存在未分割的财产，均可以向法院提请诉讼请求分割。

夫妻共同财产的处理，一般需要经过夫妻双方的同意，未经双方同意的处分行为，通常无效。实践中，常常会出现夫妻一方将本不属于自己的财产一并处分的情形，该处分行为是不符合法律规定的。离婚的时候，一般来说夫妻财产是需要进行平均分配的，如果协议离婚，夫妻的财产处分按照双方的真实意思表示，协议处理。

第六节　法律速递

《民法典》

第一百四十三条　具备下列条件的民事法律行为有效：

（一）行为人具有相应的民事行为能力；

（二）意思表示真实；

（三）不违反法律、行政法规的强制性规定，不违背公序良俗。

第一百四十六条　行为人与相对人以虚假的意思表示实施的民事法律行为无效。

以虚假的意思表示隐藏的民事法律行为的效力，依照有关法律规定处理。

第一百四十七条　基于重大误解实施的民事法律行为，行为人有权请求人

民法院或者仲裁机构予以撤销。

第一百四十八条 一方以欺诈手段,使对方在违背真实意思的情况下实施的民事法律行为,受欺诈方有权请求人民法院或者仲裁机构予以撤销。

第一百四十九条 第三人实施欺诈行为,使一方在违背真实意思的情况下实施的民事法律行为,对方知道或者应当知道该欺诈行为的,受欺诈方有权请求人民法院或者仲裁机构予以撤销。

第一百五十条 一方或者第三人以胁迫手段,使对方在违背真实意思的情况下实施的民事法律行为,受胁迫方有权请求人民法院或者仲裁机构予以撤销。

第一百五十一条 一方利用对方处于危困状态、缺乏判断能力等情形,致使民事法律行为成立时显失公平的,受损害方有权请求人民法院或者仲裁机构予以撤销。

第一百五十三条 违反法律、行政法规的强制性规定的民事法律行为无效。但是,该强制性规定不导致该民事法律行为无效的除外。

违背公序良俗的民事法律行为无效。

第一百五十四条 行为人与相对人恶意串通,损害他人合法权益的民事法律行为无效。

第六百五十七条 赠与合同是赠与人将自己的财产无偿给予受赠人,受赠人表示接受赠与的合同。

第六百五十八条 赠与人在赠与财产的权利转移之前可以撤销赠与。

经过公证的赠与合同或者依法不得撤销的具有救灾、扶贫、助残等公益、道德义务性质的赠与合同,不适用前款规定。

第十一章　离婚关联案之借款合同纠纷及法律应对

第一节　案由解读

借款合同,是指借款人向贷款人借款,到期返还借款并支付利息的合同。借款合同应当采用书面形式,但是自然人之间借款另有约定的除外。借款合同的内容一般包括借款种类、币种、用途、数额、利率、期限和还款方式等条款,且借款利息不得预先在本金中扣除。

实践中,与离婚相关的借款合同纠纷,主要涉及两方面的案件:第一方面的案件,第三人主张该债务为夫妻共同债务,起诉男女双方作为共同被告,主张共同偿还债务。案件的实质为认定哪些债务属于夫妻共同债务。从起诉时间来看,有债权人在夫妻关系存续期间起诉的,也有在当事人离婚之后起诉的。即使当事人的离婚协议或者人民法院生效判决、裁定、调解书已经对夫妻财产分割问题作出处理,债权人仍有权就夫妻共同债务向男女双方主张权利。

第二方面的案件为发生在夫妻之间的借款。《〈民法典〉婚姻家庭编解释(一)》第82条规定,夫妻之间订立借款协议,以夫妻共同财产出借给一方从事个人经营活动或者用于其他个人事务的,应视为双方约定处分夫妻共同财产的行为,离婚时可以按照借款协议的约定处理。

"首先要理解发生在夫妻之间的借款,在本质上与一般民事主体之间互相借款的行为并无不同。我国《民法典》合同编第十二章借款合同部分,除了在第680条中规定禁止高利放贷,借款的利率不得违反国家有关规定之外,未对借款合同规定其他限制。夫妻双方作为民事主体,在符合实施民事法律行为条件的前提下,双方合意由一方向另一方从夫妻共同财产中借款,除作为借款来源的夫妻共同财产属于双共同共有而与普通自然人之间的借贷不同外，并无其他本质区别。人民法院在处理此类纠纷时，除了使用本条规定和《民法典》婚姻家庭编中的其他有关规定外，还应当适用自然人之间借款合同的民事法律规定。”①

第二节 关联案例

离婚纠纷关联案中的借款合同纠纷，主要适用于以下 6 种情形：

1. 男女一方在结婚前借款，债权人在男女双方离婚后，起诉双方偿还共同债务。

2. 男女双方婚内以一方名义借款，债权人在男女双方离婚诉讼前或离婚过程中，起诉双方偿还夫妻共同债务。比如，父母在子女婚后出资为子女购房，父母主张出资性质为出借而非赠与，起诉子女及其配偶偿还债务。

3. 男女双方婚内以一方名义借款，债权人在男女双方离婚后，起诉双方偿还夫妻共同债务。

4. 男女双方离婚后仍共同生活，一方在共同生活期间以个人名义借款，债权人起诉双方偿还共同债务。

5. 债权人主张由债务人及其原配偶共同偿还婚姻无效或者被撤销期间一方以个人名义的借款。

6. 离婚时或离婚后夫妻一方要求另一方偿还婚前或者婚姻关系存续期间的借款。

由此可见，借款合同纠纷与离婚纠纷的关联性和密切度都是比较高的。借款合同纠纷，往往不是单独的一个纠纷，而是两个或两个以上纠纷的连环发生。

（一）法院调解离婚 + 民间借贷纠纷 + 离婚后财产纠纷

2016 年 5 月，男女双方经法院调解离婚，约定夫妻共同财产宝马牌小汽车归男方所有。之后，债权人起诉男女双方要求偿还借款。债权人提供的借款协议及银行汇款凭证可以证明其与男方签订借款协议及已交付借款的事实。在债

① 最高人民法院民事审判第一庭编：《最高人民法院民法典婚姻家庭编司法解释（一）理解与适用》，人民法院出版社 2021 年版，第 691 页。

权人将借款交付给男方后，双方之间的借款协议发生法律效力。男方提供的销售合同上虽然没有写明车辆出售单位名称，但根据男方提供的机动车销售发票、付款凭证、汽车贷款合同等证据，可以认定出售方是某汽车公司。男方提供的证据可以证明其于2015年11月20日向某汽车公司交付定金4万元、同年12月14日向该公司交付236，475元。因购车款不足，男女双方共同作为借款人向某金融公司抵押贷款200，750元。女方作为妻子参与了男方购买汽车的相关事宜，应当了解已付购车款的来源，其不认可案涉借款用于购买案涉汽车，但又不能提供除贷款外其他购车款来源的证据。故法院根据现有证据认定案涉借款用于购买宝马牌汽车。男方购买的汽车系夫妻共同财产，该车辆在男女双方离婚时已作为共同财产予以分割。一审法院认定案涉借款为夫妻共同债务，判决男女双方共同返还借款本息。二审法院维持一审判决。

女方就上述夫妻共同债务承担清偿责任后，向男方进行追索，提起离婚后财产纠纷。法院认为，离婚协议中关于财产分割的条款或者当事人因离婚就财产分割达成的协议，对男女双方具有法律约束力。本案中，双方达成的离婚协议系双方真实意思表示，对双方具有法律约束力，双方应当按照协议的内容执行。根据另案人民法院查明的事实，女方对于男方向第三人借款20万元用以购买汽车的事实已明知，且双方调解协议亦约定双方再无其他争议，故应视为包括男方向第三人借款20万元在内的双方已知夫妻共同债务已经协商处理完毕，故女方于本案中要求男方偿还相应债务，缺乏事实和法律依据，一审法院判决驳回女方的诉讼请求，二审法院予以维持。

（二）同居期间以夫妻名义借款+民间借贷纠纷

出借人与男方为亲属关系。自2006年开始，男女双方相识，对外以夫妻名义一起生活，并共同经营过饭店、打鱼、各种工程。出借人当然知晓上述事实，并将诉争款项出借给“男方一家”用于夫妻二人共同经营的工程。男方将共同出资出力经营的工程盈利500万元转移给女方，二人又具备个人合伙的典型特征，因此，尽管男女双方结婚证上载明的时间与借款时间有14天之差，但无论是基于婚姻关系，还是基于合伙关系，二人对诉争欠款均应承担共同还款责任。

（三）协议离婚+民间借贷纠纷

男方在婚姻关系存续期间多次向第三人以信用卡套现的方式借款，借款到账后又转入女方的账户。离婚后男女双方仍然共同居住并且男方借款后转账到女方账户的行为仍然存在。女方向法院主张自己对离婚前和离婚后的借款均不知情,但因没有证据以及无法对转账给出合理解释,法院结合调取的证据和生活常识,认定男女双方需共同承担还款义务。

(四)诉讼离婚+民间借贷纠纷

父母对成年子女的出资,除有证据证明父母已作出明确的赠与意思表示外,应视为以帮助为目的的临时性资金出借,即使父母和子女之间没有借条,子女也有偿还的义务。

婚姻关系存续期间,男方父母转账给夫妻二人,用来买房买车,二人感情破裂提起离婚诉讼后,男方父母起诉夫妻二人还钱。女方认为转款没有借条不构成借款,主张转款系赠与,未被法院支持。法院认为子女与父母之间的特殊亲缘关系,不出具借条实属正常,女方以男方父母没有要求还款为由主张系赠与无法达到证明标准,因此父母出资是借款,属于夫妻共同债务。

(五)重婚罪+婚姻无效纠纷+民间借贷纠纷

男女双方长期以夫妻名义共同生活,并领取了结婚证。在债权人起诉男女双方偿还共同债务时,男方已被人民法院判决犯重婚罪,女方也已向人民法院起诉宣告与男方的婚姻无效,男女双方之间应为同居关系。案涉借款发生于二人同居期间。法院认为,认定案涉借款是否为男女双方的共同借款,关键在于认定二人是否具有共同借款的意思,是否为共同生产、生活支配借款。首先,男女双方均为某公司的初始股东,均参与某公司的经营,案涉借款发生于某公司经营期间,同出借人与女方陈述的案涉借款用于男女双方的生意经营相吻合,且男女双方在庭审中均认可某公司的经营成本有借款,故不能排除案涉借款用于某公司的生产经营。其次,借款发生时男女双方已办理结婚登记,出借人与女方对男方重婚的事实均不知情。女方出具借条时男方在场陪同,对女方出具借条一事并未提出反对意见,出借人有理由相信该举债为男女双方的共同意思表示。综上,案涉借款发生在男方双方同居关系存续期间且为二人的共同意思表示,故法院认定案涉借款为男女的共同债务。

第三节 案例精选

【案例一】婚前借钱买房登记双方名下，离婚时判决夫妻一起还债

王文宇和王文慧是兄妹俩，二人从小一起长大，感情深厚。2014 年，哥哥王文宇与宋秀梅一见钟情、坠入爱河，二人迅速开始了甜蜜的同居生活。2015 年 9 月，二人的女儿出生，为这个小家庭带来欢乐的同时，也增添了许多烦恼。王文宇和宋秀梅在同居之后一直到处租房子住，原来两个人生活不觉得有什么，现在多了一个孩子，所以二人开始计划买房。

但是王文宇和宋秀梅并没有攒下多少钱买房子。这时，王文宇想到了与自己一起长大的妹妹，打算向妹妹借钱。妹妹东拼西凑终于筹得 6 万元。王文慧将 6 万元转账给哥哥后，并没有让哥哥给自己打借条。几日后，哥哥买下了一栋新房，并且将房子登记在自己和宋秀梅二人名下。房子买完一个月后，王文宇和宋秀梅办理了结婚登记，正式结为夫妻。

但好景不长，双方婚后矛盾不断。2021 年 6 月，法院判决王文宇和宋秀梅离婚，房子归王文宇所有，王文宇给付宋秀梅房屋折价款 15 万元。

王文慧眼见哥哥、嫂子从此是路人，自己借给他们 6 万元购房款的事儿却迟迟没有人提起，于是一气之下起诉到法院，要求哥哥和前嫂子共同偿还 6 万元购房款。

法院经审理后认为，虽然购房款是王文宇的婚前借款，但这笔借款是为了买婚房所借，属于用于家庭生活，因此也是夫妻共同债务，王文宇和宋秀梅即使离婚，该笔债务也要共同偿还。

【案例二】父母出钱买婚房，儿子儿媳要还钱

一方父母出钱给结了婚的小两口购置房子，这笔钱究竟是一方父母对双方的赠与还是借款？离婚时夫妻二人究竟要不要还？请看下面的案例。

2013 年，赵静与钱艾登记结婚。婚后夫妻二人的感情一直很好。但是二人因为积蓄不够，一直没有买房。

钱艾的困境被母亲王桂英看在眼里、记在心上。于是，王桂英把自己的一套

房子卖掉，又将卖房子的钱分两次转给了儿子钱艾，让他拿去买房用。钱艾拿到钱后成功支付购房款，房子登记在自己和赵静名下。

拿到钱的钱艾还给母亲打了一张借条并表示购房款是借款，王桂英也收下了借条。

没想到买房后短短一个月内，儿子竟然将儿媳告上了法庭要离婚。王桂英找到了赵静和钱艾，要他们返还当时的购房款，但儿子和儿媳却不还钱了，于是王桂英向法院提起民间借贷之诉。

赵静在法庭上表示王桂英在二人结婚前曾许诺会送二人一套房子作为婚房，这次的买房款是兑现当时的承诺。法院根据双方提供的证据认为，首先，王桂英在给儿子转账买房子的时候并没有书面明确表示为赠与，儿媳赵静所说的话也不能证明该笔购房款是赠与，因此应当认为是以帮助儿子为目的的临时性资金出借。其次，这栋房子是登记在儿子儿媳两人名下，属于夫妻共同财产，因此这笔钱属于夫妻共同债务，小两口需要一起还。

【案例三】借款后生病去世，继承人共同还债

老话说“父债子还，夫债妻还”，这种说法在当今社会还能行得通吗？接下来的案例就讲述了一位丈夫生前借钱，死后由继承人共同还债的故事。

刘文和王东是一对恩爱小夫妻，二人于 2011 年 4 月 23 日步入了婚姻的殿堂。不久，二人有了孩子，王东为了挣钱，决定购买一辆工程车挂靠在其他公司名下经营，但因存款不够，于是找到朋友陈丽。

陈丽将 50 万元借款转账给王东，王东为了表示诚意，给陈丽写了一张 55 万元的借条，并约定两年内还清所有借款，多的 5 万元算是利息，但借条上只有王东一人签字，刘文对此并不知情。王东购买工程车之后不久，为了向李亮还债，卖掉了工程车。

工程车没了，王东和陈丽约定的还款期限也越来越近了。陈丽找到王东催要欠款，王东却开始赖账，以各种理由推脱，就是不还钱。最后陈丽钱没要到，却等来了王东的死讯。2020 年 4 月，王东不幸去世。陈丽认为父债子还天经地义，于是将刘文和王东的父母孩子一起告上了法庭，要他们还钱。

法院认为，该案的争议焦点就是王东欠陈丽的钱是否属于夫妻共同债务。因为王东的欠款是 50 万元，明显超出了日常家庭需要，所以判断该 50 万元欠款

是否用于王东与刘文共同生活、共同生产经营至关重要。首先,仅凭公司的证据无法证明王东用这笔钱购买了工程车并挂靠在公司名下经营,就算确有其事,也无法证明这辆工程车由王东和刘文共同经营;其次,陈丽说王东卖掉工程车是为了还王东、刘文二人的夫妻共同债务,由于王东和李亮的借款合同原件已经丢失,只剩一份复印件,并且王东本人已经去世,加上刘文不认同借款合同复印件中的签字是本人签字,因此法院也无法认定卖掉工程车的钱偿还的借款是夫妻共同债务;最后,法院认为陈丽明知借条中需要刘文的签字,但陈丽却从未对刘文提起过这50万元借款,也没有要求刘文在借条上签字。因此,法院认为这笔借款并非夫妻共同债务。

法院认为,王东的遗产并未实际分割,王东遗产的执行需要王东继承人的配合。王东的继承人都主张放弃继承,如果确认继承人放弃继承的陈述,这样债权人陈丽的权益就无法得到保障,因此王东的继承人需要在继承王东的遗产范围内偿还王东生前所负债务。

【案例四】为救公司妻子背上万元债务,婚姻无效欠款究竟如何偿还

女子为家庭、为公司向朋友借钱,到头来却发现自己深深信赖的丈夫一直在欺骗自己,自己苦心经营的美满婚姻只是一场骗局,懵懂天真的女子究竟该何去何从,上万元的债务究竟如何偿还?请看接下来的案例。

2009年下半年,王刚和刘璐相识相恋,两年后,刘璐诞下了二人爱情的结晶。2014年,王刚和刘璐作为股东共同设立了宏远公司,由王刚担任公司的法定代表人。2016年,刘璐和王刚共同决定将公司股东变更为王刚和张玲。但是刘璐仍然会和王刚一起参与公司的生产经营活动,一起对外借款。这一年,刘璐和王刚在经历了7年的爱情长跑之后,步入了婚姻的殿堂。

但天有不测风云,2018年,宏远公司陷入危机,资金周转困难,急需5万元渡过难关。于是刘璐找到陈梅借钱周转,刘璐向陈梅出具借条一张,约定本金5万元,按月支付利息。陈梅将5万元转到刘璐的个人账户,刘璐随即转到公司账户。

这时,刘璐偶然间得知,王刚早在1985年就和王秀梅登记结婚,这些年刘璐以为的美满婚姻竟然只是一个谎言。王刚因重婚罪被判有期徒刑6个月,一年

后，王刚和刘璐的婚姻也被一纸判决宣告无效。

此时，陈梅因刘璐既没有按月支付利息，也没有偿还借款本金，于是找到刘璐要钱。陈梅试图在微信和电话里跟刘璐说还钱的事，但刘璐开始不回微信、不接电话。找到刘璐之后，刘璐说钱是自己为了公司借的，所以不应该自己还，要想拿钱就去找宏远公司。陈梅于是将刘璐和王刚二人一纸诉状告上了法庭。

上法庭前陈梅心里其实也很疑惑，借款是在刘璐和王刚二人婚姻尚未被宣告无效时借的，现在二人已经不是夫妻了，借款还应由两个人偿还吗？法院根据双方提交的证据，最终认为该笔借款是在刘璐和王刚同居期间产生，虽然现在二人的婚姻已经被宣告无效，但仍然是二人在同居期间为共同生产、生活而形成的债务，因此，应当按二人的共同债务处理，王刚应当与刘璐共同偿还借款的本金以及利息。

【案例五】婚内借钱离婚赖账，妻子诉讼法院判还

俗话说“亲兄弟明算账”，意思就是即使亲如同胞兄弟，也要在钱财方面算清账目，不管人际关系上多么亲密的人，在钱财上也要算清楚。但是夫妻之间财产共有，还能“明算账”吗？接下来的案例就讲述了一个婚内丈夫向妻子借钱的案例。

2016 年 6 月，李小文和刘刚结束了多年的爱情长跑，步入了婚姻的殿堂。婚后，刘刚打算自己开公司创业，但是本钱不够，就去找自己的妻子李小文要 15 万元作为自己的启动资金。李小文认为 15 万元不是一个小数目，自己开公司会有很大的风险，万一失败了，钱没了，家怎么办。于是李小文决定这笔钱不能白给，算丈夫跟自己的借款，但是出于对丈夫的信任，李小文将钱给了刘刚之后，并没有要求刘刚给自己写借条，只是要求丈夫在 2021 年 5 月之前还钱。

但好景不长，2020 年 6 月二人的婚姻就走到了尽头，二人协议离婚，但协议中只对孩子的抚养费作了约定。2020 年 7 月，刘刚的生意出现困境，需要银行贷款，但刘刚没有抵押物无法向银行贷款，刘刚找到了李小文，李小文用自己的房屋替刘刚向银行抵押借款 31 万元，还在银行贷款到期之后替刘刚还了钱，并且出于对刘刚为人的信任，依旧没有要刘刚打借条，只是约定 2021 年 5 月还钱。

过后，李小文在 2021 年 4 月让刘刚给自己补打了两张借条。约定的还款期限到了，刘刚的欠款却迟迟没有到账，于是李小文找到刘刚，刘刚却说结婚时向

李小文借的钱都是为了开公司，自己挣了大钱李小文也能跟着过上好日子，所以钱都是为李小文借的，不应该还。至于向银行贷款借的钱，是李小文主动帮忙还的，自己又没有要求李小文帮忙还。甚至还说借条是李小文写的，以孩子的名义诱骗、威胁自己，自己才签了借条。而且离婚后自己还给李小文转过三笔钱，已经仁至义尽了，不会再多给了。李小文无奈之下将刘刚一纸诉状告上法院。

法院根据双方提交的证据，最终认定刘刚需要向李小文还款。主要原因如下：首先，15 万元的借款虽然是在刘刚和李小文离婚之前借的，但是李小文提交的证据可以证明这笔借款是刘刚从事个人经营活动的，并没有用于二人的家庭生活，因此应当按照借款协议约定处理；其次，对于离婚后 31 万元的借款，李小文已经帮刘刚向银行偿还，因此在李小文和刘刚之间也成立民间借贷关系；最后，刘刚说曾经转账给李小文的三笔钱是还欠款的，但二人的离婚协议中本来就有关于抚养费的约定，因此无法认定刘刚的转账究竟是抚养费还是还款。综上所述，法院最终支持了李小文的诉讼请求。

第四节 维权指引

(一)借款合同纠纷的管辖如何确定

依据《民事诉讼法》第 24 条的规定，因合同纠纷提起的诉讼，由被告住所地或者合同履行地人民法院管辖。

关于被告住所地，《民事诉讼法》第 22 条第 1 款规定，对公民提起的民事诉讼，由被告住所地人民法院管辖；被告住所地与经常居住地不一致的，由经常居住地人民法院管辖。《民事诉讼法司法解释》第 3 条规定，公民的住所地是指公民的户籍所在地，法人或者其他组织的住所地是指法人或者其他组织的主要办事机构所在地。法人或者其他组织的主要办事机构所在地不能确定的，法人或者其他组织的注册地或者登记地为住所地。

关于合同履行地，《民事诉讼法司法解释》第 18 条规定，合同约定履行地点的，以约定的履行地点为合同履行地。合同对履行地点没有约定或者约定不明确，争议标的为给付货币的，接收货币一方所在地为合同履行地；交付不动产的，不动产所在地为合同履行地；其他标的，履行义务一方所在地为合同履行地。即时结清的合同,交易行为地为合同履行地。合同没有实际履行,当事人双方住所地都不在合同约定的履行地的,由被告住所地人民法院管辖。

双方当事人可以在借款合同中作出管辖的约定,《民事诉讼法》第35条规定,合同或者其他财产权益纠纷的当事人可以书面协议选择被告住所地、合同履行地、合同签订地、原告住所地、标的物所在地等与争议有实际联系的地点的人民法院管辖,但不得违反本法对级别管辖和专属管辖的规定。

实务中,如果被告不在其户籍所在地工作、生活,原告想脱离被告户籍所在地起诉,就需要到被告生活所在地的派出所、居委会或物业公司,开具被告在此连续居住一年以上的证明。当然,被告方有提出管辖权异议的权利。

(二)提起借款合同纠纷之诉,需要提供哪些类型的初步证据

作为请求对方按照借款合同偿还借款的一方,根据司法实践,需要提供的初步证据往往是以下证据中的一种或多种:

1. 借款合同、担保合同、担保书、借据、收据、欠条、收条等债权凭证以及其他能够证明借贷法律关系存在的证据;

2. 交款凭证、收款票据、汇款凭证、还款通知书、还款承诺书、还款计划书、发票、银行个人业务凭证、银行转账凭证、银行交易流水清单、对账明细单等证明借款合同履行情况的材料;

3. 居住证明、户籍证明、结婚证、离婚证、工商登记资料、工商情况查询资料、单位营业执照等证明当事人之间身份关系的材料;

4. 公证书、判决书、调解书、司法鉴定意见书、当事人陈述、证明笔录、视听资料等其他能够证明借款合同履行情况的材料。

值得注意的是,债权人请求夫妻双方偿还一方以个人名义所借款项时,需要提供证据证明夫妻关系、该借款用于夫妻共同生活、共同生产经营或者基于夫妻双方共同意思表示。

(三)哪些债务属于夫妻共同债务

确认夫妻共同债务基本的原则是“共债共签”,基于共同意思表示所负债务为夫妻共同债务。“共债共签”包括“夫妻双方共同签字”和“夫妻一方事后追认”两种情形。在一方签字情形下为家庭日常生活需要所负的债务方为夫妻共同债务,超出部分属于个人债务;债权人能够证明所欠债务用于夫妻共同生活、

共同生产经营或基于夫妻双方共同意思表示的除外。

（四）夫妻共同债务案件中的举证责任

1. 债权人应提供证据证明夫妻具有共同举债的意思表示

配偶双方的合意，既可以明示也可以默示。明示包括夫妻双方共签借据或一方以短信、微信等方式表示合意；非举债配偶以其名下的财产为借款设立抵押，借款后曾归还借款等追认行为。默示包括作出能推断出共同负债的行为，如借款汇入配偶名下实际控制的账户等。非举债配偶事后知情但未作出追认的不能认为就债务达成夫妻共负债务的合意。夫妻双方共同举债时均应具有民事行为能力。

2. 债权人举证日常家庭生活范围内的债务为夫妻共同债务，非举债配偶如反驳应举证

夫妻一方为家庭日常生活所负债务，原则上应当推定为夫妻共同债务，债权人只需举证证明债务关系存在、债务符合当地一般认为的家庭日常生活范围即可，不需要债权人举证证明该债务实际用于家庭日常生活。非举债配偶可以提供家庭收入情况、收入水平，证明借款数额明显超过家庭日常生活必要消费或该债务未用于家庭日常生活进行反驳。

3. 超出日常家庭生活所需的债务，由债权人证明债务用于夫妻共同生活或者共同生产经营

（1）“夫妻共同生活”的审查要点

“夫妻共同生活”的范围大于“家庭日常生活”。夫妻共同生活支出是指夫妻双方共同消费支配、形成夫妻共同财产或者基于夫妻共同利益管理共同财产产生的支出。

下列情形可认定为债务用于“夫妻共同生活”：

一是购买住房和车辆、装修、休闲旅行、投资等金额较大的支出；

二是夫妻一方因参加教育培训、接受重大医疗服务所支付的费用；

三是夫妻一方为抚养未成年子女所支付的出国、私立教育、医疗、资助子女结婚等，以及为履行赡养义务所支付的费用。

非举债配偶可以说明以上大宗支出资金来源的除外。

（2）“夫妻共同生产经营”的审查要点

要根据经营活动的性质以及夫妻双方在其中的地位作用等综合认定。要考

虑三个方面:第一,债务是否专用于生产经营。第二,夫妻是否共同经营,指夫妻双方基于共同意志协力经营,实践中表现为夫妻共同决策、共同投资、分工合作、共同经营管理。例如,债务人的配偶在公司担任会计及财务负责人,财务、人事、后勤等属于公司治理的重要职能部门,可证明债务人的配偶在公司参与共同经营。第三,夫妻一方从事生产、经营活动中获得的收益为家庭主要收入或用于夫妻共同生活。

有明确证据可以证明前两个方面时,对第三方面可无须再作审查;在第二方面夫妻共同经营难以认定时,可以依据第一、第三方面判定该债务属于夫妻共同债务。债权人举证达到证明标准后,债务人对债权人的主张不予认可仍坚持其抗辩意见的,债务人应当承担进一步的举证责任,以证明借款并非用于夫妻共同生活或共同生产经营。

(五)夫妻一方主张债务为配偶的个人债务,应从哪些方面抗辩

1. 一方以个人名义所负超出家庭日常生活需要的债务,为个人债务

"家庭日常生活需要"是认定是否为夫妻共同债务的重要标准,是指夫妻双方及其共同生活的未成年子女在日常生活中的必要开支事项,如正常的衣食住行消费、日用品购买、医疗保健、子女教育、老人赡养、文化消费等,是维系一个家庭正常生活所必需的开支,其金额和目的应符合"日常性"和"合理性"。

不同家庭的合理日常家事代理额度存在较大差异,在认定债务是否"为家庭日常生活需要所负"时要注意以下几点:

一是法院要根据负债金额大小、当地经济水平、借款名义、夫妻社会地位、职业、资产、收入等因素,综合认定债务是否超出合理日常家事代理额度,并在判决书中载明判断、推理的过程。

二是大额债务虽于婚后长时间内形成,但每次金额较小且债务确用于家庭日常生活开销的,应认定为夫妻共同债务。

2. 与夫妻共同生活明显无关的不合理开支为个人债务

例如,夫妻一方无偿担保,为前婚所生子女购买房产、车辆,或挥霍消费(如购买与自身消费能力极不匹配的奢侈品、负债打赏网络主播),或违反婚姻忠诚义务(如包养情人、抚养私生子),危害家庭利益等行为所产生的债务。

3. 非法债务及虚假债务不属于夫妻共同债务

夫妻一方因盗窃、抢劫、赌博、非法集资等违法犯罪行为所生债务,即使为家

庭利益也不构成夫妻共同债务。需要注意的是,根据我国法律规定,违法的债务不受法律保护。赌博、吸毒,为我国法律所明令禁止,因赌博、吸毒而形成的债务属于非法债务,不受法律保护。如果贷款人明知借款人所借款项用于个人赌博、吸毒,其债权也同样不受法律保护。

如有虚构债务行为的,法院可以根据情节轻重予以罚款、拘留;构成犯罪的依法追究刑事责任。同时,一方有伪造夫妻共同债务等严重损害夫妻共同财产利益行为的,另一方可以要求婚内分割共同财产。

4. 另有约定的认定为个人债务

如果债务人与债权人之间明确约定为个人债务,或夫妻之间约定为分别财产制且债权人知情的,也应当直接认定为个人债务。配偶一方主张依据夫妻之间的财产约定,应当由借款人自己承担偿还责任的,应当提供证据证明第三人知道该财产约定,可以是夫妻一方或双方告知行为,也可以是第三人曾经是夫妻财产约定时的见证人或知情人。如果第三人不知道该约定的,该约定对第三人不产生效力,该债务应按照在夫妻共同财产制下的清偿原则进行偿还,即出借人有权要求夫妻双方共同偿还,夫妻任何一方都有归还全部借款的义务。

(六)夫妻一方婚前所借款项,债权人可否起诉要求夫妻双方偿还

夫妻一方婚前所欠债务属于个人债务,如没有另一方在婚后向债权人作出承诺,既不会在原债务人的配偶与债权人之间产生意定之债,债权人也无法律上的根据和理由向债务人的配偶主张权利。如果一方婚前所欠债务与婚后夫妻共同生活之间具有必然的因果联系,且婚前所欠债务中的资金、财物已转化为婚后夫妻共同财产或已成为婚后夫妻共同的物质生活条件的,婚前一方所欠的个人债务即转为夫妻共同债务,应当由夫妻双方共同偿还。对此,债权人应当承担举证责任。

(七)婚姻关系存续期间,一方从夫妻共同财产中的借款投资开办个人独资企业的,另一方不参与该企业的生产经营活动,该企业的对外债务,在个人独资企业财产不足以清偿时,应由投资方的个人财产还是夫妻共同财产承担无限责任

《个人独资企业法》第 18 条规定:“个人独资企业投资人在申请企业设立登记时明确以其家庭共有财产作为个人出资的,应当依法以家庭共有财产对企业

债务承担无限责任。”该法明确规定除非投资人在设立登记时明确以家庭共有财产作为个人出资，否则，应以个人财产对个人独资企业的债务承担连带责任。夫妻一方从夫妻共同财产中借款，该笔借款在交付时起所有权转移归借款方所有，该借款方用该笔资金投资开办个人独资企业的，当然属于以个人财产出资。《中华人民共和国个人独资企业法》第 17 条规定：“个人独资企业投资人对本企业的财产依法享有所有权，其有关权利可以依法进行转让或继承。”因此，作为个人独资企业的投资人，夫妻借贷关系的借款方对企业财产依法享有所有权，企业财产属于投资夫妻一方个人所有的财产，这当然也包括企业生产经营所取得的收益。《民法典》第 1062 条规定，生产、经营、投资的利益为夫妻共同财产；《〈民法典〉婚姻家庭编解释（一）》第 25 条规定，一方以个人财产投资取得的收益为夫妻共同财产。对此，我们倾向于认为，婚姻关系存续期间个人独资企业产生的收益归夫妻共同所有，并不意味着在此期间的个人独资企业所负债务也由夫妻共同财产承担无限责任，而是仍然应当由投资一方以其个人财产承担责任。①

（八）离婚纠纷中，夫妻一方提出自己以个人名义借款用于夫妻共同生活，要求确认上述债务为夫妻共同债务的，如何处理

这种情况属于在夫妻内部对债务性质产生的争议。借款人的配偶往往以自己根本不知道债务的存在为由，否认对方借款用于夫妻共同生活。因为离婚案件不允许追加“债权人”为第三人参加诉讼，故证明责任属于主张债权债务关系存在且所举债务用于夫妻共同生活的一方当事人。“债权人”可能作为证人出庭作证，也可能根本找不到。

由于离婚案件中人民法院要解决相关债务是否属于夫妻共同债务问题，这直接关系到夫妻共同财产的分割，如果债务被认定为夫妻共同债务，则需要以夫妻共同财产清偿。因此，如果债权债务关系明确，在离婚诉讼中以认定债务的性质并对其进行处理为宜。但是如果债务明显缺乏证据或无法查清，也可以不在离婚案件中处理。待债权人起诉时再按照债务纠纷案件受理。即使举债人此时已经离婚，只要债权人将债务人的原配偶列为共同被告，人民法院在审理中仍然

---

① 参见最高人民法院民事审判第一庭编著：《最高人民法院民法典婚姻家庭编司法解释（一）理解与适用》，人民法院出版社 2021 年版，第 240 页。

要对债务的性质属于夫妻共同债务还是举债人的个人债务作出判断。如果债务被定性为夫妻共同债务,则由债务人与其前配偶负连带清偿责任。

(九)婚内夫妻之间借款,诉讼时效与普通自然人之间的借贷有区别吗

因夫妻一方在婚姻关系存续期内从夫妻共同财产中借款的行为产生的债权债务关系适用《民法典》关于诉讼时效的规定。从平等民事主体之间的民事行为角度看,夫妻一方向另一方从夫妻共同财产中借款,除在作为借款来源的夫妻共同财产属于双方共同共有这一点上与普通自然人之间的借贷不同外,其行为在本质上并无不同,产生纠纷时应适用自然人之间借款合同的民事法律规定。因此,应当适用诉讼时效制度的规定。

第五节　律师忠告

(一)债权人向夫妻一方出借大额款项时,要避免日后产生纠纷时的举证风险

夫妻共同债务问题涉及债权人、举债人及其配偶三方权益,事实常常难以查清。债权人应对该借款属于夫妻共同债务承担举证责任。在成立借贷关系时,债权人往往处于相对优势地位。债权人向婚姻关系存续期间的夫妻一方出借大额款项时,可要求举债人的配偶作出共同借款的意思表示,如可以在签订借贷合同时即要求举债人及其配偶共同签订确认。即使在当时未取得配偶的签字,也要在矛盾未激化前,要求借款人的配偶确认该笔债务为夫妻共同债务,以免在借款人经济状况恶化的情况下,通过离婚的方式逃债。

(二)父母为子女出资买房、买车,应明确性质为借贷还是赠与

通常而言,子女参加工作的时间不长,缺乏一定的经济能力,父母基于对子女的亲情,往往自愿出资为子女购置房屋、车辆等贵重物品,以此改善子女的婚后生活,而不是为了日后要回该笔出资。所以大多数父母出资时都不会明确出资的性质,故一旦日后父母与子女不和、子女离婚时,父母出于保全自己的出资、减少自己家庭的财产损失等原因,经常会出现父母请求夫妻双方或者非子女一方返还出资的情形,这种请求返还出资的基础法律关系往往是借贷而非赠与。

司法实践对于借贷和赠与的认定有两种观点：一种观点为，在父母一方不能就出资为借贷提供充分证据的情形下，一般都应认定该出资为对子女的赠与；另一种观点为，父母对已婚子女出资购买房屋及其他支出，除书面明确表示赠与的外，应视为以帮助为目的的临时性资金出借，子女负有偿还义务。

基于父母子女之间密切的人身财产关系，父母出资时很少留下证据证明自己出资的性质。一旦涉讼，双方的主要证据均为当事人陈述。律师建议，父母出资为子女购买房屋、车辆应注意保留和收集关于借款性质的证据，证据可以为出资当时或之后的录音、短信或微信记录、欠条借条，也可为出资之后，夫妻双方的内部关于借款的确认。

（三）为隔离婚姻的债务风险，男女双方之间进行财产约定应注意哪些问题

1. 约定的时间可以是结婚前、结婚时、结婚后，约定的范围可以是男女双方的婚前财产或者婚后所得财产。

2. 形式上必须采用书面形式，主要是为了使夫妻双方约定的权利义务内容通过书面形式固定下来，也使得双方在作出约定时更加谨慎。

3. 必须符合以下构成要件：(1)订约时，男女双方必须具有完全民事行为能力。(2)当事人意思表示真实。不得以欺诈、胁迫手段或乘人之危使对方违背真实意思作出。(3)约定的内容必须合法。不得违反法律和社会公益。

4. 关于约定的具体内容，可以约定财产归各自所有、共同所有或部分各自所有、部分共同所有。除约定财产所有权外，夫妻双方还可以就财产的使用权、管理权、收益权、处分权等进行约定，也可以约定家庭生活费用的负担、债务清偿责任、婚姻关系终止时财产的清算及分割等。

5. 约定的效力可分为对内效力与对外效力。对内效力，是指对夫妻双方的效力。双方应当按照约定享有权利、履行义务。如果夫妻双方约定财产各自所有，在夫妻双方内部应按照约定履行，如果因债权人不知道双方之间的约定，使得夫妻双方对夫或者妻一方对外所负的债务向债权人承担了清偿责任的，另一方可以向负债这一方进行追偿。

由于财产制约定属于内部契约，具有隐秘性，如果不告知第三人，第三人无从查询和知晓，因此为保护第三人的利益和维护交易安全，法律规定夫妻对财产关系的约定只有已告知交易相对人的，才对该相对人发生法律约束力。

（四）夫妻一方伪造夫妻共同债务，意图侵吞另一方财产的，另一方可在不离婚的情况下起诉分割夫妻共同财产

在日常生活中，经常会有这样一种现象，即夫妻双方中的一方意图离婚，但出于不愿对方分得太多财产影响自己的财产数额的顾虑，并不表露离婚的意思，而是提前通过各种手段转移财产，这种手段可能是隐藏、转移、变卖、毁损、挥霍夫妻共同财产，也可能是伪造夫妻共同债务企图侵占另一方的财产。等到双方真正进入离婚程序时，夫妻共同财产已所余不多，无论最终如何分割，均不致对其财产数额造成太大影响。对于这种情况如果不加以惩罚，必然导致实质上的不公，不仅会成为对夫妻离婚前转移、隐匿财产以争取离婚财产分割的更大利益的变相鼓励，更将使处于婚姻关系中的夫妻人人自危，造成不良的社会导向。

由于登记离婚需要对方同意及配合，如双方不能就离婚达成一致意见时，诉讼离婚需要一定的时间，因此，可以选择在不离婚的情况下起诉分割夫妻共同财产，以达到保护夫妻共同财产维护合法权益的目的。

（五）举债方的配偶在民间借贷纠纷案件中，要警惕债权人与债务人恶意串通的虚假诉讼

民间借贷纠纷案件如有下列情形之一的，应当申请人民法院严格审查借贷发生的原因、时间、地点、款项来源、交付方式、款项流向以及借贷双方的关系、经济状况等事实，综合判断是否属于虚假民事诉讼：(1)出借人明显不具备出借能力；(2)出借人起诉所依据的事实和理由明显不符合常理；(3)出借人不能提交债权凭证或者提交的债权凭证存在伪造的可能；(4)当事人双方在一定期限内多次参加民间借贷诉讼；(5)当事人无正当理由拒不到庭参加诉讼，委托代理人对借贷事实陈述不清或者陈述前后矛盾；(6)当事人双方对借贷事实的发生没有任何争议或者诉辩明显不符合常理；(7)借款人的配偶或者合伙人、案外人的其他债权人提出有事实依据的异议；(8)当事人在其他纠纷中存在低价转让财产的情形；(9)当事人不正当放弃权利；(10)其他可能存在虚假民间借贷诉讼的情形。

（六）债权人及债务人伪造夫妻共同债务后果严重

1. 经查明属于虚假民间借贷诉讼，原告申请撤诉的，人民法院不予准许，并应当依据《民事诉讼法》第 115 条之规定，判决驳回其请求。

2. 对于伪造夫妻共同债务的债务人：

(1)人民法院可以根据案件事实和夫妻双方当事人的具体情况，决定如何处理伪造夫妻共同债务企图侵占另一方财产的一方。其一是向其分配较少的夫妻共同财产，其二是不再向其分配该部分夫妻共同财产，全部由另一方获得。

(2)离婚后，在经另一方请求再次对夫妻共同财产进行分割的诉讼中，对实施了伪造夫妻共同债务企图侵占另一方财产行为的一方，可以少分或不分财产的原则依然适用。伪造夫妻共同债务的行为均具有一定的隐蔽性，在夫妻一方刻意隐瞒的情况下，另一方一般很难及时发现。在另一方不知对方伪造了夫妻共同债务侵犯其财产权的情况下，离婚诉讼中对夫妻共同财产的分割实际上并未完成。

3. 如债权人及夫妻一方恶意制造、参与虚假诉讼，人民法院应当依据《民事诉讼法》第 114 条、第 115 条和第 116 条之规定，依法予以罚款、拘留；构成犯罪的，应当移送有管辖权的司法机关追究刑事责任。债权人和债务人采取伪造证据、虚假陈述等手段，实施“债权人与夫妻一方恶意串通，捏造夫妻共同债务的”，捏造民事法律关系，虚构民事纠纷，向人民法院提起民事诉讼的，应当认定为《刑法》第 307 条之一第 1 款规定的“以捏造的事实提起民事诉讼”，将涉嫌构成虚假诉讼罪。

(七)离婚协议中如何防范未来夫妻共同债务的风险

约定婚内所负债务归夫妻一方归还，并不能对抗债权人。离婚协议中夫妻可对于婚内债务由谁偿还以及各自偿还的比例进行约定，但这种约定仅是男女双方的财产关系，对债权人等其他第三人并不产生法律约束力，不能产生导致男女双方对债权人的债务消失或变化的法律后果，这是为了保护债权人的合法权利不因婚姻关系的变动而受到侵害。

律师建议：第一，在离婚协议中明确约定一方以个人名义对外所欠债务的情况，并且要求债权人认可夫妻双方的债务承担协议。如果做不到后一点，非举债方也要争取通过适当偿还债务的方式，与明知的债权人达成还款协议，减少或免除债权人对自己的追偿责任。第二，约定夫妻一方以个人财产偿还共同债务后，可以要求另一方按照离婚协议或者人民法院关于夫妻财产分割处理的法律文书承担相应债务。

（八）如未来主张一方偿还婚内对配偶的欠款，夫妻之间最好订立书面借款协议

一般而言，除法律另有规定或当事人另有约定外，婚后夫妻一方所得财产无论存于哪一方的名下账户，均属夫妻共同共有。夫妻之间钱款往来转账，仅改变其控制权，并不改变夫妻共同财产的性质，不构成借贷关系。若双方在转账时附带以明确的借款意思表示，则应当尊重双方当事人的意思自治，按照双方约定的内容处理。如果有明确的借款协议，约定借款数额、用途、还款期限等，可减少未来主张权利的举证风险。

（九）出借人如何与夫妻签订完美的借款合同

一个完美的借款合同可以有效地避免纷争，借款合同应当包含以下项目：

1. 凭证名称：借款合同或借条，注意尽量不要写成“欠条”或“收条”，以免产生不必要的麻烦。

2. 出借人/贷款人：出借人应当写明姓名全名，并与身份证上的名字保持一致。

3. 借贷人之间的关系：写明借贷双方的身份关系，是为了证明并非向“不特定多人”出借资金。按照相关法律规定，经常性地向社会不特定对象发放贷款，就有可能涉嫌非法经营罪。

4. 借款事由：借款用途写明可防止借款人用其他事由抗辩，如说成赌债、用于吸毒等。如果借款用于夫妻共同生活、生产经营，应明确写明，如“借款用于夫妻购买房屋、车辆等”。

5. 借款金额：金额应当写明币种，同时书写阿拉伯数字和大写数字，以免发生篡改数字的行为。

6. 利息：以中国人民银行授权全国银行间同业拆借中心每月 20 日发布的一年期贷款市场报价利率（LPR）的 4 倍为标准确定借款合同等量利率的司法保护上限。

7. 交付方式：最好通过银行转账方式交付，备注借款信息。一旦发生纠纷，就能以借条 + 银行转账凭证作为证据提交至法院。如果是现金交付，则很难举证。

8. 还款期限：如约定了还款期限，诉讼时效是还款期限届满之日起 3 年；未约定还款期限，当事人可以随时要求还款，3 年诉讼时效不会开始计算，适用最

长诉讼时效20年。

9. 逾期利息：借贷双方对逾期利率有约定的，从其约定，但是以不超过合同成立时一年期贷款市场报价利率4倍为限。

10. 实现债权的费用：既约定了逾期利率，又约定了违约金或者其他费用，出借人可以选择主张逾期利息、违约金或者其他费用，也可以一并主张，但总计不能超过合同成立时一年期贷款市场报价利率的4倍。

11. 送达地址：约定送达地址，并在借条中明示了相关法律后果，借款人对送达条款均能够预见诉讼后产生的法律后果，该约定具有《送达地址确认书》的实质要件，即具有相当于《送达地址确认书》的效力。即使相关诉讼文书在送达时被退回，也视为已经合法送达。

12. 微信号：现在微信的聊天记录、转账记录等都能成为诉讼的关键证据。在借条中直接写明对方的微信号，在发生纠纷时，该微信就可以直接认定为是债务人本人的微信号，上面的聊天记录和转账记录都能进行核实。

13. 借款人：借款人应当签字，捺指印。如果借款人已婚，必要时（借款数额较大）应当由夫妻双方共同签字。可让借款人将签名捺印的身份证复印件作为借条的附件，或将身份证复印到借条背面或其他空白位置。

第六节 法律速递

《民法典》

第六百六十七条 借款合同是借款人向贷款人借款，到期返还借款并支付利息的合同。

第六百六十八条 借款合同应当采用书面形式，但是自然人之间借款另有约定的除外。

借款合同的内容一般包括借款种类、币种、用途、数额、利率、期限和还款方式等条款。

第六百六十九条 订立借款合同，借款人应当按照贷款人的要求提供与借款有关的业务活动和财务状况的真实情况。

第六百七十条 借款的利息不得预先在本金中扣除。利息预先在本金中扣除的，应当按照实际借款数额返还借款并计算利息。

第六百七十一条　贷款人未按照约定的日期、数额提供借款，造成借款人损失的，应当赔偿损失。

借款人未按照约定的日期、数额收取借款的，应当按照约定的日期、数额支付利息。

第六百七十二条　贷款人按照约定可以检查、监督借款的使用情况。借款人应当按照约定向贷款人定期提供有关财务会计报表或者其他资料。

第六百七十三条　借款人未按照约定的借款用途使用借款的，贷款人可以停止发放借款、提前收回借款或者解除合同。

第六百七十四条　借款人应当按照约定的期限支付利息。对支付利息的期限没有约定或者约定不明确，依据本法第五百一十条的规定仍不能确定，借款期间不满一年的，应当在返还借款时一并支付；借款期间一年以上的，应当在每届满一年时支付，剩余期间不满一年的，应当在返还借款时一并支付。

第六百七十五条　借款人应当按照约定的期限返还借款。对借款期限没有约定或者约定不明确，依据本法第五百一十条的规定仍不能确定的，借款人可以随时返还；贷款人可以催告借款人在合理期限内返还。

第六百七十六条　借款人未按照约定的期限返还借款的，应当按照约定或者国家有关规定支付逾期利息。

第六百七十七条　借款人提前返还借款的，除当事人另有约定外，应当按照实际借款的期间计算利息。

第六百七十八条　借款人可以在还款期限届满前向贷款人申请展期；贷款人同意的，可以展期。

第六百七十九条　自然人之间的借款合同，自贷款人提供借款时成立。

第六百八十条　禁止高利放贷，借款的利率不得违反国家有关规定。

借款合同对支付利息没有约定的，视为没有利息。

借款合同对支付利息约定不明确，当事人不能达成补充协议的，按照当地或者当事人的交易方式、交易习惯、市场利率等因素确定利息；自然人之间借款的，视为没有利息。

第一千零六十四条第一款　夫妻双方共同签名或者夫妻一方事后追认等共同意思表示所负的债务，以及夫妻一方在婚姻关系存续期间以个人名义为家庭日常生活需要所负的债务，属于夫妻共同债务。

第一千零六十五条 男女双方可以约定婚姻关系存续期间所得的财产以及婚前财产归各自所有、共同所有或者部分各自所有、部分共同所有。约定应当采用书面形式。没有约定或者约定不明确的，适用本法第一千零六十二条、第一千零六十三条的规定。

夫妻对婚姻关系存续期间所得的财产以及婚前财产的约定，对双方具有法律约束力。

夫妻对婚姻关系存续期间所得的财产约定归各自所有，夫或者妻一方对外所负的债务，相对人知道该约定的，以夫或者妻一方的个人财产清偿。

第一千零八十九条 离婚时，夫妻共同债务应当共同偿还。共同财产不足清偿或者财产归各自所有的，由双方协议清偿；协议不成的，由人民法院判决。

《〈民法典〉婚姻家庭编解释（一）》

第三十三条 债权人就一方婚前所负个人债务向债务人的配偶主张权利的，人民法院不予支持。但债权人能够证明所负债务用于婚后家庭共同生活的除外。

第三十四条 夫妻一方与第三人串通，虚构债务，第三人主张该债务为夫妻共同债务的，人民法院不予支持。

夫妻一方在从事赌博、吸毒等违法犯罪活动中所负债务，第三人主张该债务为夫妻共同债务的，人民法院不予支持。

第三十五条 当事人的离婚协议或者人民法院生效判决、裁定、调解书已经对夫妻财产分割问题作出处理的，债权人仍有权就夫妻共同债务向男女双方主张权利。

一方就夫妻共同债务承担清偿责任后，主张由另一方按照离婚协议或者人民法院的法律文书承担相应债务的，人民法院应予支持。

第三十六条 夫或者妻一方死亡的，生存一方应当对婚姻关系存续期间的夫妻共同债务承担清偿责任。

第八十二条 夫妻之间订立借款协议，以夫妻共同财产出借给一方从事个人经营活动或者用于其他个人事务的，应视为双方约定处分夫妻共同财产的行为，离婚时可以按照借款协议的约定处理。

最高院《民间借贷司法解释》

第一条　本规定所称的民间借贷，是指自然人、法人和非法人组织之间进行资金融通的行为。

经金融监管部门批准设立的从事贷款业务的金融机构及其分支机构，因发放贷款等相关金融业务引发的纠纷，不适用本规定。

第二条　出借人向人民法院提起民间借贷诉讼时，应当提供借据、收据、欠条等债权凭证以及其他能够证明借贷法律关系存在的证据。

当事人持有的借据、收据、欠条等债权凭证没有载明债权人，持有债权凭证的当事人提起民间借贷诉讼的，人民法院应予受理。被告对原告的债权人资格提出有事实依据的抗辩，人民法院经审查认为原告不具有债权人资格的，裁定驳回起诉。

第三条　借贷双方就合同履行地未约定或者约定不明确，事后未达成补充协议，按照合同相关条款或者交易习惯仍不能确定的，以接受货币一方所在地为合同履行地。

第四条　保证人为借款人提供连带责任保证，出借人仅起诉借款人的，人民法院可以不追加保证人为共同被告；出借人仅起诉保证人的，人民法院可以追加借款人为共同被告。

保证人为借款人提供一般保证，出借人仅起诉保证人的，人民法院应当追加借款人为共同被告；出借人仅起诉借款人的，人民法院可以不追加保证人为共同被告。

第七条　民间借贷纠纷的基本案件事实必须以刑事案件的审理结果为依据，而该刑事案件尚未审结的，人民法院应当裁定中止诉讼。

第九条　自然人之间的借款合同具有下列情形之一的，可以视为合同成立：

（一）以现金支付的，自借款人收到借款时；

（二）以银行转账、网上电子汇款等形式支付的，自资金到达借款人账户时；

（三）以票据交付的，自借款人依法取得票据权利时；

（四）出借人将特定资金账户支配权授权给借款人的，自借款人取得对该账户实际支配权时；

（五）出借人以与借款人约定的其他方式提供借款并实际履行完成时。

第十条　法人之间、非法人组织之间以及它们相互之间为生产、经营需要订立的民间借贷合同，除存在民法典第一百四十六条、第一百五十三条、第一百五十四条以及本规定第十三条规定的情形外，当事人主张民间借贷合同有效的，人民法院应予支持。

第十一条 法人或者非法人组织在本单位内部通过借款形式向职工筹集资金，用于本单位生产、经营，且不存在民法典第一百四十四条、第一百四十六条、第一百五十三条、第一百五十四条以及本规定第十三条规定的情形，当事人主张民间借贷合同有效的，人民法院应予支持。

第十二条 借款人或者出借人的借贷行为涉嫌犯罪，或者已经生效的裁判认定构成犯罪，当事人提起民事诉讼的，民间借贷合同并不当然无效。人民法院应当依据民法典第一百四十四条、第一百四十六条、第一百五十三条、第一百五十四条以及本规定第十三条之规定，认定民间借贷合同的效力。

担保人以借款人或者出借人的借贷行为涉嫌犯罪或者已经生效的裁判认定构成犯罪为由，主张不承担民事责任的，人民法院应当依据民间借贷合同与担保合同的效力、当事人的过错程度，依法确定担保人的民事责任。

第十三条 具有下列情形之一的，人民法院应当认定民间借贷合同无效：

（一）套取金融机构贷款转贷的；

（二）以向其他营利法人借贷、向本单位职工集资，或者以向公众非法吸收存款等方式取得的资金转贷的；

（三）未依法取得放贷资格的出借人，以营利为目的向社会不特定对象提供借款的；

（四）出借人事先知道或者应当知道借款人借款用于违法犯罪活动仍然提供借款的；

（五）违反法律、行政法规强制性规定的；

（六）违背公序良俗的。

第十四条 原告以借据、收据、欠条等债权凭证为依据提起民间借贷诉讼，被告依据基础法律关系提出抗辩或者反诉，并提供证据证明债权纠纷非民间借贷行为引起的，人民法院应当依据查明的案件事实，按照基础法律关系审理。

当事人通过调解、和解或者清算达成的债权债务协议，不适用前款规定。

第十五条 原告仅依据借据、收据、欠条等债权凭证提起民间借贷诉讼，被告抗辩已经偿还借款的，被告应当对其主张提供证据证明。被告提供相应证据证明其主张后，原告仍应就借贷关系的存续承担举证责任。

被告抗辩借贷行为尚未实际发生并能作出合理说明的，人民法院应当结合借贷金额、款项交付、当事人的经济能力、当地或者当事人之间的交易方式、交易习惯、当事人财产变动情况以及证人证言等事实和因素，综合判断查证借贷事实是否发生。

第十六条　原告仅依据金融机构的转账凭证提起民间借贷诉讼，被告抗辩转账系偿还双方之前借款或者其他债务的，被告应当对其主张提供证据证明。被告提供相应证据证明其主张后，原告仍应就借贷关系的成立承担举证责任。

第十七条　依据《最高人民法院关于适用〈中华人民共和国民事诉讼法〉的解释》第一百七十四条第二款之规定，负有举证责任的原告无正当理由拒不到庭，经审查现有证据无法确认借贷行为、借贷金额、支付方式等案件主要事实的，人民法院对原告主张的事实不予认定。

第十八条　人民法院审理民间借贷纠纷案件时发现有下列情形之一，应当严格审查借贷发生的原因、时间、地点、款项来源、交付方式、款项流向以及借贷双方的关系、经济状况等事实，综合判断是否属于虚假民事诉讼：

（一）出借人明显不具备出借能力；

（二）出借人起诉所依据的事实和理由明显不符合常理；

（三）出借人不能提交债权凭证或者提交的债权凭证存在伪造的可能；

（四）当事人双方在一定期限内多次参加民间借贷诉讼；

（五）当事人无正当理由拒不到庭参加诉讼，委托代理人对借贷事实陈述不清或者陈述前后矛盾；

（六）当事人双方对借贷事实的发生没有任何争议或者诉辩明显不符合常理；

（七）借款人的配偶或者合伙人、案外人的其他债权人提出有事实依据的异议；

（八）当事人在其他纠纷中存在低价转让财产的情形；

（九）当事人不正当放弃权利；

（十）其他可能存在虚假民间借贷诉讼的情形。

第十九条　经查明属于虚假民间借贷诉讼，原告申请撤诉的，人民法院不予准许，并应当依据民事诉讼法第一百一十二条之规定，判决驳回其请求。

诉讼参与人或者其他人恶意制造、参与虚假诉讼，人民法院应当依据民事诉讼法第一百一十一条、第一百一十二条和第一百一十三条之规定，依法予以罚款、拘留；构成犯罪的，应当移送有管辖权的司法机关追究刑事责任。

单位恶意制造、参与虚假诉讼的，人民法院应当对该单位进行罚款，并可以对其主要负责人或者直接责任人员予以罚款、拘留；构成犯罪的，应当移送有管辖权的司法机关追究刑事责任。

第二十条 他人在借据、收据、欠条等债权凭证或者借款合同上签名或者盖章，但是未表明其保证人身份或者承担保证责任，或者通过其他事实不能推定其为保证人，出借人请求其承担保证责任的，人民法院不予支持。

第二十二条 法人的法定代表人或者非法人组织的负责人以单位名义与出借人签订民间借贷合同，有证据证明所借款项系法定代表人或者负责人个人使用，出借人请求将法定代表人或者负责人列为共同被告或者第三人的，人民法院应予准许。

法人的法定代表人或者非法人组织的负责人以个人名义与出借人订立民间借贷合同，所借款项用于单位生产经营，出借人请求单位与个人共同承担责任的，人民法院应予支持。

第二十四条 借贷双方没有约定利息，出借人主张支付利息的，人民法院不予支持。

自然人之间借贷对利息约定不明，出借人主张支付利息的，人民法院不予支持。除自然人之间借贷的外，借贷双方对借贷利息约定不明，出借人主张利息的，人民法院应当结合民间借贷合同的内容，并根据当地或者当事人的交易方式、交易习惯、市场报价利率等因素确定利息。

第二十五条 出借人请求借款人按照合同约定利率支付利息的，人民法院应予支持，但是双方约定的利率超过合同成立时一年期贷款市场报价利率四倍的除外。

前款所称“一年期贷款市场报价利率”，是指中国人民银行授权全国银行间同业拆借中心自2019年8月20日起每月发布的一年期贷款市场报价利率。

第二十六条 借据、收据、欠条等债权凭证载明的借款金额，一般认定为本金。预先在本金中扣除利息的，人民法院应当将实际出借的金额认定为本金。

第二十七条 借贷双方对前期借款本息结算后将利息计入后期借款本金并

重新出具债权凭证,如果前期利率没有超过合同成立时一年期贷款市场报价利率四倍,重新出具的债权凭证载明的金额可认定为后期借款本金。超过部分的利息,不应认定为后期借款本金。

按前款计算,借款人在借款期间届满后应当支付的本息之和,超过以最初借款本金与以最初借款本金为基数、以合同成立时一年期贷款市场报价利率四倍计算的整个借款期间的利息之和的,人民法院不予支持。

第二十八条　借贷双方对逾期利率有约定的,从其约定,但是以不超过合同成立时一年期贷款市场报价利率四倍为限。

未约定逾期利率或者约定不明的,人民法院可以区分不同情况处理:

(一)既未约定借期内利率,也未约定逾期利率,出借人主张借款人自逾期还款之日起参照当时一年期贷款市场报价利率标准计算的利息承担逾期还款违约责任的,人民法院应予支持;

(二)约定了借期内利率但是未约定逾期利率,出借人主张借款人自逾期还款之日起按照借期内利率支付资金占用期间利息的,人民法院应予支持。

第二十九条　出借人与借款人既约定了逾期利率,又约定了违约金或者其他费用,出借人可以选择主张逾期利息、违约金或者其他费用,也可以一并主张,但是总计超过合同成立时一年期贷款市场报价利率四倍的部分,人民法院不予支持。

《虚假诉讼刑事案件司法解释》

第一条　采取伪造证据、虚假陈述等手段,实施下列行为之一,捏造民事法律关系,虚构民事纠纷,向人民法院提起民事诉讼的,应当认定为刑法第三百零七条之一第一款规定的"以捏造的事实提起民事诉讼":

(一)与夫妻一方恶意串通,捏造夫妻共同债务的;

(二)与他人恶意串通,捏造债权债务关系和以物抵债协议的;

(三)与公司、企业的法定代表人、董事、监事、经理或者其他管理人员恶意串通,捏造公司、企业债务或者担保义务的;

(四)捏造知识产权侵权关系或者不正当竞争关系的;

(五)在破产案件审理过程中申报捏造的债权的;

(六)与被执行人恶意串通,捏造债权或者对查封、扣押、冻结财产的优先权、担保物权的;

（七）单方或者与他人恶意串通，捏造身份、合同、侵权、继承等民事法律关系的其他行为。

隐瞒债务已经全部清偿的事实，向人民法院提起民事诉讼，要求他人履行债务的，以“以捏造的事实提起民事诉讼”论。

向人民法院申请执行基于捏造的事实作出的仲裁裁决、公证债权文书，或者在民事执行过程中以捏造的事实对执行标的提出异议、申请参与执行财产分配的，属于刑法第三百零七条之一第一款规定的“以捏造的事实提起民事诉讼”。

《刑法》

第三百零七条之一 以捏造的事实提起民事诉讼，妨害司法秩序或者严重侵害他人合法权益的，处三年以下有期徒刑、拘役或者管制，并处或者单处罚金；情节严重的，处三年以上七年以下有期徒刑，并处罚金。

单位犯前款罪的，对单位判处罚金，并对其直接负责的主管人员和其他直接责任人员，依照前款的规定处罚。

有第一款行为，非法占有他人财产或者逃避合法债务，又构成其他犯罪的，依照处罚较重的规定定罪从重处罚。

司法工作人员利用职权，与他人共同实施前三款行为的，从重处罚；同时构成其他犯罪的，依照处罚较重的规定定罪从重处罚。

第十二章　离婚关联案之不当得利纠纷及法律应对

第一节　案由解读

不当得利是指没有合法根据,使他人受到损失,而自己获得利益。不当得利制度起源于罗马法上的个别诉权,是民法体系中最为源远流长的制度之一,历经2000多年的历史演进,已经发展成为体系完整、内容丰富的民法基本制度之一。①

1986年4月12日发布的《民法通则》,现已废止,其中第92条规定:"没有合法根据,取得不当利益,造成他人损失的,应当将取得的不当利益返还受损失的人。"2017年3月15日发布,自2017年10月1日起实施的《民法总则》第122条规定"因他人没有法律根据,取得不当利益,受损失的人有权请求其返还不当利益"基本沿袭了《民法通则》第92条的规定。2020年5月28日发布,自2021年1月1日实施的《民法典》第122条规定:"因他人没有法律根据,取得不当利益,受损失的人有权请求其返还不当利益。"可以看出,我国民事立法的历史进程中,不当得利制度从《民法通则》到《民法总则》,再到《民法典》,随着社会的进步,不当得利制度得以不断完善,形成了我国不当得利制度的规范体系。

最高人民法院关于印发修改后的《民事案件案由规定》的通知(2020),不当得利是第四部分合同、准合同纠纷项下的一章,只有一级案由,即"144.不当得利纠纷"。根据最高人民法院《民事案件案由规定》及其适用要点、理解与适用中可知最高人民法院将不当得利划分为"给付不当得利"和"非给付不当得利"两

---

① 参见最高人民法院民法典贯彻实施工作领导小组主编:《中华人民共和国民法典合同编理解与适用(四)》,人民法院出版社2020年版,第2797页。

种类型,非给付不当得利又分为“侵犯他人权益不当得利”“支出费用不当得利”“求偿不当得利”。

《民法典》第三分编为准合同,包括无因管理和不当得利,不当得利请求权的依据主要为《民法典》第 122 条的规定,不当得利的法律事实发生以后,就在不当得利人与遭受损失的人之间产生了一种权利义务关系,得利人没有法律根据取得不当利益,遭受损失的人可以依据法律规定请求得利人返还取得的利益,即利益所有人有权请求不当得利人返还不应得的利益,不当得利者有义务返还。

案由应依据民事诉讼中双方当事人争议的实体法律关系的性质来确定。案由的确定,一是便于确定案件的管辖,二是便于确定案件在法院内部的审理分工,三是为进一步查明事实、确定具体法律依据等法律适用活动奠定基础。司法实践中,法院经审理发现当事人起诉的法律关系与实际诉争的法律关系不一致的,法院结案时会根据查明实际存在的法律关系的性质,相应变更个案案由。当事人在诉讼中增加或变更诉讼请求的,法院也会相应变更案由。①

第二节 关联案例

离婚纠纷关联案中的不当得利纠纷,主要有以下 4 种情形:

1. 离婚期间,夫或妻一方诉另一方不当得利,要求得利一方返还财产。

2. 婚姻存续期间,夫或妻一方擅自将财产或不动产赠与婚外异性,另一方以不当得利要求返还财产。

3. 离婚后,一方收取在离婚判决中已判给另一方财产的孳息,权利人主张返还不当得利。

4. 夫或妻一方父母以权利人身份要求子女及另一方返还不当得利。

在司法实践中,法院极少直接以不当得利制度作为裁判基础,不当得利制度

---

① 最高人民法院关于印发修改后的《民事案件案由规定》的通知(2020)第 5 条第 2 款规定:“关于个案案由的变更。人民法院在民事立案审查阶段,可以根据原告诉讼请求涉及的法律关系性质,确定相应的个案案由;人民法院受理民事案件后,经审理发现当事人起诉的法律关系与实际诉争的法律关系不一致的,人民法院结案时应当根据法庭查明的当事人之间实际存在的法律关系的性质,相应变更个案案由。当事人在诉讼过程中增加或者变更诉讼请求导致当事人诉争的法律关系发生变更的,人民法院应当相应变更个案案由。”

的适用并不普遍，主要原因是不当得利请求权经常会与物权请求权、侵权请求权竞合，当事人往往会选择其他请求权。离婚案件实务中，不当得利纠纷与离婚后的财产纠纷关联性和密切度较高。当事人在协议离婚或者诉讼离婚后又发现另一方有获益的情况，可在离婚后提起要求对方返还不当得利的诉讼。也有一些当事人在离婚时夫妻存续期间购买的房产尚未取得所有权或者尚未取得完全所有权，在离婚诉讼中又协商不成的，人民法院不宜判决房屋所有权的归属，会根据实际情况判决由当事人一方使用，待取得所有权条件成就时，一方可要求另一方配合过户。在对方不予配合过户的情况下，可再提起离婚后财产纠纷，请求法院将使用的房产判归其所有。上述不当得利纠纷和离婚后财产纠纷同时发生在同一离婚的男女双方身上，往往会出现一方向另一方主张不返还不当得利，另一方拒绝返还，并且拒绝配合过户，受有损失的一方可能就会分别提起不当得利纠纷和离婚后财产纠纷两个诉讼，或者在离婚后财产纠纷提起的同时一并提起不当得利纠纷要求法院一并解决。

现实中的离婚案件，有的当事人急于离婚；有的当事人并不想把婚离掉，能拖尽拖；有的当事人的父母等家人也参与其中，使案件更为复杂；有的当事人虽然婚离了，但相关联的纠纷接连发生，有的甚至多达 10 余个诉讼……真的是情断了，缘尽了，怨未了！

（一）诉讼离婚 + 离婚后财产纠纷 + 不当得利纠纷 + 合同纠纷

男女双方 2008 年登记结婚，10 年后女方提起离婚诉讼，2019 年双方通过法院离婚，法院判决北京市昌平区的 M 号房屋（以下简称 M 号房屋）归女方所有。一审判决作出后男女双方均不服遂提出上诉，北京市第一中级人民法院作出终审判决，驳回上诉，维持原判。

M 号房屋原登记在男方名下，在双方婚姻存续期间 M 号房屋已出租，出租人为男方，租赁期限为 10 年。M 号房屋在双方的离婚诉讼中被判给了女方，但承租人根据原来与男方签署的“房屋租赁合同”向男方支付了半年的租金 450，000 元，这个时间点恰好在男女双方离婚诉讼纠纷一审判决后，二审判决生效前。这个期间内男方收取租金是否有合法根据，房屋租金是婚姻存续期间的共同财产还是一方的个人财产？

女方认为，法院已经将 M 号房屋判归自己所有，男方不应再收取该房屋的租金。2020 年，女方以不当得利为由将男方起诉至法院，要求男方返还租金收入。法院经审理后认为，根据离婚诉讼的判决涉诉房屋的性质已由共同财产转变为女方的个人财产。男方在一审判决后，二审判决（维持原判）生效日前收取离婚之后已判归女方的房屋租金已经丧失了合法根据，且其行为让女方的利益受损，构成不当得利，遂依法作出判决，支持了女方要求男方返还二审判决日之后的 M 号房屋租金收入的请求。

夫妻离婚，无论是协议离婚还是诉讼离婚，除了子女抚养问题，还要对共同财产进行分割，并且如果没有特殊情况，通常会按均等分割的原则处理财产。有些人在准备离婚前，为了争取尽可能多的财产，故意隐瞒真实的财产情况，甚至藏匿、转移部分财产，这样便会对另一方的利益造成损害。

本关联案件中，男女双方离婚后，女方还发现在婚姻存续期间，男方通过银行转账汇款和信用卡刷卡的方式购买了位于海南省三亚市的另一套 N 号房屋（以下简称 N 号房屋），但男方不仅没有告诉女方，还把 N 号房屋的所有权登记在自己母亲的名下。因 N 号房屋登记在男方母亲名下，女方在离婚时并不知道男方在双方婚姻存续期间用夫妻共同财产购买了 N 号房屋，女方发现后向法院提起了离婚后财产纠纷诉讼。男方主张他的母亲持有他们夫妻经营的美发店的股份，他母亲以美发店的分红款支付 N 号房屋的购房款，并且 N 号房屋登记在自己母亲的名下，N 号房屋应该属于他母亲的合法财产，不应当作为男女双方的夫妻共同财产，女方无权分割。女方请求分割的 N 号房屋的产权人是案外人男方的母亲，故法院没有直接对 N 号房屋予以判决，驳回了女方的这项诉讼请求，告知如果认为与男方母亲形成借贷或者借名买房关系，可另行解决。

（二）协议离婚 + 离婚后财产纠纷 + 物权纠纷 + 不当得利纠纷 + 民间借贷纠纷

一对夫妻于 2015 年登记结婚，2016 年育有一女，后双方因感情破裂，于 2018 年协议离婚。

依照《离婚协议书》的约定，女儿由男方抚养，女方支付抚养费，位于海南省 S 号房屋（以下简称 S 号房屋）及车辆归男方所有，女方配合办理过户手续。协议离婚后因女方未配合男方办理过户手续，男方以离婚后财产纠纷诉至法院，并将女方的母亲列为第三人。

女方认为双方签署的《离婚协议书》系无效协议。因自己患有抑郁症，双方签订《离婚协议书》时，男方以专业医生的身份胁迫女方在《离婚协议书》上签字，加之签署《离婚协议书》当天又受到了男方的刺激，《离婚协议书》并非其真实意思表示。S 号房屋不属于夫妻共同财产，是女方母亲出资购买，双方在离婚协议中处理 S 号房屋属于无效。女方母亲在庭审中也提出，女儿和前女婿签订的《离婚协议书》涉及 S 号房屋的处分部分无效，该房产系其出资购买，准备年老时在海南养老使用，当时委托女儿代为办理买房手续，S 号房屋应归其所有。

至此，这对曾经的夫妻和前丈母娘的关联案件一一产生，自 2018 年双方协议离婚至 2020 年因海南房产引发的纠纷接连 8 个案件。曾经相爱的两个人相爱相杀，前丈母娘掺和其中，后来还提起民间借贷纠纷，将女儿和前女婿列为共同被告，要求共同偿还出借给女儿和前女婿购买 S 号房屋的购房款及相应的利息，真的是一波未平一波又起。

结婚不是两个人的事，是两个家庭甚至是两个家族的大事，离婚也不是两个人的事，关乎孩子，牵涉男女双方的父母，离婚有时是一场没有硝烟的大战，而且是一场持久战。

第三节　案例精选

【案例一】离婚判决使用权，强制执行过户难，依法维权得产权

离婚诉讼中，法院将房产或车辆判给一方，另一方不协助办理怎么办？是在执行程序中申请还是再提起离婚后财产纠纷？本关联案的女方陆红就遇到了这种情况，双方通过法院把婚离了，但财产纠纷一直持续不断，我们来看看具体案情。

陆红和于亮生在美容美发培训班上认识，于亮生大陆红 5 岁，陆红学美容，于亮生进修美发。两个人在学习过程中互生好感，培训班结束后两个人就确定了恋爱关系，准备在见过双方父母后就办理结婚手续。于亮生在上培训班前就开了一家美发店，股东是于亮生和他的母亲李美彩，占股比例分别为 80% 和 20%。店里由两个店堂经理打理，母亲李美彩负责收银，于亮生平时不需要操太多心，只给重要客户剪发。于亮生为了更好地服务高端客户，提高自己的美发技术，就报名上了美容美发培训班，这才有了和陆红的相识，两个人见过双方父母一个月后就办理了结婚手续。结婚后两个人经过 10 年的打拼，在北京市昌平区

以于亮生的名义买了一套商品房，于亮生还在同一小区一口气买了北京市昌平区 A、B、C、D、E 5 个车位。美发生意越做越好，每天都有大量进账，夫妻俩又合计贷款买一套更大的房子，但夫妻俩能共患难不能共富贵。房子有了，车子有了，两人却过不下去了，缘分走到尽头。

最后双方未能顺利协议离婚，经历一审、二审，最后由法院判决离婚，将双方婚姻存续期间以于亮生名义购买的 A、B、C、D、E 5 个尚未办理产权证书的车位判由陆红"使用"，陆红于判决生效后 15 日内给付于亮生补偿款 457, 300 元。但是在陆红将补偿款给于亮生之后，于亮生并未配合陆红办理 5 个车位产权证书的过户。陆红与开发商和上述 5 个车位所属物业核实，其销售的位于同小区的所有车位均可办理车位产权证书，且除上述 5 个车位由于于亮生不申请办理外，其他车位均已办理车位产权证书。这 5 个车位在双方离婚时法院判归陆红使用，现在这 5 个车位可随时办理车位产权证书，于亮生就是不配合过户。

于是陆红提起了离婚后财产纠纷诉讼，请求法院判令位于 A、B、C、D、E 5 个车位归自己"所有"；请求于亮生协助办理这 5 个车位的产权证书并过户。对于陆红提起的本诉讼，于亮生很生气，在开庭中告诉法官陆红应当在离婚纠纷案件的执行程序中解决 5 个车位的问题，因为他们原来的离婚诉讼纠纷案件已经判决 5 个车位归陆红"使用"。

庭审中，物业管理公司证实，物业公司曾通知并协助业主办理车位房产权属证书，但于亮生并没有进行办理，现该小区的大部分业主的车位房产权属证书已办理完毕。一审法院认为，离婚时双方对尚未取得所有权或者尚未取得完全所有权的房屋有争议且协商不成的，人民法院不宜判决房屋所有权的归属，应当根据实际情况判决由当事人使用。当事人就前款规定的房屋取得完全所有权后，有争议的可以向人民法院提起诉讼。

真相清楚了，本关联案中离婚纠纷一案所涉 5 个车位已经由法院判决归陆红"使用"，并未将这 5 个车位判给陆红"所有"，也就是说陆红对这 5 个车位只有"使用权"，没有"所有权"。双方离婚诉讼时这 5 个车位如果当时就有车位产权证书，法院判给陆红，陆红直接申请强制执行就行了，无须再提起离婚后财产纠纷之诉了。问题是现在两个人离婚了，于亮生不愿配合办理车位产权过户手续。对于房产、车辆过户这种带有人身性质的行为，我国法律并未规定可以对人身进行强制执行，执行法院一般也不会将有义务协助配合的一方，强制押送到房管局或车辆管理所办理相关过户手续。根据法庭调查，这 5 个车位已经具备办理不动产权证书的条件，陆红提起离婚后财产纠纷，要求将 5 个车位的“所有权”判归其“所有”并办理不动产权证具有事实和法律依据。

法院最后判决该 5 个车位归陆红所有，于亮生于判决生效之日起 7 日内协助陆红办理 5 个车位的不动产权证。这使得即使于亮生拖着不办理过户，陆红也能根据生效的法院判决办理过户手续了。

【案例二】收取二审判决日后判归另一方的房屋租金，不当得利理应返还

陆红和于亮生的离婚纠葛远比一般的离婚案件复杂，两人结婚 10 年，分别时竟然 10 次诉讼了断情缘，本关联案继续讲述于亮生和陆红的离婚争斗中不当得利纠纷的故事。

于亮生和陆红感情不和是在陆红生了孩子后，陆红将精力全都转移到养育孩子上，没有再继续工作，而是全身心地照顾孩子，于亮生每天看着衣服上斑斑奶渍穿着哺乳衣的陆红，满眼的嫌弃。于亮生在陆红的哺乳期时认识了一个叫王露的女人，王露年轻漂亮，还喜欢打高尔夫，后来两人发展成了情人关系。于亮生在王露过生日时为其购买了一套价值 50,000 元的高尔夫球杆女 HT－08L 套杆，于亮生还多次通过转账、送卡地亚手镯等奢侈品向王露给付财产高达 2,660,000 元。陆红发现两人不正当的男女关系后，王露还以怀孕为由让陆红和于亮生支付 10 个 BTC（价值 300 多万元）的补偿金。

陆红实在无法忍受，向法院提起了离婚诉讼，两人的离婚诉讼经历一审和二审两级法院，双方最终把婚离了，但相应的财产纠纷还在继续，二人离婚后不仅经历了离婚后财产纠纷的一审和二审。陆红在离婚后财产纠纷的诉讼过程中，还向法院提起了不当得利纠纷，但这次不当得利诉讼，陆红不是让第三者王露返还于亮生送给她的财产，而是要求于亮生返还二审判决日之后的 M 号房屋租金。

陆红和于亮生的离婚案件，一审法院在 2019 年 6 月 28 日判决双方离婚，并将 M 号房屋判给了陆红所有。判决之后陆红和于亮生均对判决不服，上诉至北京市第一中级人民法院，北京市第一中级人民法院经审理于 2019 年 12 月 26 日作出终审判决，驳回上诉，维持原判。

二审判决生效后，陆红让于亮生尽快配合办理过户，可于亮生刚开始说美发店里忙，后来又说他母亲生了重病，美发店里没有人收银，他要去店里收银，等有空再和陆红去办理 M 号房屋的过户手续，但陆红左等右等，等了将近 4 个月，于亮生还是没空办理过户手续。2020 年 4 月 14 日，陆红到以前他们共同居住的小区，看到曾经的婆婆在小区里有说有笑，开心时还笑得前俯后仰，不像生病的样子。陆红又赶到于亮生的美发店，看到于亮生正要出门，这次终于给陆红撞上了，于亮生又说有急事，改天再陪陆红去办理。陆红再也不想听于亮生的谎言，择日不如撞日，离中午下班时间还早，马上去办理 M 号房屋所有权转移登记手续还来得及，于亮生这才和陆红一起去房管局将 M 号房屋过户到陆红名下。

晚上陆红回到家里，想着这 M 号房屋的产权人终于是自己的了，不用再和于亮生有什么瓜葛了，突然陆红又想起离婚前购买的 M 号房屋于亮生租给了一个叫武光炎的人，租期还定了 10 年，到 2022 年年底才到期。法院将 M 号房屋判给了自己，那以后的租金就应该由自己收取了。第二天早上，陆红找到武光炎，告诉武光炎她和于亮生已经离婚了，法院将租给武光炎的 M 号房屋判给了自己，以后的租金不能再给于亮生了。武光炎说不知道陆红和于亮生离婚的事情，按照原来他与于亮生签订的《房屋租赁合同》，他在 2019 年 11 月 13 日就已将 2019 年 12 月 1 日至 2020 年 6 月 1 日的租金 450,000 元转给于亮生了。陆红赶紧告诉武光炎以后租金不能再转给于亮生，并把离婚判决书的复印件给了武光炎一份。

陆红和武光炎分开后，陆红马上打电话给于亮生，并在手机上按下了录音键，让于亮生把武光炎 2019 年 11 月 13 日转给他的 M 号房屋租金 450,000 元还给自己。于亮生说房子是 2020 年 4 月 14 日才过户到陆红名下，之前房屋一直登记在自己名下，武光炎应该向他支付下期租金。《房屋租赁合同》是他与武光炎签订的，房屋租金是在二审判决之前一次性收取的，这是双方婚姻存续期间收取的租金，他来收取租金有合法根据。而且收取的房租及押金已经用于偿还房屋贷款、抚养女儿及母亲医疗费用的支出及夫妻共同生活支出，要钱没有，要命一条。这时，陆红才明白于亮生为什么一直拖着不愿配合办理 M 号房屋的过户手续，原来是要独吞本应该由自己收取的 450,000 元 M 号房屋租金啊，并故意把钱花完，还说是为夫妻共同生活支出了。

陆红后来又向于亮生要了几次，于亮生还是坚持自己有权收取租金，收取的租金花光了,没钱可还。陆红不得已又到北京市昌平区人民法院提起不当得利诉讼,陆红到这个法院多次,内心真心不情愿再到法院,可 450,000 元也不是小数目,法院明明已经将 M 号房屋判给自己,这租金必须得要回来。诉讼中,陆红请求法院判令于亮生返还 2019 年 12 月 26 日(离婚纠纷二审判决日期)至 2020 年 5 月 31 日的房屋租金。

法院经审理后查明,2012 年 10 月 10 日于亮生与武光炎签订《房屋租赁合同》,约定于亮生将 M 号房屋出租给武光炎,合同租赁期共 10 年。第一至第四年度每年租金 820,000 元,自第五年度起,每年租金递增 2 万元。2019 年 11 月 5 日,武光炎向于亮生支付 2019 年 12 月 1 日至 2020 年 5 月 31 日的房屋租金 450,000 元。

细心的读者会发现,陆红和于亮生离婚案件的一审判决日期是 2019 年 6 月 28 日,二审判决的日期是 2019 年 12 月 26 日,于亮生收取武光炎 M 号房屋租金的时间是 2019 年 11 月 13 日,这个时间点正是两人离婚纠纷一审判决后,二审还未判决的期间内。于亮生将 M 号房屋过户给陆红的日期是 2020 年 4 月 14 日,于亮生收取 M 号房屋租金时,M 号房屋还未过户给陆红。

承租人武光炎将租金支付给出租人于亮生从表面上看似乎也没有什么毛病,但陆红认为根据一审法院的判决,这套房产已经判归自己所有,这笔租金理应归自己所占有、使有,于亮生应当将已经收取的 450,000 元租金的不当得利返还给自己。庭审中于亮生坚持认为取得 M 号房屋租金是基于合法有效的《房屋租赁合同》,租金的收取时间是在双方婚姻关系存续期间,自己有完全占有、支配、使用该部分租金收益的权利,收取租金理所应当。如果陆红有异议,可以在离婚纠纷案件中主张,并且收取的房租已经用于偿还房屋贷款、抚养女儿及母亲李美彩医疗费用的支出及夫妻共同生活支出。双方之间不存在不当得利法律关系,法院应当驳回陆红不当得利的诉讼请求。

不当得利的成立需要一方受益,他方受损,一方受益与他方受损之间有因果关系,而且得利人取得利益没有法律上的根据。本案中,于亮生收取了承租人武光炎 450,000 元租金,他的财产因收取租金而增加了,法院在于亮生和陆红的离婚纠纷案件中已经将 M 号房屋判给了陆红,那么 M 号房屋的租金就应当由陆红收取,于亮生收取 M 号房屋租金使陆红应得的财产利益减少了。陆红应得房屋租金的减少与于亮生已收取的房屋租金有因果关系,正是因为于亮生收取了陆红应得的房屋租金造成了陆红财产的损失。在陆红与于亮生离婚后,涉诉房屋的性质由共同财产转变为陆红的个人此产,陆红对 M 号房屋享有占有、使用、收益和处分的权利。

故于亮生收取双方离婚纠纷二审判决日之后的租金,丧失了合理取得该期租金的法律基础,没有合法根据,且其行为让陆红的财产利益受损,符合不当得利的概念及构成要件。所以陆红提起不当得利纠纷,要求于亮生返还离婚纠纷二审判决日之后的房屋租金有事实及法律依据,法院予以支持。

【案例三】离婚协议签订后反悔,母亲助女确认离婚协议无效

男女双方通过协议离婚,自愿解除婚姻关系,对子女抚养、财产以及债务处理等事项协商一致,并签订离婚协议书,双方到民政局办理离婚手续。符合条件的,婚姻登记机关发给《离婚登记申请受理回执单》,等待 30 天的冷静期。冷静期内一方反悔的,可以撤回离婚登记申请,填写《撤回离婚登记申请书》,再次等待 30 天再去领取离婚证。这是最经济、最快捷的离婚方式,费用低、耗时短,也能很好地保护隐私信息。下面的关联案例中男女双方就是通过协议离婚,本以为简单方便地离了婚,没想到的是,双方协议离婚后接连发生了离婚后财产纠纷、确认离婚协议无效纠纷,前丈母娘也介入其中……

邹阳与沈静芝两人同岁,都是北京人,小学到大学都在同一所学校,青梅竹马,两小无猜。大学毕业后,邹阳做了医生,沈静芝因父母经商,毕业后也创立了公司。在父母的影响和帮助下,公司年年盈利,之后又设立了多家公司,事业可谓风生水起。

两人结婚后的第二年,女儿出生了。邹阳是医生,因在医院工作经常需要倒班,有时因手术还要加班,夫妻两个人见面越来越少,感情也越来越淡。加之邹阳的收入和沈静芝的收入相比悬殊太大,邹阳先是产生了自卑的心理,后来慢慢由自卑变得异常自负。邹阳在一次和沈静芝因家庭琐事吵架时打了沈静芝,沈静芝为此还报了警,双方在派出所签署了调解协议。原以为这事就过去了,但是后来两人还是会因一些琐事争吵,沈静芝痛心、绝望并被诊断为抑郁症,沈静芝得了抑郁症后,每次都让当医生的邹阳看病开药。就这样邹阳与沈静芝凑合着生活到女儿 2 岁多时,又因双方对养育女儿的观点不一致而发生争吵。争吵中,邹阳摔碎了新买的手机,沈静芝砸坏了电视机,整个屋内一片狼藉……不久之

后，邹阳起草了一份离婚协议，在6月8日瞒着丈母娘孙秋菊和沈静芝去民政局办理了离婚手续。

邹阳与沈静芝签署的这份《离婚协议书》的主文内容为："……因感情破裂原因，我们双方自愿离婚……并对有关事项达成如下协议：

一、子女抚养：婚生一女，（2016年7月28日出生）归男方抚养，女方每月支付抚养费人民币3000元整，抚养至其独立生活为止。女方每月探视孩子四次，每次一天。

二、财产处理：婚后共同财产归男方邹阳所有的：顺义区×××房产，海南省海口市S号房产，登记在邹阳名下的车牌号为×××的奥迪A6轿车一辆。以上财产约定于2018年10月1日前过户完毕。婚后共同财产归女方沈静芝所有的：顺义区×××住宅楼—105室，登记在沈静芝名下的车牌号为×××的奔驰E260轿车一辆。婚后共同债务归男方偿还的：无。婚后共同债务归女方偿还的：因购买顺义区×××房产，购买顺义区×××住宅楼—105室房产，购买顺义区×××房产，所欠的三处房产全部贷款及借款。购买×××奥迪A6轿车贷款。

三、其他协议：女方沈静芝给付男方邹阳财产折款人民币肆百万元整。于2018年12月28日之前给付人民币壹佰万元整。于2019年7月28日之前给付人民币壹佰万元整。于2020年7月28日之前给付人民币壹佰万元整。于2022年7月28日之前给付人民币壹佰万元整。位于顺义区×××房产和顺义区×××房产归邹阳所有。以上财产均定于2018年10月1日前过户完毕。

上述内容是我们双方经过慎重考虑、反复协商的，是真实无误的，我们完全同意协议书的各项安排，没有其他不同意见，我们保证执行并对此承担法律责任。"

S号房屋在离婚协议时约定归邹阳所有，沈静芝配合办理过户，后来沈静芝没有配合过户，于是邹阳将沈静芝列为被告，前丈母娘孙秋菊列为第三人，提起了离婚后财产纠纷之诉，请求将S号房屋判归其所有，沈静芝协助办理S号房屋变更登记至邹阳名下。

孙秋菊接到女婿的起诉状后，才知道女儿和女婿离婚了，女儿把大部分财产都给了女婿，其中包括S号房屋。购买S号房屋时孙秋菊还想着以后到海南养老用呢，没想到女儿把这套房子给了邹阳。别的女人离婚往往都能分割到房子和财产，自己女儿却把房子给了男方，还要继续还房贷和车贷！孙秋菊在骂女儿傻的同时问女儿是不是抑郁症病发时和邹阳签的《离婚协议书》。沈静芝把她和邹阳签离婚协议时的情况一五一十地和母亲说了，孙秋菊想起 S 号房屋共计花费 950,000 元，购买 S 号房屋时自己还出资了 680,000 元，马上和女儿沈静芝一起找房产证和购房发票，她们在找发票时还找到了当时购买 S 号房屋的支付凭条，支付凭条中还有孙秋菊转账给原产权人的 680,000 元的转账凭证，孙秋菊告诉女儿："证据在这里摆着，不能把这套房子给邹阳，必须要争回这套房子。"

庭审中沈静芝的母亲孙秋菊主张邹阳与沈静芝签署的这份《离婚协议书》部分无效，S 号房屋是自己出资购买，准备年老时到海南养老使用，买房时因不方便去海南办理产权登记手续，故登记在女儿沈静芝名下。其中 680,000 元直接转账至原产权人，剩余的 270,000 元是孙秋菊跟朋友、公司拆借后交给沈静芝，由沈静芝交付给卖房人后办的手续，S 号房屋是自己的个人财产，女儿和女婿没有经济能力购置 S 号房屋，离婚协议中处置了 S 号房屋的条款应属无效。女儿沈静芝讲 S 号房屋不属于他们的夫妻共同财产，购房资金系母亲孙秋菊出资，因此在离婚协议中处理该财产属于无效，邹阳基于无效的协议主张分割和过户没有法律依据。

邹阳认为，前丈母娘孙秋菊向法庭提交的证据仅能证明 S 号房屋有其部分出资，但无法证明系个人财产，并且该套房产购买于他与沈静芝婚姻关系存续期间，属夫妻共同财产。即使购房款全部由孙秋菊支付，但 S 号房屋登记在沈静芝名下，视为孙秋菊对沈静芝的赠与，沈静芝有权对赠与财产自行处分。

孙秋菊不甘心 S 号房屋让邹阳分走，一边应诉着邹阳起诉她们娘俩的离婚后财产纠纷一案，一边让女儿向法院提起了确认离婚协议无效的诉讼，并申请查封了该房屋。

法院根据《婚姻法司法解释（二）》第 8 条和《〈民法典〉婚姻家庭编解释（一）》第 69 条第 2 款的规定，离婚协议中关于财产分割的条款或者当事人因离婚就财产分割达成的协议，对男女双方具有法律约束力。在离婚协议被撤销或确认无效前，《离婚协议书》中涉及的 S 号房屋的约定是合法有效的，邹阳要求法院确认 S 号房屋归其所有的诉讼请求并无不当，但因 S 号房屋存在两个查封措施，房产产权转移手续在法律上无法实现，邹阳在法庭上向法官表明如果无法办理过户手续，这次诉讼仅要求法院确认 S 号房屋的所有权，待条件具备过户手续后另行主张办理海南房产产权登记手续，于是一审法院判决确认 S 号房屋归邹阳所有。沈静芝和母亲孙秋菊不服，但上诉后被驳回上诉，维持原判。

原本以为离婚后财产纠纷二审终审后，邹阳让沈静芝协助办理 S 号房屋过户就可以了，但前面已经讲过 S 号房屋被查封，无法办理产权转移。在邹阳了解到 S 号房屋的两个查封被解除后，提起了第二次离婚后财产纠纷诉讼。

这次沈静芝还是主张《离婚协议书》无效，海南房产大部分出资由其母亲孙秋菊支付，沈静芝已经提起了确认协议无效的诉讼。沈静芝认为邹阳这次提起的离婚后财产纠纷案，法院应当以确认协议无效案件的审理结果为依据，在结果出具前，离婚后的财产纠纷案应中止审理。法院没有准许中止审理，理由是邹阳与沈静芝签订的《离婚协议书》已经行政部门确认并备案，沈静芝虽提起婚姻无效确认之诉，法院虽然立案，但并非必然导致沈静芝主张的法律后果发生。

对于邹阳提起的第二次的离婚后财产纠纷，法院经审查，S 号房屋的两个查封现均已解除。邹阳与沈静芝签署的离婚协议中关于财产分割的条款，对双方具有法律约束力，在离婚协议被撤销或确认无效前，沈静芝应当依照双方的约定履行，遂判决沈静芝在判决生效后 7 日内协助邹阳办理 S 号房屋的过户。沈静芝还是不服提起上诉，这次，沈静芝提出签订离婚协议时邹阳以专业医生的身份胁迫她，离婚协议无效，因自己患有抑郁症，签署离婚协议时又受到了邹阳的刺激，《离婚协议书》并非其真实意思表示，但因证据不足，二审驳回了沈静芝的上诉。

【案例四】离婚协议无效未如愿，更换案由要房款

在前面邹阳与沈静芝离婚关联案件中，邹阳提起了两次离婚后财产纠纷，第一次因离婚协议中涉及的 S 号房屋上有两个查封，无法办理房屋产权过户，法院确认 S 号房屋归邹阳所有；第二次离婚后财产纠纷，S 号房屋之上的两个查封已经解除，已经具备 S 号房屋的产权转移条件，法院支持了邹阳的诉讼请求。

沈静芝和母亲孙秋菊一万个不甘心，沈静芝和母亲孙秋菊商量后认为，既然主张离婚协议无效未获法院支持，那就另辟蹊径，由母亲孙秋菊把自己和邹阳一同告上法庭，更换一个案由，再向法院提起不当得利纠纷，请求法院判令邹阳和沈静芝返还购房款人民币 680,000 元，并以 680,000 元为基数按照银行同期贷款利率支付利息。

孙秋菊在庭审时告诉法官，她在 2017 年年底想购买海南的房产，准备以后养老使用，全权委托女儿沈静芝代为办理，当时沈静芝告知母亲孙秋菊看上了海南的 S 号房屋，交通位置好，距离海边仅 200 米，得房率也很高。孙秋菊听女儿在电话里描述海南的 S 号房屋后，就让女儿赶快买下，孙秋菊第一次支付了 180,000 元，第二次又支付了 500,000 元，总共向卖房人支付了 680,000 元的购房款，女儿沈静芝当时自作主张将 S 号房屋登记在了她自己的名下。更让孙秋菊没想到的是，患抑郁症的傻女儿与前女婿邹阳协议离婚时，在离婚协议中又把 S 号房屋给了邹阳。女儿与前女婿没有法定理由占有自己支付的 680,000 元款项，女儿与前女婿邹阳应当返还自己支付的 680,000 元和相应的利息。

但是，孙秋菊在后来的诉讼中又变更了诉讼请求，她认为：邹阳和女儿不应该在他们的离婚协议中处分自己出资 68,000 元购买的 S 号房屋，于是将起诉的“不当得利的诉讼请求”变更为“判令邹阳与沈静芝离婚协议书中处分孙秋菊的财产部分无效”。一审法院认为，孙秋菊以不当得利纠纷为由提起诉讼，后来又将诉讼请求变更为判令二被告离婚协议书中处分原告的财产部分无效，该请求与案由不属于同一法律关系，裁定驳回起诉。

孙秋菊收到裁定书后先看结尾，结果大失所望，没想到被驳回起诉。孙秋菊认为自己一审变更诉讼请求要求判决离婚协议无效，与不当得利纠纷案由为同一法律关系，都是基于一份无效的离婚协议引发的，一审法院认定不属于同一法律关系，为确认合同效力产生的纠纷，明显错误，遂提起了上诉。

二审时女儿沈静芝提出已向法院另案起诉要求确认自己与邹阳离婚协议无效的诉讼，一审中也提出过中止审理本案。但二审法院经审理后还是驳回了孙秋菊的上诉，认为提交的关于海南房产权属及离婚协议效力的相关证据，均与一审认定缺乏关联性，亦非二审审查的争议事项，二审法院均不予确认，维持了原裁定。

多次的败诉并未让孙秋菊和女儿沈静芝放弃争夺 S 号房屋，确认离婚协议无效不行、不少得利纠纷不行，那就再换一种案由，孙秋菊和女儿沈静芝又向法院提起了借贷纠纷。这次孙秋菊仍然把女儿和前女婿邹阳作为被告，要求两人偿还自己 680,000 元借款及利息，出借给二人的 680,000 元借款发生在女儿和前女婿邹阳婚姻关系存续期间，用于二人夫妻的共同生活、共同生产经营，属于二人的夫妻共同债务，二人应当对该笔共同债务向自己承担连带清偿义务。

前女婿邹阳在法庭答辩时称，购买S号房屋的钱款不是前丈母娘孙秋菊借给他和沈静芝的，为了这套房子前丈母娘孙秋菊用不同的理由起诉过。邹阳这次向法院提交了与前妻及前丈母娘法律纠纷的三份判决书和一份裁定，每次所述理由都不一样且前后矛盾。房款虽然显示是孙秋菊支付的，但不能代表钱就是孙秋菊的，且S号房屋就算是孙秋菊出资，也相当于其对女儿沈静芝的个人赠与，房产证上的名字也是沈静芝，沈静芝有权自行处置。为证明孙秋菊支付的680,000元购房款非孙秋菊的钱款，邹阳还申请法院调取孙秋菊、沈静芝名下银行账户在邹阳和沈静芝婚姻存续期间的交易流水。

法院认为，本案为民间借贷纠纷，自然人之间的借款合同，自贷款人提供借款时生效。出借人向借款人主张归还款项时，应当举证证明双方就借贷法律关系达成合意，且出借人实际向借款人支付了出借款项。孙秋菊在之前的多次诉讼中均未主张涉案款项是借给邹阳和沈静芝的，也未提出过邹阳和沈静芝有向其借款的意思，而是主张涉案款项本是用于其个人购房支出。孙秋菊既不能证明与邹阳、沈静芝之间存在借贷合意，也不能证明涉案款项实际由其支付，故孙秋菊主张与邹阳和沈静芝之间为借款关系依据不足，又因孙秋菊、沈静芝为母女的特殊关系，裁定驳回了孙秋菊借贷纠纷的诉讼。

看完这个关联案，发现协议离婚也没有比诉讼离婚轻松多少，对于邹阳和沈静芝来说，协议离婚仅是一个引子，就S号房屋，历经7次诉讼，母亲为了女儿也跟着一起参与上与前女婿的多起诉讼，主张离婚协议无效无果后，又提起不当得利纠纷和借贷纠纷，虽然结果不如所料，但可怜天下父母心，可谓为人父母，永远都是为子女计深远。

第四节　维权指引

是否构成不当得利，不仅要符合相关的法律规定，还要考虑基础事实呈现的法律关系是否与法律规定相吻合。根据我国《民法典》第985条之规定，构成不当得利，应符合以下要件：民事主体一方取得利益；取得利益没有法律根据；取得利益致使民事主体他方受到损失。构成不当得利的核心要件是一方没有合法根据取得利益。（1）一方受益，是指因一定事实，使一方的财产总额增加；（2）他方受损,是指因一定的事实使财产利益的总额减少,既包括积极损失,也包括消极损失,即现有财产利益的减少和应得财产利益的减少;(3)一方受益与他方受损之间有因果关系,是指他方受损与一方受益之间有关联性,后者是前者的原因;(4)没有合法根据,是指得利人取得利益没有法律上的根据,既包括在取得利益时没有合法根据也包括事后丧失合法根据,这是认定"不当"的核心内容。

其中,一方获得利益,包括两种情况:(1)财产积极增加;(2)财产消极增加。一种情况是财产本来不应该增加而增加,另一种情况是财产本来应该减少而没有减少。他方受到损失,这里的损失是相对于取得利益方而言,并不是侵权赔偿中的损失,另一方的利益因为利益转移导致的利益减少,或者债务增加。取得利益与受有损失之间要有引起与被引起的因果关系,这是不当得利之债是否成立的重要依据,如果没有此因果关系,一方获得的利益并不是损害他人的合法利益,就不构成法律上的不当得利,实务中,法院也很难认定为不当得利。下面就离婚案件中不当得利各方的举证责任、案件管辖、案由选择予以法律指引。

(一)离婚案件中不当得利纠纷案件各方当事人的举证责任

1. 不当得利原告的举证责任

当事人对自己提出的诉讼请求所依据的事实或者反驳对方诉讼请求所依据的事实,应当提供证据加以证明。[①] 证明责任在不当得利案件中发挥着极其重要的作用,会直接影响裁判结果。根据"谁主张,谁举证"的原则,不当得利原告就被告取得利益构成不当得利有责任提供证据。《民事诉讼法》第 67 条规定:"当事人对自己提出的主张,有责任提供证据。当事人及其诉讼代理人因客观原因不能自行收集的证据,或者人民法院认为审理案件需要的证据,人民法院应当调查收集。人民法院应当按照法定程序,全面地、客观地审查核实证据。"

案例二中,陆红的举证责任小一些,一审法院已经将 M 号房屋判其所有,于亮生是在一审判决后,二审还未判决的期间内收取了 M 号房屋的租金。通过直接对比一审和二审的判决日期与于亮生收取租金的日期,就能够非常明确地看出于亮生获取了不当得利,符合不当得利的成立要件,于亮生应当返还本应由陆

---

① 参见《民事诉讼法司法解释》第 90 条规定:"当事人对自己提出的诉讼请求所依据的事实或者反驳对方诉讼请求所依据的事实,应当提供证据加以证明,但法律另有规定的除外。在作出判决前,当事人未能提供证据或者证据不足以证明其事实主张的,由负有举证证明责任的当事人承担不利的后果。"

红收取的房屋租金。

如果证据不在自己手上，又没有像案例二中有法院的判决书，证据在对方或者第三人的手中，该怎么办？除通过正当途径收集证据外，我们也可以申请法院责令对方提交。《民事诉讼法司法解释》第 112 条规定："书证在对方当事人控制之下的，承担举证证明责任的当事人可以在举证期限届满前书面申请人民法院责令对方当事人提交。申请理由成立的，人民法院应当责令对方当事人提交，因提交书证所产生的费用，由申请人负担。对方当事人无正当理由拒不提交的，人民法院可以认定申请人所主张的书证内容为真实。"据此，对方拒不提交的，法院可以认定我们主张的内容为真实。但是，实务中涉及离婚案件的当事人，两个人的怨恨本来积累得就很深，掌握在自己手中的证据一般都不愿交出来，交出来对案件的结果会有非常大的影响，可能导致对自己不利，有的当事人还会毁灭证据。如果对方持有相关书证证据而妨碍我们使用，或者毁灭书证，人民法院可以对其处以罚款、拘留。

2. 不当得利被告的举证责任

不当得利的被告为了反驳原告的诉讼请求，也要积极地寻找证据。在给付型不当得利案件中，给付行为"没有法律根据"是不当得利的构成要件之一，认定被告是否构成不当得利，利益的取得是否具有"合法依据"通常是法院审理案件的要点。所以不当得利纠纷，原则上由得利人（被告）证明取得诉争利益存在合法根据。从举证责任的角度分析，得利人举证"有法律根据"系证明积极事实，从举证难易程序上来讲相对容易。受损人对于"没有法律根据"系证明消极事实，通常无法直接予以证明，需要从相关事实中予以推导判断。得利人对消极事实的抗辩，会成为认定消极事实主张是否成立的直接证据。虽然得利人对"没有合法根据"要件并不承担证明责任，但是这并不意味着得利人在此类案件中不承担任何义务和责任。这是因为在不当得利的 4 个构成要件中，"没有合法根据"要件所要求的事实与其他要件事实相比而言，证明的难度确实更大。

因此，对于被告取得不当得利的合法性，不仅原告需要提供证据，而且被告在反驳原告时也需要提供证据，最后法院在原、被告双方提供证据的证明力的基础上作出裁判。

案例四中，前丈母娘孙秋菊以不当得利起诉前女婿邹阳，邹阳反驳时为证明自己在离婚协议中取得 S 号房屋的合法性，向法院提交了与前妻及前丈母娘法律纠纷的三份判决书和一份裁定(每次所述理由都不一样且前后矛盾),还申请法院调取了孙秋菊、沈静芝名下银行账户在邹阳和沈静芝婚姻存续期间的交易流水。邹阳虽为被告,案件结果与邹阳积极提供证据证明也有很大的关系。所以,对于当事人来说,被告也应当积极准备证据,法院会根据双方的举证责任及证明标准作出裁判。

(二)不当得利纠纷管辖的确定

不当得利案件与一般的民事案件管辖地的确定是相同的,原则上由被告所在地法院管辖,涉及不动产的案件由不动产所在地的法院管辖。

根据《民事诉讼法》第22条的规定:“对公民提起的民事诉讼,由被告住所地人民法院管辖;被告住所地与经常居住地不一致的,由经常居住地人民法院管辖。对法人或者其他组织提起的民事诉讼,由被告住所地人民法院管辖。同一诉讼的几个被告住所地、经常居住地在两个以上人民法院辖区的,各该人民法院都有管辖权。”第34条规定:“下列案件,由本条规定的人民法院专属管辖:(一)因不动产纠纷提起的诉讼,由不动产所在地人民法院管辖;(二)因港口作业中发生纠纷提起的诉讼,由港口所在地人民法院管辖;(三)因继承遗产纠纷提起的诉讼,由被继承人死亡时住所地或者主要遗产所在地人民法院管辖。”

(三)基于同一事实,案由如何确定

基于同一事实,不当得利请求权有时会与其他权利竞合,当事人面对可选择的多个案由不知所措,先以哪个案由起诉,哪个案由对自己更为有利,当事人往往不清楚。如果案由与法律关系不一致,律师费花了,诉讼费出了,结果很可能会被法院驳回起诉,还要承担败诉的风险。因每个个案的案情不同,当出现权利竞合时,不能简单地选择案由,一定要以当事人最大合法利益为目的,根据个案的具体情况综合分析。

1.不当得利与借款合同之债请求权竞合

案例四中,邹阳的前丈母娘孙秋菊先以不当得利为由提起了诉讼,孙秋菊在庭审中又变更了诉讼请求,改为请求法院确认女儿沈静芝离婚协议时处分自己购买的S号房屋的部分无效。因孙秋菊的诉讼请求与案由不属于同一法律关系,最后被法院驳回。

不当得利与借贷纠纷系两种性质完全不同的法律关系,但实际上不当得利纠纷与借贷纠纷具有较高的关联度,很多当事人在两种案由之间权衡,较多的当事人先以借贷纠纷起诉,很可能因证据不能够足以证明借贷关系,转由不当得利起诉,也有的当事人在借贷纠纷审理过程中就直接将诉讼请求变更为不当得利。

如果案件的证据中有能够证明借贷关系的证据,无论是借条、欠条、短信、微信聊天记录,抑或电话录音,那么以借贷纠纷起诉更为合适。案例四中,孙秋菊因没有能够体现与女儿及前女婿有借贷关系的证据,先是以不当得利为案由提起诉讼,被法院驳回后又以借贷纠纷起诉,所以案由要以当事人的证据为基础予以确定。

2. 不当得利与违约损害赔偿竞合

不当得利与违约损害赔偿竞合,常常由合同的一方违反合同约定而产生,如合同的一方当事人本应按合同约定将租金交给另一方当事人,但履行义务的一方违反合同约定,却将租金交给合同之外的第三人,履行义务一方的当事人的违约行为就给另一方当事人造成了损失,这就产生了两个民事法律关系,即违约损害赔偿和不当得利。

案例一中,陆红和于亮生离婚诉讼时,法院将 M 号房屋判给了陆红,而这套房子在离婚诉讼时已经存在一个《房屋租赁合同》,房子在他们婚姻存续期间租给了武光炎,而且租期还定了 10 年。武光炎按《房屋租赁合同》的约定将租金支付给于亮生。如果《房屋租赁合同》中出租方写的是陆红,收款账户是陆红,武光炎将租金支付给陆红的老公于亮生,那么陆红既可以选择向武光炎请求违约损害赔偿,又可以向不当得利的于亮生请求返还不当得利,这两个请求权的目的是相同的,都是为了救济应当接受租金的陆红的损失。

3. 不当得利与侵权损害赔偿竞合

侵权损害赔偿是指行为人因侵权而造成的他人财产、人身和精神的损害,依法应承担的以给付金钱或实物为内容的民事责任方式。侵权行为的立法目的在于对行为人的行为给予法律上的否定性评价,使受害人因侵权行为所受到的损害得到补偿,并对不法行为人予以制裁;而不当得利的立法目的在于恢复当事人之间因不当变动而受到破坏的利益平衡,不当得利的功能不是追究得利人的不法行为或者故意过失,而是让得利人返还所获的不当得利,并非对受益一方给予法律上的责难。

不当得利中得利一方是否有主观上的过错,对不当得利之债的构成没有影响。但侵权行为的构成就以行为人主观上有过错为条件，侵权一方必须具有主观上的故意或过失，至于侵权人是否因自己的行为得到利益，并没有强制性的要求，因为侵权人实施了侵权行为，并不必然会使自己获得利益。在这两种权利竞合时，王泽鉴教授认为，不当得利返还请求权涉及物权变动问题，应紧随物权请求权得到检视，侵权行为损害赔偿请求权置于其后，则是因为它不是任何请求权的前提，得与契约上请求权（尤其是契约损害赔偿请求权）、物权请求权及不当得利返还请求权竞合并存。①

在侵害财产权利的侵权案件中，如果财产形式发生变化，请求返还原物已经无法实现，此种情况下，对于符合不当得利构成要件的，可诉请得利人返还不当得利，但如果财产形态已经转化，财产的实际占有人发生了变化，可选择侵权损害赔偿进行救济。当然，每个案件的具体情况不同，当事人还要考虑诉讼时效的问题，如果不当得利超过了诉讼时效，可以在起诉时以侵权损害赔偿为由。

4. 不当得利与物权返还请求权竞合

根据《民法典》第 235 条、第 311 条的规定，②得利的第三人并不符合善意取得某物所有权的条件，受损人可基于原物返还请求权，向得利的第三人要求返还原物，也可以依据《民法典》第 988 条的规定，提起不当得利诉讼，要求得利的第三人返还。

对于同一事实，同一当事人、就同一法律关系，而为同一的诉讼请求，不得重复起诉，依据“一事不再理”的原则，当事人不得就已经向法院起诉的案件重新起诉，一个案件在判决生效之后，产生既判力，当事人不得就双方争议的法律关系再行起诉，③司法实践中，当事人和代理律师应该根据案情事实，以及己方的证据及法律关系，结合司法实践，选择一种对自己最有利的案由提起诉讼。

---

① 参见王泽鉴：《民法思维：请求权基础理论体系》，北京大学出版社 2009 年版，第 60 页。

② 《民法典》第 311 条规定：“无处分权人将不动产或者动产转让给受让人的，所有权人有权追回；除法律另有规定外，符合下列情形的，受让人取得该不动产或者动产的所有权：（一）受让人受让该不动产或者动产时是善意；（二）以合理的价格转让；（三）转让的不动产或者动产依照法律规定应当登记的已经登记，不需要登记的已经交付给受让人。受让人依据前款规定取得不动产或者动产的所有权的，原所有权人有权向无处分权人请求损害赔偿。当事人善意取得其他物权的，参照适用前两款规定。”

③ 《民事诉讼法》第 127 条第 5 项规定：“人民法院对下列起诉，分别情形，予以处理：……（五）对判决、裁定、调解书已经发生法律效力的案件，当事人又起诉的，告知原告申请再审，但人民法院准许撤诉的裁定除外。”

第五节　律师忠告

（一）离婚后，对方不配合办理房产、车位过户怎么办

1. 法院判决离婚后一方不配合另一方办理车位过户

第一，直接申请人民法院强制执行。拿到法院的判决书或调解书后，一方不配合过户，另一方可根据《民事诉讼法》第243条“发生法律效力的民事判决、裁定，当事人必须履行。一方拒绝履行的，对方当事人可以向人民法院申请执行，也可以由审判员移送执行员执行。调解书和其他应当由人民法院执行的法律文书，当事人必须履行。一方拒绝履行的，对方当事人可以向人民法院申请执行”的规定申请法院强制执行，房产管理部门会协助法院办理房屋过户。

第二，提起离婚后财产纠纷。大家可能会对案例一中陆红在离婚后又提起离婚后财产纠纷有疑惑，陆红直接申请法院执行不就行了吗？为什么还费尽周折再提起离婚后财产纠纷呢？细心的读者会发现，陆红和于亮生历经一审、二审离婚诉讼，其中尚未办理车位产权证书的A、B、C、D、E 5个车位法院判给陆红“使用”，并非判归陆红“所有”，陆红不能直接申请法院强制执行。陆红和于亮离婚后，同小区的其他业主大部分都已经办理完车位产权证书，但于亮生就是不申请办理车位产权证书，陆红不得已才又提起了离婚后财产纠纷，请求判令A、B、C、D、E 5个车位归自己“所有”，要求于亮生协助办理车位产权证书并过户至自己名下。

读者可能又有疑问，法院把上述5个车位的所有权直接判给陆红不就行了，这样陆红在离婚诉讼后直接申请强制执行。实务中，离婚时双方对尚未取得所有权或者尚未取得完全所有权的房屋有争议的情况下，人民法院不宜判决所有权的归属，应当根据实际情况判决由当事人“使用”，待取得完全所有权后，有争议的可以再向人民法院提起诉讼。因此，如果上述的5个车位在离婚诉讼时已经有产权证书，法院就会判归一方“所有”，于亮生不配合过户手续，陆红无须再另行提起离婚后财产纠纷，直接申请人民法院执行就可以。

2. 协议离婚后一方不配合另一方办理房产过户，应该如何办

前面我们讲过发生法律效力的民事判决、裁定，当事人必须履行。对方拒绝

履行的,可以向人民法院申请执行,但“离婚协议”不具备强制执行效力。如果男女双方通过协议离婚,离婚协议约定房子归一方,另一方拒绝配合过户,如果对方不配合,房屋过户会比较麻烦,仅凭离婚协议书和离婚证书,不足以证明另一方想过户房产的真实意思,房屋管理部门也无法审查协议的真实性,应该如何让另一方配合办理房产过户呢?

第一,请求法院确认离婚协议的效力。一般情况下,当事人以对方不履行离婚协议书为由向法院提起诉讼,把双方签署的离婚协议书作为证据使用,要求法院确认离婚协议的效力,履行离婚协议书的内容,同时要求过户。取得具有强制执行效力的法律文书后,申请法院强制执行,由法院向不动产登记部门出具协助执行通知书,另一方配不配合都没关系,最终都能实现房产过户的目的。

第二,提起离婚后财产纠纷。第三节案例三中,邹阳与沈静芝协议离婚,双方约定 S 号房屋归邹阳,沈静芝没有配合邹阳办理房屋过户手续,她认为离婚时双方签署的离婚协议无效,还另行提起了确认离婚协议无效的诉讼。

对 S 号房屋沈静芝没有配合邹阳办理过户,邹阳向法院提起了离婚后财产纠纷,要求判令 S 号房屋归自己所有,并要求沈静芝办理房屋产权登记变更手续,将 S 号房屋变更登记至邹阳名下。一审法院确认了 S 号房屋归邹阳所有,但 S 号房屋一审法院在审理时采取了查封措施,邹阳要求沈静芝协助其办理海南房产产权转移手续在法律上无法实现,只能等变更条件具备后另行主张办理海南房屋产权登记手续。后来 S 号房屋的两个查封解除后,邹阳再一次向法院提起了离婚后财产纠纷,要求沈静芝配合房屋过户,这次法院才判决沈静芝于判决生效后 7 日内配合邹阳办理 S 号房屋的产权过户手续。

协议离婚双方签署时虽简单,但是对方不配合办理房产的过户手续,后面可能面临诉讼,如本关联案件中邹阳与沈静芝通过协议离婚,但协议离婚后又经历了离婚后财产纠纷一审、二审、执行等程序。

第三,签署离婚协议同时办理离婚协议书公证。还有一种方法是协议离婚时,为了防止出现离婚后一方不配合过户的情况,可以在办理离婚时,双方到公证机关办理离婚协议书公证,以证明离婚协议书的真实性,这样房产管理部门会对离婚协议书予以认可。

(二)婚姻存续期间,房产登记在一方父母名下,另一方如何维权

第一,收集对方隐瞒财产的证据,与对方协商。离婚会涉及离不离、孩子抚

养权归谁以及财产怎么分的问题，有的当事人在离婚诉讼中隐匿了财产，也有的当事人因不掌握对方的财产情况导致应予分割的财产在离婚诉讼中没有分割，在离婚后一方当事人才发现对方在离婚诉讼时对部分财产进行了隐瞒，这时要把对方隐瞒婚姻存续期间财产的证据收集好，掌握对方在婚姻存续期间用共同财产购买房产，但又未登记在夫妻双方的名下的相关证据后，先与对方协商谈判，如果能够协商好分割方案，双方可自行签署协议，也可委托专业律师代为拟定相关协议。

如果无法自己收集证据，特别是涉及房产的案件，证据需要向房产管理部门调取，可后续再提起离婚纠纷后财产纠纷，申请人民法院调取。

第二，提起离婚纠纷后财产纠纷。案例一中陆红和于亮生在离婚判决后，陆红发现除离婚判决时海南的一套房产判归于亮生外，另外还有一套 N 号房屋，是在双方婚姻关系存续期间于亮生通过银行转账汇款和信用卡刷卡的方式购买的位于海南省三亚市的 N 号房屋，但登记的产权人为于亮生的母亲李美彩。

于亮生认为 N 号房屋登记在他母亲的名下，属于他母亲的合法财产，而且他母亲持有于亮生经营的美发店的股份，是用美发店的分红款支付的购房款，该房屋应当属于他母亲的合法财产，陆红不应当作为和于亮生的夫妻共同财产予以分割，如果陆红对该房产有争议应当另案起诉。

法院认为，因 N 号房屋登记在案外人于亮生的母亲李美彩的名下，陆红如果认为与于亮生的母亲李美彩形成借贷或者借名买房关系，可以另行解决。

第三，提起民间借贷纠纷。如果是借贷关系，即于亮生的母亲李美彩购买 N 号房屋是向陆红和于亮生借款，并出具了借条，需要提供买房时的借款的凭证，如借款协议、欠条或者其他书面证明借款的证据，辅以当时转账的银行流水账单，那么这种情况下不能作为夫妻共同财产进行分割，但是借给李美彩的钱款，在夫妻离婚时可以作为夫妻共同财产进行分割。

律师提醒，法院在离婚诉讼中已分割房产，男女双方在离婚后又主张借款，如果作为证据的欠条或借款协议只有夫或妻一方签字，并无另一方的签名，在没有其他相关证据佐证的情况下，法院一般不支持夫或妻一方父母的欠款主张。

如果是借名买房，在买房时签署了书面协议，应对房屋的权属明确约定。或者于亮生的母亲李美彩认可 N 号房屋系陆红和于亮生出资购买，仅是登记时登记在自己的名下，这种情况应当以夫妻共同财产分割。

涉及借款或者借名的房产,离婚时势必会对房产予以分割,无论是作为夫妻共同财产分割,还是案外人一方父母的财产,都要有相应的证据。没有相应的证据,仅在开庭时口头说是借名买房,很难得到法院的支持,买房时的出资很有可能被认为是对一方父母的赠与或者是借款。

(三)不当得利案件中受损人可要求返还的范围有哪些

返还不当利益的范围,包括原物和原物所生的孳息,原物的价金、使用原物取得的利益,也可能是其他利益。

案例二中,陆红和于亮生离婚后,涉诉房屋的性质由共同财产转变为陆红的个人财产,陆红对案涉房屋享有占有、使用、收益和处分的权利,于亮生在一审判决后,二审判决生效前根据《房屋租赁合同》收取武光炎的租金丧失了合法根据,且其行为让陆红的财产利益受损,构成不当得利,因此于亮生应当返还二审判决生效前收取租客武兴炎的租金和利息。实务中,根据得利人获利的善意和恶意,返还范围也有所不同。

第一,善意得利人的返还范围。善意得利人的返还范围以现存的利益为限,根据《民法典》第986条的规定,[①]取得的利益不存在时,得利人不负返还义务,如果取得的利益不存在,得利人应就此事实承担证明责任,但取得利益还存在,或者被转让给第三人时,得利人仍负有返还义务。

给付型不当得利的返还范围:原物存在的,应返还原物;原物不存在,如果原物因意外事件毁损灭失,应折价返还;原物被有偿转让第三人,得利人得到的利益大于受损人的损失时,返还实际获利额。得利人实际获利低于受损人的客观损失的,仍需返还实际获利额。

第二,恶意得利人的返还范围。恶意分两种情况,得利人如果从取得利益的一开始就知道没有合法根据而取得利益的自始恶意,以及得利人取得利益时并不知道没有合法根据,在取得利益后知道或者应当知道没有法律依据的嗣后恶意。

1. 自始恶意得利人的返还范围

(1)受领时所得的利益。除所受利益外,还包括基于该利益产生的利益,所

---

① 《民法典》第986条规定:"得利人不知道且不应当知道取得的利益没有法律根据,取得的利益已经不存在的,不承担返还该利益的义务。"

得之利益依性质或其他情形不能返还时，应折价返还，如果恶意得利人以所受利益不存在而主张免除返还义务的法院不予支持。

（2）所得利益的附加利息。所得利益为金钱的，还应返还利息，利息则按法定利率计算。

（3）赔偿损失。恶意得利人返还其所受利益后，如仍不足以填补受损人的损失，对不足部分应另行赔偿。此项损害赔偿，除积极损害外，还应包括消极损害。如有的当事人为了在离婚前转移财产，将房产转给亲戚，一方的亲戚明知没有法律根据而受领了用夫妻共同财产购买的房屋，房屋出售时房价上涨的，对于房价上涨所获得的房屋增值部分，也应当返还。如果不足以赔偿受损人损失的，还应包括损害赔偿，但注意此项损害赔偿请求权是不当得利请求权，非属侵权行为的损害赔偿，不以受损人对损害的发生具有故意或过失为要件。①

2. 嗣后恶意得利人的返还责任

嗣后恶意得利人的返还义务，应以知情的时间为节点，分别处理：在其知没有法律根据前的阶段，为善意得利人，得利人有权主张因所受利益不存在，仅返还现存利益，其因信赖有法律根据取得利益所支出的费用等，亦应扣除。在得利人知道获益没有法律根据后，负加重的返还责任。

综上，得利人自始恶意的返还范围，无论所受利益是否存在，返还范围为取得的全部利益，以及该利益产生的孳息。嗣后恶意的返还范围以知道没有合法根据的时间点为准，知情前为善意，知情后为恶意，知情前的返还范围同上述善意得利人的返还范围，知情后的恶意，返还范围同自始恶意得利人，为取得的全部利益以及产生的孳息。

（四）一方擅自将夫妻共同财产赠与第三者，另一方有权要回

卢梭曾经说过："婚姻的结合要求夫妻双方都要忠实，忠实是一切权利中最神圣的权利。"对每一个婚姻中的当事人来讲，婚外情无疑都是最不能容忍的。有配偶者违背公序良俗和社会道德与他人婚外同居，将夫妻共同财产赠送给第三者，剥夺夫妻另一方对夫妻共同财产的合法权利，另一方怎么救济呢？

1. 一方送给第三者房产或车辆

如果一方送给第三者的是实物，另一方需要提出证据证明房产和车辆是夫

---

① 参见王泽鉴：《债法原理：不当得利》（第 2 册），中国政法大学出版社 2002 年版，第 233～234 页。

妻双方结婚后购买的，属于夫妻共同财产。实务中，有的婚后房产仅登记在一方名下，是在婚后购买，另一方需要提供结婚的日期、购买房屋的时间、购房合同和发票。

(1)一方直接出资为第三者购买房产或车辆

夫或妻一方为了不被另一方发现，出资购买房产，将房产直接登记在第三者名下，基于房屋产权登记的公示效力，房屋产权人为第三者，另一方可起诉要回为第三者购房的款项。

要证明夫或妻一方用夫妻共同财产为第三者购房，可向法院提供买房的银行转账流水对账单、证人证言、微信聊天记录、一方出资为第三者缴纳房首付款及契税、偿还贷款凭证、装修发票等支出证据。

(2)将已购房产或者车辆过户给第三者

一方将夫妻存续期间的房产过户给第三者，即使该房产的产权人在一方名下，在未经另一方知情或追认的情况下，私自处分夫妻共同财产，侵犯了合法配偶的财产权益，赠与行为因违反公序良俗、夫妻忠诚义务而无效，根据《民法典》第 157 条的规定，民事法律行为无效、被撤销或者确定不发生效力后，行为人因该行为取得的财产，应当予以返还；不能返还或者没有必要返还的，应当折价补偿。因此，赠与行为被确认无效后，受赠的第三者应返还原房产或车辆。

(3)将已购房产或者车辆低价转让给第三者

夫或妻一方直接为第三者出资购房，或者将已购房屋过户给第三者，都可能被另一方发现，如果将婚内的房产转让给第三者，另一方较难发现事情真相。第三者主观上非善意，而且没有支付合理的对价，而是以低于市场价格购买房产，这种情况下，即使房子的产权人由夫或妻一方变更至第三者名下，另一方仍然可以以无权处分夫妻共同财产为由要回房产。

(4)以立遗嘱方式将房产或车辆赠与第三者

前面直接将购房资金赠与婚外情人、将已购房产或者车辆直接过户或者低价转让给婚外情人三种赠与行为，被另一方发现后要么返还相应的钱款，要么返还原房屋或车辆。有的当事人采取一种更为隐秘的赠给婚外情人的办法，以遗嘱方式赠与第三者房产或车辆，从表面上看遗嘱形式合法有效，遗赠行为是遗嘱人的真实意思表示，但一方将夫妻共同财产以立遗嘱的方式将房产赠给第三者，内容和目的因违反了法律规定和公序良俗，应属无效的民事行为。

最高人民法院在《中华人民共和国民法典婚姻家庭编继承编理解与适用》一书中明确指出:“有配偶者擅自将夫妻共同财产赠与婚外同居者,显然超出了日常生活需要的范围,侵犯了另一方的财产权利,该赠与行为无效,且赠与行为全部无效,而非部分无效,夫妻中的另一方有权以侵犯共有财产权为由请求婚外同居者予以返还。”最高人民法院民事审判第一庭也有这样的观点:“在婚姻关系存续期间,夫妻双方对共同财产不分份地共同享有所有权,夫或妻非因日常生活需要处分夫妻共同财产时,应当协商一致,任何一方无权单独处分夫妻共同财产;如果夫妻一方超出日常生活需要擅自将共同财产赠与他人,这种赠与行为应认定无效;夫妻中的另一方以侵犯共有财产权为由请求返还的,人民法院应予支持。”

律师提醒,实务中,赠与人的配偶以第三者获得的财产侵犯夫妻共同财产权利为由,要求返还财产或原房产或车辆,获得法院支持的可能性相对较高。如果是赠与婚外情人财产的一方自己直接向婚外情人起诉要求返还财产或原房产或车辆,得到法院支持的可能性相对较低。

现实生活中也存在“被第三者”的现象,这种第三者的利益也应当得到保护,但实务中法院认定难度较大。第三者取得财产适用善意取得制度吗?《民法典》第 311 条第 1、第 2 款规定:“无处分权人将不动产或者动产转让给受让人的,所有权人有权追回;除法律另有规定外,符合下列情形的,受让人取得该不动产或者动产的所有权:(一)受让人受让该不动产或者动产时是善意;(二)以合理的价格转让;(三)转让的不动产或者动产依照法律规定应当登记的已经登记,不需要登记的已经交付给受让人。受让人依据前款规定取得不动产或者动产的所有权的,原所有权人有权向无处分权人请求损害赔偿。”另外,根据《民法典》第 658 条的规定,赠与人在赠与财产的权利转移之前可以撤销赠与。夫妻一方将已购房产过户给第三者,不符合善意第三人取得该不动产的条件,不应适用善意取得制度,此第三者也非善意第三人,夫或妻一方的赠与行为无效,另一方可以以共有人的身份请求法院确认一方擅自处理夫妻共同财产的行为无效。

2. 一方送给第三者金钱

夫或妻一方除送给第三者房子、车子、包包外,还会送给第三者金钱,《民法典》第 1062 条第 1 款规定:“夫妻在婚姻关系存续期间所得的下列财产,为夫妻的共同财产,归夫妻共同所有:(一)工资、奖金、劳务报酬;(二)生产、经营、投资的收益;(三)知识产权的收益;(四)继承或者受赠的财产,但是本法第一千零六十三条第三项规定的除外;(五)其他应当归共同所有的财产。”

夫妻对婚姻存续期间的财产享有平等的处理权,在夫妻双方未选择其他财产制的情形下,夫妻双方对共同财产形成共同共有,而非按份共有,只有在共有关系终止时,才可对共同财产进行分割,确定各自的份额。夫或妻非因日常生活需要对夫妻共同财产作出的重要处理决定,夫妻双方应当平等协商,取得一致意见后再予以处分。

一方如果送给第三者的是金钱,除非夫妻之间签订过婚前财产协议,否则夫或妻一方擅自处理夫妻共同财产,侵害了另一方对共同财产的合法权利。但送给第三者的金钱还能要回来吗?

案例二中,于亮生送给婚外情人王露的财产高达 2,660,000 元,陆红可以以不当得利为由起诉王露,把王露作为被告,于亮生作为第三人,要求王露返还其不当得利。对于于亮生在王露过生日时送的价值 50,000 元高尔夫套杆,高尔夫套杆还存在的,可要求返还原物;如果无法返还原物,可按照原物的价值折算成金钱偿还;如果这套高尔夫套杆已转让第三人的,王露应返还实际获得利益的金额。

根据《民法典》第 153 条的规定,违反法律、行政法规的强制性规定的民事法律行为无效。违背公序良俗的民事法律行为无效。陆红可向法院提起诉讼,主张送给王露的财产是婚后夫妻共同财产,在证据准备上,可准备于亮生和王露存在不正当男女关系的照片、开房记录、微博截图;银行转账流水,如果无法打印,可在立案后申请法院调取银行转账流水;微信聊天记录、微信朋友圈、微信转账记录及支付宝转账等截图;淘宝、京东、拼多多等购物平台等购物截图。于亮生因与王露之间的不正当男女关系向王露多次转款共计 2,660,000 元,以及赠送生日礼物高尔夫套杆,属于处分夫妻共同财产的行为。该行为既非因日常生活需要,又未经共同财产所有人陆红同意,损害了陆红的利益,且有悖公序良俗原则,王露所得为不当得利。陆红可以基于其对夫妻共同财产的合法权利向婚外第三者王露主张返还不当得利。

第六节　法律速递

《民法通则》(已废止)

第九十二条　没有合法根据，取得不当利益，造成他人损失的，应当将取得的不当利益返还受损失的人。

《民法总则》(已废止)

第一百二十二条　因他人没有法律根据，取得不当利益，受损失的人有权请求其返还不当利益。

《民法典》

第一百二十二条　因他人没有法律根据，取得不当利益，受损失的人有权请求其返还不当利益。

第九百八十五条　得利人没有法律根据取得不当利益的，受损失的人可以请求得利人返还取得的利益，但是有下列情形之一的除外：

(一)为履行道德义务进行的给付；

(二)债务到期之前的清偿；

(三)明知无给付义务而进行的债务清偿。

第九百八十六条　得利人不知道且不应当知道取得的利益没有法律根据，取得的利益已经不存在的，不承担返还该利益的义务。

第九百八十七条　得利人知道或者应当知道取得的利益没有法律根据的，受损失的人可以请求得利人返还其取得的利益并依法赔偿损失。

第九百八十八条　得利人已经将取得的利益无偿转让给第三人的，受损失的人可以请求第三人在相应范围内承担返还义务。

第十三章　离婚关联案之股东资格确认纠纷及法律应对

第一节　案由解读

股东资格确认纠纷是指股东与股东之间或者股东与公司之间就股东资格是否存在，或者具体的股份持有数额、比例等发生争议而引发的纠纷。根据《民事诉讼法》第27条的规定，因股东资格确认纠纷提起的诉讼，由公司住所地人民法院管辖。公司住所地指公司主要办事机构所在地，公司办事机构不明确的，由其注册地人民法院管辖。根据《公司法司法解释(三)》第21条的规定，当事人向人民法院起诉请求确认其股东资格的，应当以公司为被告，与案件争议股权有利害关系的人作为第三人参加诉讼。

因夫妻离婚引发的股东资格确认纠纷，实质是夫妻一方对涉诉股权提起的权属确认之诉，要求公司确认其股东资格。婚姻关系存续期间，夫与妻相互享有家事代理权，这种代理权延伸至夫或妻名下的股权管理。表面上，被登记一方为公司股东，依法享有股权收益、参与公司决策与管理，公司股权架构因夫妻婚内稳定的财产状态而处于相对确定性、稳定性状态。夫妻一旦离婚，夫妻财产共有关系和相互代理权随着婚姻关系的解除也一并解除，夫妻双方对各自名下的个人财产以及婚内共有财产主张析分。此时，一方配偶名下的股权将面临“归属哪方所有、如何分配各方股权比例”之抉择困局，进而引发夫妻间的股东资格确认纠纷。

但公司股权并非单一的财产权利，股权社员权说认为，股份有限公司是以股东为社员的社会团体，股东权是股东认缴公司资本而取得的相应份额的社员权，这种权利强调股东权利与义务的集合，更侧重于保护个人股东在集体中的主体地位与参与集体事务的权利。[1] 因此,因离婚引发的股东资格确认纠纷,不仅关乎夫妻间的财产关系,往往还涉及公司、股东的相关利益。司法实践中,不仅应限于民法典婚姻家庭编的规范调整范围,还需结合公司法的规定平衡适用。

第二节 关联案例

一、因夫妻共有股权引发的关联案件

离婚案件中,非持股配偶[2]主张对股权进行分割的,首先应当明确股权是否为夫妻共同财产。若存在以下情形,可以认定为夫妻共有股权:(1)夫妻一方婚前取得,婚后通过协议约定为夫妻共同所有的股权;(2)用夫妻共同财产出资,在婚内取得的股权;(3)夫妻一方在婚内因继承或者受赠取得的,遗嘱或赠与协议中未明确仅归一方所有的股权。

夫妻离婚时的财产纠纷,若涉及共有股权的分割,人民法院通常参照《〈民法典〉婚姻家庭编解释(一)》的相关规定进行处理,主要情形有:

情形一,一人公司的股权分割,参照《〈民法典〉婚姻家庭编解释(一)》第75条的规定,若非持股配偶主张分割股权,一人公司持股配偶愿意与其共同经营的,双方各取得50%的股权,一人公司变更为有限责任公司;若一人公司持股配偶不愿与其共同经营的,则由一人公司持股配偶按照股权的价值补偿给另一方。若夫妻双方均不愿意经营该公司的,按照《公司法》的相关规定对公司进行清算。清算之后,双方再对公司的剩余资产进行分割。

情形二,有限责任公司的股权分割,在无公司章程事先约定时,参照《〈民法典〉婚姻家庭编解释(一)》第73条的规定,若夫妻双方协商一致将出资额部分或者全部转让给该股东的配偶,其他股东过半数同意,并且其他股东均明确表示放弃优先购买权的,非持股配偶可以按照共有股权分割后取得的股权比例成为该公司股东;若其他股东半数以上不同意转让,但愿意以同等条件购买该出资额

---

① 参见黄海涛:《婚姻纠纷裁判思路与疑难案例》,中国法制出版社2018年版,第171~172页。

② 注释:本章所述"非持股配偶",是指基于夫妻身份关系对登记于另一方配偶名下或由另一方配偶实际控制的股权享有共有权的配偶,但其并非公司股东名册或工商登记的在册股东。与之相对应,被直接登记为股东或实际控制股权的另一方配偶则称为"持股配偶"。

的，人民法院可以对股权转让所得的财产进行分割；若其他股东半数以上不同意转让，也不同意以同等条件购买该出资额的，视为同意转让，该股东的配偶可以成为该公司股东。

在股权权属明晰、夫妻协商一致直接对股权出资额分割的情况下，共有股权可以在离婚时一并分割。若夫妻对股权价值无法协商一致、无法取得其他股东认可，或存在股权代持、夫妻共同出资情况不明等情况，该股权往往无法在离婚案件中一并处理，将由此引发关联案件，配偶一方需另行提起确权之诉。

(一)股东资格确认纠纷——登记于一方配偶名下的共有股权

用夫妻共同财产投资，在婚内取得并直接登记于一方配偶名下的股权，另一方配偶可请求确认其为公司股东，并按共有比例持有相应的股权份额。根据《公司法司法解释(三)》第22条的规定，出资是认定其是否具有股东资格的重要判断依据。在司法实践中，涉诉股权为夫妻共有的前提是该股权以夫妻共同财产出资取得。此类案件的争议焦点主要为：其一，涉诉股权的原始出资款是否来源于夫妻共同财产；其二，非持股配偶请求确认其公司股东身份和持股比例，是否符合公司章程约定或《公司法》的相关规定。离婚案件中，若共有股权在离婚时无法一并处理，非持股配偶则需以公司为被告、持股配偶为第三人，另行提起股东资格确认之诉，请求确认股权系夫妻共同共有、请求按共有财产的分割比例确认其股东资格。法院基于夫妻共同出资情况和公司人合性规范，对另一方配偶的股东身份、持股比例进行确认。若涉诉股权因其他诉讼纠纷已被第三人申请执行或冻结，导致非持股配偶无法顺利将股权变更登记至自己名下，则还需再行提起执行异议之诉。

(二)股东资格确认纠纷——登记于第三人名下的共有股权

婚姻关系存续期间，用夫妻共同财产投资，但登记于第三人名下的股权，实质是在夫妻共同财产的基础上建立了股权代持关系。离婚时，夫妻双方往往因股权权属不明无法分割。配偶一方需先就该股权代持关系提起股东资格确认之诉，此类纠纷相较于直接确认登记于配偶一方名下的股权更为复杂。其间涉及夫妻双方作为隐名股东的实际出资、配偶一方与第三人的代持合意。现实中，常见一方配偶假借亲友名义进行股权代持，以实现转移、隐匿夫妻共有股权之目的。但从出资款项来源、分红收益进行分析，又呈现出配偶一方实际出资、实际取得收益分红的事实,由此得以证明配偶一方与名义股东存在股权代持关系。此时,另一方配偶作为利害关系人,有权以公司和显名股东为被告,提起股东资格确认之诉,请求确认配偶的隐名股东身份。在法院判决确认夫或妻为实际股东后,另一方配偶可就生效判决确认的共有股权提出分割请求,或直接向转移、隐匿夫妻共有股权的过错方配偶主张相应份额的损失赔偿。

二、因夫妻股权协议引发的关联案件

上文所述之共有股权的确认纠纷,均以夫妻共同财产出资为前提。现实中,夫妻亦可通过协议的方式将婚前归属一方的股权共享给另一方,即夫妻内部约定将婚前股权份额归属另一方个人所有或双方共同共有。该协议签订的时间可在婚前、婚后或离婚纠纷期间,主要表现形式为婚前赠与协议、婚内财产协议、离婚协议。协议内容涉及股权的转让、赠与或权属确认,在夫妻内部产生约束力。但股权既包含财产性权利的内容,也包含非财产性权利的内容,实际上是由财产性权利和非财产性权利构成的权利束。[①] 公司股东实质上享有决策、管理、监督公司运营的权利,股东之间亦存在类似于合伙人的紧密纽带。因此股权的非财产性权利,并不因夫妻的财产约定而发生转让。若非持股配偶主张加入公司成为新股东,势必改变公司股东人合性之格局,进而牵涉公司以及其他股东的利益。由此,夫妻感情破裂、婚姻关系解除后,配偶一方基于夫妻股权协议请求公司确认其股东身份,必然引发系列的股东资格确认纠纷。

(一)股东资格确认纠纷——婚前股权赠与协议

配偶一方在婚前取得的股权,属于个人财产。通过婚前股权赠与协议,一方配偶将其名下的股权赠与给另一方,但并未办理股权变更登记,而是由原持股配偶婚后代持。该股权并不因赠与协议的生效而发生转让,根据《公司法司法解释(三)》第24条的规定,受赠配偶未经其他股东过半数同意,不能登记为公司股东。夫妻双方虽在婚前签订股权赠与协议,但该股权始终登记于持股配偶名下未作变更,所得股权分红亦直接用于家庭生活,实质上为夫妻间的股权代持关系。离婚时,若非持股配偶就该股权主张权利,只能先提起股东资格确认之诉,确认持股配偶名下的股权系其实际所有。但在司法实践中,持股配偶可能主张

① 参见刘俊海:《现代公司法》,法律出版社2008年版,第172页。

婚前赠与协议无效或可撤销,公司亦将抗辩夫妻间的内部协议对公司没有约束力。非持股配偶基于婚前赠与协议,请求确认其享有的股东资格,应当证明自己已经受让或者以其他方式继受公司股权,即在证明赠与协议有效的前提下,还需证明公司股东对配偶之间的股权代持关系达成明示或默示同意。

(二)股东资格确认纠纷——婚内股权归属协议

根据我国《民法典》第 1065 条的规定,男女双方可以约定婚姻关系存续期间所得的财产以及婚前财产归各自所有、共同所有或部分各自所有、部分共同所有;约定应当采用书面形式。夫妻对婚姻关系存续期间所得的财产以及婚前财产的约定,对双方具有约束力。婚姻关系存续期间,夫妻双方就登记于各方名下的股权,约定归另一方配偶个人所有或夫妻共同共有的,在夫妻双方离婚财产分割时若未涉及该股权的归属与分割,非持股配偶可就该股权向法院另行提起股东资格确认之诉。该股东资格被确认的前提是,必须得到公司其他股东的一致同意,或虽未得到明示同意,但亦无股东主张行使优先购买权。

(三)股东资格确认纠纷——离婚股权分割协议

根据《民法典》第 1076 条、第 1078 条的规定,夫妻双方自愿离婚的,应当签订书面离婚协议,对财产以及债务处理等事项协商一致的,予以登记离婚。协议离婚时,夫妻双方可对股权归属和份额分割事宜作出约定。此时,共有股权的财产归属虽已在夫妻之间的内部离婚协议中得以明确,但该协议不产生对外的法律约束力,即该股权约定不对公司其他股东产生效力,非持股配偶不能基于该协议径直成为公司股东。根据《〈民法典〉婚姻家庭编解释(一)》第 73 条的规定,夫妻双方就出资额转让份额和转让价格等事项协商一致后,过半数股东不同意转让,也不愿意以同等价格购买该出资额的,视为其同意转让,该股东的配偶可以成为该公司股东。夫妻双方以离婚协议的方式,对名下股权的出资转让份额协商一致后,非持股配偶若欲以此向公司主张自己成为公司显名股东,需另行得到其他股东认可。因此,在实践中存在大量离婚协议中共有股权分割难以执行的情况。夫妻双方协议离婚后,持股配偶若拒绝配合股权过户登记,公司和公司其他股东拒绝配合股权转移登记的,非持股配偶只能根据《〈民法典〉婚姻家庭编解释(一)》第 69 条的规定,就离婚协议发生的财产纠纷提起诉讼,要求股权配偶、公司和其他股东配合执行。此类诉讼涉及离婚协议中股权权属确认,应以持股配偶、公司以及其他股东为被告或第三人，提起股东资格确认之诉。

第三节　案例精选

【案例一】前夫背信私转股，妻子起诉反确权

深情的人儿容易深陷爱情的花言巧语。婚内信誓旦旦，不爱金钱只爱你。离婚后，却为获得财产背信弃义。婚姻关系存续期间，丈夫哄骗妻子将自己的嫁妆和工资所得用于投资入股，由丈夫出面与第三人签订股权代持协议，股权交由丈夫代为管理，双方约定所有权和股权收益最终归妻子个人所有。丈夫看似是为妻子的财富增值深谋远虑，实则心怀鬼胎。夫妻离婚后，丈夫径直将他人代持的股权变更登记至自己名下。懵懂天真的妻子该如何要回本属于自己的股权？

梁伊与吴宇成2008年经相亲认识，两人情投意合步入婚姻殿堂。婚后，吴宇成一心投入工作无心家庭，为人又小气刻薄。2013年6月19日，两人在激烈争吵后一拍两散协议离婚，约定婚内财产归各自所有。但没过半个月，吴宇成深表悔恨，再次追求梁伊请求复婚。梁伊被吴宇成的诚意打动，两人于2013年7月17日再次登记结婚。婚后，吴宇成一改以往冷漠，对梁伊关怀备至。2015年7月，吴宇成欲投资金运通公司，但资金有限。于是，吴宇成说服梁伊将其复婚前的积蓄包括嫁妆，都用于购买金运通股票。鉴于梁伊系公职人员，不便显名持股，吴宇成便建议将股权登记于他人名下代持，并承诺股权的所有权和收益均归梁伊个人所有。2015年7月29日，吴宇成与张蒙签订《代持协议书》，约定为：吴宇成出资250万元，由张蒙出面购买金运通公司5%的股权并代持，代持期限为取得时起三个月，三个月后张蒙配合吴宇成到工商部门办理股权转让手续，将该股权转让给吴宇成。同日，梁伊通过其银行账户向吴宇成转账240万元，吴宇成通过其银行账户向张蒙转账250万元。

投资后，吴宇成开始对梁伊爱搭不理，还公然出轨富婆。梁伊在与吴宇成的争吵过程中，方得知股权已登记于张蒙名下。梁伊到金运通公司大闹，吴宇成为了稳住梁伊，向其出具便条载明："张蒙代持股的250万元出资款最长一个月内归还，若因代持股权未能对外转让而无法归还出资款，则由梁伊直接成为金运通公司股东，持股5%。"2016年1月11日，梁伊与吴宇成的婚姻走到尽头，前往民

政局登记离婚,签订的《离婚协议书》内容为:“双方婚后各自收入归各自所有,双方确认婚姻期间无其他共同债权、无共同债务。”同年6月1日,吴宇成向北京仲裁委员会提出申请,要求张蒙按照《代持协议书》约定,将所持金运通公司5%的股权登记变更至吴宇成名下。北京仲裁委员裁决支持了其请求。金运通公司亦按照裁决书的内容作出工商变更登记,将吴宇成登记为公司股东。

梁伊知悉后非常愤慨,担心自己240万元的多年积蓄送了白眼狼。咨询律师后,梁伊先向法院申请撤销上述仲裁裁决。但法院认为,仲裁委审查的实体问题不属撤销裁决的法定事由,裁定驳回梁伊的撤销申请。随即,梁伊又以金运通公司为被告,吴宇成为第三人,向法院提起股东资格确认之诉。梁伊诉称吴宇成违反夫妻约定,擅自将张蒙代持的夫妻共有股权变更至其名下,损害了其财产利益。庭审中,第三人吴宇成辩称梁伊转让的240万元系夫妻日常经济往来,不存在委托代持关系,其婚内书写《便条》目的是安慰梁伊不闹事,不具有法律效力;双方《离婚协议书》明确约定各自名下财产归各自所有,案涉股权为吴宇成个人财产,与梁伊无关。被告金运通公司股东向法庭出具《股东意见书》声明:“就梁伊诉公司股东资格确认纠纷一案,我方尊重法院判决,如确认梁伊的股东资格,我方表示同意。不行使股份优先购买权。”

一审法院认为,本案诉争股权购买于夫妻婚姻关系存续期间,出资额240万元由梁伊账户转出。吴宇成在婚内书写《便条》确认涉诉股权归梁伊所有,该意思表示真实,未违反法律、行政法规的强制性规定,应属合法有效,对其具有约束力。同时,在《离婚协议书》中未见双方就本案诉争股权的处分进行明确约定,故本案诉争股权属于梁伊个人所有。吴宇成未履行便条约定义务,以仲裁的方式将诉争股份变更至其个人名下,构成违约。庭审中,金运通公司过半数股东明确表示对本案诉争股权不行使优先购买权。据此,梁伊要求将诉争股权由吴宇成名下变更至其名下的主张,法院予以支持。

【案例二】假借亲友偷梁换柱,股权分红原形毕露

我待你如初恋,你却移情别恋。当婚姻遇到婚外情,可怕的不是背叛,而是背叛者与情人里应外合的机关算尽,步步为营。妻子婚内出轨,情人为其出谋划策,将名下的夫妻共有股权转让给亲属代持。离婚时,因股权登记于他人名下,无法被认定为夫妻共同财产予以分割。丈夫该如何维权,请看本案分析。

白小天、何欣系自由恋爱，于2006年登记结婚。两人均为高学历知识分子，婚后共同投资教育机构。2011年，夫妻二人对外以何欣的名义与许一、何姗姗、程丽丽、蒋武(4人均为何欣的亲友)签订《合资协议书》："共同出资400万元承租写字楼用于开办培训机构，何欣占有该承租物业使用权的40%份额。"上述投资款汇至白小天账户后，一次性支付给出租方。后期，上述投资人再次协议出资650万元注册成立天才公司，投资人认缴、实缴额以及持股比例与《合资协议书》约定的物业份额比例一致。白小天、何欣夫妻二人继续以何欣名义认缴出资260万元，持有天才公司40%的股权。

公司注册登记期间，白小天被派驻国外调研，将所有积蓄暂交何欣用于投资。白小天出差期间，何欣出轨一位英俊有才的情郎，两人感情迅速升温。在情郎的策划下，何欣将公司的注册股东变更为其妹夫张晨，由其妹夫代持公司40%股权，并将投资款260万元通过其妹何姗姗账户，再转至公司账户。2012年8月，天才公司正式登记成立，情郎帮助何欣打理公司。2014年12月，白小天结束国外工作回家，意外撞见何欣与情郎私会，两人激烈争吵后开始分居。2015年1月白小天向法院起诉离婚，法院判决不准予离婚；2015年8月白小天第二次起诉离婚，法院经审理判决，双方婚姻关系自2015年9月18日正式解除，但涉诉股权因登记于案外第三人名下，不予处理。

2015年12月，白小天以天才公司为被告、张晨为第三人，向法院提起股东资格之诉，向法院提出诉讼请求：确认白小天和何欣为天才公司40%股权的实际股东。庭审前，白小天向法院申请调取令，经查：张晨40%的投资款系从何欣账户转至其妻何姗姗账户，再转入公司，转账备注为"何40%投资"。自公司成立起至起诉时，天才公司陆续向公司股东转账分红，其中何欣账户收到分红款共计120万元。同时，财务信息显示，天才公司已无盈利分红，经营处于亏损状态。对此，张晨抗辩称：天才公司40%的股权系其实际持有，并不存在帮何欣代持的情况。法院经审理认为，天才公司40%的股份出资款实际来源于何欣账户，且备注为"何40%投资"，后期分红收益亦直接转至何欣账户。结合白小天提供《合资协议书》及转账凭证，可知何欣与白小天已投资160万元用于承租公司经营所需的写字楼场地，在未有任何获利的前提下，何欣径直放弃天才公司的股份不符合常理。据此，法院确认何欣为天才公司40%股权的实际股东，张晨系代持。但本案现有证据，无法证明天才公司其他股东已同意白小天成为公司股东，故法院对白小天的股东身份不予确认。

上述判决生效后,白小天向法院提起财产损害赔偿纠纷。法院经审理,确认何欣实际持有的天才公司40%的股权,属于白小天与何欣婚姻关系存续期间取得的夫妻共同财产。鉴于何欣存在婚内借他人名义隐匿、转移财产的过错,在财产分割上对何欣酌情少分。最终法院判决按照白小天60%、何欣40%的比例分割案涉股权及分红,白小天取得天才公司24%的股权以及72万元分红收益款。

【案例三】股东联手排异己　协议一签难确权

家族联姻,门当户对,但婚姻若仅追求财富上的匹配终究无法长远。女子遵从父母之命,媒妁之言,嫁给了当地家企的长公子。婚前,未婚夫将其名下30%的公司股权赠与女子,原以为从此家庭和睦、衣食无忧。岂料丈夫婚后风流成性,还联手家族股东将原本相赠的股权转让。本案例讲述豪门家族离婚引发的股权确认纠纷。

2003年,陈大与其三子陈一、陈天、陈小共同出资316万元设立远翔公司。其中,长子陈一出资79万元,占股25%,担任公司总经理负责公司的实际运营。2006年,李总看重陈一的才干,欲将其女李芳许配给陈一。陈一看重李家商业资源,积极追求李芳。李芳被陈一的诚意所打动,同意与之成婚。经双方父母提议,陈一与李芳签订婚约协议,内容为:陈一将持有的家族公司股权的30%即7.5%赠与给李芳个人所有。2008年12月,双方签署婚内协议,再次明确婚前发生的股权代持情况,但该股权仍然登记于陈一名下未变更。之后,陈一开始在外寻花问柳,二人感情逐渐冷淡。2013年7月远翔公司的写字楼将被征收,李芳担心自己的股东权益受损,多次向公司其他股东发短信声明李芳享有远翔公司7.5%的股权,要求显名,但未得到股东回复。

2013年9月16日,李芳再次向陈一要求将其登记为公司股东。但陈一以公司即将被征收,负债累累为由,哄骗李芳与远翔公司、陈一签订《协议书》,三方在《协议书》中对远翔公司拆迁补偿款分配进行约定,内容为:"补偿款按照股份比例分配,陈一本应分补偿费322,371.4元。现公司按陈一指示从补偿款中取整50万元人民币,汇到李芳银行账户。李芳收款后,远翔公司后期拆迁事宜与李芳无任何关系。"次日,陈一与三位亲属股东签订退股协议书,约定:远翔公司由于拆迁(拆迁款已按股份分配),陈一不愿意继续投资建厂,自愿退股,原25%

股权转让给陈天，各方协商公司现有资产折合人民币 50 万元补偿给陈一。8 月底，李芳收到补偿款 50 万元，公司股东亦完成股权变更登记。

2016 年，李芳娘家生意衰败，陈一在情人利诱下，向法院起诉离婚，法院于 2017 年 8 月 29 日判决解除二人婚姻关系。对于李芳在庭审中主张的 7.5% 远翔公司股权，法院认为李芳与陈一、远翔公司之间已达成协议，约定李芳收到 50 万元拆迁补偿款后与远翔公司无任何关系，该协议系各方真实意思表示，合法有效，故对李芳主张分割公司股权的诉讼不予支持。

2018 年，李芳以确认合同效力纠纷为由将远翔公司、陈一起诉至法院，主张其签订《协议书》时，陈一故意隐瞒公司实际盈利情况和巨额补偿，欺骗其与之签订《协议书》，并非自己的真实意思表示，请求法院确认 2013 年 9 月 18 日李芳与远翔公司、陈一签订的《协议书》无效。一审法院经审理认为，《协议书》中三方对拆迁补偿款的分配达成一致意见，不存在无效情形，李芳提供的证据不足以证明其在签订《协议书》受到欺诈，故判决驳回李芳的诉讼请求。后李芳上诉，二审驳回上诉，维持原判。

2019 年，李芳又向法院提起股东资格确认之诉，以远翔公司为被告，将公司其他股东列为第三人，请求确认李芳为远翔公司的股东并享有 7.5% 的股权。庭审中，远翔公司和公司股东均明确表示不认可李芳的股东身份，认为《协议书》签订后，原股东陈一已将股权转让，李芳与陈一均非公司股东。一审法院认为，李芳在《协议书》中已明确表示远翔公司与其不存在关系，亦无证据证明其系远翔公司的隐名股东。退一步而言，即便李芳委托陈一代持股权的事实成立，李芳显名为公司股东的请求亦未能得到远翔公司其他股东半数以上认可，故一审驳回李芳的诉讼请求。李芳上诉至中级人民法院，二审维持原判。

第四节　维权指引

一、哪类股权争议，需非持股配偶另案提起股东资格确认之诉

涉及第三人股东的非上市公司股权争议，非持股配偶通常需先提起股东资格确认之诉。此类公司股权的分割确认，有别于个人独资企业股权、夫妻二人公司股权、合伙企业股权份额、上市公司股票。根据《公司法》与民法典婚姻家庭

编的相关规定及司法解释：(1)个人独资企业若以夫妻婚后共同财产设立或出资，分割时一方配偶取得企业所有份额、另一方配偶按比例获得价值补偿；若双方均不主张股权份额，则对企业解散清算后分割剩余资产。(2)夫妻二人公司股权的分割，若双方均愿意继续共同经营，可直接分割股权比例；若双方均要求清算，则清算后的剩余资产作为夫妻共同财产分割；若仅一方要求保留，则将相应股权份额转让给第三人，另一方退出并获得补偿。(3)合伙企业的股权分割、转让，需征求其他合伙人同意，若其他合伙人同意，则配偶依法取得合伙人地位；若其他合伙人不同意，可行使优先购买权，夫妻对转让所得财产进行分割；若其他合伙人既不同意转让，又不行使优先购买权，但同意退伙，则夫妻对退伙取得的财产进行分割；若其他合伙人既不同意转让，又不同意退伙，也不行使优先购买权，则视为同意转让，该配偶取得合伙人地位。(4)上市公司的股票，在离婚时可按市价进行分割，若按市价分割有困难的，可以根据数量按比例分割。

上述4类股权的分割方式，法律均有明确的规定，可在离婚纠纷中一并分割处理。但对于涉及第三人的非上市公司股权，权利内容包含重大决策权、选择经营管理者权以及资产收益财产权等。非持股配偶仅可对股权的财产利益主张共有权。对上述夫妻之间的财产权益认定和处理均可能涉及案外人的合法权益，多数法院在离婚诉讼中通常不作处理，由原、被告另案主张。由此，非持股配偶只能在夫妻离婚后，通过股东资格确认之诉以确认其股东身份。

值得强调的是，未实际出资的股权不影响股权分割。根据2014年2月7日国务院《关于印发注册资本登记制度改革方案的通知》，公司注册登记实行注册资本认缴制，公司股东可以认缴股份并在公司章程中自主约定缴纳的期限。换言之，股东是否已实际出资对股东决策权、转让权、质押权、分红权均无实质影响，非持股配偶对此类瑕疵股权，亦可提起股东资格确认之诉。

二、非持股配偶请求将其登记为公司股东，是否需经其他股东同意

根据《公司法》第71条的规定，有限责任公司股东向股东以外的人转让股权，应当经其他股东过半数同意；在同等条件下，其他股东有优先购买的权利；公司章程对股权转让另有规定的，从其规定。但有限责任公司的股东之间可以相互转让其全部或部分股权。综上可知，若夫妻双方均为公司登记在册的股东，无论持股比例多少，离婚时夫妻之间股权可自由分割转让，不影响公司的人合性，

夫妻之间可以直接按分割确定的股权比例完成变更登记。

若配偶一方并非公司的在册股东，此时非持股配偶属于公司股东以外的人，若非持股配偶主张登记为公司股东，实质是要求持股配偶向非持股配偶转让其名下相应比例的股权。非持股配偶主张享有股东资格的权利基础来源于夫妻共有股权分割，或配偶之间的股权代持关系。无论何种权利基础，根据《公司法》第71条的规定，非持股配偶请求确认其为公司的登记股东，应经公司其他股东过半数同意，但章程另有约定的除外。换言之，若股东在公司章程中约定夫妻之间的股权可自由转让，非持股配偶可随时要求持股配偶将相应比例的股权转移登记至其名下，无须其他股东同意。

三、出现哪些情形，可提起股东资格确认之诉维权

（一）夫妻协议明确股权归属，但公司不配合过户登记的

夫妻间的股权分割协议，包括婚前财产赠与协议、婚内财产协议、离婚后财产分割协议，若持股配偶约定将其名下的股权部分或全部归属于另一方配偶所有，其实质是夫妻间的股权转让协议。根据《公司法》的相关规定，股东向股东以外的人转让股权，应当经其他股东过半数同意；股东应就其股权转让事项书面通知其他股东征求同意；经股东同意转让的股权，在同等条件下，其他股东有优先购买权。

因此，夫妻双方对股权归属协商一致并不意味着夫妻之间股权发生转移的效果。非持股配偶请求加入公司成为股东，需征求其他过半数股东的同意。若无法得到符合法律规定人数的股东认可，非持股配偶可以公司为被告，将其他股东列为第三人，提起股东资格确认之诉。以夫妻股权协议为基础提起的股东资格确认之诉，前提是存在合法有效的书面股权协议，即夫妻之间明确约定股权归属，该协议应由双方自愿达成，对各方具有约束力，且不违反法律、行政法规的强制性规定，不违背公序良俗。诉讼前，建议配偶将协议中涉及的股权分割事宜书面通知公司其他股东，并留存通知送达证据。

（二）登记在持股配偶名下的股权，在离婚时无法一并处理的

根据《〈民法典〉婚姻家庭编解释（一）》第26条之规定，“夫妻一方个人财产在婚后产生的收益，除孳息和自然增值外，应认定为夫妻共同财产”，即除当事

人另有约定或者法律另有规定外，婚姻关系存续期间所得的股权应为夫妻共同财产。根据《民法典》第 1063 条之规定，婚姻关系存续期间，一方配偶继承或受赠所得的股权，若遗嘱或者赠与合同中未明确为一方单独所有，均应认定为夫妻共同股权。但在离婚纠纷中，若夫妻共有股权分割涉及公司、公司其他股东或第三人利益，抑或权属性质存在争议，该股权很难在离婚纠纷中得到一并处理。非持股配偶只能另案提起股东资格确认之诉。

基于配偶一方名下的股权提起的股东资格确认纠纷，其法理基础为夫妻共同财产，即非持股配偶因夫妻的共同财产出资而享有股权的共有利益。在举证责任承担上，婚姻关系存续期间取得的股权，通常直接视为夫妻共同财产；若一方配偶主张涉诉股权属于个人所有，则需承担较重的举证责任，应提供充分证据证明股权出资源于个人财产。根据上文所述，非持股配偶作为共有股权的实际出资人，请求公司变更股东、签发出资证明书、记载于股东名册、记载于公司章程并办理公司登记机关登记的，同样需经过公司其他股东半数以上同意。

（三）由他人代持的共有股权，有利害关系的配偶无法主张股权

配偶一方在婚内以个人名义与第三人签订股权代持协议，另一方配偶是否有权作为原告向法院起诉确认股东资格？根据《民事诉讼法》的相关规定，当事人必须是发生民事争议一方，与案件具有直接利害关系。一方配偶是否在婚内与第三人构成股权代持关系，与另一方配偶存在的共同财产上的利害关系。作为代持协议一方主体的配偶怠于起诉代持第三人，另一方配偶有权作为利害关系人提起股东资格确认之诉。此种情形下，实质上发生两层法律关系，第一层系作为实际股东的配偶与第三人之间的股权代持关系，第二层系作为实际股东的配偶与非持股配偶之间的夫妻股权共有关系。

根据我国公司法司法解释的规定，当事人之间对股权归属发生争议，一方请求人民法院确认其享有股权的，应当证明以下事实之一：(1) 已经依法向公司出资或者认缴出资，且不违反法律、行政法规的强制性规定；(2) 已经受让或者以其他形式继受公司股权，且不违反法律、行政法规的强制性规定。换言之，一方配偶应以其实际履行出资义务为基础向名义股东主张权利，包括以夫妻共同财产履行了出资义务。同时，还应举证配偶与第三人就股权代持达成合意，具体可通过转账凭证、聊天记录、分红记录予以佐证。若配偶曾实际参与公司管理，亦可通过公司股东会议记录、会议通知、股东内部名册，证明配偶为公司的实际股

东。此类案件中,法院通常仅确认一方配偶与第三人的股权代持关系。一方配偶的实际股东身份确认后,另一方配偶方可据此主张离婚后财产分割;若代持人与实际持股配偶的代持关系,系双方恶意串通、企图掩饰、隐瞒、转移夫妻共同财产,另一方配偶亦可据此主张对方少分或不分共有股权。

第五节 律师忠告

一、夫妻间的股权协议,约定内容应严谨全面

夫妻间股权赠与协议,形成于婚前或婚姻关系存续期间,一方配偶单方表示将其个人所有的股权全部或部分赠与给另一方配偶。根据《民法典》第 658 条、第 660 条的规定,赠与人在赠与财产的权利转移之前可以撤销赠与,但经过公证或具有救灾、扶贫、助残等公益、道德义务性质的赠与合同不得撤销。股权转让需要办理变更登记手续,夫妻间股权的赠与,在未办理股权变更登记前,股权未发生转移,赠与方配偶有权行使任意撤销权,但是股权赠与协议经过公证或涉及道德义务时,不得撤销。因此,配偶受赠另一方配偶的婚前个人股权时,应要求赠与方配偶将赠与的意思表示以专业化的书面表达形式呈现,有条件的应进行赠与公证,以减少股权赠与协议被撤销的可能性。

婚内财产协议,形成于婚姻关系存续期间,是以夫妻身份关系为前提的财产协议,夫妻双方可以约定婚姻关系存续期间所得股权份额以及婚前个人名下的股权归各自所有、共同所有或部分各自所有、部分共同所有。相较于婚前赠与协议,法律上并未规定婚内财产协议的法定撤销权,即夫妻之间对股权的归属协议自签订之日起对双方均有法律约束力,不存在特定应当撤销事由。但在形式上,婚内财产协议,应采取规范专业的书面形式;在内容上,应完整体现双方对股权权属的明确意思表示。若共有股权暂由第三人代持的,应由夫妻二人共同与第三人签订股权代持协议,对代持的各方股权份额一并予以明确。

离婚协议,形成于夫妻登记离婚时。离婚协议中夫妻关于共有财产的分割约定,只要不存在欺诈、胁迫等情形,均不可撤销。夫妻双方在协议离婚时,应就夫妻各方名下的股权分割进行明确约定,包括股权的归属、股权分割比例、市场价值、认缴实缴情况等。离婚协议生效后,直接分得股权份额的非持股配偶,应

及时将离婚协议中共有股权分割事宜通知其他股东，以便公司其他股东行使优先购买权，其他股东放弃优先购买权的，非持股配偶有权变更登记为公司股东。

二、股权出资证据固定，避免权利主张落空

股东资格确认纠纷中，是否实缴出资是判断其股东身份的主要依据。夫妻离婚后，一方配偶基于夫妻共有股权主张其股东身份，至少应证明股权的出资来源于夫妻共同财产。鉴于此，笔者建议，非持股配偶应及时保留出资证明。《公司法》第 31 条规定，有限责任公司成立后，应当向股东签发出资证明书。出资证明书应当载明股东的姓名或者名称、缴纳的出资额和出资日期。出资证明书由公司盖章。非持股配偶在保留出资证明的同时，及时固定转账凭证，掌握出资额转入公司的时间、方式以及账户信息。出资转账时应进行事项备注，夫妻共同出资的，可备注“×××与×××夫妻二人股权出资款”；涉及由他人代持的股权，可备注为“×××代×××夫妇持股出资款”。

三、尽早声明股东地位，参与公司经营

基于公司的人合性，非持股配偶要行使股东权利、确认登记为公司股东，需经其他过半数股东的一致同意，这是非持股配偶确认其股东资格的主要障碍。因此，在婚姻关系存续期间，建议非持股配偶通过书面声明方式，尽早向公司其他股东声明自己的实际股东资格，包括短信通知、函件通知等。基于夫妻共有股权或代持关系产生的实际股东身份，应尽早要求显名，向公司和公司股东发出要求显名的通知。即便非持股配偶的实际股东身份未能以登记于股东名册上的方式得以确认，在其他股东收到显名通知后长期表示反对，亦可能因股东的默示同意而推定非持股配偶取得隐名股东身份。此外，非持股配偶可以通过列席股东会、查阅公司财产账簿、了解参与公司经营等方式主动行使股东权利，从实质上监督公司运营，及时掌握股权动向，减少持股配偶与他人恶意串通、损害其股东权益的机会。

四、婚内必须要持股，公司章程巧设计

公司股东之间的内部股权可自由转让，无须其他股东过半数同意。因离婚引发的股权分割或股东资格确认纠纷案件中，若夫妻均为公司股东，配偶名下股

权一旦被确认为夫妻共同财产,即可自由按比例分割。配偶可以按分割比例取得的股权,并及时在夫妻之间完成变更登记,无须再经过其他股东过半数同意。因此,若配偶应尽可能在婚内持有公司股权、成为公司对外公示的正式股东,即便所持股权比例较小,也能对后续的夫妻股权分割起到重要保护作用。一方面,配偶作为公司股东,有正当的身份了解公司财产、经营状况,及时发现另一方配偶或其他股东损害其股权利益的行为;另一方面,配偶本身作为公司股东,在后续股权分割、确认等诉讼纠纷中,不会再受限于公司股权转让的人合性规定。

同时,关于股东与其配偶之间的股权共有权益内容,笔者建议在公司章程中事先巧妙设计,内容应包括持股配偶名下的股权在任何时期均可无条件优先转让给非持股配偶,非持股配偶对其对外转让股权时的知情权、同意权,以及夫妻股权由他人代持的具体条件等。通过公司内部章程的具体约定,约束持股配偶对其名下股权的任意处分权,限制公司其他股东的事后否定权,以保障非持股配偶所享有的共有股权权益。

第六节 法律速递

《民法典》

第一千零六十二条 夫妻在婚姻关系存续期间所得的下列财产,为夫妻的共同财产,归夫妻共同所有:

(一)工资、奖金、劳务报酬;

(二)生产、经营、投资的收益;

(三)知识产权的收益;

(四)继承或者受赠的财产,但是本法第一千零六十三条第三项规定的除外;

(五)其他应当归共同所有的财产。

夫妻对共同财产,有平等的处理权。

第一千零六十五条 男女双方可以约定婚姻关系存续期间所得的财产以及婚前财产归各自所有、共同所有或者部分各自所有、部分共同所有。约定应当采用书面形式。没有约定或者约定不明确的,适用本法第一千零六十二条、第一千零六十三条的规定。

夫妻对婚姻关系存续期间所得的财产以及婚前财产的约定，对双方具有法律约束力。夫妻对婚姻关系存续期间所得的财产约定归各自所有，夫或者妻一方对外所负的债务，相对人知道该约定的，以夫或者妻一方的个人财产清偿。

《〈民法典〉婚姻家庭编解释（一）》

第七十三条 人民法院审理离婚案件，涉及分割夫妻共同财产中以一方名义在有限责任公司的出资额，另一方不是该公司股东的，按以下情形分别处理：

（一）夫妻双方协商一致将出资额部分或者全部转让给该股东的配偶，其他股东过半数同意，并且其他股东均明确表示放弃优先购买权的，该股东的配偶可以成为该公司股东；

（二）夫妻双方就出资额转让份额和转让价格等事项协商一致后，其他股东半数以上不同意转让，但愿意以同等条件购买该出资额的，人民法院可以对转让出资所得财产进行分割。其他股东半数以上不同意转让，也不愿意以同等条件购买该出资额的，视为其同意转让，该股东的配偶可以成为该公司股东。

用于证明前款规定的股东同意的证据，可以是股东会议材料，也可以是当事人通过其他合法途径取得的股东的书面声明材料。

第七十四条 人民法院审理离婚案件，涉及分割夫妻共同财产中以一方名义在合伙企业中的出资，另一方不是该企业合伙人的，当夫妻双方协商一致，将其合伙企业中的财产份额全部或者部分转让给对方时，按以下情形分别处理：

（一）其他合伙人一致同意的，该配偶依法取得合伙人地位；

（二）其他合伙人不同意转让，在同等条件下行使优先购买权的，可以对转让所得的财产进行分割；

（三）其他合伙人不同意转让，也不行使优先购买权，但同意该合伙人退伙或者削减部分财产份额的，可以对结算后的财产进行分割；

（四）其他合伙人既不同意转让，也不行使优先购买权，又不同意该合伙人退伙或者削减部分财产份额的，视为全体合伙人同意转让，该配偶依法取得合伙人地位。

第七十五条 夫妻以一方名义投资设立个人独资企业的，人民法院分割夫妻在该个人独资企业中的共同财产时，应当按照以下情形分别处理：

（一）一方主张经营该企业的，对企业资产进行评估后，由取得企业资产所有权一方给予另一方相应的补偿；

（二）双方均主张经营该企业的，在双方竞价基础上，由取得企业资产所有权的一方给予另一方相应的补偿；

（三）双方均不愿意经营该企业的，按照《中华人民共和国个人独资企业法》等有关规定办理。

《公司法》

第七十一条　有限责任公司的股东之间可以相互转让其全部或者部分股权。

股东向股东以外的人转让股权，应当经其他股东过半数同意。股东应就其股权转让事项书面通知其他股东征求同意，其他股东自接到书面通知之日起满三十日未答复的，视为同意转让。其他股东半数以上不同意转让的，不同意的股东应当购买该转让的股权；不购买的，视为同意转让。

经股东同意转让的股权，在同等条件下，其他股东有优先购买权。两个以上股东主张行使优先购买权的，协商确定各自的购买比例；协商不成的，按照转让时各自的出资比例行使优先购买权。

公司章程对股权转让另有规定的，从其规定。

《公司法司法解释（三）》

第二十二条　当事人之间对股权归属发生争议，一方请求人民法院确认其享有股权的，应当证明以下事实之一：

（一）已经依法向公司出资或者认缴出资，且不违反法律法规强制性规定；

（二）已经受让或者以其他形式继受公司股权，且不违反法律法规强制性规定。

第二十三条　当事人依法履行出资义务或者依法继受取得股权后，公司未根据公司法第三十一条、第三十二条的规定签发出资证明书、记载于股东名册并办理公司登记机关登记，当事人请求公司履行上述义务的，人民法院应予支持。

第二十四条　有限责任公司的实际出资人与名义出资人订立合同，约定由实际出资人出资并享有投资权益，以名义出资人为名义股东，实际出资人与名义股东对该合同效力发生争议的，如无法律规定的无效情形，人民法院应当认定该合同有效。

前款规定的实际出资人与名义股东因投资权益的归属发生争议，实际出资人以其实际履行了出资义务为由向名义股东主张权利的，人民法院应予支持。名义股东以公司股东名册记载、公司登记机关登记为由否认实际出资人权利的，人民法院不予支持。

实际出资人未经公司其他股东半数以上同意，请求公司变更股东、签发出资证明书、记载于股东名册、记载于公司章程并办理公司登记机关登记的，人民法院不予支持。

第十四章　离婚关联案之股东知情权纠纷及法律应对

第一节　案由解读

股东知情权是法律赋予股东了解公司信息的权利，因股东知情权受到侵害而产生的诉讼纠纷，应以公司为被告。《公司法》第33条和第97条，明确赋予有限责任公司和股份有限公司股东知情权。股东的知情权包括股东对公司章程、股东会会议决议、董事会会议决议、监事会会议决议、公司财务会计报告、公司会计账簿、股东名册、公司债券存根等一系列信息的查阅权或部分复制权。此外，股东知情权不仅指单纯地了解公司有关信息，还包含对公司进行检查监督的权利。[①] 根据《公司法》第97条的规定，股份公司股东有权对公司的经营提出建议或者质询。若股东就公司经营决策、财务状况等问题向公司提出质询，其本质上亦属于获悉公司信息的方式之一，若股东未获得回复而引起纠纷，亦属于股东知情权纠纷。

股东在法定的知情权范围内，通过查阅上述与公司有关的经营、决策、管理等相关资料以及询问相关问题，进而实现了解公司运营状况和公司高级管理人员业务活动的权利。夫妻在婚姻关系存续期间，一方配偶若未实际参与公司运营，对公司资产状况、营运能力无从了解，便无法充分评估夫妻共有股权的价值。若夫妻双方在离婚时若同为公司的股东，一方配偶可能会以“股东知情权纠纷”为前置诉讼，以便获取详细的公司股权架构、经营状况、资产价值等情况，进而实现离婚股权分割的价值最大化。

---

① 最高人民法院研究室编：《最高人民法院新民事案由的理解与适用》，人民法院出版社2021年版，第746页。

根据《公司法》和《民事诉讼法》的相关规定,提起股东知情权之诉的原告应为公司股东。原则上,股东知情权纠纷的管辖法院为公司所在地人民法院。因离婚纠纷引发的股东知情权诉讼,亦应遵循上述规定,即提起诉讼的一方配偶必须为公司股东,并由公司所在地的人民法院管辖,而非婚姻登记地或配偶居住地的人民法院管辖。所谓公司所在地是指公司主要办事机构所在地,若办事机构不明确的,可由公司注册或者登记地的人民法院管辖。

第二节　关联案例

公司所有权与经营权分离,使得未参与公司实际经营的股东长期处于信息壁垒之中。夫妻共同投资公司,常见一方配偶实际控制公司,另一方配偶仅为登记在册的股东。夫妻双方离婚涉及股权分割时,未实际参与经营的配偶一方因获得的信息不对称,其享有的股东权益也必然会受到损害。实践中,未实际参与经营的配偶在请求查阅公司信息受阻时,只能先向法院提起股东知情权之诉,在取得生效判决后行使股东知情权,进而为离婚时的夫妻名下股权价值分割收集更多有利证据。现实中,因离婚财产分割引发的股东知情权纠纷,通常发生于以下情形:

1. 一方配偶转让其名下股权,或由他人代持。另一方配偶股东可通过查询公司股权的出资来源、内部决议等情况,发现一方配偶低价或无偿转让其名下夫妻共有股权的证据,进而认定该股权转让因恶意串通而无效。

2. 享有股东身份但未实际参与经营的配偶,在离婚股权价值分割时缺乏议价依据。此时,该配偶可利用知情查账权,查阅公司会计账簿、财务报表等信息,事先了解公司经营状况,预估股权价值,掌握财产分割的有利筹码。

3. 婚姻关系存续期间,一方配偶通过虚假股权出资、增资,虚构公司账务,做空公司利润等方式,转移、隐匿夫妻共同财产、贬损共有股权价值。另一方配偶,可以利用其股东知情权查询蛛丝马迹,获取并固定一方配偶隐匿、转移共有股权的证据。

4. 夫妻双方同为公司股东,实际控制公司经营的一方配偶占较大优势,非实际参与经营的另一方配偶的分红收益难以得到保障,若双方处于离婚敏感期或婚姻关系已解除则更甚之。为保障合法权益,该配偶可向公司主张股东知情权,通过查阅公司信息,挖掘公司股东的实际分红情况和盈利状况,以确定股权分红收益和价值,若发现另一方配偶刻意隐瞒分红、减损股权价值等行为,亦可就此提出离婚后财产损害赔偿或股东利益损害责任之诉。

(一)股东资格确认纠纷+股东知情权纠纷+离婚纠纷

一方配偶若未实际经营公司,就无法知晓公司的内部股权情况和出资情况。离婚时,实际掌控公司的配偶股东经常联合其他股东进行股权转让或将名下股权转变为代持,进而使得以夫妻共同财产实际投资的股权变成他人“囊中之物”。若要查清真实情况,需先提起股东知情权诉讼,为后续的共有股权确认做准备。

一对夫妻在结婚后共同投资设立公司。为便于公司决策管理,女方仅占股10%,男方占股70%,男方的弟弟占股20%。经营后期,公司增资扩股,男方与王总签订股权代持协议,增资后王总占股的40%由男方代持。不久,因男方婚内出轨,夫妻两人发生矛盾。离婚前,男方与王总串通提起股东资格确认之诉,确认王总实际享有40%比例的股东资格。为查明情况,女方书面通知公司要求查阅公司的财务信息,但未得回复。女方遂向法院提起股东知情权诉讼,经法院判令公司应于一个月内配合女方查阅会计账簿、股东名册等资料。女方通过该生效判决查阅公司资料,发现公司内部股权结构和股东分红情况未实际变更,进而确认男方与王总不存在真实的股权代持关系。最终,法院驳回王总的诉讼请求,在后期离婚诉讼中,女方得以主张分割男方名下70%的股权。

(二)股东知情权纠纷+法院调解离婚

对夫妻共有股权的分割,要么直接按股权比例分割,要么一方按股权价值折价补偿后取得全部股权。涉及股权折价补偿时,需对涉诉股权进行价值评估才能确定补偿金额,但现实中股权价值难评估,且估值耗时长、费用高。实践中,夫妻双方若就股权价值达成一致意见,可以按照共同认可的数额进行分割;若无法达成一致意见,有些法院直接利用公司近年利润情况、纳税数额、成本费用等信息预估公司资产、负债,计算确定应分割的股权价值。作为弱势方配偶,应充分利用其股东身份行使股东知情权,在了解公司经营状况的基础上,才能做到对股权价值心中有数,调解过程中应对自如。

男方婚后将夫妻共同财产用于投资设立公司,还将夫妻名下的房产向银行申请抵押贷款全数用于公司经营。后期,男方以公司亏损负债为由主动提出离婚,并建议女方在离婚时放弃所有股份,由男方一人承担所有公司债务。女方对男方突然提出离婚的原因心存疑虑,女方提出要查阅公司会计报告和会计账簿,但被男方拒绝。女方遂提起股东知情权诉讼,法院判决支持女方诉求,判决生效后女方立刻申请强制执行,在查账中发现公司状况并非男方所说的资不抵债,相反公司前景向好,积累大量盈余未分配。最终,女方拒绝协议离婚,通过诉讼离婚的方式促成调解,在分割财产时取得1000万元的股权折价补偿。

(三)离婚纠纷+股东知情权纠纷+所有权确认纠纷+析产、继承权纠纷

夫妻共同财产与公司资产混同的情形常见于家族企业的经营过程中,一方配偶可能会利用自己实控公司的职权便利,将夫妻名下的共同财产转移至公司名下。未实际参与经营的配偶只能通过查阅公司信息,分析名下共同财产被转移情况,最后在离婚财产分割时主张财产所有权,并基于对方隐瞒、隐匿、转移财产的过错,要求法院对过错方配偶在财产分配上不分或少分。

离婚诉讼期间,男方隐瞒女方将名下的股权转让给同为股东的儿子,后经法院确认该股权转让行为无效,判决男方名下一半的股权归女方所有。不久,男方遭遇车祸去世。离婚判决生效后,女方申请强制执行,将男方名下一半的股权变更登记至自己名下,并以股东身份向公司发函要求查阅公司资产负债情况,但遭到公司拒绝。女方又向法院提起股东知情权诉讼,判决支持了女方的查账诉求。女方委托会计师在公司查阅相关信息时发现,男方曾在婚姻关系存续期间,将其名下的房产无偿转移登记至公司名下。女方就该房产的转让行为提起确认合同无效之诉,经法院判决确认无效,房产回转登记至男方名下。随后,女方以男方儿子为被告,提起析产、继承纠纷,法院将上述房产进行析分,判决房产的一半份额属于夫妻共同财产归女方所有,另一半份额由女方和男方儿子法定继承。

(四)离婚纠纷+股东知情权纠纷+离婚后财产纠纷

夫妻二人为股东的有限责任公司,在婚姻关系存续期间,通常不会按《公司法》规定召开股东会决议,公司的经营决策直接由实际控制公司的一方配偶直接作出。一旦离婚,掌握实际经营权的股东便会利用职权便利架空另一方配偶,进而侵害配偶作为股东的合法权益。未实际参与经营的配偶,只能先通过行使

查阅公司账簿的方式了解以往的经营状况,利用查阅到的信息发现配偶利用公司名义侵害其股东权益的行为。最后根据事实情况,提起相应的离婚后财产分割诉讼、损害股东利益责任诉讼,或径直诉求公司解散清算、分割公司剩余资产。

女方因长期遭受男方家暴而起诉离婚,经法院判决双方婚姻关系解除,但双方名下的公司股权暂不予以分割。离婚后,男方利用其实际经营公司的便利,陆续将公司资产转移至自己名下或新设立公司,企图将双方共有的公司变为空壳。女方虽为公司股东,但多次向公司要求查账未果。无奈之下,女方以公司为被告,提起股东知情权诉讼,法院判决公司将成立以来的财务会计报告、会计账簿供女方查阅(复制)。公司提起上诉,经二审维持原判。判决生效后,女方申请强制执行,并委托会计师对公司会计信息进行查阅、摘抄,发现男方在离婚前利用公司账户将经营利润转移至男方亲友账户,在离婚后利用公司账户为其个人缴存大额公积金、发放高额工资。依此线索,女方提起离婚后财产纠纷,最终法院判决确认男方在离婚前、离婚后利用公司账户转移的财产,均属于夫妻共同财产,依法予以分割。

第三节　案例精选

【案例一】丈夫强势实控公司,妻子起诉请求查账

姜小华与刘洋在大学认识,两人恋爱结婚。婚后,两人利用各自所学,研制出了水平先进的汽配产品,并申请专利、成立了工厂。之后工厂发展为两家工业有限公司,妻子姜小华占两家公司股权比例分别为50%、9.8%。在两家公司走上正轨后,姜小华逐渐回归家庭,并独自一人出国照顾和陪伴海外求学的两个子女,公司实际由丈夫刘洋独自掌控。其间,刘洋利用夫妻共同财产又成立了两家投资管理公司,财富滚滚,但刘洋却变心了。

远在海外的姜小华得知刘洋背叛自己,愤怒之下起诉离婚。可刘洋却在离婚诉讼的庭审中悲痛陈词,主张自己与妻子感情并未破裂,坚决不同意离婚,最终法院判决不准予双方离婚。此后,刘洋利用6个月内不得再起诉离婚的缓冲时间,将登记在自己名下的两家投资管理公司100%股权,以股权代持和股权转让的方式变更登记至其姐夫、妹夫名下,并试图转移两家工业公司的资产。姜小

华得知后，立即向法院起诉确认股权转让、代持的协议无效，同时以股东身份向两家持股的工业公司送达了《关于行使股东知情权的申请书》。法院依法对两家投资公司的股权转让合同效力进行审理，认定刘洋与第三人恶意串通转让名下股权，损害姜小华利益，确认股权转让的合同无效，并判令公司配合刘洋将股权回转登记至刘洋名下。

对于姜小华向两家工业公司提出的知情权申请，公司始终未依法向其提供查阅和复制相关材料。姜小华对这两家公司的实际经营状况无法知悉，担心刘洋借机转移公司财产，损害其作为股东的利益。于是，姜小华分别以两公司为被告，向法院提起股东知情权诉讼，提出两项诉求：(1)被告向其公司成立之日起至今的所有的公司章程、股东会会议记录、董事会会议决议、监事会会议决议和财务会计报告(包括但不限于资产负债表、损益表、财务状况变动表、财务状况说明书和利润分配表等)，供原告查阅、复制；(2)被告向其提供公司自成立至今所有会计账簿(包括总账、明细账、日记账和其他辅助性账簿)和会计凭证(含记账凭证、相关原始凭证及作为原始凭证附件入账备查的有关资料)，供原告查阅、复制。庭审中，被告辩称姜小华行使知情权的目的是通过获取公司经营情况、商业秘密等信息，实施妨碍公司正常经营的行为，以达到逼迫法定代表人刘洋被迫接受其在离婚诉讼中提出的多种无理要求；此外，姜小华仅为公司股东，无权查阅、复制公司会计账簿及会计凭证。

法院经审理认为，公司未能提供证据证实姜小华查账的“不正当目的”，姜小华是经工商登记在册的股东，有权行使股东知情权以便了解公司经营状况，目的正当。最终，判决被告向姜小华提供自公司成立之日起至实际查阅之日止的公司章程、股东会会议记录、董事会会议决议、监事会会议决议、财务会计报告(包括会计报表、会计报表附注和财务情况说明书)，给姜小华查阅、复制，提供自公司成立之日起至实际查阅之日止的公司会计账簿(包括总账、明细账、日记账和其他辅助性账簿)及会计凭证(包括记账凭证、相关原始凭证及作为原始凭证附件入账备查的有关资料)给姜小华查阅。最后，姜小华通过查账，确定了公司股权的真实价值，为后期第二次起诉离婚的夫妻共同财产分割奠定了基础。针对前期被恶意变更登记至第三人名下的两家投资公司股权，姜小华将于离婚诉讼对股权分割变更登记后，继续主张相应的股东知情权纠纷，并视查账情况提起公司决议撤销之诉或离婚后财产损害诉讼。

【案例二】斗智斗勇多个回合,股东知情权强执得保障

郝小天与王珍珍经相亲认识,于 2014 年 1 月结婚。婚后,双方父母资助了大量资金支持这对夫妻创业、购买不动产;2015 年 6 月,两人共同投资设立上海天珍资管公司,股东名册登记信息为:郝小天占股 50%,为公司董事长;王珍珍的母亲吴佩佩占股 50%,为公司法定代表人。之后,两人感情平淡无趣,也没有生育子女。又由于工作以及各自原生家庭原因长期分居,郝小天定居上海经营上海天珍公司,王珍珍常驻香港帮助其父母打理家族企业。其间,王珍珍在香港另找了一位男友,且家境殷实,深得岳父岳母的喜爱。为与男友结婚,王珍珍在父母的怂恿支持下,于 2016 年 5 月回到国内,向法院起诉要求与郝小天离婚、分割夫妻共同财产。

离婚诉讼期间,王珍珍的母亲吴佩佩利用其在天珍公司的法定代表人身份,登报声明:“天珍公司使用的原公章已于 2016 年 8 月 30 日作废失效,公司将重新使用经公安部门许可新刻制的公章。吴佩佩系天珍公司法定代表人,代表公司对外商事经营处理公司一切事务。郝小天仅是公司监事,无权代表公司作出任何意思表示和行为。”同时,王珍珍还配合母亲,将原天珍公司的主要业务转移至自己的家族企业名下,将公司的资产、债权等以低价转至新注册的皮包公司,以公司名义进行借贷或对外担保。至此,郝小天丧失对天珍公司的实际控制权,公司经营陷入僵局。

2017 年 1 月,郝小天以公司、吴佩佩为被告,提起公司决议撤销、损害股东利益责任等一系列诉讼,向法院主张公司后期的借贷或决议无效。2018 年 8 月,郝小天向天珍公司发出一份《关于督促贵司尽快完整提供自公司成立以来至今的会计账簿、财务会计报告的通知函》,要求查阅的范围为:自公司成立以来至今各年度的财务会计报告;自公司成立以来至今各年度的会计账簿及记账凭证。但天珍公司收函后并未对郝小天的查阅请求作出明确答复。为此,郝小天向法院提起股东知情权之诉,经法院审理,认为郝小天作为公司的登记股东,有权要求查阅股东会议记录、财务会计报告、会计账簿、原始凭证,其诉讼请求予以支持。随后,郝小天又提起公司解散纠纷,法院判令公司解散。以上判决生效后,公司并未配合查账亦未配合公司结算。为此,郝小天向法院申请强制执行,经查阅获悉公司后期一系列恶意伪造债务、低价转移资产的事实。最终,法院经

审理,对公司后期转让资产的行为认定为无效,后期公司对外的债务,由股东吴佩佩承担连带责任,并对公司进行清算分割剩余资产。

【案例三】夫妻离婚破裂,股东知情维权受阻

江鱼和吕丽丽系再婚,二人婚前各有一女儿,婚初感情较好。2005 年,在吕丽丽的建议下,二人与他人合伙投资设立了远征公司,公司由吕丽丽实际控制经营,江鱼作为公司股东出资认缴 340 万元,占股 34%,实缴出资 150 万元。自 2013 年起,江鱼由于工作原因长期派驻广东,双方聚少离多,渐生嫌隙。2017 年,吕丽丽将江鱼与前妻的婚生女赶出家门,两人矛盾激化。同时,吕丽丽疯狂透支江鱼的信用卡,之后又将江鱼的父母逼到外面居住。由此,夫妻感情走到尽头,江鱼向法院起诉离婚,但吕丽丽称自己与丈夫感情良好,不同意离婚。法院判决双方不准予离婚。

判决后,吕丽丽开始陆续转移夫妻共同财产。江鱼意识到自己投资的远征公司在吕丽丽的实控之下,发展至今盈利可观。但自成立之日起,江鱼便无法参与公司经营,对公司的财务状况毫不知情,公司亦从未向其进行分红。根据法律规定,第一次离婚诉讼判决不离后,在判决书生效满 6 个月后才能提起第二次离婚。江鱼无法立即起诉要求分割公司股权,又担心吕丽丽利用这 6 个月时间转移远征公司资产,致使可分割的股权价值减损。在律师的建议下,江鱼于 2017 年 10 月以其股东身份向远征公司发出律师函,要求公司提供相关公司章程、股东会会议记录、董事会会议决议、监事会会议决议及财务会计报告供原告查阅、复制,提供相关会计账簿、会计凭证供原告查阅,但公司回函以涉及公司机密为由予以拒绝。

2017 年 12 月,江鱼以远征公司为被告,向法院提起股东知情权诉讼。庭审中,公司辩称江鱼要求查阅公司财务报告、会计账簿等资料具有不正当目的,系为寻找可以解散公司的相关证据,为寻找其与吕丽丽离婚时财产分割的有利证据,可能损害公司合法利益和经营利益,公司有权拒绝。经法院审理,一审法院认为股东知情权是法律赋予股东了解公司经营状况的重要权利,关于原告主张要求查阅、复制被告自成立之日起至判决生效之日止的公司章程、股东会会议记录、董事会会议决议、监事会会议决议和财务会计报告,关于原告主张要求查阅被告自成立之日起至判决生效之日止的会计账簿(包括总账、明细账、日记账及

其他辅助性账簿)、会计凭证(包括原始凭证与记账凭证),以及原告主张其授权的律师、会计师辅助进行查账的诉求,均合法有据,一审判决予以全部支持。2018 年 4 月,远征公司提起上诉,经审理,二审法院维持原判。

然而,判决生效后,远征公司仍然拒绝将公司资料交由江鱼查询。2018 年 10 月,江鱼只能向法院申请强制执行,第一次执行过程中,远征公司以江鱼本人未到场为由,拒绝提供资料给委托的会计师查询,并向法院提出江鱼本人不到场系自愿放弃判决书中确定的资料查阅等权利,无权再向法院申请强制执行,请求撤销执行裁定、驳回江鱼强制执行申请,法院审理后驳回远征公司的异议请求。2019 年 9 月,在法院的协调下第二次执行,江鱼委托会计师和律师再次前往公司进行查阅,其间,会计师使用自带电脑对有关会计账簿、会计凭证等进行文字、数据输入,并进行统计和演算工作。远征公司立即停止了江鱼委派的人员的查阅工作,并向法院提出执行异议申请,主张申请执行人不得在查阅过程中使用自己的电脑进行打字记录。法院审理认为在生效判决确定的查阅期限内,允许股东有选择性地采取“摘抄”的方式进行记录,利于提高查阅效率,有效帮助股东准确获取必要的信息,最大限度保障其对公司的监督权。据此,裁定驳回远征公司的异议请求。

2020 年 5 月,江鱼向法院再次申请执行,执行法院欲再次组织协调江鱼到公司查账。但远征公司的工作人员却向法院表示公司的会计账簿被他人盗走,已无法配合查账。法院经审理查明,被执行人涉案会计账簿(含总账、明细账、日记账和其他辅助性账簿)及会计凭证(包括原始凭证与记账凭证)已于 2019 年 9 月 14 日由被执行人向当地派出所报案被窃遗失,本案不具备执行条件,暂无法执行。最终,法院依法对本案终结本次执行程序。至此,江鱼的股东知情权纠纷一波三折,执行过程层层受阻。直至第二次起诉离婚,江鱼仍然无法获知公司的经营状况,夫妻关系存续期间所得的公司共有股权,亦因涉及第三人股东利益而暂不予处理。

第四节　维权指引

一、股东知情权的权利主体

根据《公司法》的规定,享有知情权的主体必须为公司股东。此处所称“股东”通常表现为形式上的“公司股东”,即经公司登记在册的名义股东才可主张股东知情权。但实践中,还存在出资瑕疵股东、隐名股东、离任股东等股东形式,此类股东能否要求行使股东知情权,应结合其是否实际取得股东资格进行综合判断。

未实际参与公司经营的配偶若是公司登记在册的股东,不论其持股比例多少,也不论其是否已实际履行出资义务,均可向公司主张股东知情权。若配偶并非公司登记在册的股东,即便配偶主张自己基于夫妻共同财产出资享有夫妻共有股权,抑或主张自己为公司隐名股东,均无法向公司要求行使股东知情权。《北京市高级人民法院关于审理公司纠纷案件若干问题的指导意见》指出,“公司的实际出资人在其股东身份未显名化之前,不具有股东知情权诉讼的原告主体资格,其已诉至法院的,应裁定驳回起诉”。因此,若配偶一方并非公司的登记股东,应当先对其股东身份进行显名。换言之,配偶应通过协议或生效判决文书,使自己的股东身份得以确认,具体确认方式表现为:(1)非持股与持股配偶、公司其他股东或代持股的第三人协商,通过股权变更登记将自己记载于公司股东名册上;(2)前置诉讼,提起股东资格确认诉讼,经法院判决确认其为公司的实际股东。

二、股东知情权的具体范围

为避免产生歧义导致知情权利无法得到充分保障,配偶股东在主张股东知情权时,应明确提出知情权的范围,即明确罗列需要查阅的资料包含哪些内容。根据《公司法》第33条的规定,股东的知情权范围包括公司章程、股东会会议记录、董事会会议记录、监事会会议决议和财务会计报告以及会计账簿。

实践中,公司存在故意损害股东权益的行为时,公司所提供的财务会计报告和会计账簿很大程度上无法反映客观真实情况。此时,原始会计凭证成为探寻真相的重要线索,尤其在夫妻因离婚引发公司权益分割纠纷时,虚假会计凭证是发现配偶一方恶意转移财产、虚构债务,损害夫妻共同财产的重要凭据。《公司法》关于股东知情权的“会计账簿”,是否包含“原始凭证”目前尚无明确规定,司法实践中亦没有统一的判决标准。有些法院认为相关法律规定并未明确将原始凭证罗列于知情权范围内,因此股东关于查阅原始凭证的诉求无法得到支持。但有些法院认为会计凭证是登记会计账簿的原始依据,亦是会计报告编制的基础性依据，最能真实反映公司的经营状况，公司的具体经营活动只有通过查阅原始凭证才能知晓。股东在行使会计账簿查阅权时，对于会计账簿内容的真实性、完整性的判断，必然要借助会计凭证的查阅才能实现；此外，我国《公司法》未明确禁止股东查阅会计凭证，实践中通常认为股东有权对会计凭证（包括原始凭证和记账凭证）进行查阅。

综上，配偶股东在向公司主张知情权时，除具体罗列《公司法》第33条规定的内容外，还应有针对性地提出对公司的原始凭证、会计凭证进行查阅。对于会计凭证的诉求，应结合《会计法》的规定详细说理；若发现公司制作虚假账目、隐瞒真实财务信息的初步证据，亦应主动向法院提交，为“查阅会计凭证”的诉讼请求提供强有力理据。

三、股东知情权的行使方式

根据《公司法》的相关规定，股东对公司章程、股东会会议记录、董事会会议记录、监事会会议决议和财务会计报告行使知情权的方式包括“查阅、复制”；但对于“会计账簿”，股东的行使方式仅限于“查阅”。法律赋予股东知情权的本意是防止公司的经营管理者利用股东授予的经营权力追求其本人自身利益的最大化，以维护股东自身的合法权益。若仅允许股东“查看、阅读”公司资料，而不允许股东对相关内容进行摘抄记录，则违背了立法初衷，无法保障其知情权的实现。目前司法实践中，股东在查阅会计账簿时进行适当“摘抄”被法院普遍支持。因此，股东在行使知情权时，对法律明确规定股东有权复制的资料类型应尽可能完整复制；对于仅限于查阅的“会计账簿”亦可进行必要的摘抄记录。

公司的财务资料具有特殊性，股东在行使知情权时，可委托专业人士对相关内容进行查阅或复制。现实中，未参与实际经营的配偶股东对公司的财务情况一无所知，又缺乏专业会计知识和法律知识，很难看出另一方配偶利用公司或联合其他股东进行的转移公司资产行为。因此，委托具有专业知识和技巧的人士协助查阅公司的财务资料，有助于高效、充分地行使自己的知情权。但值得注意的是，虽然法律并未明确禁止股东委托他人行使知情权，但公司资料涉及较多重要商业秘密，若受托之人与公司存在不当竞争的利益关系，则公司有权拒绝股东委托他人行使知情权。因此，配偶股东在选任人员时要谨慎，尽量选任中立且具有专业知识的律师、会计师协助查账，且委托的人数不宜过多，以一人至二人为宜，

四、知情权诉讼的前置请求

根据《公司法》的规定，股东对公司会计账簿的行使知情权，应当事先向公司提出书面请求，说明目的。向公司发出查账的书面请求是股东知情权诉讼的前置程序，只有公司拒绝提供信息查阅的，股东才可以向法院提起诉讼。

对于查阅、复制公司章程、股东会会议记录、董事会会议记录、监事会会议决议和财务会计报告的主张，是否同样需要在诉讼前向公司发送书面请求，目前尚无法律明文规定。但有学者认为，若未向公司提出查阅请求而径直向法院起诉，对原本愿意配合的公司有失公平，将徒增公司的诉讼成本、损害公司合法利益；作为股东，亦无所谓"知情权受侵害"而诉讼维权的法理基础。[①] 司法实践中，知情权的诉讼纠纷，亦是基于公司拒绝股东的书面查账请求而引发的。笔者认为，无论配偶股东欲行使的知情权范围有哪些，均应事先向公司发出书面请求。一方面，事先履行了查账的前置程序，积极主张了知情权利；若公司愿意配合，亦直接省去了诉讼成本和时间，提高了查账效率。另一方面，通过书面的查账请求，将其查账目的明确告知公司，使公司知晓配偶股东因离婚可能引发的股权分割情况。若公司收到通知后仍然配合另一方配偶股东进行股权转移，则可认定公司与另一方配偶在主观上的恶意串通，有利于在后续诉讼中诉求股权转让行为无效。

综上，配偶股东应及时向公司提出查阅公司资料的书面请求，并合理说明目的。建议通过邮寄方式送达，留存对方签收的物流信息作为证据。若公司未在要求的期限内提供资料供其查阅，配偶股东即有充分的理据依法提起股东知情权诉讼。

五、股东知情权的不当目的

股东知情权并非任意行使，若股东对查阅会计账簿具有不正当目的，公司可依法行使抗辩。那么，股东的不正当目的具体指什么？根据《公司法》第 33 条的规定，若股东具有不正当目的，可能损害公司合法利益的，公司可以拒绝提供查阅。根据《公司法司法解释（四）》第 8 条的规定，股东具有"不正当目的"的情

---

① 贾明军、吴卫义：《上市公司股权分割与传承》，法律出版社 2016 年版，第 195 页。

形主要有:(1)股东自营或者为他人经营与公司主营业务有实质性竞争关系业务的;(2)股东为了向他人通报有关信息而查阅公司会计账簿,可能损害公司合法利益的;(3)股东三年内,曾通过查阅公司会计账簿而向他人通报相关信息损害公司利益的。

实践中,配偶股东因离婚股权分割引发股东知情权诉讼,可能因存在不正目的而被法院驳回知情权诉求的情形主要为:配偶参与经营了与涉诉公司经营范围、业务相类似的公司。但这类公司,可能多数为涉诉公司的实质关联公司。换言之,配偶在婚姻关系存续期间投资公司,可能利用同时设立的多家公司进行业务垄断。在无充足证据,这些公司难以被证明为"关联企业",进而造成配偶股东行使知情权被认定为存在"不正当目的"。

按照"谁主张,谁举证"的原则,股东存在"不正当目的"查账目的的举证责任由公司承担。配偶股东在日常应注意自己的行为和立场,避免落入"公司"口实。在提起知情权诉讼前,配偶股东应尽量处理好与关联企业的关系,避免被误判为存在"利益冲突或不正当竞争"的情形。在日常查阅公司资料时,应注意履行保密义务,避免因信息泄露造成公司利益受损。若委托专业人士进行查阅,应确保人员选任的中立性,向受托人强调保密意识,避免因受托人的行为致使配偶行使的知情权被判定为"不正当目的"。

第五节 律师忠告

一、建议在婚内完成股东资格的形式登记

根据商事外观主义原则,法院审查股东资格的一般原则为形式审查,股东知情权的行使前提是具有股东身份的权利外观。司法实践中,当事人是否享有知情权,通常需判断其是否具备形式上的股东身份,主要体现情形:第一,根据工商登记的信息,判断当事人是否已被公示确认为公司股东;第二,根据公司章程、股东名册、出资证明,判断当事人是否已被公司内部确认为公司股东。

在因离婚引发的公司股权纠纷系列案件中,通常表现为仅夫妻一方为公司登记股东。非持股配偶本质上是基于夫妻共有财产出资,享有对公司股权的财产共有权益。换言之,夫妻双方之间存在类似于股权代持的关系,由股东配偶代

持另一方配偶的共有股权份额。此时,非股东配偶无法基于其配偶间的隐名股东身份,直接向公司主张股东知情权。非持股配偶,缺乏股东的权利外观,只能处于获取公司信息的劣势地位。若要主张股东知情权利,只能通过另一方持股配偶的股东身份,抑或通过股东资格确认诉讼或股东显名请求,在成为公司登记在册的股东后,方可行使股东权利。

由此可知,夫或妻一方对公司的知情权利行使,必须以明确的股东身份为前提。因此,建议各方当事人,在婚内尽可能取得公司的股东资格,并在工商局公示登记。若由于各种客观原因,暂无法在工商登记备案,则应要求公司和其他股东将自己的股东身份记载于公司章程或股东名册,实缴出资时应要求公司签发记载有自己出资情况的出资证明。若上述书面材料均无法取得,亦可与其配偶签订婚内《股权代持协议》,但公司必须作为见证方在《股权代持协议》上盖章确认,该协议才能对公司产生法律约束力,配偶的隐名股东身份和权益将直接受法律的认可和保护。

二、提出的知情权诉求内容应明确具体

股东知情权的内容包括查阅、复制公司章程、股东会会议记录、董事会会议决议、监事会会议决议和财务会计报告,查阅公司会计账簿。股东通过查阅上述公司资料,可以了解公司经营和财务状况、了解公司资产负债情况,判断股权价值。未实际参与经营的配偶股东行使股东知情权,所获知的公司信息资料将作为后续夫妻共同财产分割的依据。在提起股东知情权诉讼时,应格外注重诉讼请求的表达,尽量做到诉求的“合理”“细致”“可靠”,避免因诉求的遗漏或歧义而使公司有理由拒绝提供资料。

股东知情权纠纷的诉讼请求,应包括提供查询的时间和地点、信息产生的起止点、信息的具体内容以及委托查账的专业人员等。第一,查询的地点一般为存储公司大部分信息的公司(总部)住所地。给予公司配合的查询宽限期不宜过长,避免利益相关人员刻意拖延、修改处理公司资料。通常可表述为“判令公司(被告)于判决生效之日起×日在×××(公司住所地)内提供……”第二,诉求中应明确提供信息的范围,信息范围可根据信息产生的时间来划定。配偶股东应结合公司的经营情况和夫妻财产变动情况,划定具体的时间跨度,建议时间跨度尽量涵盖公司从成立到实际查阅时的完整存续期间。通常可表述为“提供自

公司×年×月×日(或成立之日)起至×年×月×日(或判决实际履行之日)止的……"第三,信息的具体内容,应做到细致无遗漏,建议罗列式详细列明所需查阅的信息,另外可以在诉求中一并主张对会计凭证内容的查阅。通常可表述为"……提供公司的章程、董事会会议记录、股东会会议记录、财务会计报告(含会计报表、会计报表附注和财务情况说明书,会计报表包括资产负债表、利润表、现金流量表及相关附表)供原告查阅、复制……提供公司的会计账簿(含总账、明细账、日记账、其他辅助性账簿)及会计凭证(含记账凭证、相关原始凭证及作为原始凭证入账备查的有关资料)供原告查阅"。第四,行使股东知情权的主体为股东本人,鉴于公司信息的专业性,实践中许可股东委托与公司无利害关系的专业人员协助查账。但股东在诉讼请求中,应将委托人员明确在内。通常可表述为"……供原告及所委托的注册会计师、律师(不超过2人)查阅、复制"。

三、申请诉讼保全措施保障知情权实现

公司向股东交出完整、真实的会计报告、公司账簿、凭证等文件资料,是知情权行使的前提和基础。很多股东知情权纠纷案件,胜诉后的执行过程存在困难。非参与经营的配偶股东与实控公司的配偶股东之间因离婚纠纷,各方针锋相对。实际执行中虽然公司是被执行人,但必须通过公司法定代表人、高级管理人员、直接责任人配合,股东知情权才能得以实现。这些利益关联人员又以公司名义为"挡箭牌",往往揪着各种事项挑剔、刁难,甚至直接以账簿毁损、丢失、缺失、负责人离职等理由拒不交出账簿,故意藏匿、转移文件资料。正如本章案例三,实控配偶从中作梗,层层阻拦。虽然多次申请执行,却未能得到有效执行,最终以"账簿失窃"而执行终结。因此,为保障股东知情权最终得以实现,笔者建议,在前期提起知情权诉讼时,就应及时申请诉讼保全措施。

司法实践中,对公司相关资料进行保全的方式有3种:申请证据保全、申请财产保全和申请行为保全。证据保全、财产保全可查封、扣押公司档案、财务账簿等资料,在股东知情权诉讼中,是比较有利的保全措施。行为保全,通常是责令公司法定代表人、董事、高级管理人员、财务人员、资料保管人等掌控公司资料的当事人禁止作出一定行为。在股东知情权诉讼中,行为保全裁定送达给公司后,最终承担主体依然是具体人,哪些人应受到拘束、哪些行为应受到限制,目前没有明确规定,实践中对禁止公司某种行为的保全裁定存在施行困难。相较而

言，证据保全、财产保全是直接对客体资料进行的保全，相对容易实现。但也有法院认为，股东知情权诉讼是行权之诉而非财产给付之诉，不应适用对公司档案、财务账簿等资料的保全措施。笔者认为，在申请保全措施时，应考虑当地司法实践做法，首选的方式应为财产保全或证据保全；若无法达成，则退而求次申请行为保全。对行为保全的申请事项，除申请禁止相关人员作出行为，如禁止接触、篡改、销毁公司资料等外，还可以申请相关人员积极作出某种行为，如责令相关人员将保全的材料交至法院或专人保管。

四、建议委托专业人士协助行使知情权

股东行使知情权所涉的公司文件材料，如会议决议、财务报告、会计账簿等，具有较强的专业性。若没有专业人员的辅助查账，普通人通常难以独立完成，尤其是不懂商业经营的股东，更是连基本的阅读理解都十分困难。因此，笔者建议，在行使股东知情权时，应委托专业的人士协助查账。借助第三人的专业知识行使知情权，能够保障自己的知情权利得以充分有效行使。《公司法司法解释（四）》第10条第2款规定："股东依据人民法院生效判决查阅公司文件材料的，在该股东在场的情况下，可以由会计师、律师等依法或者依据执业行为规范负有保密义务的中介机构执业人员辅助进行。"

需要注意的是，在股东知情权诉讼中，应将委托查账的代理人明确写在诉讼请求中，法院在判决中直接确认股东委托的人员享有的代理权权限，避免判决执行时公司以"仅限股东本人"为由阻碍查账。同时，因离婚时股权分割引发的股东知情权诉讼，实控公司的配偶可能会以公司名义实施减损夫妻共同财产的行为，非参与经营的配偶股东若要通过行使知情权寻得蛛丝马迹，必须要委托兼具财务知识和法律知识的专业辅助人员。若委托律师，建议委托对公司法与婚姻家事领域均擅长的律师。在委托前，应将案件的前因后果以及后续的离婚纠纷事宜与委托人详细沟通，为其查阅、复制公司资料提供思路，并制定有针对性的查账策略。

此外，在专业人员选任上，还应注意辅助人员立场的中立性。若公司认为允许辅助人员代为查阅可能侵犯公司的商业秘密或影响公司的正常经营，可作为合理理由抗辩，拒绝股东查账。因此，配偶股东尽量不要委托亲属、朋友或与公司有利害关系、竞争关系的机构或人员。为防止案外人通过查阅公司资料泄露

公司商业秘密，损害公司利益，在委托时，应向受托的律师、注册会计师等专业辅助人员强调保密义务，避免因辅助人员不当行为造成公司合法利益受到损害，而承担相应的法律责任。

五、利用公司章程对股东知情权合理约定

《公司法》第33条对股东查阅、复制公司章程、股东会会议记录、董事会会议决议、监事会会议决议和财务会计报告没有设置前提条件和要求。但对股东查阅会计账簿，则要求不得具有“不正当目的”。夫妻在婚姻关系存续期间，可能同时投资多家性质和经营范围类似的企业，夫或妻可能各自担任关联公司的法定代表人或股东、高级管理人员，若无证据证明这些企业之间存在关联关系，则夫或妻所在的企业极可能被认定为与涉诉公司具有实质性竞争关系，进而否定配偶股东对涉诉公司知情权主张的“正当性”。

根据《公司法司法解释（四）》第8条的规定，若有证据证明，股东自营或者为他人经营与公司主营业务有实质性竞争关系业务的，可以认定股东的知情权请求存在“不正当目的”，但公司章程另有规定或者全体股东另有约定的除外。需要注意的是，此处的“另有规定”或“另有约定”并非任意的，股东在章程中的相关特殊约定，不得阻却法律赋予公司的股东“不正当目的”的抗辩。笔者认为，配偶股东在制定公司章程时，将关联企业的财务报告、会计账簿等信息资料一并列为股东知情权范围。此外，对夫或妻可能涉及的具有竞争关系的企业，通过章程规定事先说明，使股东配偶在竞争企业的特殊身份直接得到公司认可。日后，公司不得以章程确认过的股东在竞争企业的身份地位，作为行使知情权的“不正当目的”的抗辩理由。

第六节　法律速递

《公司法》

第三十三条　股东有权查阅、复制公司章程、股东会会议记录、董事会会议决议、监事会会议决议和财务会计报告。

股东可以要求查阅公司会计账簿。股东要求查阅公司会计账簿的，应当向

公司提出书面请求，说明目的。公司有合理根据认为股东查阅会计账簿有不正当目的，可能损害公司合法利益的，可以拒绝提供查阅，并应当自股东提出书面请求之日起十五日内书面答复股东并说明理由。公司拒绝提供查阅的，股东可以请求人民法院要求公司提供查阅。

第九十六条 股份有限公司应当将公司章程、股东名册、公司债券存根、股东大会会议记录、董事会会议记录、监事会会议记录、财务会计报告置备于本公司。

第九十七条 股东有权查阅公司章程、股东名册、公司债券存根、股东大会会议记录、董事会会议决议、监事会会议决议、财务会计报告，对公司的经营提出建议或者质询。

《公司法司法解释(四)》

第七条 股东依据公司法第三十三条、第九十七条或者公司章程的规定，起诉请求查阅或者复制公司特定文件材料的，人民法院应当依法予以受理。

公司有证据证明前款规定的原告在起诉时不具有公司股东资格的，人民法院应当驳回起诉，但原告有初步证据证明在持股期间其合法权益受到损害，请求依法查阅或者复制其持股期间的公司特定文件材料的除外。

第八条 有限责任公司有证据证明股东存在下列情形之一的，人民法院应当认定股东有公司法第三十三条第二款规定的“不正当目的”：

(一)股东自营或者为他人经营与公司主营业务有实质性竞争关系业务的，但公司章程另有规定或者全体股东另有约定的除外；

(二)股东为了向他人通报有关信息查阅公司会计账簿，可能损害公司合法利益的；

(三)股东在向公司提出查阅请求之日前的三年内，曾通过查阅公司会计账簿，向他人通报有关信息损害公司合法利益的；

(四)股东有不正当目的的其他情形。

第九条 公司章程、股东之间的协议等实质性剥夺股东依据公司法第三十三条、第九十七条规定查阅或者复制公司文件材料的权利，公司以此为由拒绝股东查阅或者复制的，人民法院不予支持。

第十条 人民法院审理股东请求查阅或者复制公司特定文件材料的案件，对原告诉讼请求予以支持的，应当在判决中明确查阅或者复制公司特定文件材料的时间、地点和特定文件材料的名录。

股东依据人民法院生效判决查阅公司文件材料的,在该股东在场的情况下,可以由会计师、律师等依法或者依据执业行为规范负有保密义务的中介机构执业人员辅助进行。

第十一条 股东行使知情权后泄露公司商业秘密导致公司合法利益受到损害,公司请求该股东赔偿相关损失的,人民法院应当予以支持。

根据本规定第十条辅助股东查阅公司文件材料的会计师、律师等泄露公司商业秘密导致公司合法利益受到损害,公司请求其赔偿相关损失的,人民法院应当予以支持。

第十二条 公司董事、高级管理人员等未依法履行职责,导致公司未依法制作或者保存公司法第三十三条、第九十七条规定的公司文件材料,给股东造成损失,股东依法请求负有相应责任的公司董事、高级管理人员承担民事赔偿责任的,人民法院应当予以支持。

第十五章　离婚关联案之股权转让纠纷及法律应对

第一节　案由解读

股权转让纠纷是指股东之间、股东与非股东之间进行股权转让而发生的纠纷。股权转让纠纷主要包括股权转让合同效力纠纷、股权转让合同履行的纠纷、瑕疵出资股东股权转让纠纷、股权转让中的瑕疵责任。实践中，因夫妻离婚纠纷而引发的股权转让纠纷，主要表现为夫妻单方转让其名下股权，另一方配偶请求确认股权转让合同无效的诉讼纠纷。由于股权在登记机关完成登记后即具有对外的公示效力，登记股东转让其名下股权并无障碍，亦无须征得另一方配偶同意。同时，股权转让操作便捷、转让价格无明确标准限制。因此，单方股权转让已成为夫妻一方转移、隐匿共有财产的常见方式。

股权转让纠纷包括有限责任公司的股权转让纠纷和股份有限公司的股权（股份）转让纠纷两种情况。有限责任公司兼具人合性与资合性，根据《公司法》的规定，有限责任公司股东对外转让股权，应受到其他股东"优先购买权"的限制。股份公司具有资合性，只要不违反《证券法》的强制性规定，股东持有的股权均可自由转让。无论何种类型公司的股权转让，非持股配偶对持股配偶名下股权的"共同共有"均无法实质性阻却持股配偶转让股权的行为。夫妻单方转让共有股权的转让协议效力认定，以无效为例外。转让人缔约是对股权没有单独处分权，并不影响作为负担行为的转让协议之效力。[1] 实务中，非持股配偶并非股权转让协议的缔约方，基于合同的相对性，非持股配偶无权主张合同可撤

① 参见姜大伟：《夫妻单方处分名下股权效力认定的利益衡量及其规范路径》，载《北方法学》2021年第5期。

销。若共有股权的交易发生于持股配偶与其近亲属、朋友之间，存在明知夫妻关系恶化仍以低价受让等情形，非持股配偶可以“恶意串通，损害其合法利益”为由，请求法院确认股权转让协议无效。

司法实践中，对于持股配偶单方转让共有股权的行为效力认定，法院常援用善意取得之规定。对股权转让的效力判断，通常结合股权转让的时点、受让人与转让人的“亲密”程度、股权转让的对价合理性等情况，综合判断持股配偶与受让方之间是否存在恶意串通之情形，进而认定股权转让行为的效力。持股配偶若未取得对方配偶同意，擅自转让其名下的夫妻共有股权，实属无权处分。若受让方在受让股权时主观善意、支付了合理对价，并已完成股东名册的变更登记，则持股配偶对该股权的无权处分行为效力，经由善意取得之适用而转换为有效。[①] 事实上，即便股权转让行为因善意取得的适用而免于效力瑕疵，但是持股配偶未经同意擅自处分共有股权的行为，亦已构成隐藏、转移夫妻共同财产，损害非持股配偶作为“股权共有人”的夫妻共同财产利益，非持股配偶有权主张相应的损害赔偿。客观上，非持股配偶对持股配偶名下的股权转让信息存在滞后，通常在夫妻处于离婚纠纷的敏感时期才发现共有股权早已转让至他人名下，账面上可用于分割的共同财产所剩无几。因此，非持股配偶要在离婚时主张按原先共有的股权比例分割或折价补偿，需得先使共有股权合法回转登记至配偶名下，由此必然引发一系列的股权转让合同效力纠纷。

第二节　关联案例

因离婚引发的夫妻间的股权转让纠纷，主要表现为以下特征：

1. 股权转让时夫妻关系已经恶化，即转让行为通常发生于离婚纠纷前不久的时间或离婚诉讼期间。

2. 受让方与转让方之间存在密切关系，通常受让方为持股配偶的近亲属或值得信任的朋友。

---

① 参见姜大伟：《夫妻单方处分名下股权效力认定的利益衡量及其规范路径》，载《北方法学》2021年第5期。

3. 股权转让价款极低，持股配偶在离婚前后的敏感期冒险对外转让的股权标的额较大，但受让人支付的股权价款却远低于股权实际价值甚至是无偿受让。

夫妻感情和睦时，只愿双方“执子之手，与子偕老”，不会刻意计较财产登记于谁名下。一旦夫妻感情破裂，持股配偶的名下股权在离婚时将被分割，届时将直接减少持股配偶占股比例，进而直接影响公司的股权结构、动摇持股配偶在公司的控制地位。因此，股权在离婚时若仍然登记于配偶名下，持股配偶只得按照各方应分得的股权比例折价甚至溢价补偿给非持股配偶，以守住自己对公司的控制地位。为避免陷入上述被动局面，持股配偶通常在夫妻关系恶化期间、离婚诉讼期间便各显神通，向第三人转移其名下的股权共有股权。非持股配偶并非对外公示的股权共有人，并未实际参与公司经营，现实中多数非持股配偶只有在离婚提出股权分割时，才会发现配偶名下的共有股权已被转让至他人名下。此时股权已不再作为夫妻共同财产呈现于“可分割的账面之上”，非持股配偶若要主张分割原始的共有股权，只能先通过确认股权转让无效诉讼，将股权恢复至最初登记归属于配偶名下的状态。由此，因离婚纠纷的股权分割经常引发以下股权纠纷。

（一）离婚撤诉＋股权转让纠纷＋第三人撤销之诉＋确认合同无效纠纷

夫妻感情破裂时，持股配偶往往会铤而走险进行股权转让。若选择在提起离婚的敏感期间转让股权，其故意转移夫妻共同财产的行为明显。现实中，持股配偶可能通过拖延夫妻感情破裂的爆发时点即向法院提起离婚诉讼的时间，为股权转移争取更多时间，亦可能通过虚假诉讼的方式确认股权转让的效力。

婚姻关系存续期间，女方利用夫妻共同财产投资设立公司，并将所有的股权份额均登记于女方个人名下。后期，男方发现女方出轨，遂向法院提起离婚诉讼。女方为争取时间转移财产，谎称其身怀男方骨肉，苦苦示弱哀求，恳请男方撤诉。男方信以为真，向法院申请撤诉。在此期间，女方在男方不知情的情况下，将其名下的股权全部转移登记至其母亲名下。随后，女方以其母亲未支付股权转让款为由，向法院诉求确认协议有效、要求其母亲立即支付股权转让款 2 万元，企图通过提起虚假诉讼的方式，以获取法院的生效判决为其擅自转让夫妻共有股权的行为效力“官方背书”。法院经审理认定，股权转让合同有效并支持女方要求母亲支付股权转让款的诉讼请求。两年后，男方发现自己一再受欺骗，双方感情确已无法挽回，遂再次起诉离婚。在案件审理中，男方发现登记于女方名下的共有股权已被转让，且该股权转让协议的效力业经法院判决确认。男方便以“确认协议有效的原判决”损害其民事权益为由，向法院提起第三人撤销之诉，法院审理认为原判决内容仅是确认合同当事人即女方与其母亲之间的内部合同效力，对男方权益不产生影响，故驳回男方的全部诉讼请求。之后，男方又以女方与其母亲恶意串通为由，提起确认股权转让合同无效之诉。法院经审理确认女方与其母亲的股权转让合同无效，该股权得以回转登记至女方名下，并最终作为夫妻共同财产予以分割。

（二）离婚纠纷＋股权转让代持协议＋确认合同无效

“恶意、低价”是配偶单方转让股权最终被认定为无效的主要因素。若配偶一方无正当理由，将夫妻共有股权擅自低价转让甚至是无偿赠予第三人，必然被法院认定为无效。实践中，持股配偶在敏感期冒险转移的共有股权往往价值较高，若完全按照股权的实际价值转让，持股配偶一方面难以证明受让人已“实际支付”对价，另一方面，以“实际价值”定价的股权转让款，即便持股配偶未实际取得该转让款，在离婚时仍需将转让时的“定价数额”作为夫妻共同财产进行分割，最终无法达到持股配偶企图转移夫妻共同财产的目的。因此，为规避低价或无偿转让被认定为无效，现实中亦有配偶利用“代持关系”，将股权暂时性转移登记至第三人名下，并主张该共有股权仅是交由第三人代持，夫妻双方均未实际丧失对共有股权的收益，未实际侵犯非持股配偶的财产权益。

生活中，常见夫妻在婚内共同投资设立公司，但为方便男方对公司的决策经营，而把所有股权均登记于男方名下。实践案例中，女方因男方出轨而向法院起诉离婚，在离婚敏感期内，实际控制经营公司的男方将其名下的股权转移至姐夫名下，双方签订了股权代持协议，约定转让价款为零。后期，女方向法院起诉确认股权代持协议无效，男方则辩称将夫妻共有股权交由其姐夫代持管理，是为实现共有股权的收益最大化，并非恶意转移财产，女方仍享有对该股权的共有收益份额，请求法院确认代持协议有效。法院经审理认为，将共有股权交由第三人代持的决定并未经女方同意，虽然该股权名义上是代夫妻双方持有。但代持协议上并无女方签字，第三人可随时将该股权再行转让而无须女方认可，实质上女方已丧失对该股权的控制权。因此，法院认定该代持协议因损害女方利益而无效。最终，该股权得以回转至男方名下，作为夫妻共同财产予以分割。

（三）离婚纠纷 + 确认股权转让合同无效纠纷 + 离婚后财产纠纷

夫妻对登记于一方配偶名下的股权享有的共有权，源自婚后所得共同制或约定财产制。所得共同制是指夫或妻在婚后取得的股权，若无明确的财产约定，则应认定为夫妻共同所有；约定财产制是指夫或妻通过契约将婚前取得或受赠、继承取得的本属于个人所有的股权，约定为夫妻共同共有；上述股权登记于一方名下还是登记于双方名下均不妨碍夫妻对股权共有的认定。但夫妻单方个人所有的股权在未约定情况下，始终归个人所有，若股权分红是经婚后投入劳动取得的收益，则该股权的分红收益应认定为夫妻共同财产。[①] 夫妻共有股权的基础实质是财产共有，若共有股权已被转移登记至善意第三人名下，非持股配偶无权以共有人的身份主张转让行为无效，其仅能向持股配偶主张财产损害赔偿。以保护善意第三人的信赖利益、维护市场交易安全为出发点，夫妻之间形成的股权共有的内部约束亦不得对抗善意相对人。鉴于此，实践中常见共有股权被多次转让，离婚时配偶名下的共有股权已合法登记至善意第三者。此时，非持股配偶无法穿透多层股权转让关系主张转让协议无效而要求股权回转，其仅能就该共有股权损失向持股配偶主张损害赔偿，由此引发后续的离婚后财产纠纷。

案例中，女方起诉离婚时要求分割夫妻共有股权。法院经审理后发现，登记于一方名下的共有股权发生过两次转让，已登记于他人名下，遂在离婚财产分割时对该股权不予处理。法院判决离婚后，女方又以男方、第一受让人（男方的父亲）、第二受让人（男方父亲的朋友）为被告，请求法院确认两次股权转让合同无效，诉求案涉股权回转登记至男方名下。法院经审理认为，男方与其父亲恶意串通，无偿转移夫妻共有股权，应确认男方与其父亲的股权转让合同无效。但涉诉股权已按照合理对价转让登记至男方父亲的好友名下，且无证据证明第二受让人为恶意，应认定为男方父亲与第二受让人的股权转让协议有效，判决驳回女方提出的股权回转登记诉求。最后，女方只能就其应得的股权份额损失，再次向法院提起损害赔偿诉讼，要求男方与第一受让人承担对其共有股权的损害赔偿责任。

（四）离婚纠纷 + 确认股权赠与合同无效纠纷 + 离婚后损害责任诉讼

根据外观主义原则，记载于股东名册或经登记机关公示的股东有权依法行

---

① 奚晓明、杜万华主编：《中华人民共和国婚姻法案典》，人民出版社 2014 年版，第 101 页。

使股东权利,包括自由处分其名下的股权。持股配偶向他人其名下转让股权,以无效为例外。若无证据证明受让人与持股配偶恶意串通,该股权转让行为一般认定为有效。实践中,即便共有股权系无偿转让至第三人名下,若无恶意串通的主观故意,亦难以主张协议无效、股权回转登记至配偶名下。因股权无法回转作为夫妻共同财产在离婚时一并分割,非持股配偶只能就其损失再次提起离婚后财产纠纷。

在离婚诉讼期间,男方将登记于其名下的夫妻共有股权,以无偿赠与的方式转移登记至婚生女名下。经法院判决,夫妻双方婚姻关系解除,婚生女归男方抚养,涉及的共有股权分割另案处理。女方遂向法院提起确认合同无效之诉,请求确认男方与婚生女之间的股权赠与协议无效。但法院经审理后认为,婚生女作为限制行为能力人,其独立实施纯获利益的民事法律行为合法有效,故婚生女有权作出接受父亲赠与的意思表示,双方并不存在恶意串通;案涉股权已经过股东会决议,并已完成转移登记,符合《公司法》规定,遂判决驳回女方的诉讼请求。之后,女方又向法院提起离婚后财产纠纷,要求男方赔偿因擅自转让夫妻共有股权给女方造成的损失。最终,法院以股权转让的时间点为估值日,按照股权对应的净资产份额确定股权市场价值,判令男方向女方支付赔偿款45万元。

第三节 案例精选

【案例一】假意股权代持,实为财产转移

陈华与刘小琴结婚10年,双方因长期感情不和,刘小琴于2016年8月向法院提起离婚诉讼,陈华辩称双方感情并未破裂,一审判决不准予离婚。2017年8月,陈华开始转移其名下股权,陈华将其名下的龙王公司100%的股权转让至其二姐名下,并完成股权变更登记。刘小琴知悉后,提起确认股权转让合同无效之诉讼。法院经审理认为,被告陈华在与刘小琴婚姻关系恶化期间,未经刘小琴同意,将其名下的夫妻共有股权,即龙王公司100%的股权转移登记至其二姐名下,且至今未支付股权转让对价。其二姐明知陈华与其妻子的特殊关系,仍协助陈华转让股权,构成恶意串通,据此确认双方签订的股权转让合同无效。

判决生效后,刘小琴于2018年8月再次向法院提起离婚诉讼。在诉讼期

间，刘小琴发现陈华以同样的方式转让了其名下虎王公司的共有股权，遂以陈华、陈芸（陈华的大姐）、姜小天（陈华的二姐夫）、虎王公司为被告，再次向法院提起确认合同无效之诉。刘小琴向法院提出诉求：（1）确认被告陈华与被告陈芸、姜小天于2018年1月20日签订的股权转让合同无效；（2）将股权的工商登记状态立即恢复原状，即变更登记至被告陈华名下；（3）将虎王公司法定代表人的工商登记状态恢复登记至陈华名下。庭审中，陈华向法院提交了其与陈芸、姜小天签订的《代持股协议书》，辩称陈华与陈芸、姜小天之间不存在真实的股权转让合同关系，而是因陈华可能牵涉某领导涉嫌职务罪的案件，为维护公司的正常运营，故将其名下的股权委托给陈芸、姜小天。因此，案涉股权所产生的财产权利并没有发生转移，仍然属于陈华与刘小琴的共同财产，没有因此发生减损以及恶意串通转移夫妻共同财产的行为。此外，根据《公司法》的相关规定，股权属于复合型的权利，既包括财产权，也包括身份权，在本案中只有股权中有关财产性的权利，才属于夫妻共同财产。基于股东身份所产生的其他权利如管理权、决策权以及股东身份转换的权利，不属于夫妻共同财产。陈华与陈芸、姜小天因履行《代持股协议书》而办理工商变更，包括法定代表人的变更均属于陈华作为公司股东所独自享有的身份性的权利，无须非股东的配偶同意，请求驳回原告的诉讼请求。

法院经审理认为，被告陈华即使仅委托他人代持涉案股权，亦属于对夫妻共同财产作出的重大处理决定，应与刘小琴协商一致方可，但本案中，陈华未在取得刘小琴的同意下径直转让股权。退一步讲，即便陈华与陈芸、姜小天签订了《代持股协议书》，亦侵害了刘小琴的合法权益。依据股权代持协议的约定，代持期内，陈华、陈芸、姜小天有权将股东权益转移至陈华再次指定的任何第三人名下。根据合同相对性的原则，如陈华串通陈芸、姜小天将涉案股权进行再转让，则受让的第三人可能构成善意取得，刘小琴将不得对抗善意第三人，届时刘小琴的共有股权的合法权益仍将被损害。从主观上，陈华在第一次离婚诉讼判决后转让股权的行为已被法院确认无效，其在本案中又以股权代持关系抗辩，本院有充足理由怀疑陈华的主观目的仍是恶意转移夫妻共同财产。综上，一审判决支持刘小琴的全部诉讼请求，即确认陈华与陈芸、姜小天的股权转让合同无效，判决三被告将股权恢复登记至陈华名下，将法定代表人变更登记为陈华。

基于上述判决，刘小琴在二次离婚诉讼的财产分割时，以陈华存在恶意转移、隐匿夫妻共同财产的行为为由，要求对陈华少分股权份额。最终，法院判决原被告双方离婚，刘小琴酌情分得所有共有股权的60%股权份额。

【案例二】虚假诉讼为转让背书，恶意串通终被确认无效

胡夏与魏玲儿在国外相识，并于2005年在澳大利亚登记结婚。婚后，胡夏长期在国外，魏玲儿回国经营医疗器械公司，两人未生育子女，感情渐远。2011年6月，胡夏向上海法院起诉离婚，魏玲儿告知胡夏自己正在试管婴儿流产期，胡夏便向法院撤诉。

2012年1月，魏玲儿将婚后取得的登记于自己名下的康健医疗器械公司的55%股权，转让至其母亲陈宝钗名下，未约定转让对价，并办理了变更登记。2012年6月，魏玲儿以其母亲陈宝钗为被告，提起股权转让诉讼，要求陈宝钗向其支付股权转让价款。法院经审理，认定股权转让系双方基于特殊的家族企业关联进行的，该转让协议合法有效，依此驳回魏玲儿的诉讼请求。

2014年6月，胡夏再次向法院提起离婚诉讼。魏玲儿提交2012年的判决书，主张股权转让已经法院认定为合法有效，且办理变更登记至其母亲名下，故案涉股权不应作为夫妻共同财产予以分割。胡夏遂申请离婚案件中止审理，另行提起第三人撤销之诉，认为2012年案涉股权转让纠纷的民事判决本院认为部分对合同效力的认定有误，本质系虚假诉讼，要求撤销该判决。一审法院经审理认为，民事判决的主文为驳回魏玲儿的诉讼请求，该处理结果并未损害胡夏的民事权益。据此，一审法院驳回胡夏的全部诉讼请求，二审法院维持原判，再审法院亦驳回胡夏的再审申请。

2016年，胡夏再次提起诉讼。此次诉讼以魏玲儿、陈宝钗、康健医疗器械公司为被告，提起确认合同无效诉讼，请求确认被告之间于2012年1月签订的股权转让协议无效。法院经审理认为，魏玲儿持有的55%股权为其与胡夏婚后取得，涉及夫妻共同财产问题。在夫妻双方离婚诉讼期间，魏玲儿将其持有的康健医疗器械公司55%的股权无偿转让给其母亲陈宝钗。结合魏玲儿与陈宝钗的母女关系，可以判断陈宝钗对上述情况亦知情。综上足以认定，魏玲儿与陈宝钗签订的《股权转让协议书》存在恶意串通、损害第三人胡夏利益的行为。最终，一审法院判决确认《股权转让协议书》无效，二审法院维持原判。

2018年，胡夏在离婚纠纷诉讼中，基于上述确认《股权转让协议书》无效的判决书,证明魏玲儿婚内存在恶意转移、隐匿夫妻共同财产的情形。

【案例三】为他人隐名持股,低价转让确认无效

小丽与王鑫于 1995 年 3 月登记结婚,婚后王鑫任职的单位改制为春和公司,王鑫多次增资后占总股本的 98%,并担任公司董事长、法定代表人。2016 年,小丽发现王鑫出轨自己的秘书,遂多次要求离婚,但王鑫拒绝配合离婚登记。2017 年,小丽向法院起诉离婚,方知王鑫持有的 98% 股权已被转移至其胞妹王珍名下。

小丽遂以王鑫、王珍为被告诉至法院,请求判令确认:2016 年 8 月 8 日王鑫与王珍签订的《股权转让协议》无效。庭审中,王鑫、王珍辩称:春和公司改制时,王鑫仅出资 120 万元,其余资金均是由王珍以现金方式出资的;后期公司股本扩增,追加的投资款也均由王珍的分红以及现金投入。因王珍长期定居美国不方便行使股东权利,双方遂口头约定王珍的股权由王鑫代持,王珍为公司的隐名股东。因此,王鑫名下的 98% 股权并非都是夫妻共有股权,王鑫实际仅持有 12% 的股权,剩余 86% 的股权实际是替王珍代持。王鑫将其实际持有的 12% 股权作价 170 万元转让给王珍,另外 86% 股权恢复登记至王珍名下,并未损害小丽的夫妻共有财产,小丽可以主张分割 170 万元的股权转让价款。

一审法院经审理认为,两被告无法提供证据证明春和公司 86% 股权的出资款来源于王珍,公司 98% 的股权系与小丽婚姻关系存续期间取得,并登记于王鑫名下,应认定为夫妻共同财产。隐名股东尚需承担以形式上工商登记、股东名册、出资证明等公示登记文件为准的风险,且其显名化需先经公司半数以上股东同意。本案中,即便王鑫与王珍之间存在隐名代持关系,隐名股东与显名股东之间的代持协议效力亦仅约束签约双方,不产生对抗第三人的效力,王珍可在确认代持股权效力后再行向王鑫主张损害赔偿。因此,对两被告股权代持的抗辩意见不予采纳。根据《民法典》的相关规定,夫妻对共同所有的财产,有平等的处理权。本案中,王鑫擅自处分夫妻共有股权,一般认定为无效;王珍作为王鑫的胞妹,在王鑫与小丽夫妻正处于闹离婚的敏感时期,受让王鑫名下股权,难以认定其系善意第三人,无权善意取得案涉股权。综上,一审法院判决王鑫与王珍签订的《股权转让协议》无效。王鑫、王珍提起上诉,二审法院亦维持原判。

在后续的离婚诉讼中,小丽根据上述判决向法院主张分割共有股权。参照王鑫在上述股权转让纠纷案件中自认的12%股权市场价为170万元,法院判决98%股权归王鑫所有,王鑫向小丽支付一半股权及49%股权折价款694万元。

【案例四】股权转至第三人,损害赔偿获支持

林帆与叶艳相识于大学,2013年9月两人毕业后结婚。婚后,叶艳协助林帆创业,两人与其他股东共同设立一帆公司,夫妻两持股70%全部登记于林帆名下。一帆公司经营步入正轨后,叶艳回归家庭,专心带娃照顾家庭。林帆日常在外应酬,习惯了备受吹捧的生活,对叶艳平日的唠叨心生厌烦。机缘巧合下,林帆在酒局上遇见了陈总的千金陈云儿,瞬间被陈云儿的美丽温柔所吸引,经过林帆的疯狂追求,两人发展为婚外情关系。陈总知情后,要求林帆与妻子离婚,与其女陈云儿成婚,并承诺大力支持一帆公司发展,日后陈家的产业也交由林帆打理继承。

林帆认为离婚再娶陈云儿是财色双收的好机会,但又不愿意因离婚财产分割而失去对一帆公司的控制权,遂试图转移夫妻共有股权。林帆与陈云儿协商后,决定先将一帆公司的70%转让给陈云儿。2018年7月,一帆公司召集股东大会,就林帆欲以70万元转让其名下70%公司股权征询其他股东意见,其他股东早已与林帆事先串通,在会上纷纷表示放弃优先购买权,最终将股权以70万元转让给陈云儿。2018年8月,一帆公司70%的股权转移登记至陈云儿名下,陈云儿又与第三人程秋少(实际为陈云儿家的贴身管家)签订《以股抵债协议》,约定将其名下70%的股权转让给程秋少,用于偿还2015年1月陈云儿向程秋少所欠的借款80万元,双方亦共同前往工商局办理了股权转让登记。

2019年1月,林帆向法院起诉离婚,叶艳发现夫妻共有股权已被转让至第三人名下。叶艳委托的代理律师向法院申请调查令,到工商局查到案涉70%股权的两次股权转让协议。同时,调取林帆的流水发现,林帆的转账记录中有多笔"1314""520"等敏感数字的金额转账至陈云儿账户。经过一番查证,叶艳才知道林帆离婚的真正原因系婚内出轨陈云儿。在离婚诉讼中,叶艳同时提出分割原本登记于林帆名下的70%股权,但因案涉70%股权已登记于他人名下,涉及第三人的股权利益,无法作为夫妻共同财产分割,遂法院建议叶艳另案起诉。

法院判决林帆与叶艳离婚后,叶艳先后分别以林帆、陈云儿为被告,以陈云儿、程秋少为被告,诉求法院确认林帆与陈云儿签订的《股权转让协议》、陈云儿

与程秋少签订的《以股抵债协议》无效。两个案件分别经法院审理,对于林帆与陈云儿的股权转让行为,法院认为,结合林帆与叶艳离婚判决书确认的事实,可知在叶艳与林帆婚姻关系存续期间,陈云儿与林帆存在不正当男女关系,其在男方起诉离婚前的敏感期间,无故低价受让林帆名下的股权,主观上难以认定为善意;林帆在婚内未经叶艳同意,与陈云儿恶意串通,将股权转移登记至陈云儿名下,该行为应认定为无效。对于陈云儿与程秋少之间的《以股抵债协议》,法院认为叶艳与案涉《以股抵债协议》不存在法律上的利害关系,并非本案的适格主体;且在案证据亦无法证明陈云儿与程秋少之间存在恶意串通损害第三人利益等合同无效情形,遂法院驳回叶艳的起诉。

2019 年,叶艳基于上述两个案件判决,又向法院提起离婚后财产损害赔偿诉讼。法院经审理认为,林帆、陈云儿恶意串通转让案涉股权,侵害了叶艳的合法财产权益。但因案涉股权已登记至第三人名下,由第三人善意取得,故叶艳有权对其失去的股权份额主张赔偿。结合本案情况,案涉股权第一次转让时,一帆公司《个人股东变动情况报告表》中体现的 70% 股权比例所对应的净资产份额为 770 万元,能够公允地反映股权转让时的市场价值。最终法院参照上述价值,判令二被告共同向叶艳赔偿 35% 的股权损失 365 万元。

第四节 维权指引

一、从股权转让的协议效力入手

配偶股东在名义上具有股东的权利外观,而另一方配偶仅是基于婚姻关系期间拟制的财产共有关系,享有配偶股权名下股权的财产性权利。在离婚引发的股权转让纠纷中,非股东的配偶并非股权转让协议的当事人,以重大误解、显失公平等情形主张撤销合同,难以获得支持。若配偶一方直接诉求确认股权转让协议无效,通常能获得支持,主要的裁判观点有两种:第一,认为婚姻关系存续期间取得的股权为夫妻共同财产,基于配偶之间的“财产平等处理权”,股东配偶擅自转让股权的行为系无权处分,若受让方非善意,转让协议无效;第二,认为转让人与受让人恶意串通,损害股权共有配偶的合法利益,应认定为转让合同无效。

配偶股东在夫妻感情破裂甚至离婚诉讼期间,将其名下的股权擅自转让给他人,结合敏感时点、当事人关系、转让价款、付款情况等因素判断,足以认定股权受让方并非善意第三人,在一定程度上,甚至足以证明股权转让方与受让方之间存在恶意串通。因此,配偶间引发股权转让纠纷时,应从股权转让协议效力认定的角度考虑,通过确认合同无效使股权回归转让前的状态。

二、确定管辖法院与诉讼当事人

股权转让纠纷属于一般合同纠纷,对股权转让行为的效力认定,归根结底是"确认合同无效"的纠纷。根据《民事诉讼法》第 24 条的规定,因合同纠纷提起的诉讼,由被告住所地或者合同履行地人民法院管辖。实践中,通常将公司所在地认定为转让股权的行为地,将股权公司的注册地作为股权转让合同的履行地也符合"两便"原则。综上,非股东配偶对股权转让行为提起的"确认合同无效"纠纷,可根据实践情况,选择向被告住所地或公司住所地管辖法院起诉。

提起诉讼时,应将合同双方当事人即配偶股东、受让人均列为被告。同时,建议将公司列为被告或第三人,诉求公司承担连带赔偿责任、配合原告将涉诉股权回转登记至配偶名下。现实中,亦存在配偶股东与他人串通,将股权进行二次甚至多次转让。非股东的配偶对于后手的股权转让不存在法律上的直接利益关系,难以一并主张后手股权转让因恶意串通而无效,但可将后手股权受让人列为第三人,以查明各方当事人的股权转让情况。

三、重点把握受让人的非善意

证明转让人与受让人恶意串通或受让人存在恶意,是确认股权转让协议无效的关键。根据民事诉讼法的"盖然性"证明标准,应结合案涉股权的转让时点、转让人与受让人的亲密关系、股权受让人支付的转让对价等事实情况,举证受让人的非善意情形。

第一,举证证明股权转让时点处于夫妻感情恶化期间。若夫妻双方正处于诉讼离婚或协议离婚期间,均可认定为感情恶化;虽未提出离婚,但夫妻长期争吵、持续分居亦属于夫妻感情恶化的情形。第二,举证证明配偶股东与受让人之间存在的特殊关系。配偶股东为实现股权的实际控制,通常会选择自己信任的亲友为受让方。根据转让人与受让人关系的亲密程度,可合理推断受让人对转让人与其配偶的夫妻感情恶化主观知情,即受让人非善意第三人。第三,举证证明受让方未支付合理对价。低价甚至无偿转让股权,是配偶股东与受让人恶意串通的主要表现。配偶股东无权处分其名下股权,受让人未支付相应的市场对价,亦不得适用善意取得。

四、配偶共有股权受损害的救济

配偶对共有股权受损害后的救济方式主要有两种:股权回转和损害赔偿。夫妻共有股权被配偶股东擅自转移至第三人后,经法院判决确认股权转让合同无效,该共有股权即回转登记至配偶股东名下,夫妻共有财产权益得以保障。若无法确认股权转让无效,或确认无效后,出现涉诉股权已被第三人善意取得等无法回转登记的情形,则配偶应主张股权共有财产的损害。因此,无论婚内或离婚诉讼期间、离婚后启动股权转让无效案件,均应尽力证明转让方的恶意以及对夫妻共同财产的损害。即使最终股权无法回转,亦应争取法院在事实上认定配偶股东存在故意转移夫妻共有股权的“恶意”和擅自处分的“侵权行为”,为后续提起损害赔偿之诉做准备。

第五节 律师忠告

一、尽早成为公司股东

现实中,非股东的配偶方对共有股权情况知之甚少,唯有到了离婚主张分割财产时才知悉共有股权已被转让。相较于上市公司股权,有限公司的股权转让行为更具隐蔽性。根据《公司法》的规定,有限责任公司股东向股东之外的第三人转让股权,需要经过其他股东过半数同意,其他股东享有同等条件下的优先购买权。公司章程对于股权转让有约定的,约定优先。因此,笔者建议配偶应争取尽早成为公司股东,即使是以少量持股甚至是主动放弃表决权为代价,也要进入公司成为股东。配偶成为公司股东,有以下优势:其一,随时掌握公司的股权变动情况,及时制止配偶股东转让其名下的夫妻共有股权;其二,作为公司股东,有权提议在章程约定配偶名下共有股权的转让限制;其三,配偶享有股东身份,可以及时行使自己的股东知情权,查阅公司财务、经营状况以及股权转让情况。配偶拥有公司股东身份,即便无法阻止另一方配偶擅自转移其名下的夫妻共有股权,亦可深入公司内部获取配偶主观上恶意转移财产的相关证据,减少信息不对称给后续维权诉讼带来的阻碍。

二、婚内析产冻结股权

夫妻感情破裂前期,股东配偶不会轻易配合离婚登记。为了争取更多时间以实现自己名下股权的转移,股东配偶往往会找借口刻意拖延甚至可以制造离婚障碍。在离婚诉讼中,若法院第一次判决不离婚,股东配偶将拥有至少 6 个月的时间进行财产转移。此时,对非股东的配偶来说,当务之急是阻止配偶股东擅自转移股权。但非股东配偶不具有公示股东身份,不是共有股权转让交易的当事人,仅凭自力难以阻止股权的转让。笔者建议,无过错的配偶一方,应寻求司法力量协助维权。一旦发现股东配偶有转移名下夫妻共有股权的行为,应尽快向法院起诉要求分割共同财产,并申请诉求财产保全。根据《民法典》第 1066 条的规定,在婚姻关系存续期间,若一方有隐匿、转移、变卖、毁损、挥霍夫妻共同财产等行为,另一方配偶可以请求分割夫妻共同财产。对于婚内财产分割的案件,虽然法院要求配偶承担较大的举证责任,即应提供证据证明另一方存在恶意转移共有股权的行为,但提起婚内财产分割之诉,并非仅为了诉求获得法院支持,更重要的是实现对股权共有股权的保全。婚内通过诉讼的方式,向法院申请共有股权的财产保全,可以有效防止股东配偶恶意转移财产,亦能对恶意串通受让股权的第三人形成威慑。若在婚内财产分割诉讼期间,配偶股东仍然进行股权转让,可径直推断其主观上即存在明显恶意。

三、书面声明共有股权

一方配偶对登记于另一方配偶名下的股权,不具有对世的效力。一般的股权转让,并不要求股东的配偶同意才能转让。在配偶擅自转让股权的纠纷中,股权受让者要么是配偶的近亲属,要么是公司的其他股东。笔者建议,非股东的配偶方在应尽量对外声明自己的主权,即向公司其他股东以及股东配偶的近亲属明确声明:股东配偶目前名下的股权属于夫妻共同财产,若欲受让该股权,应事先取得另一方配偶的同意,否则该转让行为将因无权处分而无效。此类声明在一定程度上能够否定股东配偶股权转让的“表见代理”,使配偶在一定辐射范围内失去了自行处分股权的权利外观,也对欲串通受让股权的受让方形成心理威慑。笔者建议,对共有股权的声明,应尽可能采取书面形式、留下痕迹。主要声明方式有:书面邮寄送达、电子方式送达等,在此过程中,应留下邮寄收件信息,对方已收悉的聊天记录、通话记录等。即便涉诉股权被转让,亦可直接依据非股东配偶的上述共有股权声明,推定受让人非善意第三人或其与配偶股东恶意串通的主观故意。

四、了解公司的财务情况

在涉诉股权已无法回转的情况下,非股东配偶只能主张损害赔偿,股权价值将作为最终赔偿数额的参考。但非股东配偶作为交易外的第三人,若欲获知股权转让价格和受让对象,一般只能通过工商登记信息查询。在工商局备案的股权转让协议,通常系股权交易相对方为办理股权变更登记而主动提交的,其转让对价一般难以完全反映真实的交易对价。笔者建议,对股权的价值不能仅结合配偶恶意转让股权时的公示对价,还应结合公司财产报表计算股权转让时的每股权益净值。我们应尽早了解公司的财务报表,尤其是股权转让时的公司财务状况,以还原涉诉股权转让的真实情况和市场价值。那么如何获取公司财务信息呢?一方面,配偶可借鉴笔者上述的建议,争取进入公司成为股东,取得名正言顺的股东查账权;另一方面,配偶可在诉讼过程中,向法院申请调查令或直接责令公司提供相应的财产报告,同时亦应结合公司的纳税记录等情况,判断公司财产报告的真实性,估算公司的盈利情况,进而确定股权的实际市场价值。

第六节 法律速递

《民法典》

第一百五十四条 行为人与相对人恶意串通,损害他人合法权益的民事法律行为无效。

第一千零六十二条 夫妻在婚姻关系存续期间所得的下列财产,为夫妻的共同财产,归夫妻共同所有:

(一)工资、奖金、劳务报酬;

(二)生产、经营、投资的收益;

(三)知识产权的收益;

(四)继承或者受赠的财产,但是本法第一千零六十三条第三项规定的除外;

(五)其他应当归共同所有的财产。

夫妻对共同财产,有平等的处理权。

第一千零九十二条　夫妻一方隐藏、转移、变卖、毁损、挥霍夫妻共同财产,或者伪造夫妻共同债务企图侵占另一方财产的,在离婚分割夫妻共同财产时,对该方可以少分或者不分。离婚后,另一方发现有上述行为的,可以向人民法院提起诉讼,请求再次分割夫妻共同财产。

《公司法》

第七十一条　有限责任公司的股东之间可以相互转让其全部或者部分股权。

股东向股东以外的人转让股权,应当经其他股东过半数同意。股东应就其股权转让事项书面通知其他股东征求同意,其他股东自接到书面通知之日起满三十日未答复的,视为同意转让。其他股东半数以上不同意转让的,不同意的股东应当购买该转让的股权;不购买的,视为同意转让。

经股东同意转让的股权,在同等条件下,其他股东有优先购买权。两个以上股东主张行使优先购买权的,协商确定各自的购买比例;协商不成的,按照转让时各自的出资比例行使优先购买权。

公司章程对股权转让另有规定的,从其规定。

《公司法司法解释(四)》

第十七条　有限责任公司的股东向股东以外的人转让股权,应就其股权转让事项以书面或者其他能够确认收悉的合理方式通知其他股东征求同意。其他股东半数以上不同意转让,不同意的股东不购买的,人民法院应当认定视为同意转让。

经股东同意转让的股权,其他股东主张转让股东应当向其以书面或者其他能够确认收悉的合理方式通知转让股权的同等条件的,人民法院应当予以支持。

经股东同意转让的股权,在同等条件下,转让股东以外的其他股东主张优先购买的,人民法院应当予以支持,但转让股东依据本规定第二十条放弃转让的除外。

第二十一条第一款 有限责任公司的股东向股东以外的人转让股权，未就其股权转让事项征求其他股东意见，或者以欺诈、恶意串通等手段，损害其他股东优先购买权，其他股东主张按照同等条件购买该转让股权的，人民法院应当予以支持，但其他股东自知道或者应当知道行使优先购买权的同等条件之日起三十日内没有主张，或者自股权变更登记之日起超过一年的除外。

第十六章　离婚关联案之公司决议纠纷及法律应对

第一节　案由解读

公司的内部运行具有独特的机制，需要召开股东会或者股东大会对决议进行表决从而作出一个决定，此决定也会最终影响股东权利的行使以及公司的运营，这个决定就叫公司决议。如果公司属于家族内部成员成立的公司或者属于夫妻二人成立的公司，具有关系紧密、信任度高、默契配合程度高的特点，此处的公司决议纠纷诉讼的处理与单纯意义上公司决议纠纷的处理不同，需要结合夫妻财产的处分方式、家族企业中股东会决议的特殊性等因素进行综合认定。

离婚案件中，公司决议纠纷的请求权基础主要集中于《公司法》第 22 条、第 34 条、第 37 条、第 46 条，以及《公司法司法解释（四）》中关于公司利润分配的规定。公司决议的效力存在 4 种状态，公司决议无效、决议有效，决议可撤销和决议不成立，按照最高人民法院发布的《民事案件案由规定》第 270 条的规定，公司决议纠纷分为两种，即公司决议效力确认纠纷和公司决议撤销纠纷。若发生公司决议不成立的情况，依据《最高人民法院关于印发修改后的民事案件案由规定的通知》第 5 条第 1 项“适用修改后的《案由规定》应当注意的问题：在案由横向体系上应当按照由低到高的顺序选择适用个案案由。确定个案案由时，应当优先适用第四级案由，没有对应的第四级案由的，适用相应的第三级案由”的规定，即公司决议不成立应该适用第三级案由，公司决议纠纷。

公司决议是什么？公司决议一般是股东会决议，指股东会就公司事项通过的议案。根据议决事项的不同，可将股东会决议分为普通决议和特别决议。普通决议是就公司的一般事项作出的决议，如任免董事、监察人、审计员或清算人，确定其报酬；分派公司盈余及股息、红利；承认董事会所作的各种表册；承认清算人所作的各项表册；对董事、监察人提起诉讼等。形成普通决议，一般只要求有代表已发行股份总数过半数的股东出席，以出席股东表决权的过半数同意即可。特别决议是就公司对特别事项作出的决议，如变更公司章程；增加或减少公司资本；缔结、变更或终止关于转让或出租公司财产或营业以及受让他人财产或营业的合同；公司转化、合并或解散等。特别决议的形成要求较严格，一般要求代表一定比例的表决权的股东通过才可以。

但是，无论是普通公司还是夫妻公司抑或家族公司，是普通决议还是特别决议，均要依据《公司法》的规定，内容和程序都必须符合法律、行政法规以及公司章程规定。否则，该决议会存在不成立或被撤销、被确认无效的风险。

第二节 关联案例

（一）公司股东变更纠纷＋公司决议效力确认纠纷

在家族企业当中，儿子未经父亲的同意，召开了公司股东大会，在哥哥、妹妹等其他股东均同意的情况下，作出了变更公司股东以及变更公司法定代表人的决议。决议作出后的10余年，父亲一直未作出意思表示。却突然一纸诉讼，将儿子、儿媳诉至法院，要求确认10年前公司作出的变更公司股东以及变更法定代表人的决议不成立。

一审法院以决议的作出未经过法定股东会表决同意而认定变更股东以及法定代表人的股东会决议不成立。而后，二审法院结合具体案情又查明，股东会决议的作出有哥哥、妹妹的签字，也有作为法定代表人的父亲的私章，符合股东会决议作出的程序；又综合了家族企业的特点，在现有证据之下作出改判，判决确认了变更公司股东以及变更公司法定代表人之决议的效力。

（二）股权转让纠纷＋股东会决议纠纷

夫妻在婚姻关系存续期间，共同出资设立和琪公司，二人各持股50%。妻子在未经丈夫同意的情况下，私自将股权转让给妹妹，妹妹未支付股权转让款，并且委托和谐登记注册代理事务所办理了公司股东变更登记。此后，该公司一直由丈夫负责经营管理。多年后,夫妻二人感情破裂,经法院判决离婚。后丈夫提起诉讼,请求确认股权转让的股东会决议不成立,妻子提出抗辩,称丈夫知晓办理变更登记的情况且提起该诉已过诉讼时效。一审法院认为,确认股东会决议纠纷不受诉讼时效规制,但该股权转让行为未经股东会决议而作出,判决确认股权转让的股东会决议不成立。

公司决议效力确认之诉的一审判决生效之后,丈夫又提起确认前妻与妹妹的《股权转让协议》无效之诉。因二人未提供证据证明在设立和琪公司时提交过财产分割证明,故一审法院认定,在和琪公司设立时其各自名下 50% 的股权应属于夫妻共同财产。针对《股权转让协议》的效力,法院认为,妻子提交的证据并不能证明丈夫在转让股权时知情,且作为股权受让人的妹妹,未支付股权转让款,结合案件事实,最终支持了丈夫的诉讼请求。

(三)法人人格否认制度 + 离婚纠纷

1995 年 2 月,小张和小吴登记结婚,8 年后,夫妻二人共同成立了甲公司,二人均以货币出资,各持股 50%。2011 年,甲公司因为经营不善,被吊销营业执照。同年,小张将小吴诉至法院,请求与其离婚并分割甲公司的财产。一审法院判决二人离婚,并将涉案甲公司的汽车、机器设备和办公用品等资产以及甲公司的债权债务,一并判归小张所有。小吴对此判决结果不服,提起上诉,二审法院维持了一审判决。

小吴对于二审法院的结果仍然不服,向高级人民法院申请再审,并提交了一份由会计师事务所针对甲公司作出的专项审计报告。专项审计报告显示,自 2004 年 1 月 31 日至 2010 年 12 月 31 日,甲公司的收入总额为 2653 万元,费用总额为 961 万元,利润总额为 1691 万元。小吴据此主张,甲公司 1691 万元的利润总额,属于未分割的夫妻共同财产。庭审中,小吴向法院提交鉴定申请,但因未交鉴定费致审计未果。再审中,小吴认为甲公司的利润属于夫妻共同财产并要求分割;小张则认为,离婚案件处理的是属于夫妻的财产,小吴请求分割的债权是属于公司的财产,不应当在离婚案件中分割。最终,再审法院认定,在未经法定程序分割处理前,股东仅有夫妻二人的有限责任公司在夫妻关系存续期间经营所得的资产、债权债务不属于夫妻共同财产,并未支持小吴的再审请求。

(四)与公司有关的纠纷 + 公司决议纠纷

1998 年,小萍与其妹、妹夫共同设立 A 公司,小萍持股 51%,妹夫持股

39%，妹妹持股 10%。2008 年 9 月 1 日，A 公司作出《第一届第三次股东会决议》及《章程修正案》，内有小萍及各股东签字。2020 年，小萍诉至法院，对该签字有异议，请求确认《第一届第三次股东会决议》不成立及 2008 年 9 月 1 日 A 公司《章程修正案》无效。根据已查明的事实，虽然《第一届第三次股东会决议》及 2008 年 9 月 1 日 A 公司《章程修正案》中小萍的签字不真实，但公司章程规定的原经营期限已于 2008 年届满，小萍却于 2010 年 7 月 19 日又签署《第一届第四次股东会议决议》同意变更公司住址，此时其应当知晓公司仍然继续经营，但在长达 9 年的时间内一直未提出异议，其间，小萍还针对 A 公司提起多起与公司有关的诉讼，并在提交的起诉材料中认可其 2012 年才退出公司经营，因此小萍的上述行为应视为对《第一届第三次股东会决议》及 2008 年 9 月 1 日 A 公司《章程修正案》进行了追认。现小萍对此未能提交反驳证据，故其要求确认《第一届第三次股东会决议》不成立及 2008 年 9 月 1 日 A 公司《章程修正案》无效的诉讼请求，缺乏事实及法律依据，一审法院不予支持。小萍对一审法院的审判结果不服，上诉至二审法院，二审维持原判。小萍又提起再审，最终，再审法院驳回了小萍的再审申请。

第三节 案例精选

【案例一】召集程序不规范，决议效力存隐患

宋琪与孙和是大学同班同学，均在园林专业学习。毕业后，二人结婚。出于对所学专业的共同兴趣爱好，二人决定成立一家公司，主营园林设计和园林城市绿化等业务。

2009 年 1 月，二人将公司取名为和琪园林绿化工程有限责任公司（以下简称和琪公司），孙和担任法定代表人、执行董事兼经理，宋琪担任监事。公司的注册资本为 200 万元，股东为宋琪、孙和二人，二人各自以货币出资 100 万元，并办理了工商登记。2009 年 6 月，宋琪与其姐宋玲（化名）签订《股权转让协议》，协议约定“原股东宋琪同意将其在和琪园林绿化工程有限责任公司的全部股份 100 万元转让给宋玲，宋玲同意接收原股东宋琪转让的股份 100 万元，自转股协议签订之日起宋琪不再享有股东的权利与承担股东的义务。宋玲从此按其出资

比例享有股东的权利与承担股东的义务”。并于当天，宋琪、宋玲在工商部门办理了变更登记手续。2009 年 6 月 18 日，和琪公司作出第一届第二次股东会决议，决议内容为：“1. 同意原股东宋琪将其在和琪园林绿化工程有限责任公司的股份 100 万元全部转让给新股东宋玲，新股东宋玲同意接收原股东宋琪和琪园林绿化工程有限责任公司的全部股份 100 万元。转让后宋琪不再出资。2. 同意免去宋琪公司监事职务。3. 同意修改公司章程。”该决议下方有孙和和宋琪的签字。同日，和琪公司作出第二届第一次股东会决议，决议内容为：“1. 新股东宋玲同意接收原股东宋琪转让的股份 100 万元，孙和与宋玲组成新一届股东会；转股后出资情况如下：孙和出资方式货币，出资额 100 万元，出资比例 50%；宋玲出资方式货币，出资额 100 万元，出资比例 50%。2. 同意选举宋玲为公司监事职务。3. 同意修改公司章程。”该决议下方有孙和、宋玲的签字。同日，和琪公司向北京和谐登记注册代理事务所出具《委托书》，委托其办理企业变更（备案）登记，北京和谐登记注册代理事务所指派常昌办理。

公司管理逐渐步入正轨，业务经营蒸蒸日上，和琪公司的客户日益增加。于是，孙和终日忙于公司经营和业务应酬，宋琪便逐渐感受不到爱人的关怀和家庭的温暖。2016 年，宋琪向法院先后两次提起诉讼，请求法院解除其与孙和的婚姻关系，并请求分割公司股权。但是由于该股权分割涉及第三人宋玲的利益，法院没有在离婚诉讼中对此进行审理。在第二次诉讼时，法院判决二人离婚，对于公司股权问题仍然没有一并审理，告知可以另行提起诉讼。

孙和与宋琪的关系因为这场离婚诉讼已陷入冰点，孙和认为自己每天为了公司经营而忙碌，终究是为了整个家庭，但是宋琪不仅不能理解他，却还想着获得其辛苦经营的公司收益。于是 2016 年 3 月，孙和以和琪公司为被告，以宋琪、宋玲为第三人，向法院提起诉讼，请求确认 2009 年 6 月 18 日和琪公司作出的第一届第二次股东会决议和第二届第一次股东会决议无效。案件审理过程中，孙和将诉讼请求变更为请求确认 2009 年 6 月 18 日和琪公司作出的第一届第二次股东会决议和第二届第一次股东会决议不成立。

诉讼中，和琪公司同意孙和的诉讼请求。第三人宋琪则辩称，本案不应该适用公司决议效力方面的法律规定，因为孙和提起的是程序瑕疵诉讼而不是内容瑕疵诉讼，程序瑕疵应当遵循 60 日的起诉期，孙和的起诉已过时效，人民法院应不予受理，应适用《公司法司法解释（四）》中关于股权转让效力的规定。第三人宋玲辩称,孙和作为法定代表人,实际参与公司的经营管理,其对公司股权变更是知情的,而且股权转让也是在孙和的亲自操作下办理的,不应以不知情为由请求确认公司决议不成立。但是孙和并不认可决议下方的签字是其本人字迹,于是向法院申请鉴定,经过鉴定确认,决议中的字迹并非孙和所写。

最终,一审法院认为本案系公司决议效力确认纠纷,系确认之诉而非给付之诉,对宋琪所述的孙和起诉已过诉讼时效的抗辩理由依据不足,未予以采信。又依据法律的规定,公司未召开会议,当事人主张决议不成立的,人民法院应当予以支持。由于宋琪和宋玲都未提供充分证据证明和琪公司确于 2009 年 6 月 18 日召开过第一届第二次股东会及第二届第一次股东会,一审法院判决确认和琪公司作出的第一届第二次股东会决议以及第二届第一次股东会决议不成立。判决作出后,各方当事人未提起上诉,一审判决生效。

【案例二】私自转股未告知,转股协议成泡影

感情趋于平淡之后,婚姻就只剩下离婚一条路可以走了吗?孙和与宋琪二人的感情随着一次次诉讼、一次次辩论而彻底破裂,二人的羁绊,仅剩下对金钱的争夺。昔日恩爱的恋人,一旦情感缺失,双方的僵持对彼此的伤害往往是冷酷而且可能是致命的。

孙和认为既然已经和宋琪离婚,就没有必要再为其留任何情面,于是在确认了和琪公司的股东会决议不成立之后,孙和于 2018 年 3 月,又向法院提起诉讼,请求确认 2009 年 6 月宋琪与宋玲之间签订的《股权转让协议》无效。孙和提出,宋琪与宋玲签订《股权转让协议》时未经过自己的同意,属于无权处分,协议应属无效。并且,自己作为公司的股东,在转让股权时理应享有公司法规定的优先购买权。宋琪则提出抗辩,在委托北京和谐登记注册代理事务所办理变更登记时,手续都是由孙和办理的,三方对和琪公司的另一股东由宋琪变更为宋玲的工商代办过程(包括代签姓名)和股东变更结果都是确认、无异的。孙和担任和琪公司的法定代表人、执行董事、总经理等所有重要职位,全权负责和琪公司的日常经营管理。时隔长达 9 年之久,孙和却于 2018 年 3 月提起确认股权转让协议无效之诉,实在令人匪夷所思。

一审法院受理了孙和的诉讼请求。依据法律规定,孙和提出股东的优先购买权应该在股东知道或者应当知道行使优先购买权的同等条件之日起 30 日内,

或者自股权变更登记之日起未超过一年提出。孙和提出行使股东优先购买权的主张显然已经超过了法定期限。孙和与宋琪在婚姻关系存续期间共同出资设立和琪公司,二人未提供证据证明在设立和琪公司时提交了财产分割证明,故在和琪公司设立时其各自名下 50% 的股权应属夫妻共同财产。既然属于夫妻共同财产,宋琪处分股权就应该经过孙和的同意,而宋琪提交的证据不足以证明其转让股权获得了孙和的同意。并且,在案件审理过程中,经一审法院询问,宋玲认可了从宋琪处受让股权时并未支付对价。据此,一审法院确认宋玲与宋琪之间签订的《股权转让协议》无效。

一审判决作出之后,宋琪表示不认可。她认为,孙和作为法定代表人全权负责、掌管该公司的经营和管理,并且对于委托北京和谐登记注册代理事务所办理变更登记的全程知情,所以自己与宋玲的股权转让是合法的。此外,宋琪的代理律师还特别指出,在确认公司决议效力之时,股权有别于一般的夫妻共同财产,股权除作为一项具有财产收益的权利外,还具有依附于股东人身的诸如选举权、表决权、经营权等决定公司事务的权利内容。股权的财产属性和人身属性构成股权的特殊性,其权利行使不同于一般夫妻共同财产的处分,即使未经配偶同意,也不能认定股权转让行为无效。二审法院认为,孙和与宋琪在婚姻关系存续期间共同出资设立和琪公司,二人未提供证据证明在设立和琪公司时提交了财产分割证明,于是将该部分财产认定为夫妻共同财产。再结合宋琪与宋玲之间的亲属关系,以及宋玲受让涉案股权时并未支付对价的客观事实,二审法院维持了一审判决,认为宋玲并不能善意取得该部分股权,确认涉案《股权转让协议》无效,一审法院处理正确。

【案例三】家族企业麻烦多,程序规范需注意

熊家是和平县的一个大家庭,父亲熊兆林(化名)有三个孩子,个个聪明伶俐。大儿子熊奇(化名)是国内的知名建筑工程师,二儿子熊宇(化名)从小就遗传了父亲熊兆林做生意的头脑,虽然高中辍学,但是在生意场摸爬滚打了好多年,自己开了个小汽修厂。因为母亲在生熊萌(化名)时难产而亡,所以熊兆林把对妻子的爱加倍放在了最小的女儿熊萌身上,熊兆林几乎把所有的宠爱都给了女儿。

2008 年 3 月,63 岁的熊兆林用多年积攒下来的血汗钱成立了平和汽车贸易

有限公司(以下简称平和公司)。公司注册资本为300万元,因为还需要部分的资金进行周转,于是熊兆林的大儿子熊奇出资15%但不负责经营,熊兆林出资85%成立了该汽车贸易有限公司,熊兆林既是最大的股东又是法定代表人。2008年4月,公司成立之后,为了让自己的女儿更有保障,熊兆林将自己15%的股份转让给了熊萌,并且办理了变更登记手续,熊萌成为公司的股东。

妹妹和哥哥都在父亲的公司占有股份,同样作为熊兆林儿子的熊宇心里很不是滋味。虽然知道父亲总偏心妹妹,又为大哥从小的成绩优良和现在令人羡慕的职业感到骄傲,但是自己也是一直在努力地经营着自己的小汽修厂,为何父亲总是如此的不公平,于是熊宇主动加入了平和公司的经营中。在经营平和公司的时候,熊宇认识了未来的妻子孙迎(化名),孙迎在单亲家庭长大,心思细腻,温柔体贴,相恋不到4个月,两人便办理了结婚登记手续。

后来,熊兆林因为上了年纪,做事常常力不从心,看到儿子、儿媳将平和公司经营得越来越红火,也对儿子刮目相看,把自己的私章交给熊宇,也渐渐地将生意全都交到熊宇、孙迎夫妻手中。为了获得父亲的更多信任,也为了扩大自己的经营规模,2012年,熊宇将自己的汽修厂卖掉,与熊兆林签订《股权转让协议》,将父亲手中70%的股份全部购入。此时,孙迎认为自己在平和公司的经营中功劳颇丰,但是却一直不是公司的股东,抱怨颇多。2012年4月,在熊宇和孙迎的主持下,作出了《平和汽车贸易有限公司股东会决议》,决议的内容主要是变更公司股东为孙迎,熊兆林70%的股权转让给孙迎、熊宇,并加盖了熊兆林的私章,决议末尾有孙迎、熊宇、熊奇、熊萌的签名。

平和公司的生意越来越好,但是孙迎和熊宇之间的感情却逐渐疏远,二人没有了当年心动的感觉,孙迎厌烦了熊宇每天喝酒、应酬,熊宇厌倦了孙迎千篇一律的打扮和越来越多的抱怨,最终二人于2014年离婚。对于离婚二人均表示同意,但对于财产分割无法达成一致,孙迎认为自己作为公司的股东,理应获得股权的分割,而熊宇不认同她的说法,在离婚诉讼中,对公司股权部分法院并没有进行审理。在夫妻二人尚未分割公司股权之时,父亲熊兆林得知儿子、儿媳离婚,既震惊又生气,为了维护自己的家族企业不落入外人之手,于是诉至法院,要求法院确认《平和汽车贸易有限公司股东会决议》不成立。

一审法院进行审理,根据《公司法》的规定,除有限责任公司全体股东一致同意时可以不召开会议作出决定外,只有依据法律和公司章程规定召开会议审议并表决通过,方才成立决议。2012 年 4 月作出的股东会决议虽有熊宇、孙迎、熊奇、熊萌 4 人的签字,但当时公司的法定代表人是熊兆林,其既未召集召开股东会议,也未授权其他股东召集召开股东会议,其他两位股东熊奇、熊萌也未召集召开股东会,且在该《平和汽车贸易有限公司股东会决议》中的签名亦系熊宇所签。最终,一审法院判决确认《平和汽车贸易有限公司股东会决议》不成立。

判决作出后,孙迎不能接受。孙迎认为,该股东会决议既加盖了公章又有各股东的签字,作出的决议完全符合股东会决议的程序,于是提起上诉。二审法院认为案件的争议焦点是股东会决议是否成立。法院认为,熊奇、熊萌虽然主张决议上的签名系因受到欺骗,但是二人作为完全民事行为能力人,主张签署文件时不知晓文件内容及作用显然与常理不符。此外,熊兆林亦主张《平和汽车贸易有限公司股东会决议》的签名并非其本人所签,但各方当事人均认可熊兆林私章的真实性,并且熊宇自述,在其成为公司股东前,已经掌管了熊兆林的私章及平和公司的公章,可视为熊兆林已授权熊宇代其行使股东权利,而且熊兆林在被变更股东身份后至孙迎、熊宇离婚前,从未提出过未能享有股东权利、履行股东义务的相关诉求,因此,可以认定,熊兆林当时对公司决议的内容予以认可。再结合各方当事人的特殊亲属关系,平和公司作为家族企业,没有必要再要求公司专门花费时间和费用召开股东会会议。最终,二审法院改判,并驳回了熊兆林的诉求。

第四节　维权指引

(一)夫妻约定好持股比例后设立公司,应进行财产分割,离婚后才可认定为各自所有,否则,仍属于夫妻共同财产

夫妻双方共同出资设立公司的,应当以各自所有的财产作为注册资本,并各自承担相应的责任。因此,夫妻双方登记注册公司时应当提交财产分割证明。未进行财产分割的,应当认定为夫妻双方以共同共有财产出资设立公司,在夫妻关系存续期间,夫或妻名下的公司股份属于夫妻双方共同共有的财产,作为共同共有人,夫妻双方对该项财产享有平等的占有、使用、收益和处分的权利。该观点在(2020)最高法民申 1515 号民事裁定书中得以印证。结合前述案例二,即孙

和与宋琪在婚姻关系存续期间共同出资设立和琪公司，但是，二人未提供证据证明在设立和琪公司时提交了财产分割证明，故在和琪公司设立时其各自名下50%的股权应属于夫妻共同财产。

（二）转让属于夫妻双方共同财产的股权，应当依据《民法典》还是《公司法》的规定

在确认《股权转让协议》效力的案例二中，围绕转让夫妻共同财产是否需要经过另一方的同意，宋琪的代理律师提出了如下抗辩：股权有别于一般的夫妻共同财产。依据《公司法》第4条的规定，公司股东作为出资者按投入公司的资本额享有所有者的资产受益、重大决策和选择管理者的权利。因此，股权除作为一项具有财产收益的权利外，还具有依附于股东人身的诸如选举权、表决权、经营权等决定公司事务的权利内容。股权的财产属性和人身属性构成股权的特殊性，其权利行使不同于一般的夫妻共同财产的权利处分。其次，股权转让主体是股东本人。如公司章程无特别约定，对于自然人股东而言，股权的各项具体权能应由股东本人独立行使，而非其配偶或家庭成员，也即股权转让不是必须经配偶同意。即宋琪认为，处分属于夫妻共同财产的股权时，由于股权具有商事交易的特殊属性，可以不经过另一方的同意。

此处就涉及一个问题，在司法实践中，属于夫妻双方共同财产的股权转让时，应该适用《民法典》还是《公司法》的规定？在确定一个民事行为的效力时，要先确定此行为的法律依据，只有在正确的法律依据指引下，才能确认该行为是否符合法律规定，是否有效。

属于夫妻共同财产的股权，不仅会受《公司法》的调整，还会受《民法典》中关于处分夫妻共同财产规定的调整。因为《公司法》的立法主要是从商事规则的角度，股权转让是商事交易行为，商事交易的原则是注重效率和交易安全。股权转让使生产经营性财产参与到社会经济活动中，只有认定持股一方享有独立管理处分的权能，才能最大限度地保障交易安全与效率。但是在股权属于夫妻二人共同财产的时候，仅依据《公司法》的规定就会忽略另一方对于财产的处分权利。根据《〈民法典〉婚姻家庭编解释（一）》的规定，夫或妻非因日常生活需要对夫妻共同财产作出重要处理决定时，夫妻双方应当平等协商，取得一致意见。他人有理由相信夫或妻一方作出的处理是夫妻双方共同意思表示的，另一方不得以不同意或不知道为由对抗善意第三人。因此，夫或妻一方转让共同共有的

公司股份的行为,属于对夫妻共同财产作出的重要处理,应当由夫妻双方协商一致决定。也就是说,宋琪在转让股权时,需要经过孙和的同意。

(三)公司决议纠纷中决议不成立与无效、可撤销的区别

1. 决议无效

《公司法》第22条第1款对无效决议作出了规定:公司股东会或者股东大会、董事会的决议内容违反法律、行政法规的无效。据此,当公司内部的决议违反了法律、行政法规的规定时,此决议涉及决议内容的合法性问题,在内容违法时,决议自然无效。

2. 决议不成立

《公司法司法解释(四)》第5条对决议不成立的情形作出了规定:"股东会或者股东大会、董事会决议存在下列情形之一,当事人主张决议不成立的,人民法院应当予以支持:(一)公司未召开会议的,但依据公司法第三十七条第二款或者公司章程规定可以不召开股东会或者股东大会而直接作出决定,并由全体股东在决定文件上签名、盖章的除外;(二)会议未对决议事项进行表决的;(三)出席会议的人数或者股东所持表决权不符合公司法或者公司章程规定的;(四)会议的表决结果未达到公司法或者公司章程规定的通过比例的;(五)导致决议不成立的其他情形。"

此处对公司决议不成立以列举的方式作出了规定,也就是在出现严重的程序瑕疵时,才会影响公司决议的效力。此规定也是为了维护公司中决议作出程序的正当性,严格遵循了程序正当性原则。

3. 决议可撤销

《公司法》第22条第2款对可撤销决议作出了规定:"股东会或者股东大会、董事会的会议召集程序、表决方式违反法律、行政法规或者公司章程,或者决议内容违反公司章程的,股东可以自决议作出之日起六十日内,请求人民法院撤销。"此处的瑕疵要求必须是对最终决议产生实质性影响的,如果会议的召集程序或者表决方式仅有轻微的程序瑕疵,并未对决议产生实质影响,则该决议并不属于可撤销决议的范围。

可撤销决议与不成立决议非常容易混淆,这两种决议产生的原因都包括程序上存在瑕疵,但从瑕疵的程度来看,可撤销决议是明显重于不成立决议的。一个决议如果被认定为不成立,这个有瑕疵的决议并没有作出,并未实际影响到公

司的运行和股东的权利。但是一个决议被认定为可撤销决议,此决议一定是已经成立的决议,由于存在召集程序、表决方式的瑕疵,比如,表决结果已达通过比例,但未按照规定的方式发送会议通知,导致小股东未能参会,或者未按照规定的无记名投票方式表决,采取了举手表决方式。此种决议则会实质影响到股东权利的行使。

前面对比了可撤销决议、无效决议的区别,如果再放入不成立决议,此三种决议该如何区分?从内容合法性层面,可撤销、不成立决议并不会涉及内容合法性的层面,仅在是否违反公司章程层面进行规制。从决议的诉讼主体层面,决议不成立、无效决议的诉讼主体为股东、董事、监事等,但是决议可撤销的主体仅为股东,并且要求在起诉时具备股东资格。也就是说,即使在决议作出时,起诉的股东不具备股东资格,也可以提起公司决议撤销之诉。

第五节 律师忠告

(一)夫妻公司的利润不能直接作为夫妻共同财产进行分割

在股东仅为夫妻二人设立的公司中,虽然夫妻为股东的关系较其他有限责任公司股东的关系更为密切,但是依然要遵循《公司法》中公司利润分配的原则和程序。依据《公司法》第34条、第36条、第37条的公司利润分配的规定,股东想要分配利润,必须经过股东会审批利润分配方案。未经过公司董事会、股东会对公司利润分配方案作出决议之前,公司股东直接向法院请求分配公司利润,显然是缺乏法律依据的。

在关联案例三中,离婚后的小吴想要分割属于夫妻公司的经营利润,但是该部分经营利润没有经过股东会的利润分配决议,所以该部分利润仍属于公司财产,并非夫妻共同财产,即使甲公司属于夫妻公司,作为股东的小吴,想要取得公司的利润,仍需要符合法定程序。

(二)离婚诉讼中的公司股权分配问题

《民法典》第1062条规定,生产、经营、投资的收益为夫妻共同财产,可以予以分割。具体到公司的股权分割当中,如果股权属于一方婚前购买、受赠或继承的,除非另有约定,否则,一般属于个人财产,离婚时另一方无权分割。但该股权在婚后所获得的收益属于夫妻共同财产,另一方有权分割。如果该股权属于婚后购买,是用夫妻共同财产购买、受赠或继承的(如果通过继承、赠与方式获得的股权,并没有明确约定只给付一方),此股权一般属于夫妻共同财产,夫妻双方对此部分股权均享有分割的权利。

如果公司有除夫妻二人外的多名股东,夫妻股权的分配会影响到公司其他股东的权利,所以法律上对其他股东赋予了优先购买权的保护。在离婚诉讼中,法院一般也不会处理夫妻之间对于股权的分配。在某一实务案例当中,公司成立于夫妻二人婚姻缔结之前,公司股东为男方和男方父亲。虽然夫妻二人在结婚时签订了《婚内财产约定》,将公司股权按照各占50%的份额予以分配,但是,公司经营过程中发生的多次股权变动是否合法有效系另一法律关系,法院并没有对此合并审理。

(三)股东为夫妻二人的公司即使公司财产与家庭财产混同,仍不能适用法人人格否认制度

依据《公司法》第20条的规定,要构成法人人格否认,必须同时符合主体要件、行为要件和结果要件,即滥用公司法人人格的公司股东,该股东实施了滥用公司法人格之行为,并且该行为造成了其他利害关系人的损害 。但是在关联案例三中,即股东为夫妻二人的公司,虽然双方均认可家庭财产与夫妻财产发生混同,但仅以此作为否认法人人格的评价标准仍然过于片面,还要结合案件的具体情况予以判断。

(四)在成立夫妻公司之时,要注意区分家庭财产和公司财产

从关联案例三可以看出,因为没能很好地区分公司财产和家庭财产,在离婚后,小张和小吴历经漫长的诉讼,花费了大量的精力和时间。为了避免同样情形的发生,在有限责任公司的股东仅为夫妻二人时,要注意区分家庭财产和公司财产。如果家庭财产和公司的财产发生混同,会存在法人人格否认的风险,一旦发生法人人格否认,作为公司股东的夫或妻,就要以个人财产承担公司责任。

(五)家族企业中股东会决议的效力需进行综合认定

在类似案例三、案例四的家族企业当中,常常存在除夫妻二人为公司股东外,其他家庭成员也是公司股东的情况。由于家族企业相比普通企业具有更密

切的亲缘属性，所以法院在认定股东会决议的效力时，会结合家庭成员关系的密切性、股东异议的提出时间等因素综合判断。对那些在召开股东会时并未对股东会决议的事项作出明确反对意思表示的股东，在股东会决议作出后，数 10 年甚至更长时间才对该股东会决议的内容提出异议的行为，法院不予支持。

比如，在本章的关联案例四中，小萍与其妹、妹夫共同设立了公司，2008 年 9 月1 日，召开了第三次股东会决议，修订了公司章程，在长达数 10 年的时间里，小萍均未对该修订事项提出异议。虽然经过字迹鉴定，第三次股东会决议及 2008 年 9 月 1 日《章程修正案》中该章程中的签字并非小萍所写，但是由于公司章程规定的原经营期限已于 2008 年届满，小萍还在 2010 年签署《第一届第四次股东会议决议》同意变更公司住址，后又针对公司提起诸多诉讼，并在起诉材料中认可其 2012 年才退出公司经营。最终，法院认定小萍在长达 9 年的时间内一直未对第三次股东会决议的事项提出异议，其应当知晓公司继续经营，将小萍的行为视为追认了第三次股东会决议及 2008 年公司《章程修正案》，最终，法院判决驳回小萍的全部诉讼请求。

（六）公司决议确认之诉不适用诉讼时效制度

时效是法律上的一个特殊制度，是指某种事实状态经过法定时间的持续而导致一定民事法律关系产生、变更或者消灭的法律后果。依据《民法典》的规定，当事人向人民法院请求保护民事权利的诉讼时效期间为三年。时效制度的设立目的是督促当事人及时行使权利，避免“在权利上睡觉的人”的出现。基于该立法目的，时效的适用是有范围限制的，并非适用于全部的请求权。《民法典》第 196 条规定：“下列请求权不适用诉讼时效的规定：（一）请求停止侵害、排除妨碍、消除危险；（二）不动产物权和登记的动产物权的权利人请求返还财产；（三）请求支付抚养费、赡养费或者扶养费；（四）依法不适用诉讼时效的其他请求权。”此外，《诉讼时效规定》第 1 条规定了诉讼时效抗辩的例外，“（一）支付存款本金及利息请求权；（二）兑付国债、金融债券以及向不特定对象发行的企业债券本息请求权；（三）基于投资关系产生的缴付出资请求权；（四）其他依法不适用诉讼时效规定的债权请求权”。

由以上规定可知，诉讼时效的客体为债权请求权，主要适用于为或不为某种行为的给付之诉。确认之诉是指当事人以提出请求的方式向法院请求其主张的法律关系存在与否的诉讼。比如，小萍请求法院确认其与被告的婚姻关系无效即为确认之诉。确认请求权属于程序性权利，属于程序请求权，而非实体请求权，更非债权请求权，因此确认之诉就不受诉讼时效的限制。

在本章的案例一中，宋琪和宋玲对于孙和向法院提起的确认之诉就提出了时效的抗辩。宋琪提出，孙和作为公司最高级别的管理人员，应当对公司决策管理知情，并且孙和作为股东起诉，起诉的是程序瑕疵诉讼不是内容瑕疵诉讼，程序瑕疵应当遵循60日的起诉期，孙和起诉已过相应期限，人民法院应不予受理。宋玲又提出，股权变更是2009年办理的，存在时效问题，应按照宋琪提出的60日时效处理。在《公司法》中仅规定了撤销公司决议应在决议作出之日起60日之内提出，但并未规定确认决议不成立受到任何期间的限制。宋琪、宋玲的抗辩理由似乎很有道理，按照60日的起诉期，2009年办理的登记，已经超过了程序瑕疵的时效，但是请注意，请求确认股东会决议不成立的诉讼，仅是对股东会决议内容成立与否的事实提起的诉讼，是对决议内容是否成立状态的认定，并不涉及对当事人民事权利的保护，也就是说完全不关乎诉讼时效。因此股东请求确认股东会决议不成立，并不受诉讼时效的限制。

第六节　法律速递

《公司法》

第四条　公司股东依法享有资产收益、参与重大决策和选择管理者等权利。

第二十条　公司股东应当遵守法律、行政法规和公司章程，依法行使股东权利，不得滥用股东权利损害公司或者其他股东的利益；不得滥用公司法人独立地位和股东有限责任损害公司债权人的利益。

公司股东滥用股东权利给公司或者其他股东造成损失的，应当依法承担赔偿责任。

公司股东滥用公司法人独立地位和股东有限责任，逃避债务，严重损害公司债权人利益的，应当对公司债务承担连带责任。

第二十二条　公司股东会或者股东大会、董事会的决议内容违反法律、行政法规的无效。

股东会或者股东大会、董事会的会议召集程序、表决方式违反法律、行政法规或者公司章程,或者决议内容违反公司章程的,股东可以自决议作出之日起六十日内,请求人民法院撤销。

股东依照前款规定提起诉讼的,人民法院可以应公司的请求,要求股东提供相应担保。

公司根据股东会或者股东大会、董事会决议已办理变更登记的,人民法院宣告该决议无效或者撤销该决议后,公司应当向公司登记机关申请撤销变更登记。

第三十四条　股东按照实缴的出资比例分取红利;公司新增资本时,股东有权优先按照实缴的出资比例认缴出资。但是,全体股东约定不按照出资比例分取红利或者不按照出资比例优先认缴出资的除外。

第七十一条　有限责任公司的股东之间可以相互转让其全部或者部分股权。

股东向股东以外的人转让股权,应当经其他股东过半数同意。股东应就其股权转让事项书面通知其他股东征求同意,其他股东自接到书面通知之日起满三十日未答复的,视为同意转让。其他股东半数以上不同意转让的,不同意的股东应当购买该转让的股权;不购买的,视为同意转让。

经股东同意转让的股权,在同等条件下,其他股东有优先购买权。两个以上股东主张行使优先购买权的,协商确定各自的购买比例;协商不成的,按照转让时各自的出资比例行使优先购买权。

公司章程对股权转让另有规定的,从其规定。

《公司法司法解释(四)》

第五条　股东会或者股东大会、董事会决议存在下列情形之一,当事人主张决议不成立的,人民法院应当予以支持:

(一)公司未召开会议的,但依据公司法第三十七条第二款或者公司章程规定可以不召开股东会或者股东大会而直接作出决定,并由全体股东在决定文件上签名、盖章的除外;

(二)会议未对决议事项进行表决的;

(三)出席会议的人数或者股东所持表决权不符合公司法或者公司章程规定的;

(四)会议的表决结果未达到公司法或者公司章程规定的通过比例的;

(五)导致决议不成立的其他情形。

第十七章　离婚关联案之公司盈余分配纠纷及法律应对

第一节　案由解读

公司盈余分配纠纷是指公司或公司大股东利用股利政策损害中小股东盈余分配请求权而发生的纠纷,公司盈余分配权,是股东自益权的一种,指股东基于其资格和地位依法享有的请求公司按照其持股比例分配股利的权利,是股东从公司获取投资回报的主要手段。在公司的实际运作中,公司可能有可供分配的盈余却拒不派发,无疑会使投资者的分配期望落空,2008 年 4 月 1 日起施行的最高人民法院《民事案件案由规定》,以三级案由列排(九—二十二—245)专门设置了“公司盈余分配纠纷”这一案由,为股东通过诉讼保障自己的公司盈余分配权提供了救济途径。为贯彻实施《民法典》,最高人民法院对共有纠纷的案由适时进行了调整。2021 年 1 月 1 日实施的最新《民事案件案由规定》该案由仍然以三级案由列排(八—二十一—274)。

法院审理此类案件主要适用《公司法》第 4 条、第 34 条、第 37 条、第 46 条、第 166 条,《公司法司法解释(四)》第 13 ~ 15 条,《公司法司法解释(五)》第 4 条。

在离婚关联案中,盈余分配纠纷之诉的原告为配偶一方,被告为公司,个别情况下,股东滥用股东权利分配利润、第三人配合盈余分配转移的,股东、第三人可以作为共同被告。

第二节　关联案例

在离婚关联案中引起的公司盈余分配纠纷,常见于以下 5 种情形:

1. 离婚涉及夫妻股权分割时，配偶一方为公司股东，股权转移给配偶另一方。

2. 离婚期间或离婚后，他人以权利人身份主张返还原物、排除妨害。

3. 离婚时，对于一方占有的另一方的个人财产，包括婚前财产及婚内取得的个人单独所有的财产，权利人主张返还原物、排除妨害。

4. 一方擅自处分夫妻共同财产，另一方的权利救济、案外人的权利救济。

5. 离婚后，一方购买房屋，另一方以离婚系为购买房屋为目的，而自己对房屋也有出资为由占有使用房屋，房屋购买方主张排除妨害。

由此可见，返还原物纠纷、排除妨害纠纷与离婚纠纷的关联性和密切度非常高，因离婚纠纷引发的返还原物纠纷、排除妨害纠纷往往是两个或两个以上的纠纷连环发生。举例如下。

（一）协议离婚+离婚后财产纠纷+物权保护纠纷+返还原物纠纷+民间借贷纠纷+股东资格确认纠纷

男女双方因感情不和于2016年3月签署《离婚协议书》登记离婚，2016年9月，双方另行签订一份《离婚协议书》变更原协议，约定婚后共同购买的房产归女方所有，男方7天内搬出，女方持有的涉案公司股权归男方所有。涉案公司的另一股东在女方股份转让协议书中签字同意转让，并向男方转账支付利润分配，但未办理工商登记。后男方反悔拒绝将房屋过户给女方，女方起诉男方协助办理过户登记，历经一审、二审和执行程序，房屋登记到女方名下，男方遂以涉案房屋为唯一住房生活困难为由拒绝搬出，带领双方子女、父母和再婚妻女继续居住在房屋内，并与婚生子女作为共同原告起诉女方，要求确认对涉案房屋享有居住权，女方为了子女的健康成长，愿意让孩子与男方一起居住在涉案房屋内，但表示没有义务为男方家人提供住所，男方及父母另外两处房屋可供居住否则主张变更抚养权。男方否认，女方再次起诉要求男方与现任妻子腾房。男方享有居住权，女方要求腾房的诉讼历经二审、终审，最终法院判决男方及再婚妻子搬出居住房屋。男方与女方再次历经民间借贷纠纷，经过审理，法院没有支持男方要求女方偿还借款的请求。2019年2月，男方以女方及涉案公司的另一股东为被告要求确认其股东资格并要求女方向其支付2016年9月以后的股利分红。法院经审理认为，男方该诉讼请求应以确认股东身份为基础，应当以公司为被告与案件争议股权有关的女方为第三人，男方以女方为被告于法无据，遂驳回其起诉。

离婚协议不是一般的合同,除利益考量外还包含身份关系和感情因素,离婚时一方放弃主要财产或者全部财产。离婚后就子女抚养、财产分割重新达成协议不违反法律规定,应当依法履行,如果反悔拒不执行或另案起诉维护自己的权益,必须提供充分的证据予以证明。

在本关联案中,离婚后男方已经提起了10起诉讼,结果表明如果没有足够的证据支持,败诉将是大概率事件。

(二)离婚纠纷+离婚后财产纠纷+股权转让纠纷+民间借贷纠纷+股东知情权纠纷+商标权属纠纷

男女双方因男方过错导致夫妻感情破裂,2018年10月经法院判决离婚,离婚过程中男方主张负债294万元并否认名下的商标归自己所有。2019年2月女方提起离婚后财产纠纷诉讼,法院以该财产已分割而驳回了原告的全部诉讼请求。女方离婚过程中发现男方与案外人串通将持有的涉案公司50%的股权低价转让给案外人,女方起诉要求确认股权转让无效,得到法院支持。男方与案外人、涉案公司发生矛盾产生一系列纠纷,涉案公司起诉男方要求偿还公司债务款900余万元,男方抗辩该款属股份分红款,同时起诉公司和案外人返还50%的股权,并提起股东知情权诉讼要求查看公司的会计账簿,公司再次起诉要求确认登记在男方名下的注册商标为公司所有后又引发系列诉讼,此系列诉讼总结起来为男方在夫妻感情发生矛盾可能离婚的情况下,为一己私利恶意隐匿登记在男方名下的注册商标、大量虚构债务、恶意转移夫妻共有的公司股权、大量隐匿和转移公司分红900万元,分红款转账至男方母亲和男方姐姐的银行卡。女方要求男方支付、返还全部隐匿、转移的夫妻共同财产900万元,男方的母亲和男方的姐姐承担连带责任,并由此引发了15个关联案例。

(三)协议离婚+离婚后财产纠纷+公司盈余分配纠纷+股东知情权纠纷

2015年男女双方签署离婚协议登记离婚,协议约定男方支付女方补偿款2亿元,女方保留夫妻投资的两家A公司、B公司各20%的股权,自2020年度起女方开始参与公司的利润分红。后男方未完全按约支付,2019年女方提起诉讼,在法院的主持下双方达成调解协议支付剩余补偿款7000余万元。2019年A公司股东会决议分配女方利润1600万元,但公司将该利润支付给男方并拒绝向女方支付,女方起诉公司要求支付,并提起公司知情权诉讼,公司抗辩女方起诉没有依据,认为女方离婚协议约定自2020年起参与公司分红,即视为认可将2020年前女方的利润分配权让渡给男方。历经一审和二审法院判决A公司支付女方分红。案件进入执行程序。2019年女方以公司限制和剥夺小股东了解公司运营情况和公司高级管理人员的业务活动为由对B公司提起股东知情权诉讼后撤诉,同时认为B公司和公司大股东利用股利政策损害中小股东利益提起对B公司的诉讼,要求分配公司盈余。再次历经一审、二审和执行程序,女方取得B公司的分配利润1500余万元,与此同时女方再次提起了对B公司的股东知情权诉讼,诉讼还在继续中,并且愈演愈烈。

本案争议的焦点是离婚协议约束男女双方的人身及财产关系,能否杂糅到盈余分配案件中,女方自2020年起参与公司利润分红的约定是否等于将2020年前的公司利润分红让渡给男方,因为男女双方的离婚协议约定不清晰,离婚后公司章程未调整,对协议的理解法院需要结合案件事实及法律规定进行确认。

第三节 案例精选

【案例一】履行协议不诚信,哭穷卖惨也枉然

刘涛终于如愿娶到了李丽丽。李丽丽是刘涛心中的女神,上大学以来,刘涛就疯狂地暗恋李丽丽,但是那时候的李丽丽已经有了男朋友,男朋友是他们系的学生会主席杨放,他阳光帅气又能说会道,和活泼美丽的李丽丽看上去格外相配。刘涛看着他们,再看看自己,心里难免有些自卑。原本以为自己的暗恋就要这样无疾而终了,但是李丽丽分手的消息却让他又重燃起了信心。向来胆小的刘涛这次终于大胆了一次,他向李丽丽表明了自己的心意,这是刘涛第一次主动和李丽丽见面,在此之前,他们从未说过话,刘涛也从来没有向李丽丽袒露过自己的心声。李丽丽当时并没有作出回应,但是李丽丽对刘涛的印象不错,后来,随着二人日渐活络的聊天,在刘涛坚持不懈的追求之下,李丽丽答应了刘涛的表白。因为刘涛对李丽丽非常温柔体贴,2010年,二人办理了结婚登记。婚后,刘涛仍然对李丽丽照顾有加,二人还生育了一双儿女,男孩起名为刘勇,女孩起名为刘珊珊。

终于如愿娶到了自己的女神,刘涛逢人就夸,一碰到聚会,就和别人吹嘘自己的老婆有多么貌美,多么能干。李丽丽和她的发小方仕一起开了家公司,名为方通酒业有限责任公司(以下简称方通公司),李丽丽是方通公司的经理,公司经营得很不错,效益很好。但也正因为自己的老婆格外优秀,刘涛难免对李丽丽不太放心,总觉得自己的老婆和方仕有些不正当的男女关系,李丽丽每次晚上加班回来晚了,不仅没有得到刘涛的呵护,迎接她的反倒是刘涛的各种讽刺和猜疑。在刘涛反复的猜疑与各种言语侮辱之下,李丽丽终于忍不住提出了离婚。因为李丽丽离婚的态度非常坚决,双方于2016年3月12日签订《离婚协议》,协议中约定:“女儿刘珊珊、儿子刘勇,抚养权均归刘涛所有,李丽丽无须支付抚养费,李丽丽可以随时探望孩子。”对财产约定了“婚后财产都归刘涛所有,双方无债权债务”。离婚后,刘涛非常愤怒,到处造谣说李丽丽和他离婚是方仕的原因。为了自证清白,李丽丽决定放弃股份,离开方通公司。2016年9月9日,二人再次签订《离婚协议》,重新作出约定:“1. 婚生子女刘珊珊、刘勇由刘涛抚养,与其共同生活。2. 李丽丽不承担子女的抚养费。3. 双方婚后购买的房屋归李丽丽所有,刘涛负责配合将房产过户至李丽丽名下,费用由刘涛承担。刘涛不得在房产过户手续办理完毕前私自处分该房产,否则赔偿李丽丽300万元。李丽丽保证该房产以后由儿子刘勇继承。4. 李丽丽持有的方通公司49%的股份归刘勇所有。李丽丽应负责协助刘勇转让该公司49%股份过户至刘勇名下。5. 本协议自签字之日起生效。有关子女抚养、财产分割等事宜均以本协议为准。6. 经双方同意,这是最终约定,双方均不得反悔。若一方反悔,赔偿对方300万元损失。”在此约定中,李丽丽承诺将股份转让给刘涛,自己不参与方通公司的经营管理,以此证明自己与方仕没有任何不正当的关系。作为对价,刘涛要将房产过户到李丽丽的名下,李丽丽也会将此处房产留给儿子。二人均签字认可。

在协议作出的一年后,刘涛拿到了房产证,但是仍然不依照协议约定,为李丽丽办理房屋过户登记,反倒是李丽丽依照承诺进行了股权转让,签订了《股权转让协议》,作为公司法定代表人且持股51%的方仕也签字确认了该转让协议,并向刘涛转账分配利润,但因为刘涛多次实施了实名向有关部门不实举报、向公司客户透露商业秘密等损害公司利益的行为,给公司造成了很大的经济损失,故未协助刘涛办理工商变更登记。

2018年,李丽丽起诉刘涛,要求其按照《离婚协议》的约定,配合办理房屋变更登记。因为在与刘涛的一次争执中,刘涛将李丽丽持有的《离婚协议》原件抢走,所以,李丽丽无法提交离婚协议原件,只能提交复印件。同时,李丽丽提交了与被告刘涛的微信记录,上面有其多次催促刘涛办理房产过户,刘涛承诺办理的相关聊天内容。刘涛认可双方签订了离婚协议,但是辩称,双方 2016 年 9 月 9 日签订的《离婚协议》已经于 2017 年 6 月 18 日协商终止履行,因终止履行,协议原件已被销毁,但刘涛对其陈述未能提交任何书面证据。法院综合进行判断,认为双方通过书面的方式签订了协议书,那么终止履行该协议时也应当使用书面签约的形式,且已经履行的部分,应当各自返还或采取其他救济途径使财产恢复至签约前的状态。李丽丽已经履行了协议中约定的股份转让等全部义务,刘涛也完成了协议中约定的部分义务,刘涛有义务继续按照《离婚协议》中的约定将房屋变更至原告李丽丽名下,最终,法院支持了李丽丽的诉讼请求。

历经一审、二审以及执行程序,房屋终于登记到李丽丽名下。但是,刘涛又向法院提起物权保护之诉,主张自己对于该套房屋享有居住权,称该住房为自己名下的唯一住房,自己生活困难,并且带领自己全家,以及再婚后的妻女共同居住在该房屋内。李丽丽为了子女的健康成长,愿意让孩子与刘涛一起居住在涉案房屋内,但认为自己并没有义务为刘涛的家人提供住所。经历了李丽丽对刘涛要求返还房屋的诉讼后,法院判决刘涛及再婚妻子搬出居住房屋。2019 年 2 月,刘涛以李丽丽和方仕为被告要求确认其股东资格并要求李丽丽向其支付 2016 年 9 月以后的股权分红。最终,法院以李丽丽不是适格被告为由,驳回了刘涛的起诉。

在本案中,刘涛因为自己的猜疑导致了离婚,又因为自己的不诚信导致了败诉,刘涛的经历,引人深思。

【案例二】离婚前恶意转移财产,情人反目鸡飞蛋打

魏来大学学习的是传媒专业,毕业后也一直从事这个领域的工作,但是每每看到自己辛辛苦苦的工作,还不如人家挣得零头多,便心生落差,魏来心想道,给人打工终究没什么意思,还是开家属于自己的公司好啊!就这样,魏来心中开公司的萌芽就诞生了。这些年来,魏来在社会上摸爬滚打也攒了些钱,但是距离自己成立一家公司还差着不少,怎么办呢?难道自己成立公司的梦想还没开始就要破灭了吗?思来想去,贷款利息又高,万一还不上可就要自己背债了,而且一

个人开公司风险也太高了，要是能找一个合作伙伴就好了，魏来突然想到了自己的发小郭取，可以让他帮忙！

过了几天，魏来邀请郭取到家里做客，二人在酒桌上，边喝边诉说着最近自己的近况。酒过三巡，魏来和郭取两人都喝得醉醺醺的，郭取向魏来坦言道，虽然他手里经营着一家舞蹈培训机构，这些年因为发小勤快又聪明，舞蹈培训学校发展得还不错，但是因为名气不算大，总是比不过周边的培训机构，而且由于种种原因，自己的舞蹈学校，总是扩大不了规模。魏来听到这话，立刻拍着自己的胸脯，一把搂着郭取的肩膀说道："伙计，可把你等来了，其实吧，我一直想开一家公司，但是一直找不到一个可以信得过的合作伙伴"，于是二人一拍即合，在酒桌上做下了约定，二人共同出资，成立一家公司。因为二人是发小，所以对彼此的性格、脾气都非常熟悉，2015 年，魏来和郭取各持股 50%，成立了全能文化艺术有限公司（以下简称全能公司）。全能公司成立后，由于魏来的能力很强，再加上郭取积累的人脉和资源，二人的公司经营得风生水起，仅仅几年，公司的规模就比原来扩大了一倍还多，魏来还为全能公司注册了商标，登记在自己名下。

事业上的魏来顺风顺水，但是感情上的魏来却是一片空白。谁能想到，已经 30 多岁的魏来，竟然只在大学时谈过一个女朋友，而且时间也就短短几个月，从此以后，魏来就再也没有谈过恋爱了。这些年魏来一直忙于事业，所以就一直没顾上找女朋友。虽然魏来长相颇为英俊，给他介绍女朋友的人络绎不绝，但是魏来全都不为所动。眼看儿子 30 多岁一直没有女朋友，魏来的母亲赵红梅操碎了心。为了儿子的幸福，赵红梅给魏来安排了一个又一个的相亲对象，魏来也就顺着母亲，参加了相亲。

"这次的相亲对象综合条件都非常不错，跟你的职业也很搭，你给我抓紧点！""知道了，妈。"魏来敷衍地回答着赵红梅给他安排的又一次相亲。这次的相亲对象名叫于森森，是一位音乐剧演员，二人聊得十分愉快，并且发现了彼此有很多共同的兴趣爱好。之后，于森森还邀请魏来参加她出演的音乐剧，这让两人的感情进一步升温。二人迅速坠入爱河，2016 年，魏来和于森森登记结婚。但好景不长，这段婚姻仅维持了一年多。因为魏来身边总是围绕着各种女人，而且魏来总是来者不拒，完全没有已婚的自觉，为了此事，于森森和魏来争吵过多次，并且二人开始分居。2017 年，于森森忍受不了时时刻刻的猜疑和恐惧，向法院提起离婚。2018 年 10 月，法院判决二人离婚，并对二人的房产、车辆进行分割。但是在处理夫妻共有银行存款的时候，魏来突然提交了大量证据，证明魏来要还三套房屋的房贷及车贷、抚养子女、赡养父母，向其他人的借款，向银行申请信用借贷款，向支付宝申请借呗等，累计负债 294 万元，最终，法院未对该部分存款作出处理。

于淼淼对此非常愤怒，因为她并不认为魏来有这么多负债，她知道，魏来的存款有很多，但是魏来却虚构债务、不承认注册商标归他所有，仅仅是为了让自己少分财产，于淼淼彻底寒了心。就在这时，于淼淼发现了让她更加愤怒的事情，魏来将全能公司 50% 的股权以远低于市值的价格卖给了他的好朋友郭取，并且，魏来还将公司分配的利润转移到了其母亲赵红梅和哥哥魏道的银行账户中。随即，于淼淼诉至法院，请求确认 2017 年 1 月魏来和郭取签订的《股权转让协议》无效，最终得到了法院的支持。

在此期间，原本亲密无间的兄弟魏来和郭取也因为公司的股权、注册商标的归属问题对簿公堂。全能公司起诉魏来偿还公司债务，又诉请确认登记在魏来名下的注册商标为全能公司所有。与此同时，魏来起诉全能公司和郭取，要求返还 50% 的股权。

2021 年，于淼淼向法院请求魏来支付隐匿、转移的夫妻共同财产 900 万元及其利息，并要求赵红梅、魏道承担连带责任。法院受理后，对于系列案件的事实进行调查、研究，最终确定，案涉的 900 万元均为全能公司的盈余分配款，并且是于淼淼与魏来婚姻关系存续期间的经营收益，属于二人的夫妻共同财产。并且发现，魏来在与于淼淼有感情矛盾且双方开始分居的情形下，在 2016 年 12 月致电郭取，告知全能公司的收入不要再通过魏来的账户进行结算，之后魏来在全能公司的每月盈余分配款绝大部分都通过赵红梅、魏道的账户收取，由此可见，魏来隐藏、转移夫妻共同财产的意图明显。于是法院酌定魏来应当少分夫妻共同财产，并按魏来和于淼淼按照 14∶1 的比例分割案涉的 900 万元。因为于淼淼提交了魏道收取的郭取转账的全能公司的 35 万元盈余分配款的证据，结合魏来和魏道的亲属关系，认定魏道有协助魏来隐藏、转移夫妻共同财产的行为，判决魏道在其协助收取的金额内按魏来和于淼淼 14∶1 的分割比例承担连带责任。在综合审查了赵红梅的银行账户是由魏来控制的情况下，未要求赵红梅承担连带责任。

至此,这一系列围绕股权、商标、夫妻共同财产引发的纠纷告一段落,原本亲密的兄弟、夫妻,如今都变了样,魏来的故事,真是让人唏嘘不已。

【案例三】离婚涉股未约明,利润分配引纠纷

芳芳在大学时就是出名的美女学霸,白皙的皮肤,瘦高个儿,还有一头褐色的卷发,身边的男孩都围着芳芳团团转。但是芳芳并没有被这些男孩吸引,她觉得他们既无趣又肤浅,于是潜心于学业,在校期间的成绩格外优异。毕业后,芳芳进入了外资企业,由于能力突出,人又漂亮伶俐,没几年,便升到了外企项目总监的职位。在一次公司的聚会上,芳芳遇到了曹华,曹华比芳芳大 12 岁,和芳芳所在的外企经常合作,也是多家公司的总经理,在聚会上,曹华妙语连珠,逗得芳芳连连欢笑。最吸引芳芳的是曹华身上那种既稳重又富有才华的气质,这种气质,是芳芳在以前所认识的男孩身上完全没有见过的。聚会过后,芳芳要了曹华的联系方式,二人开始时不时地在网上聊天,渐渐地熟络了起来。

在二人聊得火热的时候,曹华的公司正好和芳芳所在的外企有了一次项目上的合作,更巧的是,芳芳又专门负责这个项目。有时候,缘分就是这样的妙不可言,正因为这个项目,二人的距离被拉得更近了。在差不多半年的项目周期里,芳芳发现,曹华的业务能力特别突出,做事既认真又负责,而且领导力还极强。工作之余,芳芳和曹华会经常一起吃饭,周末还会相约外出游玩,渐渐地,曹华也被芳芳的热情活力所吸引,曹华给芳芳布置了一场浩大的告白仪式,芳芳红着脸,接受了曹华的告白。二人相恋一年后,顺利地步入了婚姻殿堂。婚礼当天,芳芳与曹华深情对望,芳芳觉得此刻的自己,是世界上最幸福的人。

婚后,二人非常恩爱。同年,二人一起为了事业而奋斗,创立了欧克公司和欧乐公司,芳芳分别持有欧克公司 20% 的股份和欧乐公司 20% 的股份。公司经营得很顺利,就在这时,芳芳怀孕了,因为此时二人都正处于事业的上升期,所以芳芳想着先把这个孩子打掉,并没有告诉曹华。二人结婚两年,却一直没有孩子,曹华一直很疑惑,经过检查发现,芳芳因为上次打胎,导致自己的身体出了问题,失去了生育能力,这对于喜爱孩子的曹华来说,简直是致命的打击。芳芳此时向曹华坦白,自己当时为了二人的事业,将孩子偷偷打掉了,没想到竟会导致自己无法生育。在得知此事后,曹华暴怒,呵斥芳芳为什么不把此事告知自己,在此事之后,曹华渐渐地和芳芳疏远起来,芳芳失去了曹华的信任,曹华也不再

是那个对芳芳呵护备至的好丈夫了。

于是二人于2015年办理了离婚登记,并签订了《离婚协议》,协议中约定,曹华向芳芳支付2亿元补偿款,芳芳和曹华的持股比例不变,芳芳仍然保留欧克公司20%的股权,自2020年度起芳芳开始参与公司的利润分配。

芳芳多次向曹华请求支付《离婚协议》中约定的补偿款,但是曹华并没有按照约定将2亿元全部支付给芳芳。芳芳此时对曹华既愤怒又失望,芳芳认为,自己是为了二人以后更好地发展才选择了隐瞒,但是曹华却因为此事对自己态度大变,从前好老公的形象再也没有了,只有数不清的冷暴力和恶语相向,是他导致了婚姻的最终破灭,曹华也不按照约定支付离婚协议中的补偿款,于是委托律师,想要争取属于自己的权利。2019年,芳芳诉至法院,要求曹华支付补偿款,在法院的主持下,二人达成调解协议,曹华支付了剩余7000万元的补偿款。

2019年4月,欧克公司就审议公司利润分配事项召开临时股东会,会议决定对欧克公司累积未分配利润中的款项8100万元进行利润分配,利润按股东出资比例分配,即曹华享有6480万元的利润,芳芳享有1620万元的利润。作为公司法定代表人且持股80%的曹华出席了此次会议,签字通过公司利润分配方案,并且有律师出席并见证会议。但是欧克公司仅将利润支付给曹华,却拒绝支付给芳芳,2021年,芳芳作为欧克公司的股东,以欧克公司为被告,诉至法院,要求欧克公司支付逾期未付的利润分配款项1620万元及其利息。欧克公司辩解道,芳芳和曹华达成离婚协议,约定芳芳自2020年起才享有欧克公司的分红,即芳芳放弃了欧克公司2020年前的分红,2020年以后才享有分红。因离婚协议对二人的财产作出了整体分割,芳芳已经预先处分了利润分红权并获得整体补偿安排,所以,芳芳不应享有此利润分配权利。

案件经过一审、二审,法院认为芳芳向欧克公司提起的是公司盈余分配诉讼,对应的权利义务关系主体为股东芳芳与欧克公司。《离婚协议》约束的是芳芳与曹华基于夫妻身份的人身及财产关系,不宜杂糅到本案中,应当与案件分别处理。法院最终作出判决,欧克公司向芳芳支付利润分配款及其利息。之后,案件进入执行阶段,同年,芳芳又以欧乐公司为被告,分别提起了股东知情权诉讼、公司盈余分配诉讼,原本令人羡慕的夫妻,终于在一次又一次的诉讼中,只剩下对彼此的怨恨和诉讼的纠葛。

第四节 维权指引

一、公司盈余分配诉讼需具备的条件

(一)进行公司盈余分配的诉讼主体,需要具备股东身份

只有符合盈余分配的主体资格才可以提出股东利润分配的申请,换言之,若提起公司盈余分配诉讼的主体不具备股东资格,法院则无法支持其提出的诉讼请求。若被告向法院提出原告不具备股东身份,法院经过调查,查证属实,则会驳回原告的诉讼请求。此处需要注意的是,实践中存在借用他人名义设立公司,虽为公司的实际投资人,但在公司的章程、股东名册和工商登记中,均记载为他人的情形,此处的股东,称为隐名股东,与之相对应的,记载于工商登记资料上而没有实际出资的股东为显名股东。隐名股东能否作为诉讼主体参与公司盈余分配之诉?通常来说,隐名股东仅与显名股东之间存在合同关系,并不具备商事外观主义上的股东身份,在隐名股东未经过法定程序显名时,其不属于公司股东,不可以直接参与公司的利润分配。当然,也存在代持股行为本身就属于违反法律规定的例外情形。

(二)进行公司盈余分配,首先需满足公司有"盈余"可分的条件

公司作为独立的法人,拥有独立财产,但是能被作为公司盈余所分配的财产必须是经过股东会有效决议之后,才能转化为可供分配的利润,必须有盈利之后,才能够进行分配,在此之前,股东享有的是基于投资关系所产生的利润分配期待权,在股东(大)会的有效决议作出后,期待权才会转化为现实的债权,股东才对此部分财产享有利润分配请求权。

(三)进行公司的盈余分配,必须具备有效的股东(大)会决议,符合法定程序

《公司法司法解释(四)》第15条规定,若股东未提交载明具体分配方案的股东会或者股东大会决议,请求公司分配利润的,人民法院应当驳回其诉讼请求,但违反法律规定滥用股东权利导致公司不分配利润,给其他股东造成损失的除外。即股东行使利润分配诉权的前提是必须存在股东会作出的载明具体分配方案的股东(大)会的有效决议。

结合本章节涉及公司盈余分配的离婚关联案例，在符合公司盈余分配的前提时，诉讼的原告通常为夫或妻一方，被告为涉案公司。在出现股东滥用股东权利分配利润、第三人配合盈余分配转移时，股东、第三人可以作为共同被告。

二、隐名股东能否直接提起赔偿之诉

此前，关于隐名股东能否行使股东知情权的问题，司法实践中的多数观点认为，知情权是基于股东身份而产生的权利，因此，隐名股东在显名之前，无权行使股东知情权，只能通过名义股东行使知情权。但也有少量判决认可隐名股东行使知情权。

《公司法司法解释（四）》依然回避了该问题。鉴于董事、高级管理人员赔偿制度是对股东知情权的救济方式，因此，在未来的司法实践中，隐名股东能否直接提起赔偿之诉，法院可能仍将保持否定。

第五节 律师忠告

离婚纠纷公司盈余分配之“股权处理”

离婚纠纷涉及的股权分割

《民法典》第1062条第1款规定：“夫妻在婚姻关系存续期间所得的下列财产，为夫妻的共同财产，归夫妻共同所有：

1. 工资、奖金、劳务报酬；
2. 生产、经营、投资的收益；
3. 知识产权的收益；
4. 继承或者受赠的财产，但是本法第一千零六十三条第三项规定的除外；
5. 其他应当归共同所有的财产。具化到股权当中，为股权生产、经营、投资取得的收益部分。”

（1）一方婚前取得的股权，婚后以夫妻共同财产投资，该部分收益属于夫妻共同财产

《〈民法典〉婚姻家庭编解释（一）》第25条规定，一方以个人财产投资取得的收益属于民法典第一千零六十二条规定的“其他应当归共同所有的财产”。

除双方另有约定外，若夫或妻一方婚前取得股权，婚后以夫妻共同财产投入该股权，由此产生的分红等收益属于夫妻共同财产；若夫或妻一方婚前取得股权，婚后以夫妻共同财产和个人财产投入该股权，则分割该股权时应区分夫妻共同财产和个人财产。

（2）一方婚前取得的股权，婚后取得的收益除孳息和自然增值外，属于夫妻共同财产

《〈民法典〉婚姻家庭编解释（一）》第26条规定："夫妻一方个人财产在婚后产生的收益，除孳息和自然增值外，应认定为夫妻共同财产。"

这里引入一个概念"孳息"，即"由原物所产生的额外收益"，孳息分为天然孳息和法定孳息，股权收益主要涉及法定孳息，法定孳息是指因法律关系而得到的利息、租金及其他收益。值得注意的是，分红收益不属于孳息，股权的分红收益作为投资性经营性收入不属于孳息的范畴，分红收益应该属于夫妻共同财产。所以，夫或妻一方婚前取得的股权婚后产生了收益，除孳息和自然增值之外，其余属于夫妻共同财产。

（3）夫妻双方约定股权归一方所有，在完成股权赠与前，存在撤销风险

依据《民法典》第1065条的规定，男女双方可以约定婚姻关系存续期间所得的财产以及婚前财产归各自所有、共同所有或者部分各自所有、部分共同所有。约定应当采用书面形式。夫妻对婚姻关系存续期间所得的财产以及婚前财产的约定，对双方具有法律约束力。

若夫妻双方在婚前通过书面协议约定，本归一方所有的股权现归另一方所有，可能各位就认为，此部分股权必然归股权受让方所有，但是在股权未实际未完成交付登记之前，该赠与存在可以撤销的风险。股权赠与属于"财产赠与"，除了在经过公证的赠与合同或者依法不得撤销的具有救灾、扶贫、助残等公益、道德义务性质的赠与合同外，在赠与财产转移前，该股权赠与均属于"可撤销"的范畴，也就是《民法典》第658条的规定。

（4）属于夫妻共同财产的股权，未约定分配比例时，股权的分配方式

夫妻双方离婚后，会进行财产分割，股权分割近年来在离婚纠纷中较为常见。夫妻通常会对股权分配进行协商，约定持股比例，较为常见的做法是夫妻二人约定各持一定份额的股份，或者约定股份全归一方所有。

《〈民法典〉婚姻家庭编解释（一）》第72条、第73条，对夫妻未约定股份权

属时,提供了分配的法律依据。

第73条第1、第2款规定:"人民法院审理离婚案件,涉及分割夫妻共同财产中以一方名义在有限责任公司的出资额,另一方不是该公司股东的,按以下情形分别处理:

(一)夫妻双方协商一致将出资额部分或者全部转让给该股东的配偶,其他股东过半数同意,并且其他股东均明确表示放弃优先购买权的,该股东的配偶可以成为该公司股东。

(二)夫妻双方就出资额转让份额和转让价格等事项协商一致后,其他股东半数以上不同意转让,但愿意以同等条件购买该出资额的,人民法院可以对转让出资所得财产进行分割。其他股东半数以上不同意转让,也不愿意以同等条件购买该出资额的,视为其同意转让,该股东的配偶可以成为该公司股东。"

《公司法》第71条第2、第3款规定了股东的优先购买权:"股东向股东以外的人转让股权,应当经其他股东过半数同意。股东应就其股权转让事项书面通知其他股东征求同意,其他股东自接到书面通知之日起满三十日未答复的,视为同意转让。其他股东半数以上不同意转让的,不同意的股东应当购买该转让的股权;不购买的,视为同意转让。经股东同意转让的股权,在同等条件下,其他股东有优先购买权。"

结合婚姻法司法解释、《公司法》的规定能够看出,即使股权属于夫妻共同财产,但是仍需在符合《公司法》规定的情形下,才可以对股份进行转让,仍需符合有限责任公司股东对外转让股权,需经过全体股东过半数同意,并且股东享有优先购买权的条件。因为通常而言,出现在离婚协议中对于股权的约定,常常是夫妻内部之间的约定,以夫妻之间的内部约定约束、限制作为外部的公司、其他股东,显然是不合适的。在案例三中,因为欧克公司已经按照法律规定作出了股东会决议,所以芳芳才能最终顺利地获得欧克公司的利润分配款。

第六节　法律速递

《公司法》

第四条　公司股东依法享有资产收益、参与重大决策和选择管理者等权利。

第三十四条　股东按照实缴的出资比例分取红利；公司新增资本时，股东有权优先按照实缴的出资比例认缴出资。但是，全体股东约定不按照出资比例分取红利或者不按照出资比例优先认缴出资的除外。

第三十七条　股东会行使下列职权：

（一）决定公司的经营方针和投资计划；

（二）选举和更换非由职工代表担任的董事、监事，决定有关董事、监事的报酬事项；

（三）审议批准董事会的报告；

（四）审议批准监事会或者监事的报告；

（五）审议批准公司的年度财务预算方案、决算方案；

（六）审议批准公司的利润分配方案和弥补亏损方案；

（七）对公司增加或者减少注册资本作出决议；

（八）对发行公司债券作出决议；

（九）对公司合并、分立、解散、清算或者变更公司形式作出决议；

（十）修改公司章程；

（十一）公司章程规定的其他职权。

对前款所列事项股东以书面形式一致表示同意的，可以不召开股东会会议，直接作出决定，并由全体股东在决定文件上签名、盖章。

第一百六十六条　公司分配当年税后利润时，应当提取利润的百分之十列入公司法定公积金。公司法定公积金累计额为公司注册资本的百分之五十以上的，可以不再提取。

公司的法定公积金不足以弥补以前年度亏损的，在依照前款规定提取法定公积金之前，应当先用当年利润弥补亏损。

公司从税后利润中提取法定公积金后，经股东会或者股东大会决议，还可以从税后利润中提取任意公积金。

公司弥补亏损和提取公积金后所余税后利润，有限责任公司依照本法第三十四条的规定分配；股份有限公司按照股东持有的股份比例分配，但股份有限公司章程规定不按持股比例分配的除外。

股东会、股东大会或者董事会违反前款规定，在公司弥补亏损和提取法定公积金之前向股东分配利润的，股东必须将违反规定分配的利润退还公司。

公司持有的本公司股份不得分配利润。

《公司法司法解释(四)》

第十三条 股东请求公司分配利润案件,应当列公司为被告。

一审法庭辩论终结前,其他股东基于同一分配方案请求分配利润并申请参加诉讼的,应当列为共同原告。

第十四条 股东提交载明具体分配方案的股东会或者股东大会的有效决议,请求公司分配利润,公司拒绝分配利润且其关于无法执行决议的抗辩理由不成立的,人民法院应当判决公司按照决议载明的具体分配方案向股东分配利润。

第十五条 股东未提交载明具体分配方案的股东会或者股东大会决议,请求公司分配利润的,人民法院应当驳回其诉讼请求,但违反法律规定滥用股东权利导致公司不分配利润,给其他股东造成损失的除外。

《公司法司法解释(五)》

第四条 分配利润的股东会或者股东大会决议作出后,公司应当在决议载明的时间内完成利润分配。决议没有载明时间的,以公司章程规定的为准。决议、章程中均未规定时间或者时间超过一年的,公司应当自决议作出之日起一年内完成利润分配。

决议中载明的利润分配完成时间超过公司章程规定时间的,股东可以依据民法典第八十五条、公司法第二十二条第二款规定请求人民法院撤销决议中关于该时间的规定。

第十八章　离婚关联案之第三人撤销之诉及法律应对

第一节　案由解读

第三人撤销之诉是指第三人因不能归责于本人的事由未参加诉讼,针对诉讼双方当事人之间生效的判决对其产生的不利效果,向法院主张将生效判决对其不利部分予以撤销的请求。第三人撤销之诉的制度功能主要是保护受错误生效裁判损害的未参加原诉的第三人的权益。与婚姻案件相关的第三人撤销之诉则是发生于离婚前后,由离婚纠纷的当事人或离婚纠纷的案外人提出的,因婚内转移财产或离婚后财产分割引起的撤销原判决、裁定、调解书的诉讼请求的纠纷。

第三人提起撤销之诉时应当提供下列证据材料:(1)因不能归责于本人的事由未参加诉讼;(2)发生法律效力的判决、裁定、调解书的全部或者部分内容错误;(3)发生法律效力的判决、裁定、调解书内容错误损害其民事权益。因不能归责于本人的事由未参加诉讼的情形是指没有被列为生效判决、裁定、调解书的当事人,且无过错或者无明显过错的情形。具体包括:(1)不知道诉讼而未参加的;(2)申请参加未获准许的;(3)知道诉讼,但由于客观原因无法参加的;(4)因其他不能归责于本人的事由未参加诉讼的。

第三人需要注意:(1)上述三项证据材料均需由第三人提供,且需要同时满足,第三人方可成为第三人撤销之诉的适格主体。(2)第三人撤销之诉的原告分为有独立请求权的第三人和无独立请求权的第三人。(3)第三人撤销之诉原则上不中止原生效裁判文书的执行。原告(第三人)若请求中止执行,则必须提供担保,是否准许,由法院决定。(4)第三人撤销之诉中,提起诉讼的第三人为原告,原审诉讼的当事人原则上应当全部列为被告。例外情形是,原审诉讼中未承担责任、无独立请求权的第三人,在第三人撤销之诉中继续列为第三人。

综上,第三人撤销之诉不同于普通的民事诉讼。提起第三人撤销之诉,需符合另外独立的起诉条件,即提起撤销之诉的主体条件、程序条件和实体条件。具体到本章,离婚后就婚姻财产部分提起的第三人撤销之诉,第三人撤销之诉的主体限于《民事诉讼法》第59条规定的第三人。程序条件为第三人因不能归责于本人的事由未参加诉讼。实体条件是要求第三人就生效的离婚判决、裁定、调解书的不利于其财产处理的内容提起撤销之诉,且该离婚判决、裁定、调解书对其不利的财产处理内容与第三人民事权益损害之间要有因果关系。

第二节 关联案例

离婚后第三人撤销权纠纷,主要存在以下3种情形:

1.婚姻关系存续期间通过虚假诉讼转移财产,离婚后前妻/前夫提起第三人撤销之诉的。

2.离婚后一方死亡,另一方代为赔偿后,提起与死亡一方利益有关的第三人撤销之诉的。

3.离婚后,第三人认为婚姻案件处分财产的部分侵犯其合法权益,提起第三人撤销之诉的;

由此可见,离婚后第三人撤销之诉纠纷与离婚财产纠纷的关联性和密切度都是比较高的。

离婚后第三人撤销之诉,往往不是单独的一个纠纷,而是两个或两个以上的纠纷连环发生。举例如下。

(一)离婚后财产纠纷+民间借贷纠纷+虚假诉讼(调解)+第三人撤销之诉

第三人撤销之诉,指的是第三人因不能归责于自己的事由未参加他人正在进行的诉讼,但在诉讼结束后有证据证明已生效的裁判或调解书内容损害其民事权益,从而向作出该法律文书的法院提起的请求撤销已生效裁判或调解书的诉讼。这种诉讼上的利益有多种表现形式,原有的生效判决或者调解书可能是由于人民法院受到诉讼主体的欺诈而作出的,而该份具有欺诈性的生效法律文书会使第三人的合法权利遭受侵害;可能是第三人因遭强制执行而受损害;还可能是生效文书效力的扩张而导致第三人的权益受到损害。

男女双方系夫妻关系,2007 年协议离婚并约定房和车归女方所有。2011 年男方向法院提起离婚后财产纠纷之诉被法院驳回。2013 年女方的债权人向法院申请执行与女方的民间借贷纠纷的生效判决,尚未执行完毕,男女双方重新签订离婚协议,并经法院调解书确认,调解协议约定房和车均归男方所有。故女方的债权人提起第三人撤销之诉,请求人民法院撤销生效调解书中关于房和车归属的约定。法院经审理后认为,男女双方的调解书属于恶意串通、虚假诉讼,侵害了债权人的权益,因此撤销。

(二)离婚纠纷 + 民间借贷纠纷 + 第三人撤销之诉

要提起第三人撤销之诉首先需要具备提起诉讼的主体资格。第三人撤销之诉的主体限于《民事诉讼法》第 59 条规定的第三人,即因不能归责于本人的事由而未参加诉讼、有证据证明发生法律效力的判决、裁定、调解书的部分或者全部内容错误,损害其民事权益的。

男女双方于 2012 年登记离婚后一直共同生活,双方财产未作分割。2017 年,因男方犯诈骗等罪,法院要求未与其分割财产的女方作出赔偿。2018 年,男方对债务人提起民间借贷之诉,但男方在审理过程中去世,因此法院认定由男方的继承人继续参加诉讼,女方申请参加诉讼被法院以不享有继承权为由驳回。女方认为自己的权益受到损害,提起第三人撤销之诉,要求法院撤销民间借贷纠纷的判决,法院认定女方不具有第三人资格,驳回。

(三)离婚纠纷 + 第三人撤销之诉纠纷

第三人认为婚姻案件的生效判决、裁定、调解书关于财产部分的处理有错误,侵害其合法权益的,可以就对其不利的财产处理内容提起撤销之诉。①

男女双方系夫妻,为购车需要向银行办理贷款。男女双方与第三人协商后,将第三人的房屋登记在男女双方名下并去银行办理抵押获得购车贷款。男女双方在离婚诉讼时谎称该房屋是他们夫妻二人的共同财产,法院在离婚诉讼中判

① 北京市高级人民法院:《关于审理第三人撤销之诉案件适用法律若干问题的研讨纪要》,2016 年 4 月 19 日发布。

决该房屋归男方所有。第三人在房屋快要拆迁时才偶然得知此事,于是向法院提起第三人撤销之诉,要求撤销离婚判决中关于房屋归属的部分,法院最终支持了第三人的诉讼请求。

(四)离婚纠纷+撤销房屋产权登记+第三人撤销之诉

司法实践中,第三人为了保护自己的财产权益,除提起第三人撤销之诉外,也会提起确权之诉。第三人撤销之诉和确权之诉能否合并审理需要分情况。如果第三人提出确认权属等主张实体权利的诉讼请求,该请求系作为认定第三人提起撤销之诉的权利基础的,可以合并审理。如果第三人与相对方约定有仲裁或管辖协议的,则不可以合并审理。

2012年,男女双方诉讼离婚。男方名下有一套房子是男方和男方母亲的,但被男方登记在自己名下。离婚诉讼时男方谎称该房产属于自己一人,离婚判决将该房产认定为夫妻共同财产,所有权归男方。男方母亲知晓后提起行政诉讼,但因为管辖权错误被驳回。男方母亲尚未提起第二次行政诉讼即去世,于是男方的兄弟姐妹提起行政诉讼,先撤销案涉房屋的产权登记证书,之后,又向法院提起诉讼,请求撤销离婚判决中关于房产的部分,法院支持了其请求。

第三节 案例精选

【案例一】婚内暗度陈仓转财产,第三人撤销之诉讨公道

下面的案例讲述了丈夫在离婚时才发现妻子在婚内将二人的共同财产通过虚假诉讼的方式转移给他人。丈夫究竟如何才能讨回公道、拿回自己应得的财产呢?我们往下看。

1998年,翟丽和刘刚步入了婚姻的殿堂。二人结婚一年买下了一套93平方米的大房子,后来又在自家的小院里建起了一栋30平方米的小房子,登记在翟丽名下。

但天有不测风云,夫妻二人的感情逐渐恶化,甚至夫妻二人还多次到法院提起离婚诉讼,结果要么撤诉要么由法院判决不准离婚。2017年,刘刚再次提起离婚诉讼,并向法院提出要分割二人92万元的房屋拆迁款。刘刚没有料到的是,原本92万元的房屋拆迁款只剩下20万元,翟丽在开庭时说剩下的70万元

都已还给了自己的父母。

此时的刘刚才知道,原来就在不久前,翟丽的父母翟志强、王桂英向翟丽提起了诉讼,声称他们夫妻二人一直住在翟丽和刘刚93平方米的房子里,房子是他们单位的,他们单位在1997年房改时将房屋出售给职工,翟丽的父母委托翟丽去交款,但是翟丽私自将交款人写成了自己的名字。这些年翟丽还在他们夫妻二人的宅基地上建了30平方米的自建房,还在拆迁时领取了全部的补偿款,属于他们夫妻二人的70万元迟迟没有归还。这次诉讼中法院判决翟丽向父母返还拆迁补偿款。

但刘刚对法院的判决并不认同。刘刚认为,刘刚和翟丽感情不和已经是很久的事情了,他和翟丽最初购买房屋时,翟志强夫妻二人确实在他们家居住过,但是自始至终没有参与过房屋的购置,房子怎么能是他们的呢?于是,刘刚向法院提起了第三人撤销之诉,请求法院撤销生效判决。

法院根据双方当事人提供的证据最终认定70万元不是翟丽父母的钱,判决撤销生效判决。

【案例二】夫妻离婚分财产,虚假诉讼被识破

张文文和王强原本是一对幸福的小夫妻。但随着时间的流逝,张文文发现自己的丈夫和从前不一样了,丈夫不如从前一样对自己体贴有加,反而还多了赌博的毛病。于是,心灰意冷的她在2003年向法院提出了离婚。

法院支持了张文文离婚的诉讼请求,判决房子夫妻俩一人一套,茶厂股权一人一半。不过,在审理离婚案件的同时,法院也受理了一起以夫妻二人的茶厂为被告的民间借贷纠纷。该纠纷的原告是杭州的一个茶叶公司,该公司称夫妻俩的茶厂欠了他们300万元,茶厂对该款项没有异议,最终达成调解。这样一来,茶厂变成了“空壳子”,张文文通过离婚诉讼分到的股权也没有了意义。

最初,张文文以为这只是巧合罢了。但是,2006年,张文文偶然得知自己的前夫王强出资400万元加入了这个茶叶公司,成为茶叶公司的大股东,实际掌控了该茶叶公司。此时的张文文觉得事情有些不对劲,于是通过网络查询了这家公司,发现这家公司设立于张文文和王强离婚诉讼期间,设立人正是王强的亲哥哥,并且注册资本只有100万元,一家注册资本只有100万元的公司怎么可能在刚成立的时候就拿出300万元借给自家茶厂呢?张文文迅速地向法院提起第三

人撤销之诉,要求撤销曾经借款案的调解书。

法院经审理后发现,在张文文起诉离婚并查封了茶厂及相关房产后,王强的哥哥就成立了茶叶公司,并且在成立不久后和茶厂联合发出公函,将原来由茶厂承接的业务和货款均转为茶叶公司所有,此时正值张文文离婚案件审理的过程中,并且经过审计,300 万元的借款如今无法确定是否发生。法院认为,王强存在通过借款诉讼吞并前妻离婚后依法取得利益的可能性,因此法院最终判决撤销了借款案的调解书。

【案例三】婚内债务谁负担,离婚后债权人找谁诉

俗话说“欠债还钱、天经地义”,但现实中确实有很多人在欠债之后不仅不想还钱,还试图通过一些歪门邪道来规避债务。接下来的案例就讲述了一个妻子在婚内以个人名义向第三人借了大笔款项,为了逃避还钱,在借贷案件执行期间和丈夫离婚,并且将家中的大额财产都给了自己的丈夫,自己名下无钱可还,那么这里的第三人难道就只能接受这个结果吗?请看接下来的案例。

1973 年,张玲和谢华结婚。二人虽然不富裕,但婚后勤勤恳恳、努力工作,终于在 1982 年二人通过自己的双手拥有了属于自己的小家。但令人唏嘘的是,二人共同走过风风雨雨后,没有走到白头到老,却走到了分叉路口。

2019 年,谢华提起离婚诉讼,在调解书中约定家中唯一的大额财产——房子归谢华所有,二人名下各自的债权归各自所有,债务由各自负担。本以为二人从此以后是路人,再无交集。却没想到一个人的出现又将他们联系在了一起。

2020 年,一个叫胡强的人突然出现,提起第三人撤销之诉,将他们二人告上法庭。原来这些年间,张玲先后以经营旅店、儿子车祸等各种理由向胡强借钱,但从来没有还过钱。2019 年,胡强因张玲迟迟不还钱将张玲告上法庭。法院判决张玲需向胡强偿还借款,该案件现已进入执行阶段,但张玲名下突然没有财产可供执行。胡强此时才知道张玲和谢华在离婚时将所有的财产分给了谢华,张玲的名下已经没有可供执行的财产。

又气又急的胡强提起第三人撤销之诉。法院受理后认为该笔借款属于张玲的个人债务,张玲在调解协议中将二人夫妻共同财产的房屋无条件地归谢华所有,导致张玲名下没有财产可供执行,损害了债权人胡强的利益,因此法院判决撤销民事调解书中关于房屋归属的约定。

【案例四】买房未登记,付完全款险落空

买房一直是中国人心中的一件大事,买房的目的也是多种多样的,有的人为了结婚,有的人想靠转手赚差价。但是随着限购政策的出台、申请贷款条件的严苛等一系列原因,想买多套房子已经变得越来越难了。俗话说"上有政策,下有对策",为了多买几套房子,假离婚、借名买房等奇奇怪怪的方法层出不穷。下面就是一个借名买房和第三人撤销之诉相结合的案例。

赵波和魏振强是一对好兄弟。2006 年,已经结婚的赵波还想再买一套房子做投资,但是碍于种种原因无法以自己的名义购买,这时,赵波就想到了名下没有房子的魏振强。同时本着亲兄弟明算账的原则,为了让兄弟放心,魏振强还给赵波写了一份《证明》,记录了受赵波所托买房、房款全部系赵波出资、房屋的所有权人是赵波等内容。

不过,没有永远的朋友,只有永远的利益。2010 年,魏振强想要做点小生意,但是无奈手头缺钱。想来想去魏振强打起了当年替赵波买的那套房子的主意,魏振强想反正房本上都写了自己的名字,房产证也在自己手里,这个房子就是自己的。于是将房子卖给了李华,李华交了全部房款,魏振强将房产证和房屋一并交给了李华,但是并未过户。2015 年,魏振强的资金又出了问题,欠银行的贷款迟迟还不上,被银行起诉到法院,法院遂将名义上属于魏振强但实际上已经卖给李华的房子查封。

这一查封不要紧,这一套房子的存在被魏振强的前妻王美霞知道了。王美霞在和魏振强离婚时并不知道有这套房子,于是提起离婚后财产纠纷诉讼,同时赵波也提起了确权诉讼。最终法院认定这套房子归赵波所有。此时,李华也得到了消息,自己支付完房款还住了这么多年的房子竟然因为一纸判决不属于自己了。气愤的李华向法院提起第三人撤销之诉。

法院根据提供的证据,最终认定房屋归李华所有。魏振强和赵波的借名买房关系事实清楚、证据充分,但该借名买房关系只是二人的内部关系,作为善意第三人的李华无法了解其中的内容,只能依据登记做判断,该《证明》无法对抗善意第三人,因此房屋依然属于李华。

第四节 维权指引

(一)第三人撤销之诉的诉讼请求包括哪些

第三人撤销之诉的诉讼请求应当是请求撤销法院作出的生效裁判文书。对于撤销一审法院作出的生效文书,并无争议。对于撤销二审法院作出的生效文书,一般应以请求撤销二审文书为原则。但对于二审中准许撤回上诉的裁定书,应请求同时撤销一审、二审文书为宜。

(二)不能适用第三人撤销之诉的情形

采用特别程序、督促程序、公示催告程序、破产程序等非诉程序处理的案件不能适用第三人撤销之诉。特别程序包括选民资格案件、宣告失踪死亡案件、认定财产无主案件、确认调解协议案件、实现担保物权案件。

婚姻无效、撤销或者解除婚姻关系等判决、裁定、调解书中涉及身份关系的内容,不适用第三人撤销之诉。

《民事诉讼法》第57条规定的未参加登记的权利人对代表人诉讼案件的生效裁判不得提起第三人撤销之诉。代表人诉讼案件,未参加登记的当事人受代表人诉讼案件裁判的拘束。

《民事诉讼法》第58条规定的损害社会公共利益行为的受害人对公益诉讼案件的生效裁判不得提起第三人撤销之诉。公益诉讼不影响受害者个人维护自身权利的诉讼程序,没有提起撤销之诉的必要。

第三人对生效裁判文书的处理结果无异议,但对其审理程序、事实认定及裁判理由有异议的,不能适用第三人撤销之诉。

(三)提起第三人撤销之诉需要满足哪些条件

1. 有权提起撤销之诉的主体限于《民事诉讼法》第59条规定的有独立请求权第三人或无独立请求权第三人。

2. 第三人不能参加诉讼的事由不能归责于本人。

3. 第三人自知道或者应当知道其民事权益受到损害之日起6个月内提出。

4. 第三人有证据证明发生法律效力的判决、裁定、调解书部分或者全部内容错误且损害其民事权益。如当事人不满足以上任何一项条件,则其提起的第三人撤销之诉应不予受理,已经受理的,应裁定驳回起诉。

(四)债权人在何时可以提起第三人撤销之诉

1. 债权人享有的债权是法律明确规定给予特殊保护的债权,如建设工程价款优先受偿权。

2. 如果债务人与他人的权利义务已经被生效裁判文书确定,导致债权人无法行使《民法典》和《企业破产法》中规定的撤销权时。

3. 债权人有证据证明裁判文书中确定的债权内容部分或者全部虚假的。

(五)第三人撤销之诉的管辖如何确定

第三人撤销之诉的管辖法院为作出该生效判决、裁定、调解书的法院。具体而言,一审法院作出的判决、裁定、调解书,当事人没有上诉或经过上诉期后,第三人提出撤销之诉的,应当由原案件的一审法院管辖;当事人上诉后,经过二审法院作出生效判决、裁定或调解书的,第三人申请撤销,应当由原案件的二审法院管辖。第三人撤销之诉的管辖在性质上类似于专属管辖,且应当组成合议庭进行审理。

(六)夫妻双方虚构债权债务引起的第三人撤销之诉中,发现下列情形要维权

1. 裁判文书的判决内容或调解内容明显不公平,如将全部或大部分财产归夫妻一方所有或夫妻一方承担全部或大部分债务等。

2. 有证据证明夫妻双方虚构债权债务,使生效法律文书中关于财产、债权债务的分配表面似乎公平,实际存在将合法的财产、债权大部分或全部转移到夫妻一方名下的情况。

3. 第三人已经穷尽其他一切手段,仍然无法实现相应的债权,必须通过启动第三人撤销之诉来保障自身的合法权益。

(七)第三人撤销之诉、案外人申请再审与再审该如何选择

《民事诉讼法》第59条规定了第三人撤销之诉,第234条规定了案外人申请再审的制度。这两项制度都是对第三人权利的保障,但二者并不是同时适用的关系。如果案外人申请再审,就不能提出第三人撤销之诉;如果第三人提出第三人撤销之诉,只能继续进行第三人撤销之诉。

需要注意的是，如果在第三人撤销之诉期间，人民法院又对原生效判决、裁定、调解书裁定再审的，受理第三人撤销之诉的人民法院应当将第三人撤销之诉与再审合并审理。但如果有证据能证明当事人恶意串通损害第三人利益的，应当先审理第三人撤销之诉。

第五节 律师忠告

（一）第三人发现利益受损时应当及时维权

第三人应当在知道或者应当知道其民事权益受到损害之日起6个月内，向作出该判决、裁定、调解书的人民法院提起诉讼。因此，如果发现自己的权益受损并且符合提起第三人撤销之诉的情形时应当积极维权、及时提起诉讼，以免超过诉讼时效。

（二）第三人撤销之诉的过程中如何保护自己的财产不被执行

主要有两种方法，第一种是申请中止生效裁判文书的执行。第三人撤销之诉的审理期间原则上不能中止生效裁判文书的执行，如果原告能够提供充分、有效的担保，可以在其请求撤销或者变更范围内裁定中止执行生效裁判文书，但生效裁判文书已经执行完毕的除外。

第二种是申请财产保全。在第三人撤销之诉审理期间，如果能够提供充分、有效的担保，经审查认为符合法律规定的，则可以对特定物或款项采取保全措施，但已经被采取强制执行措施的，应当由第三人申请中止执行。此外，如果第三人主张原诉讼为虚假诉讼的，也可以对原诉讼中当事人根据生效裁判文书取得的财产进行保全。

（三）生效裁判文书中只有部分内容错误的怎么办

如果生效的裁判文书中只有部分内容有错误，第三人可以请求只撤销错误部分的生效裁判文书内容。法院经审理后认为，第三人请求成立的，判决撤销生效裁判文书中内容有错误的部分，其余的效力不受影响。但是，如果被撤销部分与原生效判决、裁定的其余部分无法区分或者原调解书的当事人对于其余部分无法达成调解协议的，并且当事人不愿意增加、变更诉讼请求或者无法增加、变更诉讼请求的,对原案件进行再审,将第三人撤销之诉并入再审并裁定终结第三人撤销之诉。有证据证明原案件当事人恶意串通损害第三人权益的,应当先审理第三人撤销之诉,裁定中止再审诉讼。

此外,生效裁判文书确有错误但第三人撤销之诉的请求不能成立的,应当对原案件进行再审。

(四)借名买房需要注意的法律风险

对于实际出资人而言,虽然可以通过借名买房规避政策,但因为实际出资人并不是房屋产权证上的登记人,因此很容易出现自己付钱买的房子却被登记人出卖给他人的情况,即使实际出资人通过确权之诉确认自己对房子的权利,已经购买房屋的善意第三人仍然可以通过第三人撤销之诉要回房子。

被借名人也不是完全没有风险的,在现实中经常有实际出资人由于征信原因无法贷款,所以通过借名买房并且用被借名人的名字办理贷款,如果此时实际出资人不继续还贷款,此时被借名人就要承担还款责任,甚至还要面临民间借贷纠纷。

此外,对于为了规避限购、限贷政策而签订的借名买房合同,司法实践中往往会以社会公共利益为由认定其无效。

第六节　法律速递

《民事诉讼法》

第五十九条　对当事人双方的诉讼标的,第三人认为有独立请求权的,有权提起诉讼。

对当事人双方的诉讼标的,第三人虽然没有独立请求权,但案件处理结果同他有法律上的利害关系的,可以申请参加诉讼,或者由人民法院通知他参加诉讼。人民法院判决承担民事责任的第三人,有当事人的诉讼权利义务。

前两款规定的第三人,因不能归责于本人的事由未参加诉讼,但有证据证明发生法律效力的判决、裁定、调解书的部分或者全部内容错误,损害其民事权益的,可以自知道或者应当知道其民事权益受到损害之日起六个月内,向作出该判决、裁定、调解书的人民法院提起诉讼。人民法院经审理,诉讼请求成立的,应当改变或者撤销原判决、裁定、调解书；诉讼请求不成立的，驳回诉讼请求。；诉讼请求不成立的，驳回诉讼请求。

《民事诉讼法司法解释》

第二百九十条 第三人对已经发生法律效力的判决、裁定、调解书提起撤销之诉的，应当自知道或者应当知道其民事权益受到损害之日起六个月内，向作出生效判决、裁定、调解书的人民法院提出，并应当提供存在下列情形的证据材料：

（一）因不能归责于本人的事由未参加诉讼；

（二）发生法律效力的判决、裁定、调解书的全部或者部分内容错误；

（三）发生法律效力的判决、裁定、调解书内容错误损害其民事权益。

第二百九十一条 人民法院应当在收到起诉状和证据材料之日起五日内送交对方当事人，对方当事人可以自收到起诉状之日起十日内提出书面意见。

人民法院应当对第三人提交的起诉状、证据材料以及对方当事人的书面意见进行审查。必要时，可以询问双方当事人。

经审查，符合起诉条件的，人民法院应当在收到起诉状之日起三十日内立案。不符合起诉条件的，应当在收到起诉状之日起三十日内裁定不予受理。

第二百九十二条 人民法院对第三人撤销之诉案件，应当组成合议庭开庭审理。

第二百九十三条 民事诉讼法第五十九条第三款规定的因不能归责于本人的事由未参加诉讼，是指没有被列为生效判决、裁定、调解书当事人，且无过错或者无明显过错的情形。包括：

（一）不知道诉讼而未参加的；

（二）申请参加未获准许的；

（三）知道诉讼，但因客观原因无法参加的；

（四）因其他不能归责于本人的事由未参加诉讼的。

第二百九十四条 民事诉讼法第五十九条第三款规定的判决、裁定、调解书的部分或者全部内容，是指判决、裁定的主文，调解书中处理当事人民事权利义务的结果。

第二百九十五条 对下列情形提起第三人撤销之诉的，人民法院不予受理：

（一）适用特别程序、督促程序、公示催告程序、破产程序等非讼程序处理的案件；

（二）婚姻无效、撤销或者解除婚姻关系等判决、裁定、调解书中涉及身份关系的内容；

（三）民事诉讼法第五十七条规定的未参加登记的权利人对代表人诉讼案件的生效裁判；

（四）民事诉讼法第五十八条规定的损害社会公共利益行为的受害人对公益诉讼案件的生效裁判。

第二百九十六条　第三人提起撤销之诉，人民法院应当将该第三人列为原告，生效判决、裁定、调解书的当事人列为被告，但生效判决、裁定、调解书中没有承担责任的无独立请求权的第三人列为第三人。

第二百九十七条　受理第三人撤销之诉案件后，原告提供相应担保，请求中止执行的，人民法院可以准许。

第二百九十八条　对第三人撤销或者部分撤销发生法律效力的判决、裁定、调解书内容的请求，人民法院经审理，按下列情形分别处理：

（一）请求成立且确认其民事权利的主张全部或部分成立的，改变原判决、裁定、调解书内容的错误部分；

（二）请求成立，但确认其全部或部分民事权利的主张不成立，或者未提出确认其民事权利请求的，撤销原判决、裁定、调解书内容的错误部分；

（三）请求不成立的，驳回诉讼请求。

对前款规定裁判不服的，当事人可以上诉。

原判决、裁定、调解书的内容未改变或者未撤销的部分继续有效。

第二百九十九条　第三人撤销之诉案件审理期间，人民法院对生效判决、裁定、调解书裁定再审的，受理第三人撤销之诉的人民法院应当裁定将第三人的诉讼请求并入再审程序。但有证据证明原审当事人之间恶意串通损害第三人合法权益的，人民法院应当先行审理第三人撤销之诉案件，裁定中止再审诉讼。

第三百条　第三人诉讼请求并入再审程序审理的，按照下列情形分别处理：

（一）按照第一审程序审理的，人民法院应当对第三人的诉讼请求一并审理，所作的判决可以上诉；

（二）按照第二审程序审理的，人民法院可以调解，调解达不成协议的，应当裁定撤销原判决、裁定、调解书，发回一审法院重审，重审时应当列明第三人。

第三百零一条　第三人提起撤销之诉后，未中止生效判决、裁定、调解书执行的，执行法院对第三人依照民事诉讼法第二百三十四条规定提出的执行异议，应予审查。第三人不服驳回执行异议裁定，申请对原判决、裁定、调解书再审的，人民法院不予受理。

案外人对人民法院驳回其执行异议裁定不服，认为原判决、裁定、调解书内容错误损害其合法权益的，应当根据民事诉讼法第二百三十四条规定申请再审，提起第三人撤销之诉的，人民法院不予受理。

《北京市高级人民法院民一庭关于审理第三人撤销之诉案件适用法律若干问题的研讨纪要》

七、就婚姻案件财产部分提起撤销之诉的处理

第三人认为婚姻案件生效判决、裁定、调解书关于财产部分的处理有错误，侵害其合法权益的，可以就对其不利的财产处理内容提起撤销之诉。

《九民纪要》

120. 第三人撤销之诉中的第三人仅局限于《民事诉讼法》第五十六条规定的有独立请求权及无独立请求权的第三人，而且一般不包括债权人。但是，设立第三人撤销之诉的目的在于，救济第三人享有的因不能归责于本人的事由未参加诉讼但因生效裁判文书内容错误受到损害的民事权益，因此，债权人在下列情况下可以提起第三人撤销之诉：

(1)该债权是法律明确给予特殊保护的债权，如《合同法》第 286 条规定的建设工程价款优先受偿权、《海商法》第 22 条规定的船舶优先权；

(2)因债务人与他人的权利义务被生效裁判文书确定，导致债权人本来可以因《合同法》第 74 条和《企业破产法》第 31 条规定的对债务人的行为享有撤销权而不能行使的；

(3)债权人有证据证明，裁判文书主文确定的债权内容部分或者全部虚假的。

债权人提起第三人撤销之诉还要符合法律和司法解释规定的其他条件。对于除此之外的其他债权，债权人原则上不得提起第三人撤销之诉。

第十九章　离婚关联案之案外人执行异议之诉及法律应对

第一节　案由解读

案外人是指执行当事人(申请执行人、被执行人)以外的人。申请执行人(债权人)对被执行人(债务人)启动的强制执行有可能波及案外人享有合法权利的财产,因此有必要为案外人提供专门的救济渠道。

依据《民事诉讼法》第 234 条的规定,执行过程中,案外人对执行标的提出书面异议的,人民法院应当自收到书面异议之日起 15 日内审查,理由成立的,裁定中止对该标的的执行;理由不成立的,裁定驳回。案外人、当事人对裁定不服,认为原判决、裁定错误的,依照审判监督程序办理;与原判决、裁定无关的,可以自裁定送达之日起 15 日内向人民法院提起诉讼。

由此可见,案外人执行异议,是指执行过程中,案外人对被执行财产主张实体权利并要求负责执行的人民法院停止执行的书面请求。对案外人提起的执行异议,人民法院应当自收到书面异议之日起 15 日内作出裁定。

案外人、当事人对裁定不服的,分为两种情况:一种是认为原判决、裁定错误的,依照审判监督程序办理,通常是由案外人申请再审。另一种是对与原判决、裁定无关的争议,当事人可以向法院提起诉讼,由此出现执行异议之诉。

案外人执行异议之诉,是指案外人对执行异议裁定不服,认为其对法院查封、扣押、冻结的执行标的享有排除执行的民事权益,而向执行法院提起的诉讼。执行法院对执行异议之诉作出判决后,对该判决不服的,案外人、当事人还可以提起上诉。

案外人执行异议之诉成功的前提是,案外人对执行标的享有足以排除强制执行的合法权益。与普通民事诉讼中确认之诉、给付之诉及形成之诉的功能不同,案外人执行异议之诉旨在排除对特定标的已经启动的强制执行,从而对违法的执行措施予以纠正,对案外人真实合法的权利予以救济。

依据原告身份的不同,执行异议之诉分为两类:即案外人提出的执行异议之诉和申请执行人提出的执行异议之诉,无论诉讼是由案外人还是申请执行人提出,都由案外人对其就执行标的享有足以排除强制执行的民事权益承担举证证明责任,本章重点讨论案外人执行异议之诉。

第二节 关联案例

夫妻离婚时,《离婚协议书》约定或者法院生效的判决书或调解书确认执行标的物属于案外人的个人财产,不属于被执行人的财产,该财产被法院强制执行时,原配偶作为案外人可以提出案外人执行异议。对于离婚时没有分割的夫妻共有财产,原配偶作为共有权人也可以向人民法院提起案外人执行异议。案外人提出执行异议的常见类型如下。

1. 共有财产型

案外人与被执行人已经离婚,执行标的物系离婚时没有分割的夫妻共同财产。

2. 代持财产型

执行标的物虽然登记在被执行人名下或由被执行人实际占有或者存于被执行人账户,但被执行人只是代持人,执行标的物真实的所有权人不是被执行人而是案外人,该类型执行标的种类较多,房产、车辆、机器设备、存款账户等均可能存在代持情况。

3. 已被确权型

案外人与被执行人已经离婚,《离婚协议书》约定或者法院生效的判决书或调解书确认执行标的物属于案外人的个人财产,不属于被执行人的财产。

4. 房产买卖型(两类)

(1)案外人对登记在被执行人名下的不动产提出异议,理由为:案外人与被执行人在人民法院查封之前已签订合法有效的书面买卖合同,已合法占有房产,并已支付全部价款,或者已按照合同约定支付部分价款且将剩余价款按照人民法院的要求交付执行,非因案外人自身原因未办理过户登记。

(2)案外人对登记在被执行的房地产开发企业名下的商品房提出异议,理由为:案外人与被执行人在人民法院查封之前已签订合法有效的书面买卖合同;所购商品房系用于居住且买受人名下无其他用于居住的房屋;已支付的价款超过合同约定总价款的50%。

5. 赠与财产型

执行标的物已经赠与案外人,财产所有权已经发生转移。

6. 以物抵债型

被执行人以物抵债已经将执行标的物转让给案外人。此类案件的证据主要为以物抵债协议或买卖合同,案件类型主要为大额民间借贷纠纷。

综上可见,案外人执行异议之诉往往不是单独的一个纠纷,而是两个或两个以上的纠纷连环发生,其与案外人执行异议、离婚纠纷、民间借贷纠纷、赠与合同纠纷、案外人申请再审、第三人撤销之诉、另案确权诉讼等案件存在错综复杂的关系。

本章重点讨论夫妻离婚时房产分割协议能否排除法院的强制执行,即原配偶能否以离婚协议约定的不动产权属为依据提起案外人执行异议之诉排除执行。目前,法律并对此并没有明文规定,主要依赖于法院如何评判各方实体权益的优先性,并未形成统一裁判规则,需要结合个案具体分析:若案外人的实体权益更值得保护,则判定可以排除强制执行,不得执行该执行标的;若第三方债权人的权利更值得保护,则判定该案外人的实体权益不足以排除强制执行,判决驳回诉讼请求。

第三节 案例精选

【案例一】依据离婚协议取得房产一方所享有的请求过户的权利,可对抗普通债权请求权从而得以解除查封、排除执行

周文、王兰、苗伟案外人执行异议纠纷案,审理法院:最高人民法院

前案基本案情:周文与苗伟股权转让合同纠纷一案,周文向法院申请诉讼保

全,法院查封了苗伟名下的涉案房产。法院判决苗伟应向周文返还股权转让款,判决生效后周文据此向法院申请强制执行苗伟名下的案涉房产。

王兰作为案外人向执行法院提起执行异议之诉,基本案情如下。

1972 年 6 月,王兰与苗伟登记结婚;1994 年,苗伟购买涉案房产的土地使用权,1995 年年底案涉房屋建造完成;1996 年 2 月,涉案房屋建成入住;1996 年 7 月,王兰与苗伟签订的《离婚协议书》约定:某县城面积 173 平方米(尚未办理门牌号码)的房屋归女方及女方所生子女所有。但只准居住,不准转卖;1996 年 8 月,王兰与苗伟登记离婚,离婚后,涉案房产都由王兰占有、使用和收益。1997 年,取得土地使用权证和房屋所有权证,由于购买土地时是用苗伟的名义购买的,所以办证机关要求用其名字办理,原本可以将房屋所有权过户到王兰名下,但一直未办理。

2011 年,周文与苗伟股权转让合同纠纷一案,周文向法院申请诉讼保全查封了涉案房产,判决书生效后,周文向法院申请强制执行。2013 年,王兰以涉案房产系其所有为由,向一审法院提起执行异议,请求一审法院中止对该房产的执行并解除对该房产的查封措施,一审法院判决停止对涉案房产的执行。周文不服一审判决,向最高人民法院提起上诉,最高人民法院判决驳回上诉,维持原判。

本案争议焦点:王兰对涉案房产是否享有足以阻止执行的实体权利?

法院认为,王兰对诉争房产享有足以阻却执行的权利,主要理由如下。

一、苗伟与王兰不存在借离婚协议处分财产逃避债务的主观恶意。

现有证据不能证明王兰与苗伟之间存在恶意串通逃避债务的主观故意,王兰与苗伟解除婚姻关系及有关财产约定的意思表示真实。

二、王兰对涉案全部房产享有请求权。

由于王兰与苗伟签订《离婚协议书》时,涉案房产尚未办理门牌号码也未测量实际面积,因此,王兰与苗伟在《离婚协议书》中约定的内容即应解释为诉争房屋的全部而非其中的 173 平方米归王兰及其所生子女所有。尤其是在《离婚协议书》签订之后,王兰及其所生子女也一直实际占有、使用了诉争房屋。因此,周文上诉以王兰仅对诉争房屋的 173 平方米部分享有请求权、人民法院不应停止对该房屋其他部分执行的主张不能成立。

三、由于《离婚协议书》并不存在恶意串通逃避债务的问题,且王兰对案涉全部房产享有请求权,因此,需要进一步讨论的问题是,王兰依据《离婚协议书》

对讼争房产享有的权利是否足以排除执行。

首先，从成立时间上看，该请求权要远远早于周文因与苗伟股权转让纠纷所形成的金钱债权。债权的成立时间尽管并不影响债权的平等性，但是在若干情形下对于该债权能否继续履行以及继续履行的顺序产生影响。就本案情形，至少不能得出周文成立在后的债权具有优先于王兰成立在前的债权的结论。

其次，从内容上看，王兰的请求权系针对诉争房屋的请求权，而周文的债权为金钱债权，并未指向特定的财产，诉争房屋只是作为苗伟的责任财产成为周文的债权的一般担保。在王兰占有诉争房屋的前提下，最高院《买卖合同纠纷司法解释》第 10 条规定的精神可知，其要求将涉案房产的所有权变更登记至其名下的请求权，也应当优于周文的金钱债权。

再次，从性质上看，周文与苗伟之间的金钱债权，系苗伟与王兰的婚姻关系解除后发生的，属于苗伟的个人债务。在该债权债务发生之时，诉争房屋实质上已经因王兰与苗伟之间的约定而不再成为苗伟的责任财产。因此，在周文与苗伟交易时以及最终形成金钱债权的过程中，诉争房产都未影响到苗伟的责任财产。在此意义上，王兰的请求权即使排除周文债权的执行，也并未对周文债权的实现形成不利影响。

最后，从发生的根源上看，涉案房产系王兰与苗伟婚姻关系存续期间因合法建造而产生的夫妻共同财产，在王兰与苗伟婚姻关系解除之时约定涉案房产归王兰及其所生子女所有。从功能上看，该房产具有为王兰及其所生子女提供生活保障的功能。与周文的金钱债权相比，王兰及其子女享有的请求权在伦理上具有一定的优先性。

综上，最高人民法院认为，从王兰与周文各自债权产生的时间、内容、性质以及根源等方面来看，王兰对诉争房产所享有的权利能够阻却对涉案房产的执行，王兰提起执行异议之诉请求排除对涉案房产的执行，解除查封的理由成立。

【案例二】依据离婚协议取得房产一方所享有的请求过户的权利，可对抗普通债权请求权从而得以排除强制执行

王凤与张小强、彬彬公司、投资公司、升源公司及朱小虎案外人执行异议纠纷案，审理法院：最高人民法院

前案基本案情：张小强与彬彬公司、投资公司、升源公司及朱小虎民间借贷

与担保合同纠纷一案,法院作出生效判决后,张小强向法院申请强制执行,法院作出执行裁定,对登记在朱小虎名下的涉案房产进行了查封。

王凤作为案外人向执行法院提起执行异议之诉,基本案情如下。

2005 年 4 月,王凤与朱小虎登记结婚;2005 年 10 月,以朱小虎名义购买了涉案房产并登记在朱小虎名下;2005 年 12 月,朱小虎作为借款人,向某银行贷款 29 万元买房,贷款期限 10 年。2012 年 12 月,王凤与朱小虎办理了离婚登记。双方离婚时约定,婚生子随王凤共同生活,同时双方婚姻关系存续期间所购买的涉案房产归王凤所有;该房屋剩余贷款由王凤承担。但诉争房屋没有过户到王凤名下。

2017 年 3 月 20 日,贵州省高级人民法院在执行张小强与彬彬公司、投资公司、升源公司及朱小虎民间借贷与担保合同纠纷一案中,作出执行裁定,对登记在朱小虎名下的涉案房产进行查封。2018 年,王凤提出案外人执行异议之诉,请求一审贵州省高级人民法院中止对该房产的执行并解除对该房产的查封措施,一审法院判决驳回王凤的诉讼请求。王凤不服一审判决,向最高人民法院提起上诉,最高人民法院判决撤销一审判决,停止对涉案房屋的强制执行。

本案争议焦点:王凤对诉争房屋有无排除强制执行的民事权益?

一审法院认为,王凤对诉争房产不享有足以阻却执行的权利,主要理由如下。

诉争房屋系王凤与朱小虎在夫妻关系存续期间所购买,应属王凤与朱小虎的夫妻共同财产。双方在离婚协议中约定诉争房屋产权归王凤所有,这是朱小虎对自己在诉争房屋产权中所拥有份额的处分,该处分行为未经产权变更登记,不直接发生物权变动的法律效果,也不具有对抗第三人的法律效力。因诉争房屋的产权未发生变更登记,朱小虎仍为诉争房屋的登记产权人,其在诉争房屋中的产权份额尚未变动至王凤名下,故在朱小虎尚存未履行债务的情况下,张小强作为朱小虎的债权人,要求对朱小虎名下的财产予以司法查封并申请强制执行符合法律规定。王凤要求解除对诉争房屋的司法查封、停止强制执行的诉讼请求于法无据,一审法院不予支持。

最高人民法院认为,王凤对诉争房产享有足以阻却执行的权利,主要理由如下。

一、关于王凤与朱小虎签订的《离婚协议书》是否存在转移财产、逃避债务的问题。

本案所涉房屋购买于王凤与朱小虎婚姻关系存续期间，虽然登记在朱小虎一方名下，但基于王凤与朱小虎的夫妻身份关系，依法也属于夫妻共同财产。后双方于2012年12月18日在民政局办理离婚登记手续，并在离婚协议中约定将朱小虎名下的涉案房产划归王凤所有，该约定系基于双方之间权利义务的统筹安排，是夫妻双方对共同财产的合法处分，真实有效。

同时，该离婚协议以及对涉案房屋的分割早于朱小虎对张小强所负的债务近两年，故张小强在没有证据证明的情况下主张王凤与朱小虎签订的《离婚协议书》存在转移财产、逃避债务的问题，最高人民法院不予支持。

二、关于王凤对涉案房产是否享有足以排除强制执行的民事权益的问题。

在诉争房产办理过户登记之前，王凤享有的是将诉争房产的所有权变更登记至其名下的请求权，该请求权是基于2012年其与朱小虎合法有效的《离婚协议书》产生，且该《离婚协议书》已在相关民政部门登记备案。而张小强享有的请求权是基于2014年与朱小虎之间的债务产生，故王凤的请求权不仅早于而且优于张小强的请求权。

同时，从两种请求权的性质和内容来看，王凤享有的是针对涉案房产要求变更登记为所有权人的请求权，而张小强享有的是针对朱小虎的一般金钱债权，该金钱债权并非基于对涉案房产公示的信赖而产生。具体而言，朱小虎为借款提供连带责任保证时，张小强并非基于朱小虎名下登记有涉案房产而同意其为借款人提供保证。因此，张小强的金钱债权请求权与王凤的所有权变更登记请求权比较，在性质和内容上亦不具有优先性。

综上，一审判决认定事实清楚，但适用法律错误。二审判决撤销贵州省高级人民法院民事判决；停止对涉案房屋的强制执行。

【案例三】离婚协议在先，金钱债权形成在后，原则上可以排除执行

张海与吉祥及黄斌案外人执行异议纠纷再审案件，审理法院：江苏省高级人民法院

前案基本案情：吉祥与黄斌民间借贷纠纷一案，吉祥向法院申请保全，对登记在黄斌名下的涉案房产进行了查封。

张海作为案外人向执行法院提起执行异议之诉，基本案情如下。

2012 年 12 月 1 日，张海与黄斌办理了离婚登记，《离婚协议书》约定：涉案房屋产权居住权归女方所有，未还房贷 100 万元左右由黄斌偿还，该房屋存在抵押权登记。离婚后，黄斌仍居住使用该房屋，且该房屋仍然登记在黄斌名下。

2018 年，吉祥与黄斌民间借贷纠纷引发诉讼，吉祥向法院申请查封了涉案房屋。2019 年，张海向一审法院提起案外人执行异议之诉，请求判令不得执行涉案房屋，解除对涉案房屋的查封。

一审南京市秦淮区人民法院判决：不得执行涉案房屋，解除对涉案房屋的查封。吉祥不服一审判决，向南京市中级人民法院提起上诉，二审法院判决撤销一审法院民事判决，驳回张海的诉讼请求。张海不服南京市中级人民法院的判决，向江苏省高级人民法院申请再审，再审判决撤销二审民事判决；不得执行涉案房屋。

本案争议焦点：张海对涉房产是否享有足以阻止执行的实体权利？

再审江苏省高级人民法院认为，张海对案涉房产享有足以阻止执行的实体权利，主要理由如下。

第一，配偶依据离婚协议提起案外人执行异议之诉，不能仅凭物权登记予以认定。

配偶一方依据离婚协议的约定请求排除对登记在被执行人名下房产的执行，人民法院应综合审查认定配偶与被执行人之间就涉案标的所形成的基础法律关系，并以此为基础判断配偶对涉案标的是否享有足以排除执行的合法权益，而非仅仅凭借涉案标的的权利外观判断是否应予执行。

第二，吉祥主张黄斌与张海通过离婚逃避债务，既无事实依据，亦不符合常理和逻辑。

吉祥与黄斌之间的债务形成于 2015 年 7 月 28 日，而黄斌与张海于 2012 年 12 月 1 日已经离婚，且张海于 2016 年 8 月 6 日已与他人再婚并生育，黄斌于 2018 年亦与他人再婚。黄斌与张海的离婚行为和财产分割行为均不可能是为了规避离婚之后黄斌作为担保人对吉祥的债务履行。即便黄斌与张海试图通过离婚逃避债务，其所逃避的也是在离婚时已经发生的债务，而非未来才产生的对吉祥的担保之债，吉祥依然无权以其对黄斌在 2015 年才形成的担保之债，主张对黄斌在 2012 年就已经离婚分割给张海的房产采取执行措施。

第三，张海对未办理房屋所有权转移没有过错。

因涉案房屋上有抵押,离婚协议约定贷款由男方归还,而黄斌未提前还贷解押及配合张海办理产权变更登记手续,导致法院查封时涉案房屋依然登记在黄斌名下,吉祥主张张海应通过房屋买卖的方式将涉案房屋产权过户到自己名下,或者要求黄斌按照离婚协议一起去银行把涉案房屋房贷还掉然后把涉案房屋过户到自己名下,或者可以向人民法院提起诉讼把涉案房屋过户到自己名下,均属过分加重了张海的义务,不能因张海未达到上述过高的权利行使要求而认定其对未办理过户登记存在过错。

第四,不能认定该离婚协议存在显失公平的情形。

虽然张海和黄斌在离婚财产分割中将两套住房和一辆机动车分配给了张海,但黄斌亦分得巨额债权。结合离婚后张海承担抚养孩子的责任,且黄斌自述其婚内出轨导致离婚,二人在离婚财产分割中将能够提供稳定生活条件的住房分配给张海,而由黄斌分得虽然数额较大但风险也较高的债权,具有一定的合理性。

第五,吉祥主张黄斌于离婚后依然对涉案房屋实际进行控制,没有事实和法律依据。

吉祥仅提交我爱我家公司的挂牌出租信息用以证明上述事实。然而挂牌出租信息仅能证明我爱我家公司曾经将涉案房屋作为其可供房源对外发布,不能充分证明其信息来源为黄斌的委托,且因黄斌为涉案房屋的登记权利人,挂牌出租信息上将业主姓名登记为黄先生也不能证明涉案房屋即为黄斌实际控制。黄斌提交的其于 2015 年 4 月 7 日与陈某签订的房屋租赁合同及宽带网络服务费、智能卡购买费发票、租赁房屋的押金条、租金条等证据能够证明其所主张的在 2015 年已经搬出涉案房屋另住的事实。

此外,即便黄斌离婚后依然在一段时间内居住于涉案房屋之内或对涉案房屋进行了实际上的控制,也不能因此否定张海基于在先的离婚协议的约定享有的对抗在后债权人的权利。

第四节 维权指引

（一）区分执行行为异议与执行标的异议

《民事诉讼法》第232条规定的执行异议，针对的是执行行为异议，第234条规定的执行异议，针对的是执行标的异议，执行标的是执行行为指向的载体。法院收到书面的执行异议，会作出相应的裁定。

对执行行为异议的裁定不服可申请复议，对执行标的异议的裁定不服，则要细分该不服理由是否与原判决、裁定（执行依据）有关，若认为原判决、裁定有误，则依照审判监督程序处理；若与原判决、裁定无关，则可向人民法院提起案外人执行异议之诉。

（二）区分执行异议与执行异议之诉

执行异议与执行异议之诉分属两种不同的程序，案外人执行异议属于执行程序，案外人执行异议之诉属于审判程序，二者审查的原则各有不同。

执行异议是否成立的判断标准，法院一般只根据涉案房产的权利外观进行形式审查，因此，对案外人就涉案房产提出的执行异议，法院通常会驳回异议人的执行异议请求。

案外人执行异议之诉中，法院会进行实体审理，案外人的异议请求能否排除执行，并不仅以涉案房产的权利外观来判断，法院会从债权产生的时间、性质以及离婚协议的签订时间、内容等方面进行实体审查。

案外人应首先提出执行异议，也就是说，执行异议是执行异议之诉的前置程序，解决的是程序问题。执行异议被法院驳回后，15日内提起执行异议之诉。执行异议之诉解决的是执行标的的权属问题，执行异议被驳回并不当然驳回执行异议之诉。

（三）如何判断案外人与债务人恶意串通

实践中，涉案房产在离婚前通常为夫妻共同财产，案外人与债务人恶意串通，通过离婚行为转移财产逃避债务的情形屡见不鲜，案外人与债务人是否具有恶意串通的故意，可以从以下两个方面进行判断：

1. 离婚行为是否系双方的真实意思表示

如果案外人与债务人存在长期分居或曾起诉离婚等能证明夫妻感情确已破裂等情况，一般认定离婚行为是双方真实意思表示，无恶意串通的故意。

2. 离婚时间是否早于债务发生的时间

如果离婚协议签订的时间早于债务发生的时间，涉案债务属于债务人的个人债务，与案外人无关，一般认定为没有恶意逃债的故意。

（四）权利顺位问题

此类案件的焦点：案外人对执行标的是否享有实体权利以及案外人享有的实体权利与申请执行人对执行标的享有的权利谁更优先保护的问题。

异议人与被执行人签订的离婚协议中约定房产归异议人所有，但离婚后一直未办理产权变更登记，此时原配偶的利益与债权人的利益谁更优先保护？对此法律没有明文规定，司法观点并不统一，各地司法裁判标准也不完全一致，实务中的主流观点为附条件地优先保护原配偶的利益。

（五）离婚协议中关于房产权属的约定不具有物权效力

因离婚协议的约定而导致物权发生的变动，属于基于法律行为引发的物权变动，根据《民法典》物权编的规定，必须经不动产登记才发生物权效力。

我国审判实务中，基本上肯定离婚协议中对房产权属的约定仅具有债权效力，而不具有物权效力，只有在离婚协议约定的义务获得履行并完成各种必需程序后才产生物权效力。

（六）离婚协议关于房屋产权的约定不一定能排除法院的强制执行

法院对被执行人名下的房产采取执行措施，被执行人的原配偶向法院提起执行异议之诉，理由为双方已经离婚且离婚协议约定涉案房屋归其所有，原配偶能否排除法院的强制执行，并没有具体的法律规定，各地裁判尺度并不统一，具体可以分为以下 3 种情形。

1. 若债务为夫妻共同债务，则夫妻共同财产及个人财产均应当用于清偿夫妻共同债务，此时，夫妻离婚时房产分割协议不能排除强制执行。

2. 夫妻双方为了逃避债务，恶意串通签了离婚协议转移财产的，离婚协议中的财产分割条款无效，自然无法排除债权人申请强制执行。

3. 若夫妻双方离婚时不存在恶意逃避债务的主观故意，通常从案件的具体情况、各方权利的形成时间、权利内容、权利性质以及对权利主体的利害影响等方面进行综合判断,从而确定该权利是否能够排除执行。

(七)共有权人提出执行异议

金钱债权执行中,案外人基于执行标的共有权人身份提出执行异议,请求排除执行的,分情况予以处理。

1. 执行标的可分割的,对案外人享有的份额部分应予支持。

2. 执行标的不可分割的,应判决驳回其诉讼请求,但对案外人享有的变现份额不得执行。

(八)涉案房产被抵押

被执行人名下的房产被抵押的,在抵押权人为善意的情况下,被执行人的原配偶向法院提起执行异议之诉,理由为双方已经离婚且离婚协议约定涉案房屋归其所有,如果涉案房产市场价与被抵押的债权差额较大,原配偶认可抵押权人对抵押房产的优先受偿权,在原配偶涤除抵押权的情况下,原配偶对抵押房产可以排除执行,解除查封,如此均衡保护债权人和原配偶的合法权益。

(九)案件受理费

执行异议之诉案件的受理费,按照《最高人民法院关于安徽省高级人民法院〈关于对执行异议之诉案件如何收取案件受理费的请示〉的答复》(〔2014〕民立他字第29号),执行异议之诉是人民法院对执行过程中当事人之间的实体法律关系争议适用审判程序予以裁决的一种实体裁判制度。此类案件当事人的请求涉及财产权益的,属于财产案件,应当按照财产案件标准计收案件受理费。

(十)提出异议的期限与案件管辖

案外人提出执行标的异议的,应当在执行标的执行终结之前提出,即在人民法院处分执行标的所需履行的法定手续全部完成之前提出。案外人提出执行异议,由首次查封、扣押或冻结执行标的的人民法院管辖。

第五节　律师忠告

（一）离婚后应及时办理房屋产权变更登记

离婚后，应依据离婚协议中关于房屋产权的约定尽快办理产权变更登记，否则房屋可能面临被法院查封的风险。

（二）房屋被查封后不能提起确权之诉

2011 年 10 月 19 日《关于执行权合理配置和科学运行的若干意见》的通知（法发〔2011〕15 号）第 26 条规定，审判机构在审理确权诉讼时，应当查询所要确权的财产权属状况，发现已经被执行局查封、扣押、冻结的，应当中止审理；当事人诉请确权的财产被执行局处置的，应当撤销确权案件；在执行局查封、扣押、冻结后确权的，应当撤销确权判决或者调解书。

（三）离婚协议的约定不能排除对涉案房产享有担保物权的债权人执行

案外人依据离婚协议中关于房屋产权的约定对抗申请执行人时，首先要判断申请执行人所享有的金钱债权的性质是否为普通债权，申请执行人对执行标的享有抵押权等担保物权时，其作为优先债权人，可对抗案外人对执行标的主张的权利。因此，离婚后应尽快办理房屋产权过户登记。

（四）离婚协议关于房屋产权的约定能够排除执行的判断标准

案外人能否依据离婚协议的约定对登记在被执行人名下的房屋排除执行，直接关系到申请执行人的债权能否实现，因此能否依据离婚协议的约定排除执行，应当以申请执行人的债权利益是否实际被侵害为判断标准。

如果离婚双方没有恶意串通，离婚协议对共有财产的分割相对均等，债务人的责任财产并未因离婚对共有财产的分割而明显减少，案外人已经实际占有使用涉案房产，其对于涉案房产未及时办理变更登记没有重大过失，其距离完整法律意义的所有权人仅有一步之遥，与涉案房产的关联更为密切，此时，案外人因离婚协议的约定对涉案房产享有的物权期待权应优先于债权人的普通金钱债权。

第六节 法律速递

《民事诉讼法》

第二百三十四条 执行过程中,案外人对执行标的提出书面异议的,人民法院应当自收到书面异议之日起十五日内审查,理由成立的,裁定中止对该标的的执行;理由不成立的,裁定驳回。案外人、当事人对裁定不服,认为原判决、裁定错误的,依照审判监督程序办理;与原判决、裁定无关的,可以自裁定送达之日起十五日内向人民法院提起诉讼。

《民事诉讼法司法解释》

第三百零二条 根据民事诉讼法第二百三十四条规定,案外人、当事人对执行异议裁定不服,自裁定送达之日起十五日内向人民法院提起执行异议之诉的,由执行法院管辖。

第三百零三条 案外人提起执行异议之诉,除符合民事诉讼法第一百二十二条规定外,还应当具备下列条件:

(一)案外人的执行异议申请已经被人民法院裁定驳回;

(二)有明确的排除对执行标的执行的诉讼请求,且诉讼请求与原判决、裁定无关;

(三)自执行异议裁定送达之日起十五日内提起。

人民法院应当在收到起诉状之日起十五日内决定是否立案。

第三百零四条 申请执行人提起执行异议之诉,除符合民事诉讼法第一百二十二条规定外,还应当具备下列条件:

(一)依案外人执行异议申请,人民法院裁定中止执行;

(二)有明确的对执行标的继续执行的诉讼请求,且诉讼请求与原判决、裁定无关;

(三)自执行异议裁定送达之日起十五日内提起。

人民法院应当在收到起诉状之日起十五日内决定是否立案。

第三百零五条 案外人提起执行异议之诉的,以申请执行人为被告。被执行人反对案外人异议的,被执行人为共同被告;被执行人不反对案外人异议的,可以列被执行人为第三人。

第三百零六条　申请执行人提起执行异议之诉的,以案外人为被告。被执行人反对申请执行人主张的,以案外人和被执行人为共同被告;被执行人不反对申请执行人主张的,可以列被执行人为第三人。

第三百零七条　申请执行人对中止执行裁定未提起执行异议之诉,被执行人提起执行异议之诉的,人民法院告知其另行起诉。

第三百零八条　人民法院审理执行异议之诉案件,适用普通程序。

第三百零九条　案外人或者申请执行人提起执行异议之诉的,案外人应当就其对执行标的享有足以排除强制执行的民事权益承担举证证明责任。

第三百一十条　对案外人提起的执行异议之诉,人民法院经审理,按照下列情形分别处理:

(一)案外人就执行标的享有足以排除强制执行的民事权益的,判决不得执行该执行标的;

(二)案外人就执行标的不享有足以排除强制执行的民事权益的,判决驳回诉讼请求。

案外人同时提出确认其权利的诉讼请求的,人民法院可以在判决中一并作出裁判。

第三百一十一条　对申请执行人提起的执行异议之诉,人民法院经审理,按照下列情形分别处理:

(一)案外人就执行标的不享有足以排除强制执行的民事权益的,判决准许执行该执行标的;

(二)案外人就执行标的享有足以排除强制执行的民事权益的,判决驳回诉讼请求。

第三百一十二条　对案外人执行异议之诉,人民法院判决不得对执行标的执行的,执行异议裁定失效。

对申请执行人执行异议之诉,人民法院判决准许对该执行标的执行的,执行异议裁定失效,执行法院可以根据申请执行人的申请或者依职权恢复执行。

第三百一十三条　案外人执行异议之诉审理期间,人民法院不得对执行标的进行处分。申请执行人请求人民法院继续执行并提供相应担保的,人民法院可以准许。

被执行人与案外人恶意串通,通过执行异议、执行异议之诉妨害执行的,人民法院应当依照民事诉讼法第一百一十六条规定处理。申请执行人因此受到损害的,可以提起诉讼要求被执行人、案外人赔偿。

第三百一十四条 人民法院对执行标的裁定中止执行后,申请执行人在法律规定的期间内未提起执行异议之诉的,人民法院应当自起诉期限届满之日起七日内解除对该执行标的采取的执行措施。

最高院《执行异议和复议规定》

第二十五条 对案外人的异议,人民法院应当按照下列标准判断其是否系权利人:

(一)已登记的不动产,按照不动产登记簿判断;未登记的建筑物、构筑物及其附属设施,按照土地使用权登记簿、建设工程规划许可、施工许可等相关证据判断;

(二)已登记的机动车、船舶、航空器等特定动产,按照相关管理部门的登记判断;未登记的特定动产和其他动产,按照实际占有情况判断;

(三)银行存款和存管在金融机构的有价证券,按照金融机构和登记结算机构登记的账户名称判断;有价证券由具备合法经营资质的托管机构名义持有的,按照该机构登记的实际出资人账户名称判断;

(四)股权按照工商行政管理机关的登记和企业信用信息公示系统公示的信息判断;

(五)其他财产和权利,有登记的,按照登记机构的登记判断;无登记的,按照合同等证明财产权属或者权利人的证据判断。

案外人依据另案生效法律文书提出排除执行异议,该法律文书认定的执行标的权利人与依照前款规定得出的判断不一致的,依照本规定第二十六条规定处理。

第二十六条 金钱债权执行中,案外人依据执行标的被查封、扣押、冻结前作出的另案生效法律文书提出排除执行异议,人民法院应当按照下列情形,分别处理:

(一)该法律文书系就案外人与被执行人之间的权属纠纷以及租赁、借用、保管等不以转移财产权属为目的的合同纠纷,判决、裁决执行标的归属于案外人或者向其返还执行标的且其权利能够排除执行的,应予支持;

（二）该法律文书系就案外人与被执行人之间除前项所列合同之外的债权纠纷，判决、裁决执行标的归属于案外人或者向其交付、返还执行标的的，不予支持。

（三）该法律文书系案外人受让执行标的的拍卖、变卖成交裁定或者以物抵债裁定且其权利能够排除执行的，应予支持。

金钱债权执行中，案外人依据执行标的被查封、扣押、冻结后作出的另案生效法律文书提出排除执行异议的，人民法院不予支持。

非金钱债权执行中，案外人依据另案生效法律文书提出排除执行异议，该法律文书对执行标的权属作出不同认定的，人民法院应当告知案外人依法申请再审或者通过其他程序解决。

申请执行人或者案外人不服人民法院依照本条第一、二款规定作出的裁定，可以依照民事诉讼法第二百二十七条规定提起执行异议之诉。

第二十七条　申请执行人对执行标的依法享有对抗案外人的担保物权等优先受偿权，人民法院对案外人提出的排除执行异议不予支持，但法律、司法解释另有规定的除外。

第二十八条　金钱债权执行中，买受人对登记在被执行人名下的不动产提出异议，符合下列情形且其权利能够排除执行的，人民法院应予支持：

（一）在人民法院查封之前已签订合法有效的书面买卖合同；

（二）在人民法院查封之前已合法占有该不动产；

（三）已支付全部价款，或者已按照合同约定支付部分价款且将剩余价款按照人民法院的要求交付执行；

（四）非因买受人自身原因未办理过户登记。

《九民纪要》

119.【案外人执行异议之诉的审理】

案外人执行异议之诉以排除对特定标的物的执行为目的，从程序上而言，案外人依据《民事诉讼法》第227条提出执行异议被驳回的，即可向执行人民法院提起执行异议之诉。人民法院对执行异议之诉的审理，一般应当就案外人对执行标的物是否享有权利、享有什么样的权利、权利是否足以排除强制执行进行判断。至于是否作出具体的确权判项，视案外人的诉讼请求而定。案外人未提出确权或者给付诉讼请求的，不作出确权判项，仅在裁判理由中进行分析判断并作出是否排除执行的判项即可。但案外人既提出确权、给付请求,又提出排除执行请求的,人民法院对该请求是否支持、是否排除执行,均应当在具体判项中予以明确。执行异议之诉不以否定作为执行依据的生效裁判为目的,案外人如认为裁判确有错误的,只能通过申请再审或者提起第三人撤销之诉的方式进行救济。

123.【案外人依据另案生效裁判对非金钱债权的执行提起执行异议之诉】

审判实践中,案外人有时依据另案生效裁判所认定的与执行标的物有关的权利提起执行异议之诉,请求排除对标的物的执行。此时,鉴于作为执行依据的生效裁判与作为案外人提出执行异议依据的生效裁判,均涉及对同一标的物权属或给付的认定,性质上属于两个生效裁判所认定的权利之间可能产生的冲突,人民法院在审理执行异议之诉时,需区别不同情况作出判断:如果作为执行依据的生效裁判是确权裁判,不论作为执行异议依据的裁判是确权裁判还是给付裁判,一般不应据此排除执行,但人民法院应当告知案外人对作为执行依据的确权裁判申请再审;如果作为执行依据的生效裁判是给付标的物的裁判,而作为提出异议之诉依据的裁判是确权裁判,一般应据此排除执行,此时人民法院应告知其对该确权裁判申请再审;如果两个裁判均属给付标的物的裁判,人民法院需依法判断哪个裁判所认定的给付权利具有优先性,进而判断是否可以排除执行。

124.【案外人依据另案生效裁判对金钱债权的执行提起执行异议之诉】

作为执行依据的生效裁判并未涉及执行标的物,只是执行中为实现金钱债权对特定标的物采取了执行措施。对此种情形,《最高人民法院关于人民法院办理执行异议和复议案件若干问题的规定》第26条规定了解决案外人执行异议的规则,在审理执行异议之诉时可以参考适用。依据该条规定,作为案外人提起执行异议之诉依据的裁判将执行标的物确权给案外人,可以排除执行;作为案外人提起执行异议之诉依据的裁判,未将执行标的物确权给案外人,而是基于不以转移所有权为目的的有效合同(如租赁、借用、保管合同),判令向案外人返还执行标的物的,其性质属于物权请求权,亦可以排除执行;基于以转移所有权为目的有效合同(如买卖合同),判令向案外人交付标的物的,其性质属于债权请求权,不能排除执行。

应予注意的是,在金钱债权执行中,如果案外人提出执行异议之诉依据的生效裁判认定以转移所有权为目的的合同(如买卖合同)无效或应当解除,进而判令向案外人返还执行标的物的,此时案外人享有的是物权性质的返还请求权,本可排除金钱债权的执行,但在双务合同无效的情况下,双方互负返还义务,在案外人未返还价款的情况下,如果允许其排除金钱债权的执行,将会使申请执行人既执行不到被执行人名下的财产,又执行不到本应返还给被执行人的价款,显然有失公允。为平衡各方当事人的利益,只有在案外人已经返还价款的情况下,才能排除普通债权人的执行。反之,案外人未返还价款的,不能排除执行。

125.【案外人系商品房消费者】

实践中,商品房消费者向房地产开发企业购买商品房,往往没有及时办理房地产过户手续。房地产开发企业因欠债而被强制执行,人民法院在对尚登记在房地产开发企业名下但已出卖给消费者的商品房采取执行措施时,商品房消费者往往会提出执行异议,以排除强制执行。对此,《最高人民法院关于人民法院办理执行异议和复议案件若干问题的规定》第 29 条规定,符合下列情形的,应当支持商品房消费者的诉讼请求:一是在人民法院查封之前已签订合法有效的书面买卖合同;二是所购商品房系用于居住且买受人名下无其他用于居住的房屋;三是已支付的价款超过合同约定总价款的百分之五十。人民法院在审理执行异议之诉案件时,可参照适用此条款。

问题是,对于其中“所购商品房系用于居住且买受人名下无其他用于居住的房屋”如何理解,审判实践中掌握的标准不一。“买受人名下无其他用于居住的房屋”,可以理解为在涉案房屋同一设区的市或者县级市范围内商品房消费者名下没有用于居住的房屋。商品房消费者名下虽然已有 1 套房屋,但购买的房屋在面积上仍然属于满足基本居住需要的,可以理解为符合该规定的精神。

对于其中“已支付的价款超过合同约定总价款的百分之五十”如何理解,审判实践中掌握的标准也不一致。如果商品房消费者支付的价款接近于百分之五十,且已按照合同约定将剩余价款支付给申请执行人或者按照人民法院的要求交付执行的,可以理解为符合该规定的精神。

126.【商品房消费者的权利与抵押权的关系】

根据《最高人民法院关于建设工程价款优先受偿权问题的批复》第 1 条、第 2 条的规定,交付全部或者大部分款项的商品房消费者的权利优先于抵押权人的抵押权,故抵押权人申请执行登记在房地产开发企业名下但已销售给消费者的商品房,消费者提出执行异议的,人民法院依法予以支持。但应当特别注意的是,此情况是针对实践中存在的商品房预售不规范现象为保护消费者生存权而作出的例外规定，必须严格把握条件，避免扩大范围，以免动摇抵押权具有优先性的基本原则。因此，这里的商品房消费者应当仅限于符合本纪要第125条规定的商品房消费者。买受人不是本纪要第125条规定的商品房消费者，而是一般的房屋买卖合同的买受人，不适用上述处理规则。

127.【案外人系商品房消费者之外的一般买受人】

金钱债权执行中，商品房消费者之外的一般买受人对登记在被执行人名下的不动产提出异议，请求排除执行的，《最高人民法院关于人民法院办理执行异议和复议案件若干问题的规定》第28条规定，符合下列情形的依法予以支持：一是在人民法院查封之前已签订合法有效的书面买卖合同；二是在人民法院查封之前已合法占有该不动产；三是已支付全部价款，或者已按照合同约定支付部分价款且将剩余价款按照人民法院的要求交付执行；四是非因买受人自身原因未办理过户登记。人民法院在审理执行异议之诉案件时，可参照适用此条款。

实践中，对于该规定的前3个条件，理解并无分歧。对于其中的第4个条件，理解不一致。一般而言，买受人只要有向房屋登记机构递交过户登记材料，或向出卖人提出了办理过户登记的请求等积极行为的，可以认为符合该条件。买受人无上述积极行为，其未办理过户登记有合理的客观理由的，亦可认定符合该条件。

第二十章 监护权特别程序案件及法律应对

第一节 案由解读

监护是指对无民事行为能力人和限制民事行为能力人的人身权益及财产权益,进行监督和保护的法律制度。《民法典》第23条规定,无民事行为能力人、限制民事行为能力人的监护人是其法定代理人,因此,如何确定无(限制)民事行为能力人的适格监护人是处理离婚、遗嘱、赠与、合同等民事纠纷的前提和基础,如果该程序处理不到位,则相关案件无法顺利进行审理,被监护人的权益难以得到保障。

自然人的民事行为能力是自然人能以自己的行为取得民事权利、承担民事义务的资格,是民事主体能够以自己的行为参与民事活动并得到法律认可的前提。人民法院通过法定程序在法律上认定和宣告无(限制)民事行为能力人,并为其指定监护人,代理他们进行民事活动,对保护公民的合法权益,保障民事行为的正常进行,具有重要意义。

我国将自然人的民事行为能力分为三类:完全民事行为能力、限制民事行为能力和无民事行为能力。《民法典》规定,不满8周岁的未成年人、不能辨认自己行为的成年人及不能辨认自己行为的8周岁以上的未成年人是无民事行为能力人;8周岁以上的未成年人和不能完全辨认自己行为的成年人是限制民事行为能力人。限制民事行为能力人只能进行与其年龄、智力、精神健康状况相适应的民事法律行为,其他比较复杂或重大的民事法律行为就必须由其法定代理人代理或者征求其法定代理人的同意后进行。16周岁以上的未成年人,以自己的劳动收入为主要生活来源的,视为完全民事行为能力人。

对于未成年人,年龄是取得民事行为能力与否的标志,因此,未成年人不用宣告公示,但判断存在心智障碍的成年人是否具有行为能力就比较复杂,需要人民法院根据司法精神病学鉴定或者参照医院所作出的诊断、鉴定结论判决宣告其为无(限制)民事行为能力人。

随着经济的发展及社会老龄化程度不断加深,由于房屋买卖、房屋继承以及重置银行存款密码等原因,申请宣告公民无(限制)民事行为能力案件的数量逐渐增长。分析其主要原因,《不动产登记暂行条例》及《不动产登记暂行条例实施细则》明确规定,对于无民事行为能力或者限制民事行为能力人办理不动产登记应当提供监护关系文件,部分地区不动产登记中心只认可法院关于指定监护人的生效裁判文书,对被监护人所在地居民委员会、村民委员会或者民政部门指定监护并不予认可,导致申请宣告自然人无(限制)民事行为能力及监护权特别程序案件频发。

第二节 关联案例

监护特别程序案件与离婚纠纷关联性和密切度是比较高的,比如,离婚纠纷中若有一方存在心智障碍,另一方起诉要求离婚或者有心智障碍一方的近亲属基于保护其权益出发代为起诉离婚的案件,需要经监护权特别程序处理。监护权特别程序案件主要涉及以下5种类型。

(一)申请确定监护人

当事人对担任法律规定的未成年人、无民事行为能力或者限制民事行为能力成年人的监护人有争议,且对被监护人所在地居民委员会、村民委员会或者民政部门的指定不服,向人民法院申请确定监护人的案件。

(二)申请指定监护人

当事人对担任法律规定的未成年人、无民事行为能力或者限制民事行为能力成年人的监护人有争议,不经被监护人所在地居民委员会、村民委员会或者民政部门指定,直接向人民法院申请确定监护人的案件。

(三)申请变更监护人

被申请人的监护人不能履行监护职责,或者不服有关组织指定的监护人且又未在法律规定期限内提出异议的,有监护资格的人员或者有关组织向人民法院提出申请变更被申请人的监护人。

(四)申请撤销监护人资格

监护人不履行监护职责或侵害被监护人的合法权益的,其他有监护资格的人员或者有关组织可以申请撤销监护人的监护资格。

(五)申请恢复监护人资格

申请恢复监护人资格是指被监护人的父母或者子女被人民法院撤销监护人资格后,确有悔改表现的,经其申请,人民法院可以在尊重被监护人真实意愿的前提下,视情况恢复其监护人资格。

确定存在心智障碍的成年人的监护人,由其近亲属或者其他利害关系人向该公民住所地基层人民法院提出申请,人民法院根据司法精神病学鉴定,判决宣告其为无(限制)民事行为能力人,并为其指定监护人,由监护人代理他们进行民事活动,部分法院会将申请宣告自然人无(限制)民事行为能力案件和申请确定监护人特别程序案件分别进行处理,也有部分法院会将两个案件合并成一个案件一并处理。

由此可见,监护权特别程序案件与离婚纠纷、认定自然人无民事行为能力、限制行为能力、房屋买卖、房屋继承等案件紧密相关。监护权特别程序案件,往往不是单独的一个纠纷,而是两个或两个以上的纠纷连环发生。举例如下。

未经法院宣告无民事行为能力及变更监护关系,父亲代为提起离婚诉讼被法院驳回。

李小花自幼智力发育差,2009 年领取的残疾人证载明:智力叁级残疾,2019 年李小花与王强登记结婚,婚后未生育子女。因王强对李小花有虐待行为,2021 年 1 月李小花的父亲作为监护人代李小花向法院提起离婚诉讼。

法院经审理后认为,因李小花的父亲代李小花提出离婚诉讼时,李小花并未经宣告为无民事行为能力人,且未经法院变更监护人,在李小花的父亲不具有监护人资格的情况下代理李小花提起离婚诉讼,应驳回起诉。

案例分析:宣告无(限制)民事行为能力的特别程序以及变更监护人是代为提起离婚诉讼的必要前置条件。

李小花虽自幼具有智力残疾,但不能仅凭残疾证便认定其为无民事行为能力,因此,李小花的父亲只能先向法院提起特别程序的诉讼,由法院委托相关的司法鉴定机构对李小花的民事行为能力进行鉴定,再根据鉴定内容由法院宣告李小花为无(限制)民事行为能力人,然后再向法院申请变更监护人(法定第一顺位的监护人为王强)。变更后的监护人代理李小花提起离婚诉讼,人民法院应予受理,否则法院会以主体不适格为由不予受理或驳回起诉。

第三节 案例精选

【案例一】女儿患有双相情感障碍,母亲起诉申请宣告其为限制民事行为能力人

贺霞是天津人,患有双相情感障碍,残疾证的残疾级别为二级,一直由贺霞的母亲照顾贺霞的生活。2021 年,由于贺霞智力残疾,生活不能自理,不能正确表达自己的意志,贺霞的母亲向法院提出申请,请求宣告贺霞为限制民事行为能力人,贺霞的父亲作为贺霞的代理人参加诉讼。

在诉讼过程中,法院委托某医院精神疾病司法鉴定科对贺霞的行为能力进行鉴定。该鉴定机构于 2021 年 6 月 28 日出具司法鉴定意见书,鉴定意见为:被鉴定人贺霞诊断为双相情感障碍,目前为伴躯体症状的中度抑郁,受疾病影响,辨认能力削弱,评定为限制民事行为能力。

法院经审理后认为,根据鉴定意见,被申请人贺霞应评定为限制民事行为能力人。申请人贺霞母亲的申请,有事实及法律依据,因此,法院判决被申请人贺霞为限制民事行为能力人。

【案例二】丈夫下落不明,法院指定第二顺位的母亲作为监护人

贺霞与韩斌系夫妻关系,二人育有一子尚未成年。贺霞患有双相情感障碍,一直由贺霞的母亲照顾贺霞。由于贺霞智力残疾,生活不能自理,不能正确表达自己的意志,贺霞的母亲向法院申请宣告其为限制民事行为能力人,2021 年7 月 8 日,法院作出判决宣告贺霞为限制民事行为能力人(前述案例一)。现贺霞的母亲根据该判决书并结合实际情况,向法院申请确定自己作为贺霞的监护人。

法院查明,2021 年贺霞将韩斌诉至法院,要求与韩斌离婚,经法院数次送

达，均未能与韩斌取得联系。本案中法院再次联系韩斌及其家人，但最终仍无法与韩斌本人取得联系。

法院经审理后认为，本案中，贺霞已经本院判决被宣告为限制民事行为能力人。贺霞与韩斌正处于离婚诉讼过程中，韩斌未进行应诉；贺霞之父表示放弃担任贺霞的监护人；贺霞的儿子尚未成年；贺霞本人表示同意由其母亲作为其监护人。结合上述情况综合考虑，现贺霞的母亲要求作为贺霞的监护人，并无不当，本院对此不持异议。需要特别指出的是，监护人的职责是代理被监护人实施民事法律行为，保护被监护人的人身权利、财产权利以及其他合法权益等。监护人不履行监护职责或者侵害被监护人合法权益的，应当承担法律责任。监护人应当按照最有利于被监护人的原则履行监护职责。监护人除为维护被监护人利益外，不得处分被监护人的财产。最终法院判决：指定贺霞的母亲为贺霞的监护人。

上述案例一与案例二，法院将申请宣告公民无（限制）民事行为能力与申请指定监护人特别程序作为两个案件分别进行处理。

【案例三】父母和女婿约定由父亲担任女儿的监护人，人民法院依法予以支持

丽丽是河北人，自幼智力残疾。2018 年丽丽与张刚登记结婚，婚后初期感情还不错，两人育有二子，均未成年。近年来因夫妻感情不和，丽丽的精神状态越来越差，无法辨认和控制自己的行为，完全不能独立自主生活，后来丽丽的父母把丽丽接回娘家居住。为避免丽丽回到丈夫身边再次受到精神刺激而加重病情，丽丽的妈妈和爸爸准备代理丽丽起诉离婚，丽丽的爸爸自愿作为丽丽的代理人和监护人。

2022 年 1 月，丽丽的妈妈作为申请人向法院申请宣告丽丽为限制民事行为能力人并请求法院确认丽丽的爸爸为丽丽的监护人。

在诉讼过程中，法院委托某精神疾病司法鉴定中心对丽丽的民事行为能力进行鉴定。2022 年 3 月，该鉴定中心作出司法鉴定意见书，鉴定意见为：精神疾病诊断为轻度精神发育迟滞，民事行为能力评定为限制民事行为能力。

法院经审理后认为，根据司法鉴定意见，丽丽目前为限制民事行为能力，故对丽丽的妈妈申请宣告丽丽为限制民事行为能力人的诉讼请求予以支持。丽丽

成年亲属有母亲、父亲及丈夫张刚，现三人均同意由丽丽的爸爸作为丽丽的监护人，丽丽亦表示愿意其父亲担任其监护人，故法院判决：宣告丽丽为限制民事行为能力人；指定丽丽的爸爸为丽丽的监护人。

本案中，法院将申请宣告自然人无（限制）民事行为能力与申请指定监护人特别程序两个案件合并为一个案件进行处理。

【案例四】依法具有监护资格的人，可以约定由顺序在后的人担任监护人

丁毅是山东人，其配偶为冯娟娟。2021 年 8 月，丁毅在上班期间突发脑出血，后被送往医院住院治疗，2021 年 11 月丁毅出院时呈睁眼昏迷状态，生活无法自理，也无法辨认自己的行为，日常生活均由丁毅的妈妈照料护理。

2022 年 3 月，丁毅的妈妈作为申请人向法院申请宣告丁毅为无民事行为能力人并请求法院确认丁毅的妈妈为丁毅的监护人。

庭审中，丁毅的代理人冯娟娟表示，丁毅妈妈所述属实，其同意认定丁毅为无民事行为能力人，并由丁毅妈妈担任丁毅的监护人。

法院经审理后认为，本案丁毅因患脑出血至今未能治愈，生活无法自理，本人不能辨认自己的行为，故申请人申请认定丁毅为无民事行为能力人符合法律规定，本院予以支持；另丁毅目前由申请人照料护理，且丁毅的配偶冯娟娟也同意由申请人担任丁毅的监护人，故申请人申请担任丁毅的监护人亦符合法律规定，本院予以支持。

本案法院也将申请宣告自然人无（限制）民事行为能力与申请指定监护人特别程序两个案件合并为一个案件进行处理。

【案例五】孤寡老人未雨绸缪签订意定监护协议，患病后邻居成为监护人

赵爷爷，1934 年出生，住上海市普陀区，无配偶无子女，且父母均已死亡、无兄弟姐妹。2011 年，赵小兵与李小芳登记结婚，婚后与赵爷爷成为邻居。赵爷爷年老孤苦无依，生活无人照顾，两人商量后决定共同照顾赵爷爷。

2018 年 10 月，赵爷爷与赵小兵、李小芳夫妇二人在公证处签署了意定监护协议，并进行了公证，该协议约定在赵爷爷发生精神、智力障碍或其他身体障碍

不能处理自己的事务或不能辨认自己的行为时，赵爷爷委任赵小兵、李小芳作为其监护人，并在监护期限、监护职责、财产限制等方面作出约定。

2022 年 2 月，赵爷爷因患精神疾病，导致思维模糊，生活无法自理，经司法鉴定，法院宣告其为限制民事行为能力人，赵小兵、李小芳共同向法院申请担任赵爷爷的监护人。

法院经审理后认为，赵爷爷目前为限制民事行为能力人，日常生活由邻居赵小兵、李小芳照料，双方形成了和谐友善的邻里帮扶关系，且已在先通过意定监护的方式确定了监护人，法院在尊重赵爷爷个人意愿的前提下，综合考虑赵爷爷的实际居住生活情况，判决指定赵小兵、李小芳为赵爷爷的监护人。

本案中，法院将申请宣告公民无(限制)民事行为能力与申请指定监护人特别程序作为两个案件分别进行处理，并根据被监护人患病前签订的意定监护协议指定与其没有任何亲属关系的邻居作为监护人。

【案例六】两名子女各不同，意定监护防纷争

张倩与徐松均为上海人，两人婚后共生育二子，即徐大山与徐小山，家庭和睦，其乐融融。岂料徐小山成年后却对父母不闻不问，而且因债务缠身常年不回家。徐大山忠厚老实，对父母一直照顾有加。

2020 年 9 月徐松不幸离世，张倩考虑到自己身体不好，徐小山不但靠不住，而且还可能会给她的晚年生活带来麻烦，因此，张倩与徐大山签订了意定监护协议并办理了公证，协议约定在张倩失能失智时由徐大山担任其监护人。协议签订后，张倩的身体和精神状况越来越差。

2021 年 5 月，徐大山向法院申请宣告张倩为无民事行为能力人，经司法鉴定，法院判决宣告张倩为无民事行为能力人。2021 年 6 月，徐大山向法院申请指定自己为张倩的监护人，法院结合案件的具体情况，判决指定徐大山为张倩的监护人，有效预防了将来可能会发生的抢夺监护权纠纷。

【案例七】法院指定养女担任监护人，侄女申请变更监护人获支持

孙红民，1937 年出生，上海人。孙红民从未生育子女，其配偶及父母均已去世。孙红民兄弟姐妹 4 人，孙小亚系孙红民弟弟的女儿同时也是孙红民的养女，孙小莉系孙红民哥哥的女儿，陶小强系孙红民姐姐的儿子。

2019年12月,孙红民、孙小莉及陶小强共同前往公证处签订了意定监护协议,确定在孙红民不能辨识或不能完全辨识自己的行为时,委任孙小莉为意定监护人,委任陶小强为监护监督人。2019年,孙红民位于中兴路的房屋拆迁后,便搬离原居住地与陶小强一家同住至今,再未与孙小亚共同生活,孙红民的钱款、证件等均由孙小莉及其父亲保管。

2020年3月,孙小亚向法院申请,确定其为孙红民的监护人。2020年4月,法院判决宣告孙红民为限制民事行为能力人并指定孙小亚为孙红民的监护人。2020年5月,孙小莉对孙小亚担任孙红民的监护人不服,以孙小亚未尽赡养义务以及孙红民曾签订意定监护协议委托其担任监护人为由,诉至法院请求依法判令撤销孙小亚对孙红民的监护人资格,依法指定孙小莉担任孙红民的监护人。

法院经审理后认为,孙红民虽为限制民事行为能力人,但有一定的理解表达与认知能力,其二次庭审与一次居住地的调查中均一致表示不愿意让孙小亚担任监护人、同意孙小莉担任监护人,且态度始终十分坚决,甚至表示哪怕死了也不愿意和孙小亚生活并让孙小亚照顾,考虑被监护人孙红民目前的实际状况,孙小亚确实在客观上无法再继续履行监护职责。

因此,虽然孙小亚作为孙红民的养女,担任监护人的顺序优先于孙小莉,但从有利于被监护人的角度出发,法院判决孙红民的监护人变更为孙小莉。

【案例八】看似简单的变更监护权背后,涉及纷繁复杂的家庭矛盾和利益纠葛

王爷爷的大家庭原本和睦宽裕,儿子王小兵聪明能干,将家族生意打理得井井有条,儿子和儿媳张小芳育有三个儿女。

然而,天有不测风云,2017年3月,王小兵因病无法自理,病后被鉴定为限制民事行为能力人。2019年,张小芳以办理日常生活事宜为由,向法院申请确定自己为王小兵的监护人。

因为利益纷争,张小芳及娘家与王爷爷一家反目成仇,张小芳的姐妹更是与王爷爷的小儿子、小儿媳大打出手闹至派出所,曾经羡煞旁人的家庭拉开了斗争的帷幕。双方开始了一系列的诉讼,包括共同经营公司引发的合伙纠纷、民间借贷纠纷、厂房拆迁所得的安置费用分配纠纷等。

除此之外,王爷爷认为张小芳长期在外地,不但没有履行对王小兵的监护职

责，还擅自处分夫妻共同财产，损害了儿子王小兵的合法权益，2021 年，王爷爷向法院申请变更监护人，要求撤销张小芳的监护人资格，变更自己为王小兵的监护人。

作为王小兵的妻子，张小芳坚决不同意变更监护权。她认为，多年来家族生意都由王小兵打理，应按照股权比例和贡献分配厂房拆迁补偿款。

本案虽为变更监护权纠纷，法律关系相对简单，但纠纷背后实际为缺乏沟通导致的家庭矛盾，简单作出抚养权归属的裁判无法彻底定分止争。

本案经承办法官及律师的共同调解，王爷爷和张小芳最终达成庭外和解，王爷爷同意按照股权份额公平分配拆迁补偿款，王小兵的份额交由张小芳保管，由张小芳及其成年大儿子共同处分，张小芳同意妥善处理夫妻共同财产，厘清各类债务往来，签订和解协议后，王爷爷撤诉。

第四节　维权指引

（一）法院指定监护人时会考虑哪些因素

首先，尊重被监护人的真实意愿，遵循最有利于被监护人的原则；其次，具体参考以下因素：

1. 与被监护人生活、情感联系的密切程度；

2. 依法具有监护资格的人的监护顺序；

3. 是否有不利于履行监护职责的违法犯罪等情形；

4. 依法具有监护资格的人的监护能力、意愿、品行等；

5. 人民法院依法指定的监护人一般应当是一人，由数人共同担任监护人更有利于保护被监护人利益的，也可以是数人。

（二）申请恢复监护人资格案件，按照变更监护关系处理

申请人确有悔改表现并且适宜担任监护人的，可以向法院申请恢复其监护人资格，原指定监护人的监护人资格终止。人民法院应征求未成年人现任监护人和有表达能力的未成年人的意见，并可以委托未成年人保护组织，对申请人监护意愿、悔改表现、监护能力、身心状况、工作生活情况等进行调查，形成调查评

估报告。人民法院经审理认为,申请人确有悔改表现并且适宜担任监护人的,可以判决恢复其监护人资格,原指定监护人的监护人资格终止。申请人具有下列情形之一的,不得恢复监护人资格。

(1)性侵害、出卖未成年人的;

(2)虐待、遗弃未成年人6个月以上、多次遗弃未成年人,并且造成重伤以上严重后果的;

(3)因监护侵害行为被判处5年有期徒刑以上刑罚的。

(三)申请宣告自然人无(限制)民事行为能力应注意的问题

人民法院审理认定公民无(限制)民事行为能力案件,应当由该公民的近亲属为其代理人,但申请人除外。近亲属互相推诿的,由人民法院指定其中一人为代理人。无民事行为能力人、限制民事行为能力人的监护人是其法定代理人。监护人的范围包括:配偶;父母、子女;其他近亲属;其他愿意担任监护人的个人或者组织,但是须经被监护人住所地的居民委员会、村民委员会或者民政部门同意。人民法院经审理认定有事实根据的,判决该公民为无民事行为能力人或者限制民事行为能力人;认定申请没有事实根据的,应当判决予以驳回。

(四)申请确定监护人时应注意的问题

1. 诉讼主体。申请确定监护人案件应以对需要被监护的限制民事行为能力人或无民事行为能力人有监护资格的自然人或组织为申请人,以需要被监护的限制民事行为能力人或无民事行为能力人为被申请人。

2. 管辖法院。根据《民事诉讼法司法解释》第10条的规定,不服指定监护或者变更监护关系的案件,可以由被监护人住所地人民法院管辖。该条规定"可以"由被监护人住所地法院管辖,并非排斥被告住所地法院管辖。如果原告坚持向被告住所地法院起诉,根据《民事诉讼法》第22条的相关规定,被告住所地法院当然具有管辖权。

3. 申请确定监护人案件的适用范围。申请确定监护人案件仅适用于当事人对被监护人住所地的居民委员会、村民委员会或者民政部门的指定监护不服,向人民法院申请指定监护人的情形。根据《民事诉讼法司法解释》第349条的规定,被指定的监护人不服居民委员会、村民委员会或者民政部门指定,应当自接到通知之日起30日内向人民法院提出异议。经审理,认为指定并无不当的,裁定驳回异议;指定不当的,判决撤销指定,同时另行指定监护人。逾期的,按变更监护关系处理。

(五)申请指定监护人案件的适用范围

申请指定监护人案件只适用于当事人不经被监护人住所地的居民委员会、村民委员会或者民政部门指定,直接向人民法院申请指定监护人的情形。对于不服被监护人住所地的居民委员会、村民委员会或者民政部门的指定而向人民法院申请指定监护人的,属于申请确定监护人案件。

(六)申请变更监护人案件的适用范围

申请变更监护人案件仅适用于被监护人已经确定监护人的情形,即被监护人已经人民法院确定监护人或经被监护人住所地的居民委员会、村民委员会或民政部门指定监护人且该指定已生效的情形,有监护资格的人员或者有关组织向人民法院提出申请变更被申请人的监护人。

若被监护人的监护人尚未确定而有监护资格的人希望通过法院确定的,属于申请确定监护人案件。

(七)申请撤销监护人资格时应注意的问题

1. 申请撤销监护人资格应符合法定条件

监护人应当按照最有利于被监护人的原则履行监护职责,除为维护被监护人利益外,不得处分被监护人的财产。但实践中,监护人严重侵害被监护人合法权益的行为仍时有发生,引起了社会的广泛关注。

依据《民法典》第36条的规定,监护人实施严重损害被监护人身心健康的行为以及监护人怠于履行监护职责或无法履行监护职责且拒绝将监护职责部分或者全部委托给他人,导致被监护人处于危困状态的,有关个人或者组织可以向人民法院申请撤销其监护人资格,采取必要的临时监护措施,并按照最有利于被监护人的原则依法指定监护人。

2. 撤销监护人资格案件的诉讼主体

申请撤销监护人资格案件以原监护人为被申请人,以下"有关个人、组织"可以作为申请人。

(1)其他依法具有监护资格的人。

(2)居民委员会、村民委员会、学校、医疗机构、妇女联合会、残疾人联合会、未成年人保护组织、依法设立的老年人组织、民政部门等。

(3)个人和民政部门以外的组织未及时向人民法院申请撤销监护人资格的,民政部门应当向人民法院申请。

3. 监护人实施下列行为侵害未成年人权益的,撤销其监护人资格

2015年生效的最高人民法院、最高人民检察院、公安部、民政部联合发布的《关于依法处理监护人侵害未成年人权益行为若干问题的意见》第35条规定:被申请人有下列情形之一的,人民法院可以判决撤销其监护人资格:

1. 性侵害、出卖、遗弃、虐待、暴力伤害未成年人,严重损害未成年人身心健康的;

2. 将未成年人置于无人监管和照看的状态,导致未成年人面临死亡或者严重伤害危险,经教育不改的;

3. 拒不履行监护职责长达6个月以上,导致未成年人流离失所或者生活无着的;

4. 有吸毒、赌博、长期酗酒等恶习无法正确履行监护职责或者由于服刑等原因无法履行监护职责,且拒绝将监护职责部分或者全部委托给他人,致使未成年人处于困境或者危险状态的;

5. 胁迫、诱骗、利用未成年人乞讨,经公安机关和未成年人救助保护机构等部门三次以上批评教育拒不改正,严重影响未成年人正常生活和学习的;

6. 教唆、利用未成年人实施违法犯罪行为,情节恶劣的;

7. 有其他严重侵害未成年人合法权益行为的。

(八)申请恢复监护人资格时应注意的问题

1. 恢复监护人资格案件的管辖

申请恢复监护人资格,涉及监护关系的变更,因此,可以由被监护人住所地人民法院管辖。如果原告坚持向被告住所地法院起诉,根据《民事诉讼法》第22条的相关规定,被告住所地法院当然具有管辖权。

2. 恢复监护人资格的条件

司法实务中,申请恢复监护人资格应满足以下条件:

(1)申请主体仅限于被监护人的父母或者子女。

(2)没有对被监护人实施故意犯罪的情形,如果对被监护人实施性侵害、虐待、遗弃被监护人等构成犯罪的,不得恢复监护人资格。

(3)确有悔改表现,这需要由人民法院根据案件实际情况予以判断。

(4)要尊重被监护人的真实意愿,如果被监护人不愿意父母或者子女继续担任监护人的,则不得恢复监护人资格。

(5)符合最有利于被监护人的原则,即使符合以上条件,如果人民法院综合考虑各方面因素后,认为恢复监护人资格违反最有利于被监护人原则的,也不得恢复监护人资格。

第五节　律师忠告

(一)区分监护权与监护资格

在现实生活中,人们经常把监护权与监护资格相混淆,人们想当然地认为,有资格成为监护人就是有监护权,这是错误的。

监护资格是成为监护人的前提,具备监护人身份是具有监护权的前提。

具体而言,有资格成为监护人指的是监护资格,个人或组织有监护资格时,才能够成为监护人,而在个人或组织成为监护人后,因具备监护人身份而对被监护人产生的监管、看护的权利与义务的集合,才是监护权。

(二)监护分为法定监护和意定监护,年满18周岁的成年人可以为自己设立意定监护人

依设立的方式不同,监护分为法定监护和意定监护,意定监护分为两类。

(1)遗嘱监护

被监护人的父母担任监护人的,可以通过遗嘱指定监护人。

(2)意定监护

《民法典》第33条规定,具有完全民事行为能力的成年人,可以与其近亲属、其他愿意担任监护人的个人或者组织事先协商,以书面形式确定自己的监护人,在自己丧失或者部分丧失民事行为能力时,由该监护人履行监护职责。

意定监护制度可以保障成年人,特别是老年人在丧失或者部分丧失民事行为能力时能够有所养、有所依。目前一些公证机构特别是上海的公证机构根据当事人的申请,依法办理意定监护协议公证,有效维护了当事人的合法权益。

(三)法定监护人的顺序

没有意定监护人,人民法院指定监护人时,应按照法定顺序,前一顺序有监护资格的人无监护能力或对被监护人明显不利的,人民法院可以根据对被监护人有利的原则,从后一顺序有监护资格的人中择优确定。被监护人有识别能力的,应视情况征求被监护人的意见,监护人可以是一人,也可以是同一顺序中的数人。需要注意的是未成年人与成年人的监护人顺序并不一致。

对于未成年人的父母已经死亡或者没有监护能力的,监护人具体顺序如下:

第一顺位:祖父母、外祖父母;

第二顺位:兄、姐;

第三顺位:其他愿意担任监护人的个人或者组织,但是须经未成年人住所地的居民委员会、村民委员会或者民政部门同意。

对于无民事行为能力或者限制民事行为能力的成年人,监护人具体顺序如下:

第一顺位:配偶;

第二顺位:父母、子女;

第三顺位:其他近亲属;

第四顺位:其他愿意担任监护人的个人或组织,但是须经被监护人住所地的居民委员会、村民委员会或民政部门同意。

(四)离婚、遗嘱、赠与、合同等民事纠纷,都有可能涉及民事行为能力认定问题,先解决监护问题,再解决实体问题

申请宣告自然人无(限制)民事行为能力有两种情况:一种是利害关系人单独向人民法院申请宣告自然人无民事行为能力;另一种是在诉讼过程中,当事人及利害关系人提出一方当事人为无(限制)民事行为能力,人民法院认为有必要对其行为能力予以确认的,会先作出当事人有无民事行为能力的判决,原诉讼程序中止,法院判决该公民为无(限制)民事行为能力人的,待监护人确定后,原诉讼恢复审理。

(五)申请变更监护人与申请撤销监护人资格的区分

申请撤销监护人资格是指监护人不履行监护职责,或者侵害被监护人的合法权益的,人民法院可以根据有关个人或有关单位的申请,撤销监护人资格。申

请变更监护人是指被申请人的监护人不能履行监护职责,或者不服有关组织指定的监护人且又未在法律规定期限内起诉的,有监护资格的人员或者有关单位向人民法院提出申请变更被申请人的监护人。

两者的主要区别是发生的事由不同。申请变更监护人的事由也可以是监护人不履行监护职责,申请人同时要求撤销监护人资格并变更监护人。

(六)基层自治组织或民政部门指定监护人的效力

基层自治组织或民政部门作出的指定监护人的相关文件生效之日,原则上指定监护关系成立;有关当事人对居民委员会、村民委员会或者民政部门的指定不服,可以在接到指定通知之日起 30 日内向人民法院提起申请指定监护人的特别程序;有关当事人超过 30 日后提出申请的,按照变更监护人的特别程序处理。

(七)遗嘱人去世后,遗嘱指定监护并不必然生效

未成年人由父母担任监护人,父母中的一方通过遗嘱指定监护人,遗嘱人去世后,遗嘱指定监护并不必然生效,须以被监护人父母另一方身故或丧失监护能力为前提,如果遗嘱指定的监护人拒绝就任,即便另一方身故或丧失监护能力,该指定监护仍不能生效,仍需按法定监护规则产生监护人。

(八)监护权特别程序与监护权纠纷的区别

监护权纠纷是指因监护权的行使本身产生的纠纷,适用普通程序,两审终审。当事人申请确定、指定、变更、撤销、恢复监护人的,属于特别程序案件,实行一审终审制,不能上诉,当事人不服判决的只能通过审判监督程序救济。

监护人不履行监护职责,或者侵害了被监护人的合法权益,《民法典》第 27 条、第 28 条规定的其他有监护资格的人或者组织向人民法院起诉,要求监护人承担民事责任的,按照普通程序审理;要求变更监护关系的,按照特别程序审理;既要求承担民事责任,又要求变更监护关系的,分别审理。

第六节 法律速递

《民法典》

第二十条 不满八周岁的未成年人为无民事行为能力人，由其法定代理人代理实施民事法律行为。

第二十一条 不能辨认自己行为的成年人为无民事行为能力人，由其法定代理人代理实施民事法律行为。

八周岁以上的未成年人不能辨认自己行为的，适用前款规定。

第二十二条 不能完全辨认自己行为的成年人为限制民事行为能力人，实施民事法律行为由其法定代理人代理或者经其法定代理人同意、追认；但是，可以独立实施纯获利益的民事法律行为或者与其智力、精神健康状况相适应的民事法律行为。

第二十三条 无民事行为能力人、限制民事行为能力人的监护人是其法定代理人。

第二十四条 不能辨认或者不能完全辨认自己行为的成年人，其利害关系人或者有关组织，可以向人民法院申请认定该成年人为无民事行为能力人或者限制民事行为能力人。

被人民法院认定为无民事行为能力人或者限制民事行为能力人的，经本人、利害关系人或者有关组织申请，人民法院可以根据其智力、精神健康恢复的状况，认定该成年人恢复为限制民事行为能力人或者完全民事行为能力人。

本条规定的有关组织包括：居民委员会、村民委员会、学校、医疗机构、妇女联合会、残疾人联合会、依法设立的老年人组织、民政部门等。

第二十七条 父母是未成年子女的监护人。

未成年人的父母已经死亡或者没有监护能力的，由下列有监护能力的人按顺序担任监护人：

（一）祖父母、外祖父母；

（二）兄、姐；

（三）其他愿意担任监护人的个人或者组织，但是须经未成年人住所地的居民委员会、村民委员会或者民政部门同意。

第二十八条　无民事行为能力或者限制民事行为能力的成年人，由下列有监护能力的人按顺序担任监护人：

（一）配偶；

（二）父母、子女；

（三）其他近亲属；

（四）其他愿意担任监护人的个人或者组织，但是须经被监护人住所地的居民委员会、村民委员会或者民政部门同意。

第二十九条　被监护人的父母担任监护人的，可以通过遗嘱指定监护人。

第三十条　依法具有监护资格的人之间可以协议确定监护人。协议确定监护人应当尊重被监护人的真实意愿。

第三十一条　对监护人的确定有争议的，由被监护人住所地的居民委员会、村民委员会或者民政部门指定监护人，有关当事人对指定不服的，可以向人民法院申请指定监护人；有关当事人也可以直接向人民法院申请指定监护人。

居民委员会、村民委员会、民政部门或者人民法院应当尊重被监护人的真实意愿，按照最有利于被监护人的原则在依法具有监护资格的人中指定监护人。

依据本条第一款规定指定监护人前，被监护人的人身权利、财产权利以及其他合法权益处于无人保护状态的，由被监护人住所地的居民委员会、村民委员会、法律规定的有关组织或者民政部门担任临时监护人。

监护人被指定后，不得擅自变更；擅自变更的，不免除被指定的监护人的责任。

第三十二条　没有依法具有监护资格的人的，监护人由民政部门担任，也可以由具备履行监护职责条件的被监护人住所地的居民委员会、村民委员会担任。

第三十三条　具有完全民事行为能力的成年人，可以与其近亲属、其他愿意担任监护人的个人或者组织事先协商，以书面形式确定自己的监护人，在自己丧失或者部分丧失民事行为能力时，由该监护人履行监护职责。

第三十六条　监护人有下列情形之一的，人民法院根据有关个人或者组织的申请，撤销其监护人资格，安排必要的临时监护措施，并按照最有利于被监护人的原则依法指定监护人：

（一）实施严重损害被监护人身心健康的行为；

（二）怠于履行监护职责，或者无法履行监护职责且拒绝将监护职责部分或者全部委托给他人，导致被监护人处于危困状态；

（三）实施严重侵害被监护人合法权益的其他行为。

本条规定的有关个人、组织包括：其他依法具有监护资格的人，居民委员会、村民委员会、学校、医疗机构、妇女联合会、残疾人联合会、未成年人保护组织、依法设立的老年人组织、民政部门等。

前款规定的个人和民政部门以外的组织未及时向人民法院申请撤销监护人资格的，民政部门应当向人民法院申请。

第三十八条 被监护人的父母或者子女被人民法院撤销监护人资格后，除对被监护人实施故意犯罪的外，确有悔改表现的，经其申请，人民法院可以在尊重被监护人真实意愿的前提下，视情况恢复其监护人资格，人民法院指定的监护人与被监护人的监护关系同时终止。

《〈民法典〉婚姻家庭编解释（一）》

第六十二条 无民事行为能力人的配偶有民法典第三十六条第一款规定行为，其他有监护资格的人可以要求撤销其监护资格，并依法指定新的监护人；变更后的监护人代理无民事行为能力一方提起离婚诉讼的，人民法院应予受理。

《民事诉讼法》

第一百九十四条 申请认定公民无民事行为能力或者限制民事行为能力，由利害关系人或者有关组织向该公民住所地基层人民法院提出。

申请书应当写明该公民无民事行为能力或者限制民事行为能力的事实和根据。

第一百九十五条 人民法院受理申请后，必要时应当对被请求认定为无民事行为能力或者限制民事行为能力的公民进行鉴定。申请人已提供鉴定意见的，应当对鉴定意见进行审查。

第一百九十六条 人民法院审理认定公民无民事行为能力或者限制民事行为能力的案件，应当由该公民的近亲属为代理人，但申请人除外。近亲属互相推诿的，由人民法院指定其中一人为代理人。该公民健康情况许可的，还应当询问本人的意见。

人民法院经审理认定申请有事实根据的，判决该公民为无民事行为能力或者限制民事行为能力人；认定申请没有事实根据的，应当判决予以驳回。

第一百九十七条 人民法院根据被认定为无民事行为能力人、限制民事行为为能力人本人、利害关系人或者有关组织的申请，证实该公民无民事行为能力或者限制民事行为能力的原因已经消除的，应当作出新判决，撤销原判决。

《民事诉讼法司法解释》

第三百四十七条 在诉讼中，当事人的利害关系人或者有关组织提出该当事人不能辨认或者不能完全辨认自己的行为，要求宣告该当事人无民事行为能力或者限制民事行为能力的，应由利害关系人或者有关组织向人民法院提出申请，由受诉人民法院按照特别程序立案审理，原诉讼中止。

第三百四十九条 被指定的监护人不服居民委员会、村民委员会或者民政部门指定，应当自接到通知之日起三十日内向人民法院提出异议。经审理，认为指定并无不当的，裁定驳回异议；指定不当的，判决撤销指定，同时另行指定监护人。判决书应当送达异议人、原指定单位及判决指定的监护人。

有关当事人依照民法典第三十一条第一款规定直接向人民法院申请指定监护人的，适用特别程序审理，判决指定监护人。判决书应当送达申请人、判决指定的监护人。

第三百五十条 申请认定公民无民事行为能力或者限制民事行为能力的案件，被申请人没有近亲属的，人民法院可以指定经被申请人住所地的居民委员会、村民委员会或者民政部门同意，且愿意担任代理人的个人或者组织为代理人。

没有前款规定的代理人的，由被申请人住所地的居民委员会、村民委员会或者民政部门担任代理人。

代理人可以是一人，也可以是同一顺序中的两人。

第三百七十二条 适用特别程序作出的判决、裁定，当事人、利害关系人认为有错误的，可以向作出该判决、裁定的人民法院提出异议。人民法院经审查，异议成立或者部分成立的，作出新的判决、裁定撤销或者改变原判决、裁定；异议不成立的，裁定驳回。

对人民法院作出的确认调解协议、准许实现担保物权的裁定，当事人有异议的，应当自收到裁定之日起十五日内提出；利害关系人有异议的，自知道或者应当知道其民事权益受到侵害之日起六个月内提出。

《〈民法典〉总则编解释》

第五条 限制民事行为能力人实施的民事法律行为是否与其年龄、智力、精神健康状况相适应，人民法院可以从行为与本人生活相关联的程度，本人的智力、精神健康状况能否理解其行为并预见相应的后果，以及标的、数量、价款或者报酬等方面认定。

第六条 人民法院认定自然人的监护能力，应当根据其年龄、身心健康状况、经济条件等因素确定；认定有关组织的监护能力，应当根据其资质、信用、财产状况等因素确定。

第七条 担任监护人的被监护人父母通过遗嘱指定监护人，遗嘱生效时被指定的人不同意担任监护人的，人民法院应当适用民法典第二十七条、第二十八条的规定确定监护人。

未成年人由父母担任监护人，父母中的一方通过遗嘱指定监护人，另一方在遗嘱生效时有监护能力，有关当事人对监护人的确定有争议的，人民法院应当适用民法典第二十七条第一款的规定确定监护人。

第八条 未成年人的父母与其他依法具有监护资格的人订立协议，约定免除具有监护能力的父母的监护职责的，人民法院不予支持。协议约定在未成年人的父母丧失监护能力时由该具有监护资格的人担任监护人的，人民法院依法予以支持。

依法具有监护资格的人之间依据民法典第三十条的规定，约定由民法典第二十七条第二款、第二十八条规定的不同顺序的人共同担任监护人，或者由顺序在后的人担任监护人的，人民法院依法予以支持。

第九条 人民法院依据民法典第三十一条第二款、第三十六条第一款的规定指定监护人时，应当尊重被监护人的真实意愿，按照最有利于被监护人的原则指定，具体参考以下因素：

（一）与被监护人生活、情感联系的密切程度；

（二）依法具有监护资格的人的监护顺序；

（三）是否有不利于履行监护职责的违法犯罪等情形；

（四）依法具有监护资格的人的监护能力、意愿、品行等。

人民法院依法指定的监护人一般应当是一人，由数人共同担任监护人更有利于保护被监护人利益的，也可以是数人。

第十条 有关当事人不服居民委员会、村民委员会或者民政部门的指定，在接到指定通知之日起三十日内向人民法院申请指定监护人的，人民法院经审理认为指定并无不当,依法裁定驳回申请;认为指定不当,依法判决撤销指定并另行指定监护人。

有关当事人在接到指定通知之日起三十日后提出申请的,人民法院应当按照变更监护关系处理。

第十一条　具有完全民事行为能力的成年人与他人依据民法典第三十三条的规定订立书面协议事先确定自己的监护人后,协议的任何一方在该成年人丧失或者部分丧失民事行为能力前请求解除协议的,人民法院依法予以支持。该成年人丧失或者部分丧失民事行为能力后,协议确定的监护人无正当理由请求解除协议的,人民法院不予支持。

该成年人丧失或者部分丧失民事行为能力后,协议确定的监护人有民法典第三十六条第一款规定的情形之一,该条第二款规定的有关个人、组织申请撤销其监护人资格的,人民法院依法予以支持。

第十二条　监护人、其他依法具有监护资格的人之间就监护人是否有民法典第三十九条第一款第二项、第四项规定的应当终止监护关系的情形发生争议,申请变更监护人的,人民法院应当依法受理。经审理认为理由成立的,人民法院依法予以支持。

被依法指定的监护人与其他具有监护资格的人之间协议变更监护人的,人民法院应当尊重被监护人的真实意愿,按照最有利于被监护人的原则作出裁判。

第十三条　监护人因患病、外出务工等原因在一定期限内不能完全履行监护职责,将全部或者部分监护职责委托给他人,当事人主张受托人因此成为监护人的,人民法院不予支持。

结　　语

世界上没有任何一种情感能永久地存续。没有人喜欢离别,但总有人在离别或正在走向离别,总有人在不断合合分分、吵吵闹闹中尝遍生活的苦。婚姻就是吵吵闹闹最真实的写照,吵闹过后,有人会选择重归旧好,有人则会选择分道扬镳。

分道扬镳也有不同的方式:如果双方能好聚好散,尚可通过协议离婚方式解除婚姻关系;可一旦撕破脸皮,必然会提起离婚诉讼争夺子女抚养权、分割共同财产等。婚姻关系的解除,意味着家庭的解体,意味着子女的心灵可能遭受创伤,意味着要对共同财产重新分配。随之而来的,很可能是因离婚而产生的一系列的相关纠纷。正如本书各章节所呈现的关联案例一样,离婚纠纷往往会关联多个类型的纠纷,这些纠纷,有些是当事人或代理律师有心一环套一环有意为之,有些是当事人或代理人被迫一一迎战。对可能并发或连环发生的纠纷,要做到心中有数,能提前做好规划,接下来的诉讼,无论是一个还是多个,一切尽在掌握中;对可能发生的并发纠纷或连环纠纷不了解或知之甚少,会导致自己在诉讼中处于被动地位,当事人的权益也将受到损害,且有些损害甚至可能是致命的!读了本书的读者,虽然不能避免纠纷,但可以全面了解离婚纠纷的关联案件万象,进而在接连发生的案件中运筹帷幄、成竹在胸。

我们希望通过阅读本书,读者朋友们对离婚可能引发的系列法律纠纷以及相关法律知识有初步全面的把握,以便审慎抉择,做好事前预防,将那些可能发生的法律风险消灭在萌芽中。如果您是一位年轻律师,我们希望您通过阅读本书,能获得与离婚纠纷紧密相关的 20 类案件的办案经验和方法,从而对可能发生的关联案件提前做好布局,为当事人提供更加专业的法律服务;如果您是一位当事人或者当事人的亲属,我们希望您通过阅读本书,能够了解离婚案件可能会引发的其他法律纠纷,做好法律风险防范。

法学博大精深、源远流长，路漫漫其修远兮，吾将上下以求索。尽管我们十余位作者均竭尽所能地希望将抽象的法律规定与实务案例结合使其通俗易懂，但囿于我们的能力，未必尽如人意，不妥之处，敬请读者朋友们指正和见谅！

本书作者

2022 年 7 月

李 华

盈科律师事务所创始合伙人、盈科全国业务指导委员会主任。

李华律师作为盈科全国业务指导委员会主任，负责盈科体系内的专业化建设，带领盈科律师，构建出完整的专业化法律服务体系，包括研究院、专业委员会及综合性法律中心，推动盈科律师专业化的法律服务，以适应法律服务市场不断细分的需要。在此基础上，通过集成各专业委员会纵深化的法律服务能力为客户提供综合性的法律服务。

曾荣获全国律师行业优秀党员律师、北京市优秀律师、朝阳区优秀律师、朝阳区首届优秀女律师、朝阳区优秀党员的荣誉称号。

郑素洁

山东济宁人，盈科北京家事调解中心执行主任，盈科北京股权法律事务部副主任，幸福加遗嘱库北京区域负责人，《法治中国60分》栏目及《法治进行时》栏目常年特邀嘉宾，《拒绝危险关系 婚外情的法律应对》畅销书主编之一。律师执业15年，专注办理婚姻、继承、家族财富保护与传承业务近10年，带领团队专研高端疑难家事诉讼和家族财富保护与传承规划，全面为中高净值人士的人身及财富安全保驾护航，团队以专业和敬业赢得委托人的好评和赞誉，以智慧和汇智让团队律师尽享拼尽全力后的成就感和幸福感。

卢启华

盈科上海执业律师，心理咨询师，担任扬州市人大常委会代表建议办理工作第三方评估专家、扬州新闻广播985《与法同行》公益律师、扬州市“民法典进家庭”讲师团成员、扬州市妇联法律顾问，积极维护妇女儿童合法权益，多次被评为盈科优秀公益律师。自2000考取律师资格以来，长期专注于民商事领域，擅长办理婚姻家事、继承及房产类案件，包括离婚案件、继承案件、涉房家事案件以及其他疑难复杂家事诉讼与非讼案件。团队研发的《子女财富支持全流程法律服务产品》荣获盈科律师事务所第二届法律服务产品大赛十佳产品。

谢达梅

2012年毕业于厦门大学法学院，先后获经济法学硕士、博士学位。现为华侨大学法学院民商法教研室讲师、华侨大学案例法研究中心研究员、华侨大学地方法治研究中心研究员、华侨大学教育立法研究基地成员、华侨大学知识产权服务中心专家成员。盈科泉州兼职律师、幸福加遗嘱库泉州区域负责人，泉州市洛江区人民检察院专家咨询委员、厦门市“民法典进家庭”巾帼公益宣讲团成员。谢律师治学严谨、专业过硬，有深厚的外文功底，多年来一直从事民商法、金融法、知识产权法等学科领域的教学和研究工作，曾参与多项国家、省，部级课题，发表学术论文十余篇，出版学术合著两部。谢律师在2022年泉州市律师实务交流与研讨会上获“论文一等奖”，与华洁达莹家族律师团队联合开发的《子女财富支持全流程法律服务产品》在盈科第二届2021年法律服务产品大赛中获评“盈科全国十佳法律服务产品”。

谢律师带领团队长期致力于“婚姻家事”“遗嘱规划”“财富传承”“企业法务”等家族法律服务产品的研发及实践，擅长各类家族法律事务的诉讼与非诉业务，具有丰富的法商及传承课程培训经验。

刘春莹

二级婚姻家庭咨询师，1994年毕业于西南政法学院，盈科大连高级合伙人，盈科大连婚姻家庭与家族财富传承法律事务部二部主任，大连市律师协会婚姻家庭法律专业委员会副主任。专注婚姻家庭法律研究和实务20年，已为2000多位私人客户解决婚姻家庭法律问题。处理大量监护、同居、离婚、继承等家事纠纷案件以及相关的确权、民间借贷、不当得利、合同、股权等案件。基于丰富的诉讼经验，擅长通过协商调解解决家事纠纷及为客户提供家族财富保护、管理与传承服务。带领团队致力于预防解决家事纠纷，助力婚姻家庭幸福。

侯立伟

盈科青岛律师，国家二级婚姻家庭咨询师，盈科家族信托（青岛）分中心主任，青岛市律师协会婚姻家庭与财富传承委员会副主任，青岛电台、电视台法律节目嘉宾，青岛市“预防性法律制度暨非讼事件研究中心”研究员。荣获2022年“青岛市优秀女律师”，盈科2021年度“优秀公益律师”、2020年度“优秀民事律师”，并于2022年获得法治日报社首届律师公益（社会责任）典型案例征集宣传活动“参与立法普法宣传十大典型案例”，代理案件入选最高人民法院案例选，并曾参与编撰《婚姻案件裁判要旨总梳理》。为多家银行、保险机构、上市公司提供法律服务，系财富保护与传承综合解决方案提供者并带领团队致力于复杂家事案件诉讼。